제4판 증보판

교육학개론

INTRODUCTION TO EDUCATION

김정환 | 강선보

제 4 판(증보판) 머리말

이 책(제4판)은 2016년에 대폭 수정·증보되었다. 코로나 파동을 겪으면서 어느덧 수정·증보된 지 7년이 넘게 되어, 통계자료나 내용해석 그리고 과제와 전망분석 등에 있어서 시대변화에 뒤쳐져있는 부분들이 자연적으로 발생하게 되었다. 따라서 이번에는 변화된 이런 부분들을 중심으로 일부 내용과 통계자료 등을 소폭 수정·보완하였다.

이 책을 재단장하는 데 귀한 조언을 주신 전국의 교육학개론 담당 교수님들과 강사님들, 새로운 아이디어로 자료정리와 수정작업을 도와준 문영선 박사, 장지원 박사(충남대), 정해진 박사에게 이 자리를 빌어 감사를 드린다.

아울러 박영스토리의 노현 대표님과 전채린 차장님을 비롯한 직원 여러분들께도 감사의 마음을 전한다.

2023년 7월
강선보

제 4 판 머리말

교육학개론은 담당하는 교수의 교육관이나 학문적 배경에 따라 그 내용이 달라지는 게 당연하다. 따라서 관점이나 시각을 달리하는 특색 있는 교과서가 많이 나와야 한다. 이런 뜻에서 우리나라에는 수십 종을 헤아리는 역작이 나와 있음은 경하해 마지않을 일이다.

그러나 교육학개론은 교육학의 전 분야를 망라하여 개설하는 입문적 성격을 띠는 강의가 되어서는 안 된다. 왜냐하면 이럴 경우 다른 교육학 분야의 강의내용과 중복도 되고 얄팍하게 다루어지기 마련이기 때문이다. 교육학개론은 교육이란 어떤 작용인가, 교육은 어떤 곳에서 이루어지는가, 교육은 어떤 요소로 성립되는가, 오늘날 인류는 어떤 교육적 과제를 안고 있는가, 그리고 세계 속의 한국 교육은 어떠해야 하는가? 등의 문제들을 중점적으로 다루면서 교육의 본질, 교육학의 틀, 교육의 과제를 깊이 살펴보는 데 역점이 놓여져야 할 것이다.

이런 문제의식에서 쓰여진 이 책은 그간 몇 차례에 걸쳐 증보·수정·개정되면서 널리 읽혀 왔으나, 2016에 또 대폭 수정·증보하게 되었다. 특히 글로벌 시대에 부응하여 기존의 "민족교육론"을 완전히 삭제하고 다문화교육론을 삽입하였다. 또한 기존의 "정보사회와 교육" 부분도 21세기가 15년 이상 지난 시점에서 그 시의성을 상실하게 됨에 따라 전면 삭제하고 대신에 한국사회의 가장 큰 문제점으로 대두한, 세계 최고의 성인 및 학생자살률과 관련하여 예방교육적 차원에서 "죽음교육론"을 추가하여 예비교사들로 하여금 삶의 소중함을 일깨워주고 삶의 의미를 되새길 수 있도록 죽음교육(death education)에 대한 관심을 촉구하고자 하였다. 아울러 그간 개정된 교육관련 법규 및 각종 통계자료도 최신자료로 모두 수정하였다. 물론 기존의 교육내용도 부분적으로 수정·보완하였으며, 새 문헌을 소개하고, 주석과 색인도 새로 정리하였다. 이번에는 통계자료와 변화된 일부 내용을 부분적으로 수정·보완하였다.

끝으로, 이 책을 이렇게 새롭게 단장하는 데 귀한 조언을 주신 전국의 교육학개론 담당 교수 및 강사들, 새로운 아이디어를 제공하면서 자료정리 작업과 교정 작업을 도와 준 문영선 박사, 장지원 박사, 정해진 박사, 그리고 정성을 다하여 이렇게 펴내 주신 박영사의 안종만 회장님과 안상준 대표님, 노현 대표님을 비롯한 직원 여러분께 깊은 감사의 말씀을 드리고자 한다.

2016년 2월

김정환·강선보 씀

차 례

제2장 교육본질론

제4장 학교교육론

제5장 사회교육론

제6장 교육과정론

제7장 교사론

제10장 죽음교육론

제11장 평화교육론

제1장

교육작용과
교육학

—

Ⅰ. 어원에서 본 교육작용

1. 어원 탐색의 의의

어떤 사물의 본질을 탐구하려 할 때 어원에서 그 실마리를 찾는 경우가 많다. '철학'이란 무엇인가를 생각하고자 할 때 그 어원이 지혜를 사랑하는 것이었다 함은 우리가 익히 들어온 바다. 사실 언어 속에 그 사물의 본질이 담겨져 있다. 이런 뜻에서 하이데거는 "언어는 존재의 집이다"라고 말했다.

이처럼 어원의 탐색 또는 분석은 사물의 본질을 추구하는 데 귀중한 시사를 던진다.

'가르친다', '교육한다', '배운다'라는 말의 분석을 통해서 우리는 교육의 본질이 무엇인가를 쉽게, 그러나 깊게 알 수 있다. 다음에 교육의 어원을 서양어, 한자어, 그리고 우리 말에서 찾아 교육이란 어떤 작용을 말하는가를 찾아보기로 하자.

2. 서양어에서의 두 어원

교육을 뜻하는 서양어에는 크게 두 개가 있는데, 하나는 pedagogy
이며, 또 하나는 education이다. pedagogy의 어원은 그리스어의
paidagōgos인데, 이것은 파이도스(paidos, 어린이)와 아고고스(agogōs,
인도자)가 결합된 말로 어린이를 이끈다는 뜻이다. 좀더 자세히 풀이
하면, the slave who went with a boy from home to school and
back again, a kind of tutor.[1] 즉, pedagogy는 귀족가정의 자녀들
을 학교나 체육관, 기타 공공의 장소로 데리고 다니면서 교육을 시키
는 가정교사, 특히 아동의 도덕과 예의 등의 성격형성에 커다란 책임
이 있는 파이다고고스로부터[2] 유래한다.

education의 어원은 라틴어의 ēdŭco인데 이것은 e(밖으로)와
dūco(꺼내다)가 결합된 말이며, 속에 지니고 있는 것을 밖으로 꺼내어
키워준다는 뜻이며, 이에 해당하는 영어는 draw out, lead out, raise
up, bring up, rear a child이다.[3] 즉 인간이 선천적으로 지니고 태어
난다고 생각되는 여러 자질을 잘 길러주는 것을 뜻한다.

서양어에서의 교육을 뜻하는 말은 위에서 본 바와 같이 어린이를
바람직한 방향으로 이끌며 소질을 계발시켜 준다는 뜻이다. 바람직한
방향으로 이끄는 작용은 앞세대가 자기네가 이상으로 여기는 행동·
규범·사고방식 등을 뒷세대에게 익혀 몸에 배이도록 하는 일이요,
소질을 계발시키는 작용은 어린이의 성장 및 발달을 어린이를 위해
앞세대가 도와 주는 일이다.

1) Liddell & Scott, *Greek—English Lexicon*(London: Oxford University Press,
   1975), p. 584.
2) William Barclay, *Educational Ideals in the Ancient World*(고대세계의 교육사상),
   유재덕 역(서울: 기독교문서선교회, 1993), pp. 111~114 참조.
3) D. P. Simpson, *Cassell's Latin—English English—Latin Dictionary*(London:
   Cassell Publishers, 1987), p. 207.

이렇게 볼 때 교육작용에는 두 가지 서로 모순·대립되는 계기가 존재함을 알 수 있다. 모든 교육의 현상에 존재하는 이런 대립적 계기를 올바르게 인식함으로써 우리는 교육현상 뒤에 숨어 있는 교육의 본질을 올바르게 인식할 수 있다. 이런 핵심적 시점의 정립에 대해서는 다음 장이 될 교육본질론에서 자세히 보기로 한다.

3. 한자에서의 어의(語義)

한자로 교육은 원래 무엇을 뜻했던가? 우선 교(敎)란 글자를 파자(破字)로 풀면 아래와 같이 爻·子·攴으로 구성된다.

爻: 본받다, 어울리다(效)
子: 어린 아이, 학생(子)
攴: 치다, 채찍질하다, 살짝 때리다(攴)

이처럼 교(敎)는 본받다(效: 본받을 효)와 어린 아이(子: 아이 자), 살짝 때리다(攴: 칠 복)가 복합적으로 어울린 말이다. 즉 교사는 손에 매를 들고 바람직한 방향을 제시하며, 어린이는 공손하게 어른을 본받는다는 뜻이다. 한편 '육'(育)은 '子·㐬'의 결합이며 어린이를 어머니가 가슴에 따뜻하게 안아주는 모습을 가리키고 있다. 이렇게 볼 때 '교'(敎)는 교사의 활동으로서 상소시(上所施: 윗사람이 베푸는 것)와 학생의 활동으로서 하소효(下所效: 아랫사람이 본받는 것)의 결합이며, '육'(育)은 어머니의 활동으로서의 출산·육아와 아이들의 활동으로서의 성장·발달의 결합임을 알 수 있다.

이렇게 '교'(敎)와 '육'(育)의 어원을 탐색함으로써 한자의 교(敎)는 서양어의 pedagogy, 육(育)은 대략 education에 해당하는 것임을 알 수 있다. 그러나 '교육'이라는 하나의 합성어가 쓰인 것은 「맹자」(孟子)의 진심(盡心)편에 이르러 처음으로 보이는 용례임이 고증되고 있다. 진심편의 '군자유삼락'(君子有三樂)장의 글귀로 이것을 확인해 보자.4)

> 孟子曰君子有三樂而王天下不與存焉이니라(맹자왈군자유삼락이왕천하불여존언)
>
> 父母俱存하며 兄弟無故가 一樂也요(부모구존 형제무고 일락야)
>
> 仰不愧於天하며 俯不怍於人이 二樂也요(앙불괴어천 부부작어인 이락야)
>
> 得天下英才而教育之가 三樂也니(득천하영재이교육지 삼락야)
>
> 君子有三樂而王天下不與存焉이니라(군자유삼락이왕천하불여존언)
>
> 맹자께서 말씀하셨다. "군자가 세 가지 즐거움이 있는데, 천하에 왕 노릇함은 여기에 들어 있지 않다.
>
> 부모가 모두 생존해 계시며, 형제가 무고한 것이 첫 번째 즐거움이요,
>
> 위로는 하늘에 부끄럽지 않으며, 아래로는 인간에 부끄럽지 않은 것이 두 번째 즐거움이요,
>
> 천하의 영재를 얻어 교육하는 것이 세 번째 즐거움이다.
>
> 군자가 세 가지 즐거움이 있는데, 천하에 왕노릇함은 여기에 들어 있지 않다." 5)

그러면 이제 중국인들은 교육을 어떻게 보았는가를 밝혀 보자. 「중용」(中庸)에서는 이것을 다음과 같이 간단하고 명료하게 정의하고 있다.6)

> 天命之謂性이요, 率性之謂道요(천명지위성 솔성지위도)

---

4) 이 유명한 구절들 중 得天下英才而教育之의 영역(英譯)을 참고로 들면 다음과 같다. get from the whole kingdom the most talented individuals, and teach and nourish them. Trans. James Legge, *The Chinese Classics*, vol. 2(London: Oxford Univ. Press, 1935), p. 459.

5) 성백효 역주, 「孟子集註」(서울: 전통문화연구회, 1991), pp. 387~388.

6) 중용의 첫 구절의 영역(英譯)은 다음과 같다. What Heaven has conferred is called THE NATURE; an accordance with this nature is called the PATH of DUTY; the regulation of this path is called INSTRUCTION. James Legge, op. cit., vol. 1, p. 383.

修道之謂教이니라.(수도지위교)

하늘이 명하신 것을 성이라 이르고, 성을 따르는 것을 도라 이르고,
도를 닦는 것을 교라 이른다.

성(性)이란 사람이 날 때부터 지니고 있는 본연의 바탕을 말하며,
도(道)는 인간이 걸어야 할 길, 즉 사람이 세상을 살아가면서 언제 어
디서든 크고 작은 무슨 일을 하든 반드시 따라야 할 도리와 이치를
말한다. 도는 외부에서 얻어지는 것이 아니라 자기에게 갖추어져 있
으니, 바로 하늘이 부여한 본연의 성을 따르는 것이다. 이 도를 하나
하나의 교훈, 예절, 법칙, 제도 등으로 구체화시켜 사람마다 각자 실
천하도록 지도하고 계발하는 것이 교(敎)이다. 본연의 성을 따르는 것
이 도이긴 하지만 사람마다 이를 깨우치고 발현하는 것에 차이가 있
기 때문에 먼저 깨우친 성인이 나중에 깨우칠 범인(凡人)을 이끌기 위
하여 도를 마름질하는 것이다. 따라서 교는 사람에게 원래 없었던 것
을 억지로 주입시키는 것이 아니라 저마다 지니고 있는 하늘이 부여
한 본연의 성을 깨달아 발현하도록 계도하고 바로잡는 것이다.[7] 이렇
게 교육작용을 직관적 예지로 풀이한 동양의 옛 성현들의 사색의 과
정에 우리는 놀라움을 금할 수 없다.

이상 우리가 고찰한 바를 요약해 보자.[8]

교(敎)가 교육의 대상인 아동, 즉 피교육자에게 전통적인 문화와
생활기술, 풍습, 습관, 언어활동을 외부로부터 가르쳐 주는 데 대하
여, 육(育)은 아동, 즉 피교육자가 가지고 있는 타고난 소질(생득적
소질), 취미 등에 착안하여, 이것이 바르고 순조롭게 자라나도록 길
러 주는 것을 의미한다. 다시 말하면 교육은 교도(敎導)와 육성(育
成)이 상반되며 그러나 합치되어 비로소 그 가치를 발하는 정(正)·

---

7) 홍승직 역해, 「대학·중용」(서울: 고려원, 1994), pp. 103~105.
8) 왕학수, 「교육학대요」(서울: 정양사, 1960), p. 15.

반(反)의 변증법적 발전의 합(合)의 이치를 내포하고 있는 것이다.

4. 한글에서의 어의(語義)

우리말의 '가르치다'와 '기르다'는 무엇을 뜻하고 있는 것일까? '가르치다'는 물론 알도록 하다, 지식을 지니게 하다, 할 수 있도록 '지도하다' 등을 뜻하며 원래 '가리키다'와 어원이 같았다.[9] 즉 '손가락으로 목표를 지적하다, 말이나 동작으로 무엇이 있는 곳을 알려 주다'는 뜻과 같았다.

우리는 또 '가르치다'의 뜻을 '갈다'와 '치다'의 합성어로 풀이할 수 있다. '갈다'에는 여러 뜻이 있는데, 낡은 것 대신에 새 것으로 바꾼다는 뜻이요, 물건을 닳게 하기 위하여 다른 물건에 문지른다는 뜻이요, 숫돌 같은 데다 문질러서 날이 서게 한다는 뜻이요, 맷돌로 가루를 만든다는 뜻이요, 문질러서 광채가 나게 한다는 뜻이요, 쟁기나 괭이 같은 것으로 논밭의 흙을 파 뒤집는다는 뜻이다. 또 '갈다'는 가려내다, 가리게 하다, 가르다와 어원이 같다. 한편 '치다'는 세게 움직임, 목적물에 닿도록 급한 힘을 줌, 달구어 칼 같은 것을 만듦, 떡메로 두드림, 남을 타박함, 식물의 가지나 잎을 베어냄, 고운 가루를 뽑아냄, 틀거나 엮어 만듦, 길러 번식함, 꿀을 빚음 등을 뜻한다.

한편 '기르다'는 '동물과 식물에 영양분을 주어 그것을 섭취해서 자라거나 목숨을 이어가게 하다, 육체나 정신의 도움이 될 것을 주어 쇠약하여지지 않게 하다'라는 뜻인데, 이것도 '길'과 어원이 같음을 우리는 주목해야 한다. '길'은 통행하는 도로요, 지켜야 할 도리요, 목적을 향하여 가는 도정이요, 빤짝빤짝하게 윤이 나게 함이요, 짐승을 쓸모있게 가르쳐 길들임이요, 그리고 어떤 일에 익숙하게 된 솜씨를

---

9) 이희승 편, 「국어대사전」(서울: 민중서림, 1997), pp. 15~16.

말함이다.

이렇게 우리 한글에서의 '가르치다'와 '기르다'에는 우리가 위에서 고찰해 온 서양어, 한자어에서보다 더 풍부한 내용이 담겨져 있다. 그 뜻을 이제 정리하여 보면, 방향제시, 선별, 분별, 판단, 경작, 연마, 사육, 생성, 제거, 성장이라 할 것이다.

5. 어원에서 본 교육작용의 본질

위의 어원탐색에서 우리는 '교육'이란 작용이 성립되는 데 필요한 대전제를 셋으로 유도할 수 있다. 첫째는 학습자가 지녀야 할 발전가능성이요, 둘째는 교육자가 지녀야 할 교도훈련성이요, 그리고 셋째는 학습자와 교육자의 활동무대가 지녀야 할 인격매개성이다. 진정한 의미의 교육은 두 인격이 하나가 되어 아름다운 목적을 향하여 같이 발전하며 전진해 가는 삶 그 자체를 말한다.

이렇게 볼 때에 교육이란 "공연히 밖에서 안으로 주는 일이 아니고 피교육자 자신 속에 숨어 있는 내적 가능성의, 안에서 밖으로 발전하는 힘을 도와 이끌어 내고, 이를 구체화·현실화·문화화시키는 일"이다.[10] 이런 교육의 뜻을 아주 아름답게 다듬은 사람이 플라톤이다. 그는 조직적인 교육론 「국가」 제 7 권에서 다음과 같이 분명하게 말하고 있다.[11]

---

10) 정종, 「새교육원리」(서울: 정연사, 1960), p. 44.
11) Plato, *Republic*, 박종현 역주(서울: 서광사, 1997), p. 295. Plato, *Republic*Ⅶ, 518 b~d, trans. Allan Bloom, *The Republic of Plato*(Basic Books, 1991), p. 197. "Then, if this is true," I said, "we must hold the following about these things: education is not what the professions of certain men assert it to be. They presumably assert that they put into the soul knowledge that isn't in it, as though they were putting sight into blind eyes." "Yes," he said, "they do indeed assert that." "But the present argument, on the other hand," I said, "indicates that this power is in the soul of each, and that the

소크라테스: "그런데 만일에 이게 진실이라면, 우리는 이것들에 관해서 이렇게 생각 해야만 하네. 즉 교육이란 어떤 사람들이 공언하여 말하는 그런 것이 아니라고 말일세. 그들은 주장하길, 혼 안에 지식(인식: episteme)이 있지 않을 때, 마치 보지 못하는 눈에 시각을 넣어 주듯, 자신들이 지식을 넣어 준다고 하네."

글 라 우 콘: "아닌게 아니라 그렇게들 주장합니다."

소크라테스: "그러나 적어도 지금의 논의는 각자의 혼 안에 있는 이 '힘'(dynamis)과 각자가 이해하는 데 있어서 사용하는 기관(수단: organon)을, 이를테면 눈이 어둠에서 밝음으로 향하는 것은 몸 전체와 함께 돌리지 않고서는 불가능하듯, 마찬가지로 혼 전체와 함께 생성계에서 전환해야만 된다는 걸 시사하고 있네. 또한 이는 '실재' 그리고 그 중에서도 가장 밝은 것을 관상하면서도 견디어 낼 수 있게 될 때까지 해야만 된다는 걸 말일세. 한데, 이것을 우리가 '좋음'(善)이라 말하겠지?"

글 라 우 콘: "네."

교육은 이렇게 지식의 주입이 아니고 이미 주어져 있는 능력을 계발하도록 도와주는 일이다. 이런 생각을 일찍이 밝힌 사람이 소크라테스였다. 교육은 마치 임신부를 도와 아이를 순산하도록 하는 산파에 비유된다면서 그는 교육을 산파술이라 했다. 위에 든 플라톤의 교육관도 바로 그의 스승 소크라테스의 교육관을 이어받은 것이다. 산파술이란 비유에 해당하는 동양의 귀한 말에 줄탁동시(啐啄同時)가 있다. 두 마리의 새가 부리로 동시에 쪼아 새로운 생명을 탄생케 한다

instrument with which each learns—just as an eye is not able to turn to—ward the light from the dark without the whole body—must be turned around from that which is coming into being together with the whole soul until it is able to endure looking at that which is and the brightest part of that which is. And we affirm that this is the good, don't we?" "Yes."

는 뜻이다. 암탉이 알을 품으면 약 20일 만에 거의 병아리가 된다. 이것을 알고 암탉은 밖에서 안으로 알 껍질을 쪼아주고(啄), 이에 맞추어 병아리는 알 안에서 밖으로 쪼아준다(啐). 이렇게 약 3일을 하게 되면 껍질이 자연스럽게 벗겨지고 새 생명 병아리가 태어난다는 아름다운 자연의 신비를 노래한 말이다. 산파술, 줄탁동시 등의 표현은 교학(敎學)이 따뜻한 인격적 작용임을 깊이 깨닫게 하여 주고 있다.

II. 교육의 세 마당

1. 형식교육과 비형식교육

인간의 바람직한 성장·발전이 촉진·전개되는 장소를 교육의 장 또는 교육의 마당(the field of education)이라 한다. 교육의 마당은 아주 넓고 다양하다. 가정, 학교, 사회가 다 교육의 마당이다. 어버이가 회초리로 아이를 타이르는 훈계, 교사가 교과서에 의거해서 조직적으로 지식을 가르치는 수업, 그리고 신문이 사설로 시민의 공중도덕의 함양을 꾀하는 계몽 등, 이렇게 각 교육마당의 방법 또한 다르다.

우리는 교육의 마당을 편의상 형식을 완전히 갖춘 형식교육(formal education)과 형식을 불완전하게 갖춘 비형식교육(informal education)의 둘로 나눈다. 형식을 완전히 갖춘 교육이란 무엇인가? 교육의 3요소(교사·학생·교육내용)가 조직적(의도적·계획적·계속적)으로 작용하여 이루어지는 교육을 말한다. 이런 관점에서 볼 때 학교교육은 형식교육에 속하며, 가정교육과 사회교육 기타 여러 곳에서의 교육은 비형식교육에 속하는 것임을 알 수 있다. 우리는 편의상 교육의 마당을 가정, 학교, 사회의 셋으로 크게 나누어 이것을 교육의 세 마당(three fields of education)이라 하며, 또 학교교육을 형식교육, 그리고 가정교육과 사회교육을 비형식교육이라 한다.

종래 우리는 교육이라 하면 학교교육을 연상할 정도로 학교교육만을 중시하여 왔으나, 최근 문화·사회구조와 경제·생산구조가 밑뿌리로부터 변화를 일으켜, 가정과 사회가 교육적으로 부정적 기능을 크게 나타내면서, 비형식교육의 중요성이 새삼 강하게 인식되기에 이르렀다. 우리나라 헌법의 교육조항에 가정교육을 포함한 사회교육진흥 의무화조항이 신설되었고, 이에 맞추어 사회교육법이 제정(1982. 12. 31)되었다가 후에 평생교육법(1999. 8. 31)으로 개정되었다. 참고로 헌법의 교육조항을 읽어보자.

≪헌법 제31조≫

① 모든 국민은 능력에 따라 균등하게 교육을 받을 권리를 가진다.
② 모든 국민은 그 보호하는 자녀에게 적어도 초등교육과 법률이 정하는 교육을 받게 할 의무를 진다.
③ 의무교육은 무상으로 한다.
④ 교육의 자주성·전문성·정치적 중립성 및 대학의 자율성은 법률이 정하는 바에 의하여 보장된다.
⑤ 국가는 평생교육을 진흥하여야 한다.
⑥ 학교교육 및 평생교육을 포함한 교육제도와 그 운영, 교육재정 및 교원의 지위에 관한 기본적인 사항은 법률로 정한다.

---

2. 가정교육

가정은 혼인, 입양, 혈연으로 결속된 하나의 집단이며, 또 이런 집단의 생활근거가 되는 거점인 생활의 마당이자 교육의 마당이다. 사람은 가정에서 태어나 양육되고 성인이 되어서는 독립된 가정을 만들어 새로운 생활집단과 그 거점을 갖게 된다.

가정의 구조와 기능에는 시대와 사회에 따라 꽤 차이가 보이고, 역사적으로 변천하여 왔지만, 혈연과 사랑으로 묶여진 그 구조적 특성과 자녀의 출산·양육기능은 가정의 가장 특징적이고, 또한 가장 귀한 기능으로 오늘날까지 이어져 왔다. 우리가 많이 들어온 '세 살 버릇 여든까지 간다'는 속담은 가정의 교육적 의의를 잘 나타내는 말이다. 사회학자들은 여러 가지로 가정의 기능을 든다. 그 기능을 소개해 보면 다음과 같다.[12]

① 자녀를 출산하고,
② 자녀를 양육하고 사회화시키며,
③ 아이들을 포함하여 비교적 의지할 곳 없고, 연약하며, 나이가 든 사람들을 보호하며,
④ 성적인 통제기능을 하며,
⑤ 사회계층체제로 구성원들을 위치지우며,
⑥ 가족 구성원들에게 주요한 정서적 지지를 제공하는 기능을 하며,
⑦ 물질적인 보호를 필요로 하는 아이들에게 경제적 협력(의·식·주)을 제공하는 기능을 한다.

이 일곱 가지 기능을 출산·경제·안식·교육의 네 기능으로 압축할

---

12) 이 일곱 가지 기능을 간단하게 표현하면 다음과 같다. ① biological re-production, ② nurturance and socialization of children, ③ protection of those who are relatively helpless, including children, the infirm, and the very elderly, ④ sexual regulation, ⑤ locate its members in the society's stratification system, ⑥ primary emotional support for its members, ⑦ economic cooperation. Richard. P. Appelbaum & William J. Chambliss, Sociology(New York: Harper Collins College Publishers, 1995), pp. 356~358 및 Alex Thio, Sociology(New York: Harper Collins College Publishers, 1996), pp. 339~340 참조.

수도 있다. 이 모든 기능 중에 어느 것이고 귀하지 않은 것이 없다. 그러나 교육적 기능이 그 중에서도 으뜸가는 것의 하나임에는 틀림 없다.

가정에서 배우는 가장 귀한 것은 무엇일까? 우리는 가정에서 부모·형제·자매와의 일상생활을 통해서 가장 기본적인 문화재인 모국어를 배우며, 원만한 대인관계 및 사회관계를 맺는 데 필요한 예의·범절·관습·습관 등을 몸에 익히며, 또 무엇이 옳고 무엇이 그른가를 판가름하는 가치판단의 기준을 익힌다. 그러기에 페스탈로찌는 고전적 명서로 평가되고 있는 「은자의 황혼」(*Die Abendstunde eines Einsiedlers*, 1780)에서 다음과 같이 말하고 있다.[13]

> 좋은 아버지가 된 후에야 좋은 행정관이 될 수 있고, 좋은 형이 된 후에야 좋은 시민이 될 수 있다. 그러므로 가정의 일이 사회·국가의 일에 앞서야 하며, 가정교육이 시민교육에 앞서야 한다.

이와 같은 생각은 동양적인 표현으로는 수신제가치국평천하(修身齊家治國平天下)[14]에 해당하는 것으로, 결코 페스탈로찌 혼자만의 생각은 아니다. 가정이 흔들리면 문화가 흔들리고 사회가 흔들린다. 우리는 인격형성의 터전을 마련하는 가정교육에 보다 깊은 인식을 가져야 하겠다.

3. 학교교육

학교란 일정한 교직원·장소·건물·설비를 갖추고 일정한 교육과정에 의하여 전문적인 지식을 계속적으로 가르치며 배우는 곳이다.

---

13) Paul Baumgartner 편, 「페스탈로찌 전집」, 제 4 권(Zürich: Rotapfel Verlag, 1946), S. 152.
14) 「大學」.

어느 나라를 막론하고 학교를 통해서 사회·국가·인류에 기여할 수 있는 인간을 양성하고자 노력하고 있으며, 특히 선진국들은 10년 전후의 의무교육을 국민 모두에게 과하고 있다. 문화가 발달하고 국력이 강해질수록 학교 진학률도 높아지고 재학기간도 길어진다.

학교란 무엇이며 무엇을 배우는 곳인가? 그 역사로 보면 서양에 비해 결코 뒤지지 않는 우리나라의 선현들은 이 물음에 어떤 답을 갖고 있었던가? 퇴계와 율곡의 글에서 이것을 찾아보자.

퇴계는 '유사학사생문'(諭四學師生文)에서 이렇게 말한다.[15]

> 학교는 풍속과 교화의 본이며, 모범을 세우는 곳이요, 선비는 예의의 주인이고, 원기가 붙어 있는 곳이다. 국가에서 학교를 설립하여 선비를 양성하는 것은 그 뜻이 매우 높으니, 선비가 입학하여 자기를 수양함에 있어서 어찌 구차스럽게 천하게 하고 더러운 행동을 할 수 있겠는가. 더구나 스승과 제자 사이에는 마땅히 예의로써 서로 솔선하여 스승은 엄하고 제자는 공경하여 각각 그 도리를 다할 것이다. 엄하다는 것은 서로 사납게 하는 것이 아니고, 공경한다는 것은 굽힘을 받는 것이 아니며, 각각 예를 주장함인데, 예의 행함에는 또 의관의 정제와 음식의 절차와 읍양(揖讓)·진퇴(進退)의 법칙에 벗어나지 않을 따름이다. 옛날 사람은 예절을 하루도 폐할 수 없음을 알기 때문에, 그 말에 이르기를, "한 번 예절을 잃으면 금수가된다" 하였으니, 어찌 깊이 두려운 일이 아니겠는가?

퇴계에 의하면 학교는 한 나라의 문화의 본산이며, 그 문화 중에서도 가장 귀한 예(禮)와 의(義)를 엄격한 규율과 절차에 의해서 배우고 익히는 곳이며, 선비라는 이상적 인간상을 갈고 닦는 곳이었다. 비록 퇴계의 학교관이 유교의 계층윤리의 테두리를 벗어나지 못한 흠은 있

---

15) 민족문화추진회, 「국역 퇴계집」 I (서울: 경인문화사, 1977), p. 437. 學校風化之原, 首善之地, 而士子禮義之宗元氣之萬也, 國家設學而養士基意甚隆, 士子入學以自養, (중략) 師嚴生敬各盡其道, (중략)

지만, 학교를 문화의 조직적 계승기관으로 본 데에는 경의를 표하지 않을 수 없다. 학교가 갖는 이 기능은 현대에 와서도 가장 존중되고 있는 것이기 때문이다.

율곡은 '학교모범'(學校模範)에서 이렇게 말한다.[16]

> 하늘이 뭇 백성을 내시매 사물이 있으면 법칙도 있다. 천부(天賦)의 거룩한 덕을 그 누가 타고나지 않았을까마는, 사도(師道)가 끊어지며 교화가 밝지 못한 까닭에 진작 시킬 수가 없었다. 그래서 선비의 습속이 야박해지고 양심이 마비되어, 다만 명예만을 숭상하고 실행에는 힘쓰지 않아서, 위로는 조정에 인재가 모자라 벼슬에 빈 자리가 많으며, 아래로는 풍속이 날로 퇴폐하고 윤리가 날로 무너져 없어지고 있다. 생각이 여기에 이르매 참으로 한심한 노릇이다.
>
> 이제 지난 날의 물든 습속을 일소하고 선비의 기풍을 크게 변화시켜 보려고, 선비를 가려뽑고 가르치는 방법을 다하여서 성현의 모훈(謨訓)을 대략 본받아 「학교모범」을 만들어서, 여러 선비들로 하여금 몸을 가다듬고 일을 처리해 나가는 규범을 삼게 하는 바이다. 모두 16조이니, 제자된 자는 진실로 마땅히 지켜 행하여야 되고, 스승된 자는 더욱 이것으로서 먼저 제 몸을 바로 잡아 이끄는 도리를 다하여야 할 것이다.
>
> 첫 번째는 뜻을 세움이니, 배우는 자는 먼저 뜻을 세워야 하며 도로써 자신의 임무를 삼아야 한다. (중략)

율곡에 의하면 학교란 천부(天賦)의 덕을 16가지 준칙을 지키면서 갈고 닦아, 안으로는 인격을 도야하고 밖으로는 국가에 필요한 인재를 양성하는 곳이며, 스승과 제사가 엄히 예로 대하면서 선현들의 귀중한 진리와 지혜의 말씀을 조석으로 음미하고, 나아가서 문화를 발전시키는 원동력이 되어야 할 곳이었다. 율곡이 든 16조에 이르는 준

---

16) 한국정신문화연구원, 「국역 율곡전서」 Ⅳ(성남: 한국정신문화연구원, 1996), pp. 122~128.

칙을 열거하면 다음과 같다.

① 뜻을 세우는 입지(立志).
② 배움을 향하여 몸가짐과 행위를 바로잡는 검신(檢身).
③ 소학·근사록·사서·오경 등을 읽는 독서(讀書).
④ 말을 삼가는 신언(愼言).
⑤ 외물의 유혹을 받지 않도록 마음을 바로잡는 존심(存心).
⑥ 어버이를 섬기는 사친(事親).
⑦ 스승을 섬기는 사사(事師).
⑧ 벗을 가리는 택우(擇友).
⑨ 가정생활에서 윤리를 다하는 거가(居家).
⑩ 남을 대할 때 예의를 지켜 사람을 응접하는 접인(接人).
⑪ 과거에 응시하는 응과(應科).
⑫ 의리를 지키는 수의(守義).
⑬ 충직함을 숭상하는 상충(尙忠).
⑭ 공경을 돈독히 하는 독경(篤敬).
⑮ 학교에 거처하여 학령에 따르는 거학(居學).
⑯ 유생이 학당에 모여 강론하고 의논하는 독법(讀法).

퇴계와 율곡은 학교의 성격과 기능을 이렇게 세밀하게 논하였다. 우리는 이제 현대적 언어로 학교의 의의를 정리할 단계에 이르렀다. 첫째, 학문·예술 등 기본적 문화유산에 접하며, 둘째, 각자의 적성과 능력을 객관적으로 발전·도야함으로써 인격을 도야하고 사회에 공헌하며, 셋째, 원만한 인간관계를 유지하고 나아가서 공공사회에 기여할 수 있는 시민적 자질을 육성하는 곳이다.[17]

---

17) 피닉스는 학교의 필요성을 문화의 전달을 위한 분업적 전문성(specialization), 조직적 교육을 위한 효율성(efficiency), 인간의 사회화(socialization), 문화의 보존과 계승(cultural conservation and transmission), 그리고 아이들을 지역사회와 접하게 하는 일(transition from family to community)로 들고 있다. Philip H. Phenix, *Philosophy of Education*(New York: Holt, Rinehart and Winston,

4. 사회교육

사회교육은 대체적으로 학교교육 이외에서 실시되는 의도적이고 조직적인 교육활동으로 지칭되고 있다. 그러나 그 주된 대상에 누구를 포함시키느냐에 따라서는 학자마다 다소 다르게 정의되고 있다. 즉 사회교육은 그 주장하는 학자에 따라서 한편으로는 그 주된 대상이 유아, 청소년, 성인, 그리고 노인 등을 포함해서 학교 외에서 실시되는 조직적이고 계속적인 교육활동의 총체로 정의되고 있기도 하고, 다른 한편으로는 학교 외 청소년과 성인을 주된 대상으로 실시되는 조직적인 교육활동으로 정의되고 있기도 하다.[18] 전자처럼 광의로 사회교육을 규정하는 것은 현재의 평생교육법 전신으로 1982년에 제정된 사회교육법 제 2 조에서 살펴볼 수 있다. 즉 사회교육을 "다른 법률에 의한 학교교육을 제외하고 국민의 평생교육을 위한 모든 형태의 조직적인 교육활동"이라고 명시하고 있다.

사회교육의 개념에 대해서는 이렇게 아직 논의가 많으나 여기에서는 일단 좁은 개념으로 이해하고 넘어가기로 하자. 사회교육이 교육의 세 마당 중에서 가정과 학교를 제외한 사회적 시설에 의한 교육이라고 할 때 이제 이것을 간략하게 볼 것이다.

≪종교기관≫ 일정한 종교를 믿는 사람이 모여 예배를 드리고 설교나 설법을 듣는 장소나 조직을 일컫는다. 사교(邪敎)는 예외이지만, 모든 고등종교는 하나같이 이 우주는 하나의 뜻 또는 도리에 의해 창조되거나 진행되며, 따라서 모든 존재 혹은 생명에 독자적인 존재의의가 있고, 모든 인류는 믿음 또는 깨달음에 의해 구원을 받을 수 있

1958), pp. 26~30.
18) 정우현 외 2인, "사회교육법 및 학원관련법령개정에 관한 연구," 교육부 정책연구 보고서(1994), p. 5.

다고 밝힌다.

그러기에 우리는 종교를 통해서 인류의 앞날에 희망을 가지며, 인류가 공동운명체적인 존재임을 깨우침받는다. 특히 오늘날 물질문명의 독주적인 발달은 심각한 공해와 전쟁의 문제를 대두시켰고 이로 인해 인류의 앞날에 어두운 그림자를 드리우고 있다. 또 소비문화의 팽배는 사람들의 정신생활에 커다란 구멍을 뚫어놓게 되었다. 이런 시대에 우리에게 가장 필요한 것이 종교적 감각으로 삶을 점검해 보는 자세다. 종교란 쉽게 말하면 "관계를 정립함으로써 삶을 오리엔테이션하는 활동"이며,[19] 이를 통해서 우리는 깊이 있는 존재의 의미를 찾고 모든 생명의 존귀성을 깨달을 수 있다.

≪박 물 관≫ 박물관이란 역사·예술·민속·산업·과학 등 고고학 자료, 미술품, 기타 학술적 자료를 수집하고 보관·진열하여 일반 민중이 전람할 수 있도록 하는 시설을 말한다. 우리 속담에 '백문이 불여일견'(百聞不如一見)이라는 말이 있다. 이와 같은 말처럼 우리는 경주박물관이나 민속박물관 등에서 역사적 유물을 눈으로 직접 봄으로써 말로만 듣거나 책으로만 보던 것보다 훨씬 많은 흥미를 유발하게 되고 단단한 지식을 얻게 되는 것이다.

박물관의 독자적인 교육적 의의는 이처럼 실물에 의거하여, 체험을 통해 문화 및 학술상의 지식과 교양을 얻을 수 있는 일반대중을 위한 사회교육기관이라는 것이다.[20]

≪도 서 관≫ 도서관이란 도서를 모아 놓고 일반인에게 교양향상과 생활문제 해결을 위한 참고자료를 얻을 수 있게 만들어진 일종의

---

19) 종교는 "내가 어디에서 왔고, 나는 무엇 때문에 살며, 나는 어디로 가고 있는가?"라는 물음에 대답하려는 것이기에 하이데거의 지적대로 인간은 종교를 가질 수밖에 없는 존재다. Gerhard Bergmann, *Was habe ich vom Glauben*(Stuttgart: Hänssler Verlag, 1976), S. 7.
20) 두산동아 백과사전연구소 편, 「두산세계대백과사전」, 제11권(서울: 두산동아, 1996), p. 397.

사회교육기관이다. 근래에 와서는 도서의 개념이 퍽 넓혀져 언어적·도상적(圖象的)·음향적으로 기록된 지적 문화재를 총칭하게 되었고, 현대적 도서관은 이런 광의의 도서를 망라해서 수록해 둔 곳으로 되어 가고 있다. 도서관의 역사는 인류문화의 역사와 더불어 장구하다 할 것이다. 옛날의 도서관은 왕조의 기록이나 경전·고전을 소장한 것으로 일반인의 이용도는 극히 제한된 것이었다. 그러나 현대의 도서관은 모든 문헌·기재를 조직적으로 망라하여 소장한 곳으로 일반인에게 널리 공개되어 있기에 일반인의 이용도가 대단히 높고, 따라서 그 교육적 의의도 대단히 커졌다.

도서관의 독자적인 교육적 의의는 각자의 취미·적성·능력에 알맞는 영역이나 과정을 자율적으로 계속 연구할 수 있는 데에 있다.

≪직 장≫ 우리는 하루 24시간 중에 8시간 이상을 직장에서 보낸다. 이처럼 직장은 우리 삶에 큰 비중을 차지하며 그 영향도 크다. 직장이란 일정한 직업을 가지고 일을 계속하는 회사, 관청, 공장, 농장 등을 가리키는 말이며, 직업에는 크게 세 가지 뜻이 있다. 첫째는 생계유지에 필요한 보수를 얻기 위함이며, 둘째는 일정한 사회적 기능의 분담 또는 사회적 역할을 수행하기 위함이며, 셋째는 그 직업을 통해서 각자의 개성실현을 기하기 위함이다. 그러기에 모든 인간에게 마땅히 직업이 주어져야 하며, 따라서 노동의 권리와 문화생활 유지권은 법적으로 보장되어야 하는 것으로 인식되기에 이르렀다. 모든 직업을 하나님이 주신 것으로 받들고 귀하게 여기며, 이것을 하나님과 이웃에 대한 봉사로 여기는 직업성소관(職業聖召觀)은 막스 베버가 프로테스탄트의 윤리로 가장 높이 평가한 것이었다.[21]

직장의 교육적 의의는 어디에 있는가? 우리는 직업수행을 통해서

---

21) 직업을 뜻하는 독일어의 Beruf, 영어의 calling은 하나님이 과업으로 인간에게 위탁한 종교적 개념이다. Max Weber, *The Protestant Ethic and the Spirit of Capitalism*, trans. Anthony Giddens(London: George Allen & Unwin, 1976), p. 79.

자신이 사회적으로 유용한 역할을 담당하고 있다는 보람을 느끼며, 직장 안의 여러 사람들을 통하여 원만한 인간관계나 사회관계를 배우며, 자기 개성과 능력에 맞는 영역을 실제활동과의 관련에서 계속 연수함으로써 자신을 발견하고 자아를 실현하며, 나아가 자연을 접함으로써 자연의 신비, 창조의 아름다움을 대하고, 자신의 작은 작업을 완전하고 성실하게 수행함으로써 생산·창조의 기쁨을 맛볼 수 있다.

≪여 행≫ 여행이란 볼 일이 있거나 여가를 즐길 목적으로 다른 고장, 다른 나라에 오가는 일이라 하겠다. 따라서 일정한 장소를 계속적으로 접하는 교육의 마당은 아니라 할지라도 인간형성에 큰 영향을 미치는 것이다. 루소가 「에밀」의 끝 부분에서 에밀에게 외국여행을 시키고, 페스탈로찌가 교육의 역사상 최초로 어린이와 더불어 단체수학여행을 한 이유가 여기에 있다. 여행은 자라나는 아이에게는 물론이요 성인들에게도 아주 값진 것이다. 영국 속담에 "널리 여행하면 현명해진다"라는 말이 있다. 이는 여행의 교육적 의의를 잘 나타내는 말이다.

우리는 여행을 통해서 자신과 자신의 것을 남과 남의 것과 객관적으로 비교함으로써 자신 및 자신의 것을 올바르게 인식하게 되며, 그림이나 귀로만 듣던 일들을 자기 몸 전체로 확인함으로써 간접경험을 직접경험화할 수 있다. 또 자신의 일상적인 생활의 틀에서 잠시 벗어나 고독과 자유를 즐기면서 자기 삶의 안과 밖을 정리해 볼 기회를 가지며, 동시에 서먹서먹한 객지생활의 새로운 환경에 부적응현상을 계기로 하여 나의 아늑한 가정·고장·사회·민족·국가에 대한 애경(愛敬)과 그리움을 새로이 하며, 또 자신이 몰랐던 새 세계, 새 천지를 알게 됨으로써 자신을 확충한다. 그러기에 "젊어서의 고생은 사서도 한다"든가, "귀여운 자식에게는 여행을 시키라"는 속담도 나오게 되었다. 가까운 예로 등산을 들어 보자. 우리는 등산을 통해 땀과 인내의 보람, 자연의 신비와 아름다움, 자일 하나로 서로의 생명을 연결하는 우정, 그리고 이 구석 저 구석의 특수한 풍물과 경제를 알 수 있다.

≪신문·잡지≫　신문·잡지는 새 소식을 신속하게 전하며, 독자의 교양을 높이는 글을 소개·게재하고, 사회의 정의실현을 위하여 시사적인 비판을 가하며, 또 일상생활에 지치고 시달린 사람들에게 오락·휴식의 기회를 제공하는 정기 간행물이다. 특히 시간에 쫓기어 사는 현대인에게 신문·잡지가 주된 '문화재'가 되어가고 있음은 극히 주목해야 할 일이다. 그러기에 우리는 확고한 자신의 생각과 시각을 확보하지 못한 채, 수동적으로 남의 눈으로 사실을 판단하고, 남의 입으로 남을 비판하고, 다이제스트식 해설로 얄팍한 교양인이 되고, 또 상황의 일면만을 과장해 그려낸 만화에 웃으면서, 무의식 중에 신문·잡지의 피조물이 되어가고 있지는 않은지 늘 자신을 경계해야 한다.

신문·잡지의 교육적 의의는 어디에 있는가? 그것은 물론 신문·잡지의 기능들, 즉 4대 기능이라고 불리우는 ① 신속한 뉴스의 전달, ② 교양 향상, ③ 공정한 비판, ④ 건전한 오락에서 찾을 수 있다. 그러나 한편으로는 이것들이 우리들 자신의 생각과 눈을 빼앗아갈 수도 있다는 것을 늘 경계해야 한다.

≪영화·연극≫　번화한 거리에는 영화관·극장·술집·상점 등이 있다. 우리는 마음에 여유가 있거나 울적할 때 번화가를 찾는다. 이 때에 대개 최소한 이 넷 중의 하나에 들리기 마련이다. 우리는 특히 영화나 연극에 큰 매력을 느낀다. 왜냐하면 그 곳에는 우리가 몰랐던 새로운 세계가 전개되기 때문이다.

영화나 연극의 독자적인 교육적 의의는 어디에 있는 것일까? 그것은 종합적 예술이라는 데 있고, 짧은 시간에 많은 것을 손쉽게 배울 수 있으며, 피로한 몸과 마음을 풀 수 있고, 상상의 세계, 그러나 리얼하기도 한 세계에 접할 수 있는 데에 있다. '사운드 오브 뮤직'이나

'전쟁과 평화', 그리고 '금지된 장난' 등은 몇 번 보아도 질리지 않고, 그 때마다 감동을 새로이 한다. 그런데 비교적 고상한 오락산업에 속한 영화·연극이 TV와 마찬가지로 최근 저속화되고 있음은 애석해마지 않을 일이다.

≪방송·TV·인터넷≫ 전자공학의 발달로 급속하게 발달·보급된 것이 방송·TV·인터넷이다. 방송·TV·인터넷은 신문·잡지·영화·연극이 지니는 특성과 그 교육적 의의 그리고 동시에 한계점을 두루 지니고 있다. 그러나 다른 점이 몇 가지 있다. 그것은 시청자의 시간적 부담의 경감성, 보도내용 선택의 부자유성, 보도속도의 동시적 전달성이다. 바로 이런 특성 때문에 우리는 방송·TV·인터넷을 더 많이 시청하게 되며 그 영향을 아주 크게 받게 된다. 우리는 안방에서 밥을 먹으면서, 일을 하면서, 아이의 숙제를 돌보아주면서, 가계부를 정리하면서, 술을 마시면서, 심지어는 아이를 훈계하면서도 방송·TV·인터넷을 접하고 있는 것이다!

이른바 전파매체의 동시성·속보성·대중성을 잘 이용하면 교육에 큰 공헌을 할 것이지만 잘못 쓰인다면 시청자의 사고력과 판단력을 마비시킬 우려가 짙은 것들이다. 우리는 방송·TV·인터넷이 자칫 일방통행성으로 획일적인 인간유형을 만들어 낼 우려가 있다는 것을 늘 명심해야 하겠다.

5. 교육 세 마당의 비중 변천

문자가 없고 문화유산이 적었던 원시·고대사회에서 미성년자의 교육은 성인들의 생활양식·생활기술의 모방과 일상생활을 통한 무의식적·무의도적인 인격적 감화가 거의 전부였기에 가정교육이 가장 큰 비중을 차지하였다. 그러나 중세·근대에 와서는 문화유산이 많이 축적되고 경험내용이 복잡해지고, 또 생활기술이 고도로 분화·발달되었기 때문에 문화의 효율적인 전달·계승기관으로 형식적 학교교육이 가장 큰 비중을 차지하였다. 그러나 현대에 이르러서는 학문의 세분화, 지식의 폭발적 증가, 교통기관의 발달, 매스미디어의 급속한 보급, 평생교육이념의 대두 등으로 사회교육의 중요성이 가정교육, 학교교육 못지않게 깊게 인식되어 가고 있다. 이리하여 가정교육, 사회교육이란 넓은 의미로의 사회교육을 이제 어떻게 '형식화'해서 교육을 확충하느냐의 문제가 '평생교육'이란 구호 밑에 큰 시대적 과제로 요청되고 있다. 이런 뜻에서 앞으로의 교육학은 미성년자를 주요대상으로 했던 '어린이교육학'(pedagogy)에서 벗어나 어른까지 그 대상을 확대한 '성인교육학'(andragogy), 나아가서 노인인구의 증가를 감안하면 '노인교육학'(gerontagogy)도 되어야 할 것이다.22)

---

22) pedagogy는 앞서 본 바대로 그리스어로 pais(어린이)와 agō(이끌다)의 합성어이고, andragogy는 aner(사람), gerontagogy는 geron(노인)에서 나온 말이다. 이런 논의는 다음 문헌에 잘 전개되어 있다. W. Klafki et al., *Erziehungswissenschaft* 3(Frankfurt am Mein: Fischer Verlag, 1972), S. 237.

Ⅲ. 교육학의 대상과 방법

1. 교육학의 연구대상

모든 학문이 다 제각기 고유한 연구대상과 연구방법을 가지고 있다. 예를 들면 물리학이나 화학은 실험이나 관찰이라는 방법으로 공히 물질의 변화과정에 존재하는 보편적 법칙을 발견하는 학문이다. 그러나 물리학은 그 대상이 주로 양적 변화에 있고 화학의 대상은 질적 변화에 있다고 할 수 있다. 수학은 삼단논법 등의 형식적 논리로 수 및 공간의 성질을 연구하는 학문이요, 철학은 이성적 사유로 자연과 인생의 구체적인 현실의 밑바탕을 지배하는 근본원리를 탐구하는 학문이다. 이 자리에서 우리가 주의해야 할 것은 그 대상과 방법이 '고유'하다 함은 결코 '텃세'처럼 배타적이라는 뜻이 아니다. 예를 들면 수와 공간의 성질은 수학뿐만 아니라 물리학의 주요 관심일 수도 있고, 또 형식논리는 수학뿐만 아니라 철학의 방법론에도 있기 때문이다.

그렇다면 교육학은 무엇을 대상으로 어떠한 방법으로 연구하는 학문인가? 우선 우리나라의 대표적인 교육학사전으로 이것을 간단하게 살펴보자.

> **교육학, 敎育學, education, pedagogy, science of education** 교육의 현상과 행위에 관한 학문적 탐구과정과 그 과정을 통해 획득된 지식의 체계를 통칭한 말[23]

> ≪교 육 학≫ 교수와 학생의 통제 및 지도의 원리와 방법에 관련된 체계화된 이론이나 교설(敎說), 크게는 '교육'과 대치될 수 있다.[24]
> ≪교　　육≫ 사람이 그가 속하는 사회에서 능력과 태도를 도야하고, 바람직한 가치를 지닌 행동 등을 익혀가는 모든 과정의 총화.[25]

2. 교육학의 연구방법

이처럼 교육학은 그 연구대상이 교육의 현상과 행위이다. 그러면 그 방법에는 어떤 것이 있는가?

> **교육과학, 敎育科學, science of education** (중략) 관찰에 의하여 일반화된 설명의 원리나 법칙을 발견하고 논리적으로 체계화 (중략)

이 글에서 우리는 교육학의 방법이 관찰을 토대로 하여 발견한 원리를 논리적으로 체계화한다는 표현에 주목해야 한다. 왜냐하면 이러한 방법론은 비단 교육학뿐만 아니라 모든 과학이 다 받드는 과학적

---

23) 서울대학교 사범대학 교육연구소 편, 「교육학용어사전」(서울: 하우, 1994), p. 130.
24) Carter V. Good ed., *Dictionary of Education* (New York: McGraw‒Hill, 1973), p. 412. the systematized learning or instruction concerning principles and methods of teaching and of student control and guidance; largely re‒placed by the term education.
25) Ibid., p. 202. the aggregate of all the processes by means of which a person develops abilities, attitudes, and other forms of behavior of positive value in the society in which he lives.

방법이기 때문이다. 여기에 교육학의 애로가 있다. 즉 수학처럼 형식 논리를 주로 해서, 또 화학처럼 관찰이나 실험을 주로 해서는 교육학을 할 수 없다는 말이다. 그 이유는 어디에 있는가? 그 연구대상이 인문과학, 사회과학, 자연과학의 전 영역에 걸치는 교육현상 및 교육행위이기에 종합과학적 방법론으로밖에 접근할 수 없는 착잡하고도 광활한 것이기 때문이다. 따라서 우리는 교육학의 연구방법론을 크게 과학적 방법이라 말할 수밖에 없다.

그러면 과학적 방법이란 보다 구체적으로 무엇인가? 그것은 크게 다음 셋을 말한다. 첫째는 현실의 개개 현상 뒤에 공통적으로 지배하는 법칙을 구하는 자연과학적 귀납법(inductive method)이요, 둘째는 형식논리로 정립한 보편적 법칙 또는 전제로부터 특수한 법칙을 유도해 내는 논리적인 연역법(deductive method)이요, 셋째는 어떤 한두 가지 현실적 현상을 계기로 하여 그 밑바탕에 있는 원리나 법칙을 사색의 도움으로 탐구해 내는 환원법(reductive method)이다. 근대의 모든 과학은 그 고유한 연구대상에 가장 알맞는 방법을 이 셋 중에서 적당하게 택하여 왔다. 그런데 교육학은 앞서 본 바와 같이 그 연구대상이 착잡하고 광활하여 종합과학적 성격을 띠기에 그 연구방법도 위의 세 방법을 다 쓸 수밖에 없었다. 이러한 사정은 교육학처럼 종합과학인 의학이나 농학에서도 마찬가지다.

3. 교육학의 세 계보

유독 교육에 대해서는 누구나 다 일가견을 갖고 있다는 비웃음도 받아온 상식으로서의 교육학을 학문으로서의 교육학으로 발전시키는 데는 어려운 난관들을 극복해야만 했다. 교육학의 역사상 획기적인 사건은 칸트의 교육학 강의 개설이었다. 그는 대학의 역사상 최초로 교육학을 강의과목으로 개설한 사람이며, 1776년 겨울학기부터 네 번에 걸쳐 이를 강의하였고, 그 결과는 1803년 「칸트의 교육학」 (*Immanuel Kant über Pädagogik*)으로 나타났다. 그는 그 강의의 첫머리를 다음과 같은 유명한 말로 장식하고 있다.[26]

> 인간은 교육을 필요로 하는 유일한 동물이다. 교육이란 무엇인가? 그것은 양육(어린이의 간호와 생육), 훈련, 그리고 문화를 익히는 일을 포함하는 교수로 이해되어야 한다. 교육에 의해서 인간은 차례로(양육을 필요로 하는) 젖먹이에서(훈련을 필요로 하는) 어린이가 되고 드디어(교수를 필요로 하는) 학생이 된다.

이 말에 이어 그는 그 방법이 그의 천성을 해치지 않는 자연스러운 것이 되어야 한다고 말하고 있다. 그가 첫머리에서 되풀이 강조하고 있는 사상은 인간은 교육의 산물이며, 그러기에 인간이 유일한 교육적 동물이란 개념이다. 교육학을 학문적으로 체계화하려고 노력한 최초의 학자는 칸트의 제자인 헤르바르트(J. F. Herbart, 1776~1841)였다. 그는 교육의 목적은 윤리학에서, 그리고 방법은 심리학에서 구하면서 교육의 전과정에 대한 이론을 사변적으로 전개하였다. 그것이 「일반교육학」(*Allgemeine Pädagogik*, 1806)이다. 이 대저(大著)에는 '교육의 목적에서 유도된'이란 부제가 붙어 있다. 그러면 그가 생각한 교육의

---

26) Immanuel Kant, *Education*(Ann Arbor: The University of Michigan Press, 1971), p. 1. Man is the only being who needs education. For by education we must understand nurture(the tending and feeding of the child), dis‐ cipline, and teaching, together with culture. According to this, man is in succession infant(requiring nursing), child(requiring discipline), and schol‐ ar(requiring teaching).
참고가 될 듯해서 이 유명한 구절의 독일어 원문을 소개한다.
Immanuel Kant, *Über Pädagogik*, herausgegeben von D. Friedrich Theodor Rink, Cassirer 판 「칸트전집」 제 8 권(Königsberg: Friedrich Nicolovius, 1803), S. 457. Der Mensch ist das einzige Geschöpf, das erzogen werden muß. Unter der Erziehung nämlich verstehen wir die Wartung(Verpflegung, Unterhaltung), Disziplin(Zucht) und Unterweisung neben der Bildung. Dem zufolge ist der Mensch Söugling, — Zögling, — und Lehrling.

목적은 무엇이었던가? 인간의 품격형성이었다. 다른 작은 목적들은 다 이 크고 궁극적인 목적을 위한 것이다. 그래서 그의 교육학은 어린이에게 윤리적 감각을 일깨워 주는 것을 주된 목적으로 전개된다. 사실 그는 이 책의 제1편 교육의 일반적 목표의 제1장 아동의 관리에서 이렇게 말하고 있다.[27)]

> 의지를 갖지 않은 채로 어린이는 이 세상에 태어난다. 따라서 어린이는 어떤 도덕적 관계에 대해서도 무능하다. 그러므로 어버이들은(일부는 자신들의 자유의지에 따라서, 일부는 사회의 요구에 따라서) 어린이를 마치 하나의 물건처럼 자유롭게 다룰 수 있다.

윤리적 품성도야라는 목적 실현을 위해 어린이는 관리되고 교수되고 훈육되어야 한다는 게 그의 교육학의 목적이다.

이런 사변적 교육학이 독일을 중심으로 전개되어 왔는데, 이에 반기를 들고 나선 사람이 프랑스의 사회학자 뒤르껭(E. Durkheim, 1858~1917)이다. 그는 교육현상이 시대와 민족에 따라서 다르다는 데 착안하여 교육사실의 가치중립적인 기술·분류를 통하여 교육의 법칙을 포착하려 하였고, 이런 자신의 객관적·실증적 방법에 의한 교육학을 '교육의 과학'(Science de l'éducation)이라 했다. 이리하여 교육의 본질·목적·방법·제도·행정의 원리를 규범적으로 미리 정하고 들어간 종래의 전통적인 '교육학'(Pädagogik)에 대하여, 교육을 사회적·역사적 사상(事象)으로 보고 그 성질 및 기능을 가치중립적으로 연구하는 새로운 '교육과학'(Erziehungswissenschaft)이 탄생하였다.

이후 생각을 달리하는 여러 학자에 의해 여러 계보의 교육학이 부상하였는데 이것을 크게 다음 셋으로 분류하여 그 특성을 명쾌하게 밝힌 사람은 프리샤이젠쾰러(M. Frischeisen-Köhler, 1878~1923)였다.

---

27) J. F. Herbart, *Allgemeine Pädagogik aus dem Zweck der Erziehung abgeleitet 1806*(Hamburg: Verlag von Leopold Voss, 1891), S. 21.

첫째는 이상적 상태를 선험적으로 설정하고, 이 기준에 의해서 교육의 모든 문제를 해결하려 드는 비판적 교육학(critical pedagogy)이며, 둘째는 자연적 상태를 실험적 방법으로 연구하여 교육의 문제에 응용·적용시키는 경험적 교육학(empirical pedagogy)이며, 셋째는 이상과 자연과의 조화를 이룩하고자 형이상학적 근거와 직관적 예지로 교육문제를 접근한 사변적 교육학(speculative pedagogy)이다. 다음에 이 세 계보의 아이디어를 보다 자세히 살펴보자.

비판적 교육학은 경험계와 초월계를 엄격하게 구별하는 이원적 세계관 위에 서서 가치와 존재, 당위와 필연을 구별하고, 정신의 자발성을 근거로 하여 가치성 및 당위성으로 존재성과 필연성을 높이려한 교육학이며, 그 대표자는 플라톤, 칸트, 나토르프 등이다.

경험적 교육학은 현실적 세계와 감각적 세계를 보다 중시하는 세계관 위에 서서, 아동·청년·사회 등의 여러 현상을 비교·관찰·조사·실험·연구하여 인간의 사회에의 적응과정을 돕는 기능을 강조하는 교육학이며, 그 창시자는 공리철학자로 불리우는 스펜서이고, 듀이, 브루너, 스키너 등 미국의 거의 모든 교육학자는 이 계보에 속한다 할 수 있다.

사변적 교육학은 이상과 자연, 정신과 육체의 변증법적 조화·통일을 인간의 의지와 능력으로 실현시킬 수 있다는 낭만적인 세계관 위에 서 있는 교육학이며, 그 대표자는 괴테를 비롯하여 슐라이어마허, 헤겔 등이다.

위에서 본 바와 같이 교육학은 영원한 수수께끼인 인간의 발전에 관련된 교육현상을 다양한 방법으로 연구하는 학문이다. 그러기에 우리는 그 대상과 방법이 어느 한쪽에 기우는 일이 없도록 늘 경계해야 한다.

4. 교육학의 연구분야

교육학의 연구분야는 어떤 교육현상을 어떤 시각으로 다루느냐에 따라서 많이 갈라진다 할 것이다. 이를 크게 나누면, 교육철학(교육원리), 교육사학(한국, 동양, 서양), 교육사회학, 가정교육학, 학교교육학, 사회교육학, 특수교육학, 교육과정학, 교육방법학, 교육공학, 교육심리학, 비교교육학, 교육행정학, 교육경제학, 교육법학, 교과교육학 등이다.

그러나 이런 분류는 어디까지나 편의상의 것이며, 교육현상을 보는 시각 혹은 입장에 따라서는 달리 표현될 수 있다. 사실 이것을 크게 여섯으로 보는 입장도 있다.[28] 즉, 제 1 층의 교육이론, 가장 기본적인 교육이론 분야는 교수이론으로서 교육의 세 구성요소인 교사−교육내용−학생의 상호작용 영역에서 구성되어야 하며, ① 교사·교수행동이론, ② 교과이론, ③ 학생·학습이론이고, 제 2 층의 교육이론은 교육상황이론으로서, ④ 학교환경이론, ⑤ 사회환경이론이며, 제 3 층의 교육이론은 소정의 교육목표 달성에 관한 것으로서, ⑥ 교육목적·평가이론이다. 이러한 모형에 입각한 이론 구분은 교육학의 '지도'(地圖)이며, 나머지 분야의 학문영역은 '교육주변학'이라 말할 수 있다. 저자는 이것을 ① 교육목적론, ② 교육내용론, ③ 교육방법론, ④ 교육체제론, ⑤ 교육연구론의 다섯으로 생각한 바 있다.[29] 이런 문제와 관련해서 우리에게 귀중한 시사를 던지는 명저가 듀이의 「민주주의와 교육」(J. Dewey, *Democracy and Education*, 1916)이다. 여기에는 교육의 큰 논제가 무려 26개로 나뉘어 있는데, 사실 이 하나하나의 논제가 교육학의 연구분야라고 말할 수도 있다.[30]

---

28) 정범모, 「교육과 교육학」(서울: 배영사, 1994), pp. 275~276 참조.
29) 김정환, 「교육철학」(서울: 박영사, 1995), p. 27 참조.

본서의 제목은 교육학개론이며 그 부제는 교육의 본질과 과제다. 이 책에서 의도하는 것은 무엇인가? 교육학의 여러 분야의 '철학' 또는 '원리'를 근원적으로 통일해 보려는, 가칭 '교육원리학'이다. 그러기에 그것은 교육철학 분야에 가장 가까운 것이 될 것이다.

---

30) J. Dewey, *Democracy and Education*(1916)(New York: The Free Press, 1968). 그 제목을 들어 본다. ① Education as a Necessity of Life, ② Education as a Social Function, ③ Education as Direction, ④ Education as Growth, ⑤ Preparation, Unfolding, and Formal Discipline, ⑥ Education as Conservative and Progressive, ⑦ The Democratic Conception in Education, ⑧ Aims in Education, ⑨ Natural Development and Social Efficiency as Aims, ⑩ Interest and Discipline, ⑪ Experience and Thinking, ⑫ Thinking in Education, ⑬ The Nature of Method, ⑭ The Nature of Subject Matter, ⑮ Play and Work in the Curriculum, ⑯ The Significance of Geography and History, ⑰ Science in the Course of Study, ⑱ Educational Values, ⑲ Labor and Leisure, ⑳ Intellectual and Practical Studies, ㉑ Physical and Social Studies: Naturalism and Humanism, ㉒ The Individual and the World, ㉓ Vocational Aspects of Education, ㉔ Philosophy of Education, ㉕ Theories of Knowledge, ㉖ Theories of Morals.

교 / 육 / 학 / 개 / 론

제2장

교육본질론

—

Ⅰ. 교육의 목적

1. 교육목적의 역사성

교육의 목적은 무엇인가? 이에 대한 대답은 시대에 따라, 사회에 따라, 그리고 사람에 따라 다르다. 일반적으로 고대사회에 있어서는 사회체제의 존속과 계승이 교육목적으로 크게 여겨졌고, 근대사회에 있어서는 개개인의 인격도야가, 그리고 현대사회에서는 인간의 사회적 효율성 제고가 크게 부각되었다.

교육목적은 또 사회에 따라 다르게 나타난다. 현대사회에서 그 단적인 예를 들어보자. 북한은 헌법 제43조에서 "국가는 사회주의 교육학의 원리를 구현하여 후대들을 사회와 인민을 위하여 투쟁하는 견결한 혁명가로, 지덕체를 갖춘 공산주의적 새 인간으로 키운다"고 교육목적을 규정하고 있다. 한편 우리 대한민국은 헌법에는 교육목적 규정이 없고 교육기본법에 명시되어 있는데 그것은 다음과 같다.

제 1 장 총칙 제 2 조(교육이념)　　교육은 홍익인간의 이념 아래 모
든 국민으로 하여금 인격을 도야하고 자주적 생활능력과 민주시민
으로서 필요한 자질을 갖추게 하여 인간다운 삶을 영위하게 하고
민주국가의 발전과 인류공영의 이상을 실현하는 데 이바지하게 함
을 목적으로 한다.

　이처럼 같은 민족이면서도 그 체제의 차이에 따라 교육목적이 다
르게 규정된다. 이런 현상은 자유주의 진영 안에서도 같다. 같은 자
유주의 국가이며 기독교적 전통도 깊고, 또 교육의 거의 모든 권한을
주에 넘긴 나라들이면서도 독일은 이례적으로 기본법에 교육은 기독
교적 세계관을 계승하기 위하여 종교교육을 필수로 해야 한다고 다짐
하고 있는 데 비해,[1] 미국은 주 차원에서도 도리어 종교교육의 자유
를 다짐하고 있다.

2. 교육목적의 상호관련성

　교육목적은 또 한 나라 안에서조차 사람에 따라 다르다. 미국의 예
를 들면, 교육목적을 고전의 독서를 주로 하여 인류의 정신문화를 계
승하는 데 두는 허친스가 있는가 하면,[2] 20세기를 위기의 시대로 진
단하고 새로운 사회질서를 건설하는 데 필요한 역사의식의 고취에 두
는 브라멜드도 있다.[3]

---

1) 김정환, "제 2 차대전 이후 독일교육의 역사적 의미" 한국교육학회 교육사 연구회
　편, 「한국교육사학」, 제 4 집(1982), p. 105. 독일의 기본법(헌법)은 제 7 조 제 3 항
　에서 이렇게 규정한다. "종교교육은 비종파학교를 제외하고는 공교육학교에서 정규
　교과다."
2) Robert Hutchins, *Education for Freedom* (Louisiana: Louisiana State University
　Press, 1947), p. 60. "Fundamental progress can be made only through the
　reinterpretation of basic ideas."
3) Theodore Brameld, *Cultural Foundation of Education*(New York: Harper &
　Brothers Publishers, 1957), p. 251. "Education confronts a choice that is

교육목적은 이렇게 다양하지만 그것은 서로 상호관련성을 지닌다. 예를 들면, 인격도야라는 목적과 사회개혁이라는 목적의 관련이다. 사람이 인격으로 완성되는 데는 사회에 대한 문제의식이 불가결하고, 거꾸로 사회개혁은 하나하나의 성실한 인격에 의해 이루어진다는 이치다. 이런 문제를 일찍이 제기하고 이에 대한 해답을 내리고자 했던 사람은 듀이다. 그는 당대에 영향력을 행사했던 교육목적을 크게 ① 자연의 길에 따라 발달하는 일(신체기관, 개인차, 몸의 움직임 보장, 기호나 흥미존중), ② 사회적으로 효율성을 지니는 일(산업적 능력배양과 시민교육), ③ 문화적·인격적으로 지적 성숙을 이룩하는 일(교양형성)의 셋으로 수렴시키면서, 그 세 목적들이 서로 상호관련되는 것임을 밝힌 바 있다.[4]

3. 교육목적의 변천사

교육목적은 시대, 사회, 민족에 따라 다양하게 전개되어 왔다. 그 모습을 교육사가 브루바커는 11단계의 시기로 나누어 밝히고 있다.[5] 그 내용을 간단하게 정리하여 본다.

(1) 체제의 보수적 계승

고대사회는 일반적으로 어린이가 성인들의 생활을 모방하면서 성인들이 즐긴 사회체제를 다음 세대가 그대로 유지해 가도록 하였다. 즉 개인은 사회의 축적된 경험을 재생산하여 사회의 존속을 꾀하는

far-reaching and probably decisive."

4) John Dewey, *Democracy and Education*(1916)(New York: The Free Press, 1968), p. 123. "Developing according to nature, social efficiency, and culture or personal mental enrichment."

5) John S. Brubacher, *A History of the Problems of Education*(New York: McGraw-Hill Book Company, 1966), pp. 1~22.

역군이 되기를 바랐다. 이런 이념을 주창한 사람 중 대표적인 사람은 플라톤이다.

(2) 자유시민의 육성

교육은 사회의 목적을 위한 수단일 뿐 아니라 개인적 목적을 이룩해야 할 수단일 수도 있다. 개개인의 개성의 실현, 그리고 자유인의 육성이 교육의 주목적이 될 수도 있다. 이 이념을 강조한 사람은 아리스토텔레스다.

(3) 인간의 영혼적 구원

이 속세는 영원한 내세를 위한 하나의 수련장에 지나지 않는다. 그러기에 교육은 인간의 종교적 구원이라는 궁극적 목적에 따라야 한다. 이런 이념은 중세의 교육을 지배했으며, 그것을 강조한 사람은 토마스 아퀴나스다.

(4) 신사기질 육성

르네상스 시기에 들어와 상업이 발달하자 귀족과 승려들의 세력이 상대적으로 기울면서 세속적 세계관이 재생되기 시작하는데, 이 때 강조된 교육목적이 넓은 교양을 갖춘 신사기질 육성이었다. 이 이념의 대표자가 에라스무스다.

(5) 다방면의 지식 습득

철학적 지식, 신학적 지식에 못지않게 중요한 것이 자연과학적 지식이다. 그런데 이것이 현저하게 경시되어 왔다. 자연관찰을 통해서 하나님이 창조한 이 우주의 신비로운 질서를 인식하고 이를 찬미해야 한다. 이런 논리가 다방면의 지식을 고루 갖추어야 한다는 범지론(pansophism)의 골자이며, 그 대표자가 코메니우스다.

(6) 형식적 능력의 도야

교육의 목적은 특정한 과학의 내용을 배우는 데 있다기보다는 그것을 통해 인간이 지니는 능력을 훈련시켜 이를 새로운 문제상황에 전이(transfer)시키는 데 있다. 그러기에 내용이 중요한 게 아니고 실은 그 내용에 접근하는 형식적 능력의 연마(예를 들면 분석력, 추리력, 기억력 등의 연마)가 중요하다. 이런 논리는 로크에 의해 주창되었다.

(7) 민주사회의 실현

교육은 귀족체제와 승려체제로부터 인간을 해방시켜 자유·평등·박애의 사회를 건설하는 데 공헌해야 한다. 이런 논리는 프랑스 혁명 정부의 교육고문이었던 콩도르세에 의해 주창되었다.

(8) 인간능력의 조화적 발전

인간에게는 하나님이 주신 천부적 능력이 깃들어 있다. 그 능력은 지적 능력, 기능적 능력, 도덕적 능력이다. 이 세 능력을 고루 발달시켜 하나의 인간으로 키워내는 일이 교육의 주목적이다. 이 '삼육론' (三育論)을 강조한 사람이 페스탈로찌였다.

(9) 완전한 생활을 위한 준비

교육은 어린이로 하여금 장래의 완전한 생활을 위해 준비시키는 일이 되어야 한다. 그러기 위해서는 건강관리, 직업준비, 가정생활 준비, 사회적 자질 육성, 그리고 여가 선용에 대한 교육이 필요하다. 이런 생각은 스펜서에 의해 주창되었다.

(10) 사회적응 능력의 육성

교육은 사회에 필요한 기술을 익혀 그 사회에 효율적으로 적응할 수 있는 능력을 갖추어 가는 일이다. 이런 입장은 사회의 요구를 과학적으로 분석하여 이에 교육을 맞추어 감으로써 가능하다. 이런 입장은 미국의 보빗(R. Bobbitt)과 챠터스(W. W. Charters)에 의해 주장되었다.

(11) 꾸준한 경험의 재구성

교육의 궁극적 목적은 인간의 성장이며 그러기 위해서는 경험을 발전적으로 재구성하는 일이 가장 중요하다. 이런 논리는 듀이에 의해 진보주의라는 이념으로 주장되었다.

교육사가 브루바커가 분석·분류해서 밝힌 것은 위의 11가지인데 우리는 여기에 그 후에 나타난 중요한 교육이념으로 다음 두 가지를 더 보충해야 할 것이다.

(12) 사회개혁을 위한 역사의식 고취

20세기는 병든 세기이며 현대문명은 몰락의 위기를 안고 있다. 교육은 이런 위기를 야기시킨 문제를 진단하고 '새로운 사회질서 건설'을 위한 역사의식을 고취시켜야 한다. 이러한 문화재건주의의 논리는 브라멜드에 의해 강조되었다.6)

(13) 개개인의 인격적 자아 각성

인간은 다른 어떤 목적에도 종속될 수 없는 주체적·개성적·인격적 존재다. 교육은 인간을 이런 인간으로 '일깨워'(각성시켜) 주는 데 있다. 그러기 위해서는 인간과 '만나는 일'이 가장 중요하다. 이런 '만남'의 논리로 '만남이 교육에 선행한다'는 명제를 외친 사람은 실존주

---

6) Brameld, op. cit., pp. 241~251.

의적 발상 위에 교육학을 건설하고 있는 볼르노이다.[7]

4. 교육목적의 상호관련 구조

위의 교육목적(교육이념, 교육기능, 교육의 본질이라 해도 좋다)들은 실은 다 중요하다. 우리는 옛것을 계승하며 새로운 것을 창조하면서 오늘에 이르고 있다. 그러나 우리는 브루바커의 교육목적의 나열적 진술에 만족하지 말고, 그 목적의 상호관련성을 어떤 논리적 구조 안에서 밝혀야 할 것이다. 이런 입장에서 교육목적을 분류하여 보면 크게 다음 넷으로 수렴되는 것으로 보인다. 첫째는 체제의 보수적 계승, 둘째는 인격의 조화적 도야, 셋째는 인류의 정신문화의 계승, 그리고 끝으로 사회혁신기반조성이 될 것이다.

우리는 다음에 이런 이념들을 보다 미시적으로 음미하며, 그 이념들이 서로 어떤 관련을 맺고 있는가를 살피는 논리적 구조를 탐색하면서 교육의 본질을 밝혀 보기로 하자.

---

7) Otto Friedrich Bollnow, *Existenzphilosophie und Pädagogik*(Stuttgart: Verlag Kohlhammer, 1977), S. 122.

Ⅱ. 체제의 보수적 계승

1. 창세기의 우화적 표현

창세기에는 헌정질서·체제의 수구적·현상적 유지를 꾀하는 앞세대의 입장을 지지하고 합리화하는 교육의 기능이 우화적 표현으로 잘 서술되어 있다. 앞세대를 상징하는 신은 뒷세대를 상징하는 아담에게 한 가지 금기를 내린다. 그것은 에덴동산의 중앙에 있는 과일나무의 열매를 따먹지 말라는 것이었다. 왜냐하면 이 열매를 먹으면 인간에게 선악을 판단할 수 있는 가치판단의 기준이 갖추어지게 되고,[8] 또한 영원한 생명을 갈구하는 욕구가 생기게 되어[9] 결국 인간들은 불행하게 될 것이라는 이유 때문이었다.

그러나 이브는 뱀의 꼬임(지혜의 꼬임)에 이기지 못하여 이 탐스럽기도 하고 먹음직도 한 열매를 먼저 따먹고 이것을 다시 아담에게도

---

8) 창세기 2장 17절.
9) 창세기 3장 22절.

맛보게 하여 자기 자신들의 가치판단기준을 갖게 되고, 또한 자기 자신들의 생명의 계승기능에 눈뜨게 된다. 결국 그들은 신의 노여움을 사고 에덴동산에서 추방당하여, 자기 자신들의 세계를 걸으며 개척하게 된다.

신의 입장에서는 언제까지나 아담과 이브가 신에게 어린아이처럼 매여서 살기를 원하였을 것이고, 따라서 그들이 독자적인 생활을 영위하며 자기 자신들의 역사를 가지기를 원하지 않았을 것이다. 아담·이브의 입장은 이와는 정반대로 이 선악판단의 나무(Baum der Erkenntnis des Guten und Bösen)와 생명의 나무(Baum des Lebens)를 따 먹는 순간부터 자기네의 삶이 시작되는 것이었다. 그럼으로써 인간은 땀을 흘리며 먹이를 구하고, 아기를 낳는 괴로움을 맛보고, 뱀과 싸워야 한다는 신의 저주를 받게 되었지만, 바로 이 저주가 인간에게는 삶 그 자체가 된 것이다. 이리하여 인간은 노동의 고통, 창조의 괴로움, 자연과의 싸움 속에 삶으로써 슬픔과 기쁨을 함께 맛보고 스스로의 역사를 영위하며 생명을 계승하게 되었다.

2. 규례(規例)와 법도(法度)의 참뜻

이 창세기 신화에서 선명하게 드러나는 신의 입장을 우리는 교육의 헌정질서·체제의 수구적·현상적 유지 기능의 전형이라고 볼 수 있다. 이러한 교육기능은 고대 이스라엘 민족에게는 갖가지 규례와 법도(Gebote und Rechte)로 나타났고, 그것이 집대성화된 것이 구약 신명기 제5장에 수록된 모세의 십계명이다. 십계명은 사람이 신에게 지켜야 할 법도 5조와 사람이 사람에게 지켜야 할 법도 5조로 구성되어 있다. 이스라엘 민족에게는 이 신과 이웃에 대한 법도를 풀이하며 지키게 하는 것이 교육의 전부였다. 신에 대한 법도 5개조는 다음

과 같다.10)

① 나 외에는 위하는 신들을 네게 있게 말지니라.
② 자기를 위하여 세운 우상을 섬기지 말라.
③ 신의 이름을 망령되이 부르지 말라.
④ 안식일을 지키라.
⑤ 부모를 공경하라.

처음의 네 개는 인간이 신 이외의 것을 섬기지 말고, 신을 무서워하고, 신에게만 의지해서 살라는 말이며, 마지막 계율도 이 세상에서 신을 대표하는 부모를 공경하라는 뜻으로써, 기독교적 가부장질서의 표현이라 보아야 할 것이다. 한편 이웃에 대한 계율을 들어보면 다음과 같다.

① 살인하지 말라.
② 간음하지 말라.
③ 도적질하지 말라.
④ 네 이웃에 대하여 거짓 증거하지 말라.
⑤ 네 이웃을 탐내지 말라.

이 계율들은 신이 인간 각자에게 최선의 것을 주셨기 때문에 받은 분수대로 만족하여 평화롭게 살아야 하며, 신이 정해 주신 세상의 질서를 지켜야 한다는 말이다.

이러한 이념은 기독교권 이외의 여러 고대사회에서도 갖가지 유형의 계율을 통하여 구현되었고, 교육의 내용 중 가장 큰 비중, 아니 거의 전부를 차지하였다. 그러나 오늘날에도 이런 이념은 각 민족·국가·체제가 교육을 통해서 구현하고자 하는 이념 중의 하나라는 뜻에서 교육의 본질을 탐구하고자 하는 우리의 큰 관심사가 아닐 수 없

---

10) 신명기 5장 7~21절.

다. 우리는 이것을 불교의 오계(五戒),[11] 유교의 삼강오륜(三綱五倫), 그리고 갖가지 봉건적 여성도덕훈(女性道德訓)[12] 등에서 볼 수 있다. 우리나라의 탁월한 근대의 선구자 정약용까지도 「목민심서」(牧民心書) 제25권에 "등급을 구별함은 백성의 뜻을 안정시키는 중요한 일이다. 등급이나 위엄이 밝지 않아 지위나 계급이 어지러우면 민심이 흩어져 기강이 없어지게 된다"고 한탄했고, 또 "족(族)에도 귀천이 있으니 그 등급을 가려야 마땅하고, 세력에도 강약이 있으니, 그 실정을 살핌이 마땅하다. 이 두 가지는 어느 한쪽도 없애서는 안 된다"고 경고하고 있다.[13]

이런 교육기능을 교육사가 브루바커는 "고정적 사회질서의 영속화"기능이라고 일컫고 있다.[14]

3. 도덕 · 윤리과 교육

교육은 자기네의 주어진 체제에 애착을 갖고 그것을 계승하기 위한 능력 · 기능 · 태도를 굳히게 하는 기능도 지니고 있다. 이것이 교육의 네 가지 큰 기능 중의 하나임은 분명하다. 우리나라의 교육법 제 2 조에는 "모든 국민으로 하여금 인격을 도야하고 자주적 생활능력과 민주시민으로서 필요한 자질을 갖추게 하여 인간다운 삶을 영위하게 하고 민주국가의 발전과 인류공영의 이상을 실현하는 데 이바지하

---

11) 대한불교청년회 편, 「팔만대장경」(서울: 법통사, 1963), p. 717. 신도의 오계(五戒): 불살생(不殺生), 불투도(不偸盜), 불사음(不邪淫), 불망어(不妄語), 불반주식육(不飯酒食肉).

12) 여성도덕훈의 대표적인 것은 여성의 삼종지도(三從之道: 어려서는 부모를 따르고, 출가해서는 남편을 따르고, 늙어서는 아들을 따르라)와 대명률(大明律)에 규정된 합법적 이혼사유인 칠거지악(七去之惡) – 불사구고(不事舅姑), 무자(無子), 음일(淫佚), 투(妬), 악질(惡疾), 다언(多言), 절도(竊盜)일 것이다.

13) 정약용, 「목민심서」, 조수익 역해(서울: 일신서적출판사, 1994), p. 357.

14) Brubacher, op. cit., p. 2. "the perpetuation of a static social order."

게 함을 목적으로 한다"는 교육방침이 규정되어 있는데, 이는 도덕·윤리과 교육의 직접적인 연원을 이루는 것이다.[15] 이런 기능은 거의 모든 교육내용에 알게 모르게 담겨져 있다. 그러나 주로 이 목적을 강조하는 교과는 도덕교과이며, 어느 나라이건 표현은 다소 다를지라도 이러한 교과를 설정하고 있다.

우선 우리나라 도덕·윤리과 교육에 관해 살펴보자. 종래의 교육과정을 보면, 초·중학교의 경우에는 '도덕', 고등학교의 경우에는 처음에 '국민윤리', 후에 '윤리'라는 명칭을 사용해 왔다. 그러나 제7차 교육과정에서는 초·중·고의 국민 공통 기본 교육과정' 속의 '도덕'교과(3~10학년)와 고등학교 2~3학년(11~12학년) 대상 윤리관련 선택과목들을 모두 포괄하여 도덕교과라는 명칭을 사용하게 되었다. 이러한 교과명의 변경이 있긴 했지만 다음과 같은 도덕·윤리과의 일반적인 목적이 근본적으로 바뀐 것은 아니다.

> 자신과 타인·사회, 국가·민족 및 자연과의 관계에 대한 올바른 이해를 바탕으로, 인간의 삶에 필요한 도덕규범과 예절을 익히며, 생활 속에서 제기되는 여러 가지 도덕 문제를 합리적으로 해결해 나갈 수 있는 도덕적 사고력과 판단력, 실천 동기 및 능력을 함양하여 자율적이고 통합적인 인격을 형성한다.[16]

위의 교과목표는 도덕과 교육을 통해 기르고자 하는 도덕성 또는 인격이 인지적·정의적·행동적 측면의 통합으로 이루어지며, 각 측면에 따라 길러져야 할 도덕교육적 요소들이 무엇인지를 보여주고 있다. 도덕과 교육의 궁극적인 목표는 '자율적이고 통합적인 인격'을 기르는 것에 있는데, 자율적이라 함은 옳고 바른 일을 합리적인 판단과

---

15) 지교헌, "국민윤리교육의 정당성과 강화방안," 「한국의 교육과 윤리」, 제1집(성남: 한국정신문화연구원, 1991), p. 120.
16) 교과부, 「고등학교 교육과정 해설: ③ 도덕」(서울:교육과학기술부, 2008), p. 26.

굳은 의지를 바탕으로 스스로 실천해 가는 것을 말하며, 통합적이라 함은 지 · 정 · 행 측면에서 배우고 익혀야 할 것들을 고르고 조화롭게 갖추면서 성숙시켜 가는 것이며, 인격은 이러한 도덕과 학습과정에서의 노력과 수련을 통해 바람직한 도덕적 자질과 품성, 덕성 등을 지니게 된 사람으로서의 됨됨이를 말한다.17) 이제 고등학교 '도덕과'의 4개 영역별 하위목표를 예를 들어 더욱 구체적으로 살펴보자.

도덕과 교육과정에서는 '도덕적 주체로서의 나', '우리 · 타인 · 사회와의 관계', '나라 · 민족 · 지구 공동체와의 관계', '자연 · 초월적 존재와의 관계'란 영역을 설정하고, 그에 따라 성취하고 도달해야 할 것들이 무엇인지에 관해 제시하고 있다. 첫째, '도덕적 주체로서의 나' 영역에서는 도덕적 주체로서의 자기 자신에 대한 바른 이해를 도모하고, 이를 바탕으로 자신의 삶을 도덕적으로 영위해 갈 수 있는 능력과 태도를 기르는 것을 목표로 삼는다. 둘째, '우리 · 타인 · 사회와의 관계' 영역에서는 가정으로부터 시작하여 사회적 삶에 이르기까지 자신이 몸담은 공동체에서 다른 사람과 더불어 바람직한 삶을 살 수 있는 자세를 기르는 데 목적이 있다. 셋째, '나라 · 민족 · 지구 공동체와의 관계' 영역은 더욱 확대된 국가 및 세계 공동체에서의 바람직한 삶을 살 수 있는 도덕적 자질을 기르는 데에 목적이 있다. 마지막 넷째, '자연 · 초월적 존재와의 관계' 영역에서는 인격적 타자(他者)와의 관계 범위 너머에 있는 존재, 즉 자연이나 초월적 존재와 관련하여 도덕적 삶을 살 수 있는 능력과 자질을 기르는 것을 목적으로 삼는다.18)

이와 같은 도덕과의 목적과 목표실현은 국가의 이념과 체제에 따라 강조하는 내용과 접근방법이 다소 상이할 수 있으나, 모든 국가의 공통적인 과제이다. 일반적인 삶의 변화 양상을 반영하여 학생들이 자신의 삶의 과정에서 발생하는 개인적 차원의 도덕 문제뿐만 아니라

---

17) 같은 책, p. 27.
18) 같은 책, pp. 27~28.

사회적 문제, 더 나아가 자신을 둘러싼 비인격적 환경과의 도덕 문제까지 포괄한 삶의 전 영역에서 독자적으로 사고하고, 자율적으로 이를 실천할 수 있는 능력을 기르는 데에 힘을 쏟고 있다.

Ⅲ. 인격의 조화적 도야

1. 인간의 당위적 존재성

참된 삶이란 인격의 완성을 위한 끊임없는 의지적인 노력의 과정이며, 이런 노력은 출생에서 죽음에 이르기까지 계속된다. 칸트는 인격의 완성노력이 저 세상에까지 계속되어야 한다면서 신의 존재를 요청하기까지 했다. 인간의 조화적 발전의 조성이란 "인간성 안에 내재하고 있는 여러 소질을 조화롭게 발전시키는 일"(die harmonische Entwicklung der inneren Menschennaturen)이라고 페스탈로찌는 갈파하며, 이것을 쉬운 말로 다음과 같이 말하고 있다.[19]

---

19) J. H. Pestalozzi, *Abschiedswort an die Kinder in Münchenbuchsee*, hrsg. von Bd. VI, Werke in 8 Bänden, P. Baumgartner(Zürich: Rotapfel Verlag, 1946), S. 416. Ausbildung des Kopfes zum Denken, Ausbildung des Herzens zum menschenfreundlichen Handeln, Ausbildung des Körpers und der Glieder zu Fertigkeiten.

사고하기 위하여 머리를 도야합시다. 이웃에 선을 베푸는 일을 할 수 있게 가슴을 도야합시다. 몸과 손, 발을 힘써 도야함으로써 기술을 지닙시다.

아이들이 어떤 사회계층에 속하든 어떤 직업을 갖기를 원하든, 인간 본성에는 모든 사람에게 공통되는 어떤 능력들이 깃들어 있습니다. 이 능력이 실은 인간의 기본적인 힘의 원천을 이루는 것입니다. (중략) 우리는 이것을 명심해야 합니다. 이 모든 능력을 계발할 아이들의 권리를 박탈할 권리가 우리에게는 없습니다. (중략) 교육이 무엇인가 하는 주제에 대한 단 하나의 올바른 생각은, 교육이 인간 본성 안에 깃든 모든 능력을 고르게 계발하는 것이라는 생각에서 유도됩니다. (중략) 그러므로 교육은 어린이들에게 어떤 것을 주입하는 것이기보다는, 아직 계발은 안 되었지만 적어도 계발될 가능성이 있는 것을 어린이는 선천적으로 지니고 있다는 인식에서 출발하는 것이어야 하겠습니다. (중략) 그것은 모든 계층의 정당한 요청을 수용하여 필요한 지식을 모두 포섭해야 하며, 지성을 슬기롭게 계발하고, 인간의 신체적·지적·도덕적 능력을 고루 적절하게 돌보는 것이어야 하겠습니다.[20]

이러한 교육이념을 간단하게는 지육·체육·덕육의 조화적 발전을 기하는 삼육론(三育論), 즉 이상적인 인격도야(forming ideal person-ality)의 이념이라고 바꾸어 말한다. 우리는 이런 인격완성을 교육의 큰 기능 중의 하나로 보아야 할 것이다. 사실 인간은 칸트의 말대로 인격을 통해서 '인간'이 된다는 뜻에서 유일한 교육적 동물인 것이다.

우리 속담에 "사람이면 다 사람인가, 사람다워야 사람이지"라는 말이 있다. 교육의 중요성을 적절하게 표현한 말이다. 일찍이 소크라테스는 사람은 먹기 위하여 사는게 아니고 살기 위해서 먹으며, 또 그

---

20) Pestalozzi, *Letters on early education*(페스탈로찌가 어머니들에게 보내는 편지), 김정환 옮김(서울: 양서원, 2002), pp. 115~119.

저 사는게 아니고 올바르게 사는게 목적이라고 갈파했고, 칸트는 "인간은 교육을 통해서만 인간이 되며, 교육이란 따라서 현실적 존재(sein)를 이상적 당위(sollen)로 화하게 하는 기능"이라 정의했고, 이런 뜻에서 독일의 크리크(E. Krieck, 1882~1947)는 인간을 '교육적 동물'이라 갈파했던 것이다. 이렇게 보면 교육이란 자연적 인간이 내재적 소질을 조화롭게 발전시켜(development from within) 이상적 인간이 되게 따뜻한 손으로 돕는 일(Hilfe zur Selbsthilfe)이다.

2. 이상적 인간상

이상적 인간이란 어떤 인간인가? 전체적(wholeness), 전인적(whole-minded), 조화적(all-rounded) 인간을 말할 것이나, 구체적으로는 지·덕·체가 고루 도야된 인간을 말하며, 어떤 사람은 여기에 성(聖)을 덧붙여 말하기도 한다. 또 소위 3H(hand, head, heart), 4H(hand, head, heart, health), 보다 넓게 8H(hand, head, heart, health, humour, humble-ness, humanity, hygiene)를 말하는 사람도 있다. 그러나 어떤 인간상을 이상적 인간상으로 규정하느냐의 문제는 그 시대 그 사회의 가치와 규범과의 관련 아래에서 다루어져야 할 문제이기 때문에 일반적으로 규정할 수 없는 문제다. 그렇다고 이상적 인간상의 정립작업을 단념할 수는 없는 일이다. 왜냐하면 교육활동은 바로 이 이상적인 인격완성을 위한 것이기도 하기 때문이다. 따라서 우리는 이상적 인간이 지녀야 할 속성·경향성을 고찰할 수밖에 없다. 이러한 점에 대해 오늘날 미국의 저명한 심리학자의 견해를 종합하여 다음과 같이 정리할 수도 있다.[21]

---

21) 김성태, "미국사회에서의 이상인격형," 「고려대학교논문집」(인문·사회계편), 제16집(1970), pp. 73~74. 이 논문은 후에 「성숙인격론」(서울: 고려대학교 출판부, 1976)에 수록되었다. 이 저서에는 '조선 초기의 성리학의 성인상'(서화담, 이퇴계, 이율곡 등), '이순신 장군의 인격', '이상재 선생의 인격' 등 이 문제에 깊은 시사를

① 자기의 본분과 역량을 깨달아 이를 발휘하고, 자기 동일성, 즉 자기 주체성을 지니며, 자기의 책임과 구실을 충분히 알고 이를 착실히 성취하려는 경향.

② 자기의 현실을 정확하게 파악하고 현실 속에서의 자기 자신을 객관적으로 볼 수 있으며, 현실과 자기를 있는 그대로 받아들여 현실과 자기가 잘 어울리게 하는 경향.

③ 남을 사랑하고 이해하고 받아들여서 원만한 대인관계를 유지할 수 있는 경향.

④ 확고하고도 타당한 인생목표를 가지고 살아가고, 통일된 세계관을 수립하여 이에 맞추어 자율적으로 행동하려는 경향.

3. 평생교육

인격의 완성을 위한 교육은 출생에서부터 죽음에 이르기까지 계속된다. 이것을 평생교육(life-long education, permanent education)이라 한다. 이 평생교육을 우리는 태교(prenatal education), 가정교육(home education), 학교 교육(school education), 사회교육(평생교육, adult edu-cation), 자기교육(self-education)으로 나눌 수 있다.

옛 사람들은 슬기롭게도 태교의 중요성을 현대인 못지않게 중히 여겼다.22) 임신한 여성은 자기 배 안에 있는 한 생명을 위하여 식사,

던지는 논문이 다수 수록되어 있다. 참고로 Erickson이 건전한 인격의 특질로 들고 있는 것을 옮기면, ① 신뢰감(a sense of basic trust), ② 자율성(autonomy), ③ 주도성(initiative), ④ 근면성(industry), ⑤ 자아정체감(sense of ego identity), ⑥ 친밀감(intimacy), ⑦ 생산성(generativity), ⑧ 자아통일(integrity)이다.

22) 조선시대 태교의 집대성인 「태교신기」(胎敎新記)는 태교의 중요성을 강조하고, 자식의 성품은 부모의 책임이라는 것과 태교의 원리·도리·태교내용 및 방법, 태교를 실시한 예를 들어 설명하는 총 10장으로 구성된 책이다. 그 중의 제4장 태교지법(胎敎之法)부분에서 한 구절을 적어보면 "벗과 더불어 오래 있어도 그 사람됨을 배우거든 하물며 자식이 어미에게서 나는 칠정(七情)을 닮기에 임부를 대접하는 도리는 기쁨·성냄·설움·즐거움이 혹 지나치지 않도록 임부의 곁에 언제나 선

마음가짐, 몸가짐, 심지어는 예의범절에 이르기까지 세심한 배려를 했다. 여성이 가장 아름답고 행복하게 보이는 때는 뱃속에 태동을 느끼면서 이 아이의 장래를 꿈꾸는 모습이라 한다. 이런 모성이 어찌 한 몸으로 연결되어 있는 태아에 영향을 주지 않겠는가! 성경의 가장 아름다운 시의 하나인 마리아 찬가[23]도 이 모성으로서의 교육의 즐거움을 노래한 것이다. 아이를 해산하면 어머니는 진자리 마른자리 갈아 눕히며, 모국어를 가르치며, 행동양식을 익히게 하며, 무엇이 옳고 무엇이 그름을 판가름하게 하는 가치관념을 몸에 배게 한다. 이렇듯 모성은 아이를 배에 배고 낳으며, 가치로운 것을 몸에 익히게(배이게) 한다. 이것이 '배운다'의 첫 출발이며, 교육의 가장 중요한 부분인데, 그 담당자는 모성이다. 즉 가정의 교사는 어머니인 것이다.

학교는 아동이 접할 수 있는 경험의 범위 내에서 극히 기본적인 사회적 문화활동을 선택하여 이것을 난이의 순서로 계열화하여 가르쳐 아이들의 통찰력을 기르는 곳이다. 학교를 통하여 아이들은 축적된 인류의 문화와 자기가 장차 참여해야 할 생생한 사회를 최초로 접하게 된다.[24]

인간이 사회적 동물이니만큼, 사회는 우리가 유기적 존재로서 공기를 마시며 살듯이 평생 접하며 직접·간접으로 교육적 영향을 받는 생활의 마당이다. 우리는 사회교육(평생교육)을 통하여 학교에서 충분히 배우지 못한 것을 보충하기도 하고, 새로운 생활기술과 생산기술을 학습하기도 하고, 또 교양수준의 향상과 여가선용을 위한 적절한 지도를 받기도 한다. 인생을 90년으로 보아 철없이 넘어간 20년의 학창기간보다 자발적으로 배우며 익히는 70년간의 사회교육(평생교육)이 인간형성에 더욱 큰 영향을 준다고도 볼 수 있다.

한 사람이 있어서 그 거동을 돕고 그 마음을 온전하게 본받을 말과 법들을 알려주어서 (중략)"라고 하여 태교의 중요성을 말하고 있다. 사주당 이씨, 「태교신기」, 국립도서관 소장본(1801).
23) 누가복음 1장 46~55절.
24) Dewey, op. cit., pp. 18~22.

인간교육의 마지막 단계는 자기교육이다. 자기 나름의 세계관과 인생관을 가지고 신앙에 정진하거나 사회봉사활동을 하거나 취미와 적성에 맞는 한 가지 일과 학문에 깊이 몰두함으로써, 우리는 스스로를 교육하고 있는 것이다. 이렇게 교육이란 자신을 최선으로 닦기 위하여, 또는 최선의 것을 탐구하기 위하여 출생에서 죽음, 아니 내세까지 계속되는 것이다.

4. 교육적 동물

인간이 교육적 동물이라는 것은 무슨 뜻인가? 교육을 받아야만 제구실을 할 수 있는 동물이라는 뜻이다. 우리는 이것을 인간의 다섯 가지 특성, 즉 인간의 미완성, 가치지향성, 교육기간의 장기성, 행동양식·문화내용의 재획득성, 경험의 전달성으로 풀이할 수 있다.

첫째, 동물은 완성된 상태의 축소판으로 탄생한다. 그러기에 동물은 앞세대의 배려 없이도 살아 남을 수 있지만 인간은 가장 약하고 미숙한 상태로 태어나며, 따라서 앞세대의 배려 없이는 신체도 보존할 수 없다. 둘째, 동물에는 가치·진리에 대한 감각이 없으나 인간에게는 이것이 도리어 다른 어떤 생리적 욕구보다 강하다. 심지어는 가치의 실현, 진리의 선포를 위하여 목숨을 바치기도 한다. 즉 인간은 동물과 달리 가치지향적이다. 예수의 십자가상의 죽음, 그리고 소크라테스의 독배, 칸트의 천국요청 등은 인간만이 지니는 이러한 가치지향성에서만 풀이될 수 있는 것이다. 교육이란 이런 가치의 추구·실현의 과정이기도 하다. 셋째, 동물은 미성년기가 짧은 데 반하여 인간은 대단히 길다. 코끼리는 덩치도 크고 수명도 길지만 미성년기는 불과 1년 정도다. 그러나 인간은 덩치는 작지만 미성년기가 아주 길며 적어도 15년은 걸린다. "나의 참된 교육은 32세에서부터 비로소 시작되었다"25)면서 세기의 석학 허친스는 익살을 떨고 있으나 우리는 이 말을 익살 아닌 정론으로 받아들여야 할 것이다. 넷째, 동물에게는 문자와 언어와 문화양식 등 광의의 문화가 없으나 인간에는 이것이 가장 귀한 생활의 수단이다. 그런데 이런 문화는 인간 각자가 태어날 때부터 가지고 있는 것이 아니다. 그러므로 인간은 교육을 통해서 이를 자기 몸을 통해서 재획득할 수밖에 없다. 이런 의미에서 교육작용을 사회적 문화유전작용이라 할 수 있다. 다섯째, 동물에는 경험의 조직적 전달작용이 없으나 인간에는 이것이 있다. 동물에는 역사가 없고 인간에만 역사가 있는 이유가 여기에 있는 것이다.

우리는 이같이 인간이 교육을 통해서만 인간이 되는 존재임을 몇 가지 측면에서 밝혔다. 이러한 뜻에서 우리는 다음의 글들을 되풀이 하여 음미해야 한다.26)

· 인간은 교육을 통해서만 인간이 된다. 이상적 인간은 교육을 통해서 자연적 인간 속에서 키워내진 것에 지나지 않는다(칸트: 「교육학에 대하여」).

· 태어날 때 지니지 못한 모든 것, 성장했을 때 필요한 모든 것을 교육에 의해서 부여받는다(루소: 「에밀」).

---

25) R. M. Hutchins, op. cit., p. 13.
26) Der Mensch kann nur Mensch werden durch Erziehung. Er ist nichts, als was die Erziehung aus ihm macht. Immanuel Kant, *Immanuel Kant Über Pädagogik*(Bristol: Thoemmes Press, 1995), S. 7.
Tout ce que nous n'avons pas notre naissance et dont nous avons besoin étant grands, nous est donné par l'éducation. Jean-Jacques Rousseau, *Émile ou de l'éducation*(Paris: Garnier Fréres, 1964), p. 7.

Ⅳ. 정신문화의 계승

1. 문화의 계승 · 확충

한편 교육은 개인으로서의 인간의 조화적 발전, 인격의 완성을 위한 조성작용에 그치지 않고, 인류의 수천 년의 역사를 통해 축적되어 온 좋은 경험, 그 중에서도 특히 정신적 문화유산을 다음 세대에게 계승·유지시키고, 나아가서 그들의 내면적 각성을 통해서 그것을 확충·발전시키고자 하는 작용이기도 하다. 독일의 파울젠(F. Paulsen, 1846~1908)은 교육활동의 독자적인 의의를 앞세대가 뒷세대에게 문화재(Kulturgter oder Kultwesen)를 전달·계승시키는 영위라고 보았고, 쉬프랑거(E. Spranger, 1882~1963)는 한 걸음 더 나아가 교육작용의 본질을 문화의 번식(Kulturfortpflanzung)으로 보았다. 그는 교육작용을 삼층적(三層的) 작용으로 보며 이렇게 간단명료하게 그것을 정의하고 있다.[27]

---

27) Eduard Spranger, *Macht und Grenzen des Einflu es auf die Zukunft*, Gesammelte Schriften Bd. I(Heidelberg: Quelle und Meyer, 1950), S. 200.

교육이란 무엇인가? (중략) 다음 세 가지 주요 측면만은 분명히 말할 수 있다. 그것은 첫째는 그리스어로 troph(양육)라 불리는 발달의 원조(援助)다. 그러므로 교육은 생물학적으로 강하게 제약을 받는다. 둘째는 문화의 계승·전승이다. 이 작용은 인간에 의해 이미 획득된 것을 이제 계획적이며 단축적인 방법으로, 선택적으로 다시 제공하는 작용이다. 이와 더불어 이제 셋째의 가장 중요한 것이 다루어져야 한다. (중략) 깨어남, 그 중에서도 깨어난 양심이 목적일진대, 이를 위한 교육적 노력을 우리는 '각성'(Erweckung)이라고 불러야 하겠다.

우리가 여기에서 각별히 주목할 것은 쉬프랑거가 둘째 층의 교육 작용으로 들고 있는 문화의 체험작용이다. 문화가 얼마나 귀한 것인 가는 그 가치를 체험시키는 교육을 통해서만 인식될 수 있다. 그러기에 넓은 의미로는 체제의 계승도, 인격의 도야도 실은 이 문화의 체험으로서만 가능한 것이다. 논이나 밭은 물려줄 수 있다. 그러나 그 가치의 귀함을 체험하지 못한 '민주주의'는 물려줄 수 없는 것이다.

즉 쉬프랑거에 따르면 어떤 정신적 행동도 생물학적으로 유전되지 않기에, 모든 정신적인 것은 학습되어야 하고, 주어져야 하고, 전해져야 한다. 그가 「교육학의 철학적 기초」(*Philosophische Grundlegung Pädagogik*, 1948)에서 다음과 같이 제시한 바처럼 문화의 전승이 곧 교육이다.

교육은 성장한 세대가 자라나는 세대에게 문화를 전해 주는 것, 예컨대, 언어는 가르쳐야 한다. 완성도를 높이는 수공작업과 기술은 가르쳐야 한다. 나이프와 포크(젓가락) 같은 도구도 그런 것이고, 읽기와 쓰기는 가르쳐야 한다. 문학작품은 알아듣게끔 가르쳐야 한다. 무엇이 선한 것이고, 무엇이 악한 것인지 가르쳐야 한다. 법의식, 국가의식은 가르쳐야 한다. 종교는 전승해야 한다. 실제로 의미내용에 대한 전승은 새로운 것이다. 이 교육의 기능을 성장한 세대는 다만 교육적 본능으로 행할 수 없고, 교육적 책임으로, 즉 이러한 전승의 의미와 가치에 관한 지식으로써 행할 수 있을 뿐이다.

2. 문화의 특성

문화란 무엇인가? 우리는 이런 독일 교육철학자들의 '문화교육학'의 입장을 밝히기에 앞서 문화란 무엇인가를 먼저 다듬고 들어가야 할 것이다.

문화란 자연에 대립되는 말로서 자연에 손질을 가하여 이를 가치화한 것을 말한다. 즉 "자연을 인간의 활동을 통하여 적극적으로 형성·개발 또는 순화하는 일 및 그 성과"를 말한다. 이 경우 자연은 인간의 외부에도, 인간 자신 속에도 존재한다는 생각에서 문명(물질적 문화·물질문명)과 협의의 문화(정신적 문화·정신문명)가 구별된다. 독일 사람들이 특히 구별해서 사용하는 물질문명과 정신문화와의 차이는 여기서는 논할 바가 아니지만, 우리는 교육학적 입장에서 광의의 문화의 개념을 택하여 앞으로 논해 가기로 한다. 이런 광의의 문화가 무엇인가를 구체적으로 살펴보면 다음과 같다.[28]

> Culture is the aggregate of the social, ethical, intellectual, artistic, governmental, and industrial attainments characteristic of a group, state, or nation and by which it can be dis-tinguished from or compared with other groups, states, or na-tions; includes ideas, concepts, usages, institutions, association, and material objects.

우리는 윗글에서 문화의 특성을 몇 가지 드러낼 수 있다. 첫째, 문

---

28) C. V. Good ed., *Dictionary of Education*(New York: McGraw—Hill, 1973), p. 156.

화는 집단에서 집단으로 계승된다는 것이며(사회적 유전성), 둘째, 문화는 집단에 따라 그 양상이 다르다는 것이며(집단적 상이성), 셋째, 문화는 그 집단에 속하는 각 개인이 교육을 통해서 재획득됨으로써 유지된다는 것이며(재획득성), 넷째, 문화는 수혜자의 애착과 정열과 꾸준한 창조에 의해서만 계승·확충된다는 것이다(창조·확충성).

3. 문화교육학

우리는 앞서 교육의 문화계승·확충적 기능을 강조하는 문화교육학의 입장과 그리고 문화의 특성에 대하여 개관하였다. 다음에는 이런 문화교육학파의 대표자인 쉬프랑거의 학문적 계보와 기본적 입장을 살펴보기로 하거니와, 그에 앞서 이 학파의 특색은 보편 타당한 일반법칙에 의한 교육학의 성립을 부정하고, 교육현상을 역사양해적(歷史諒解的) 방법에 의하여 한 시대 한 사회 단위의 전체적 영위(營爲)로 포착하는 데 있음을 미리 지적해 두고 싶다.

그에 의하면, 교육이란 인류의 축적된 문화유산을 앞세대가 인격적 사랑을 통해서 뒷세대에 계승시킴으로써 그 문화를 발전시키게 하는 문화번식작용이다. 이 문화번식에는 네 개의 기본적 여건이 갖추어져야 하는데, 그것은 문화유산의 정선, 문화협동체에 대한 사랑, 문화이상의 정립, 그리고 문화담당자(교사·학생)의 정열이다. 따라서 참된 교육이 성립되려면 첫째, 초개인적·초생활주변적·초체제적인, 가장 귀한 문화재를 정선·압축·체계화하여 이를 뒷세대에게 철저하게 가르쳐야 할 것이며, 둘째, 이런 문화가 터잡아야 할 가정·사회·국가·민족에 대한 사랑을 고취해야 하며, 셋째, 자기네의 문화협동체가 앞으로 지향해야 할 이상을 교육자 각자가 독자적으로 확고히 굳혀 이를 교육의 마당에 선포·실천해야 할 것이며, 넷째, 특히 교육자는 자신의 막

중한 책무에 대해 사랑·정열·사명감을 지녀야 한다는 것이다.[29]

특히 그는 교육작용 속에서의 인격적 감화력의 비중을 다른 어떤 교육학자보다도 크게 보고 있는데, 이것은 그의 정신적 스승인 페스탈로찌에게서 이어받은 것이다. 그는 인간의 정신작용을 여섯 가지로 분류하고 이에 따라 인간의 유형을 권력적·경제적·심미적·종교적·이론적·사회적 인간의 6가지 유형으로 나누면서, 교사는 복합적인 사회·종교적 유형, 즉 동포에 대한 사랑과 봉사, 그리고 영원·불변한 진리를 가장 가치롭게 여기는 유형에 속해야 한다고 말한다.

이런 문화교육학의 입장에서 그는 자신의 교육방법의 원리를 명저「교육학의 전망」에서 다음과 같이 밝힌다. 교육방법의 원리에 학생의 생활마당의 확장순서로 생활·향토적 원리와 창조·노작적 원리와 협동·공동적 원리가 꼭 적용되어야 하지만, 이에 그치지 않고 "내면적 세계각성의 원리"(das Prinzip der Innenwelterweckung)[30]가 항상 적용되어야 한다. 교육의 궁극적 목표는 종교적 체험을 통하여 개성적 세계관을 갖고 살 수 있도록 인간을 일깨워 주는 데 있기 때문이다.

4. 교육 본질의 변증법적 파악

쉬프랑거 교육학의 특색은 교육영위의 변증법적 파악방식에 있다. 한 예를 그가 주창한 교육방법의 원리에서 들어보자. 그는 개인이 중

---

29) 쉬프랑거의 교육사상 체계에 대해서는 다음 논문들을 참조하기 바람. ① 김정환, "쉬프랑거의 교육본질론에 있어서의 각성의 개념의 분석,"「사대논집」, 고려대학교 사범대학 논문집, 제4집(1979), pp. 1~16. ② 송순재, "쉬프랑거 교육학에서의 각성의 개념," 고려대학교 교육사·철학연구회 편, 「인간주의 교육사상」(서울: 내일을 여는 책, 1996), pp. 200~250. ③ 정영수, "슈프랑거의 교육사상," 한국교육학회, 「교육학연구」, 제34권 제5호(1996), pp. 63~75.
30) Spranger, *Pädagogische Perspektiven*(Heidelberg: Quelle und Meyer, 1964), S. 83~86.

하냐 전체가 중하냐, 생활주변의 문제해결이 중하냐 정신적 훈련이 중하냐 (중략) 등의 양자택일적 흑백논리를 단호히 거부하고, 이런 모순·대립계기의 지양·통일을 꾀한다.[31]

① 속세근접적(weltnahenden)이어야 하느냐, 절해고도적(絶海孤島的, isoliere－nden)이어야 하느냐?
② 아동의 자유·계발적(freienden)이어야 하느냐, 교사의 구속·훈련적(gebundenen)이어야 하느냐?
③ 발달추종적(entwicklungstreuenden)이어야 하느냐, 편달촉구적(鞭撻促求的, vorgreifenden)이어야 하느냐?

이런 물음을 스스로 물으면서, 쉬프랑거는 양자택일을 단호히 거부하고, 연(軟)교육(이른바 새교육)과 경(硬)교육(이른바 옛교육)의 대립이념의 발전적 포섭·통일을 꾀한다.

문화교육학의 계보에 속하는 사람들은 특히 현대문명에 비판적이며, 인류가 내면적인 각성을 통해 재생되어야 한다고 주창한다. 쉬프랑거는 현대문명에 신랄한 비판을 퍼붓는다. 그는 현대인이 가치의식과 개성을 상실한 군중인간(Massmensch)으로 타락해 가고 있음을 개탄하고, 이런 인류의 구원을 문화의 개조와 제도의 개혁으로 이룩하자고 말한다. 또한 오늘날의 인간성 상실현상을 휴머니즘＝기독교＝사회주의로 막자고 주창하는데, 이런 사상의 발상은 페스탈로찌로부터 비롯한다.

이상 우리는 문화교육학의 입장을 쉬프랑거를 중심으로 고찰하였다. 그의 문화교육관과 변증법적 방법원리와 현대문화를 비판하는 시점은 교육의 철학적 기초가 약하고, 흑백논리가 성행하며, 물질소비 지상주의가 팽배하고 있는 오늘날의 우리 한국에 깊은 시사를 준다 할 것이다.

31) Ibid., S. 93~121.

Ⅴ. 사회혁신기반의 조성

1. 인간의 사회화

교육이란 사회적인 측면에서 보면 체제의 보수적 계승, 각 개인의 조화로운 발달조성, 인류문화유산의 계승·확충에 그치지 않고, 그 사회의 성원을 사회화(socialization)함으로써, 우선 그 사회에 적응할 수 있는 자질을 갖추게 하고, 나아가서 이런 성원의 창조적인 참여를 통하여 새 가치, 새 체제, 새 문화의 창출을 꾀하는 사회혁신(social in-novation) 기반조성기능을 갖는다. 이런 입장에 서 있는 사람들 사이에 다소의 견해의 차이는 있으나, 그 최대공약수적인 것은 교육구국적인 생각이라 할 것이다. 다음에 우리는 '사회화'란 무엇인가, 교육이 어떻게 사회화되어야 하느냐, 왜 교육이 가장 강력한 사회혁신의 수단인가를 고찰하여 보기로 하자.

사회화란 인간이 한 집단 속에서 태어나서 그 사회집단의 언어·행동·지식·기술·사고방식·생활양식·가치관·규범·사회적 역할 등을 습득하여 그 사회의 성원의 한 사람으로서 자질을 갖추어 가는 과정을 의미한다. 그것을 좀더 간추려 셋으로 분석하면 다음과 같다.[32]

첫째는 관습(mores)의 계승이다. 한 사회에 내려온 공통적인 행동양식을 몸에 익히고 나아가서 그 행동양식 중에서 바람직한 것은 계승하고 그렇지 못한 것은 시정해 가는 과정이다. 둘째는 규범(norms)을 익히는 일이다. 한 사회의 표준적인 행위와 사고방식을 익히고 나아가서 그것을 발전시키는 과정이다. 셋째는 역할(roles) 수행이다. 한 사회의 구성원으로서 그 사회가 요구하는 자기 몫이 무엇인가를 인식하고 담당하는 과정이다. 이렇게 볼 때에 교육이란 바로 사회화과정이기도 하다. 이 때 우리가 각별히 주목해야 할 것은 사회화라는 개념 속에는 주어진 사회의 기대에 순응하는 면과 그 기대를 어기고 보다 나은, 아직 이루지 못한 바람직한 사회의 건설을 위해 노력하는 미래지향적인 항거도 있다는 엄연한 사실이다.

교육을 사회화라 볼 때도 이렇게 현상유지적 입장과 미래지향적 입장의 둘이 있다. 그러기에 전자에 따르면 보수적인 면이 강조되고 후자에 따르면 진취적인 면이 강조된다. 여기서는 교육을 통한 점진적 개혁을 주장하는 듀이(J. Dewey)와 사회재건을 주장하는 브라멜드(T. Brameld)에 주목하여 교육과 사회진보의 관계를 살펴보기로 한다.

2. 듀이의 교육적 신조

교육의 사회화에서 독자적인 교육학체계를 구축한 사람의 하나가 듀이다. 그는 38세의 젊은 나이에 자신의 소신을 간결 명료하게 밝히면서 그의 교육학의 청사진을 우리에게 제시하였다. 이것이 유명한

---

32) Gunter W. Remmling & Robert R. Campbell, *Basic Sociology*(New Jersey: Littlefield, Adams & Co., 1970), p. 287.

「나의 교육학적 신조」(*My Pedagogic Creed*, 1897)이다.[33] 여기에는 그의 교육학의 다섯 가지 기본이념이 담겨져 있다.

첫째, 교육이란 무엇인가? 그것은 인류의 사회의식에의 참여 (participation)이다. 교육은 사회생활과의 긴장관계에서 성립한다. 따라서 산 사회환경에서 단절된 교육은 있을 수 없다.

둘째, 학교란 무엇인가? 학교는 개인을 사회화하는 기관이다. 따라서 학교는 모든 산업을 집중시킨 공동사회의 형식을 갖추어야 하며, 실사회를 축소해서 담고 있는 소형사회(miniature society)라야 한다.

셋째, 교육내용은 무엇이 되어야 하는가? 그것은 학생의 노력과 성과에 대한 무의식적인 통일과 배경을 주는 사회활동(social activities) 그 자체이어야 한다. 따라서 학생의 성장·발달을 촉구하는 교재는 과학·예술·기술의 체계가 아니고, 현실생활의 문제해결과정 속의 경험 그 자체인 것이다.

넷째, 가장 바람직한 교육방법이란 무엇인가? 학생의 본성의 전개에 있어서는 능동적인 면이 수동적인 면보다 선행한다. 따라서 학생의 원래의 운동적인 본성에 부응하기 위해 능동적인 활동을 촉구하는 활동학습(learning by doing)이 가장 좋다.

다섯째, 교육과 사회진보는 어떤 관련을 가져야 하는가? 교육은 사회진보(social progress)를 가져오는 가장 근본적인 수단·방법이다. 따라서 교육을 통해서 학생의 사회의식을 높이고 그들에 문제의식을 촉구하여 사회진보와 사회혁신의 근본동력을 키워 가야 한다.[34]

---

33) John Dewey, "My Pedagogic Creed," *John Dewey – The Early Works, 1882~1898 5: 1895~1898*(London: Southern Illinois University Press, 1972), pp. 84~95.
34) Dewey의 *My Pedagogic Creed* 중에서 가장 중요한 글을 우선 뽑아본다. I believe that all education proceeds by the participation of the individual in the social consciousness of the race. This process begins unconsciously at birth, and is continually shaping individual's powers, saturating his consciousness, forming his habits, training his ideas, and arousing his feelings and emotions. Ibid., p. 84.

듀이는 이렇게 교육을 개인의 사회화로 포착하였던 것이며, 교육을 통해서만 진정한 사회진보가 이루어진다고 보았다. 그의 교육철학은 생물의 진화과정에서 볼 수 있는 연속적 진화관(evolution) 위에 서 있으며, 제도적 개혁을 통해서 혁신을 기하는 비연속적 혁명관(revolution) 위에 서 있지 않음에 주목해야 할 것이다. 이것이 정치적 세계관과 교육적 세계관의 근본적인 차이이다.

3. 브라멜드의 문화재건 교육학

교육을 통해서 사회를 혁신함으로써 위기에 처해 있는 인류를 구원해야 한다고 가장 억세게 주장하고 나선 교육학자는 브라멜드이다. 그는 말한다. "교육의 주된 목적은 현대의 위기에 대처하기 위하여 사회를 재건(reconstruct)하는 데 있다. 이러한 목적을 수행하기 위하여 학교는 서구문명의 기본적 여러 가치를 재검토할 필요가 있다"[35]고.

그에 의하면 교육이란 학교를 통하여 학생에게 인류의 위기의식을 고취하여 새로운 사회질서(new social order)와 복지사회(welfare society)를 창출할 수 있는 인간기반을 조성하는 일이었다. 따라서 교육은 필연적으로 혁명적인 성격(revolutionary quality)을 지녀야 한다고 주장한다. 교육은 명확하게 짜여진 사회개혁 프로그램을 강력하게 추진해야 하며, 교육자 자신 하나하나가 지사적(志士的) 기질로 지체없이 이 개혁운동에 앞장서야 하며, 교실에서는 인류가 앞으로 풀어야 할 긴급한 당면문제들을 예의(鋭意) 강조해서 다루어야 하며, 필요하다면 주입식 경(硬)교육방법으로라도 학생의 사회의식을 높여야 할 것이다.[36]

---

35) George F. Kneller, *Introduction to the Philosophy of Education*(New York: John Wiley & Sons, 1964), p. 119.
36) Ibid., pp. 121~125.

그러나 이런 브라멜드의 문화재건주의(reconstructionism)의 입장에 몇 가지 허점이 있음을 우리는 간과해서는 안 된다. 그 첫째는 가치관의 문제다. 우리는 서구의 전통적인 가치관을 reconstruct(뜯어고친다)하려는 그의 심정은 십분 이해하고도 남음이 있으나, 과연 어떤 가치가 인류에게 가장 귀한 가치인가를 그에게서 듣지 못하기 때문이다. 둘째는 사회체제의 문제다. 복지사회가 물론 그가 말하는 이상사회이기는 하지만, 과연 경제적 평등만으로 사회의 모든 문제가 해소된다고 우리는 낙관할 수 없기 때문이다. 셋째는 방법의 문제에서다. 그는 행동과학적 방법과 민주적 방식을 극구 찬양하고 있으나, 일각에서는 인간의 문제를 행동과학적 방법으로만 다루는 점에 회의를 품고 있으며, 또한 그가 신조로 하는 민주적 방식 그 자체에도 그것이 너무 비효율적인 것으로 여겨지고 있다. 그러나 우리들은 그의 교육을 통한 사회혁신기반의 조성노력과 민주적 방식을 높이 평가하고 싶다. 만일 민주주의가 비효율적이라면서 우리가 전체주의 방식을 채택한다면, 이것은 교육=정치의 자가당착을 초래하게 되며, 그 결과 교육이 정치의 시녀로 타락하여 교육이 그 막중한 소임을 다할 수 없을 것이기 때문이다.

Ⅵ. 교육작용의 변증법적 본질

    교육은 개인적으로 행복하고 사회적으로 보람된 바람직한 인간형성을 조성하는 작용이다. 교육의 작용을 크게 기능별로 나누어 그 논리적 구조를 보면 앞에서 논한 바와 같이, 첫째, 위에서 아래로의 방향으로 기존의 질서나 체제를 고정적·현상적으로 유지하며, 둘째, 안에서 밖으로의 방향으로 인간이 지니고 있는 소질과 여러 힘을 조화롭게 발전시켜 이상적인 인격을 도야하며, 셋째, 밖에서 안으로의 방향으로 앞세대가 뒷세대에게 인류의 축적된 문화유산에 접하게 하고 이를 계승·확충하게 하며, 넷째, 아래에서 위로의 방향으로 개개의 모든 인간, 즉 민중을 사회화하고, 공동사회의 문제의식과 공동체의식을 고취함으로써 사회혁신의 인적 기반을 조성하는 작용이다.37)

    이렇게 교육은 그 책무가 막중한 체제적·인간적·문화적·사회적 작용이다. 그런데 우리가 각별히 주목할 바는, 그것이 위에서 특징지

---

37) 위의 네 방향을 독일어로 표현하면 다음과 같이 간단하게 된다. ① von oben nach unten, ② von innen nach aussen, ③ von aussen nach innen, ④ von unten nach oben.

은 방향에서 보듯이, 상·하·내·외의 계기가 서로 모순·대립의 관계에서 성립하고 있다는 사실이며, 따라서 참교육은 이런 모순·대립의 관계에 있는 4대 기능을 '대화'를 통해서 지양·통일하는 포섭·발전적인 것이어야 할 것이라는 이치다.

우리는 이런 확고한 논리와 시점으로 여러 교육현실을 분석·평가하면서 우리에게 맞는 교육의 이념·내용·방법·제도를 창출해야 할 것이다.

교 / 육 / 학 / 개 / 론

제3장

가정교육론
—

Ⅰ. 가정과 교육

1. 가정과 문화

새가 둥지를 중심으로 무리를 이루어 살듯이 인간은 가정을 중심으로 집단을 이루어 산다. 이처럼 가정은 우리 삶에 있어 가장 중요한 것의 하나다. 가정이란 무엇인가? 우선 상식적 수준으로 사전적 정의에서 보면 '집의 울 안'이며 동시에 가족을 중심으로 공동생활을 하는 하나의 '집단'이다.[1] 이 정의에서 분명하게 드러나는 것은 가정이란 생활의 거점이란 것이다. 또한 가정은 ① 사회의 최소단위(minimum society)이며, ② 우리의식(we-feeling)이 강한 집단이며, ③ 이익사회가 아니라 공동사회(Gemeinschaft)이며, ④ 개방집단이 아니라 폐쇄집단(closed group)이다.

---

1) ① 한 가족이 살림하고 있는 집 안, 집의 울 안, ② 부부와 어버이 자식들이 공동생활을 하고 있는 사회의 가장 작은 집단, 이희승 편, 「국어대사전」(서울: 민중서림, 1997), p. 38.

가정이란 생활의 거점은 여러 기능을 지니고 있다. 러셀은 이것을 ① 아이들에게 애정의 경험을 주는 일, ② 자기 역할을 인식시키는 협동체의 경험을 주는 일, ③ 성이 다르고 연령이 다른 사람들과의 인간관계에 대한 경험을 주는 일, ④ 그리고 성인들의 가지각색의 삶의 경험에 접하게 하는 일의 넷으로 요약하고 있다.[2] 그러면서 그는 가정적 경험은 다 좋다고 할 수는 없지만 적어도 국가·사회의 경험보다는 좋은 것이라고 평가한다. 사회학자들은 가정의 기능을 더 많이 들고 있다.[3]

① 생물적 차원에서의 종의 계승.
② 합법적 자녀 생식.
③ 자녀의 양육과 보호.
④ 문화의 계승과 비형식적 교육.
⑤ 사회적 신분 부여.
⑥ 긴장의 해소와 정서의 안정.
⑦ 가사의 유지와 관리.
⑧ 재산의 관리와 계승.
⑨ 성원의 신체적 보호와 복리.
⑩ 종교적 교육과 종교적 의식 관찰.
⑪ 여가의 관리 및 선용.

위의 모든 기능이 종합하여 가정을 이루고 있다. 다만 이런 기능들

---

2) Home gives the child experience of affection, and of a small community in which he is important; also of relations of both sexes and different ages, and of the multifarious business of adult life. Bertrand Russell, *Education and Social Order*(London: Unwin Books, 1970), p. 42.
3) Gunter W. Remmling and Robert C. Campbell, *Basic Sociology*(New Jersey: Littlefield, Adams & Co., 1970), pp. 131~132. 또 다른 학자는 현대가족이 담당하는 주요 기능으로 ① 성행위의 규제, ② 사회적 재생산, ③ 사회적 지위와 정체감(identity)의 부여, ④ 자녀의 양육과 사회화, ⑤ 정서적 안정과 생활보호를 들고 있다. 홍승직 외 4인, 「사회학개설」(서울: 고려대학교 출판부, 1991), pp. 107~108.

은 서로 중복되는 것도 있기에 이것을 특히 우리의 중요 관심사인 교육적 관점에서 요약하면서 가정이 교육에 얼마나 중요한 곳인가를 살펴보기로 하자.

2. 가정교육의 내용

인생에 있어 가정은 우선, 운명적 결합체다. 우리는 이 세상에 태어날 때 어느 한 가정을 택한 게 아니고 우연히 어느 한 가정에 태어났기에 그 유대는 숙명적으로 강하다. 둘째, 가정은 인생의 휴식·안식처다. 우리는 즐거울 때나 슬플 때 가정을 기리며 가정적인 행복을 인생의 최대의 행복으로 여긴다. 셋째, 가정은 사회를 구성하는 가장 핵심적인 소집단(microsociety)이다. 우리의 사회생활은 가정을 핵심적인 단위로 하여 근린사회·지역사회·민족사회·국가사회·인류사회로 확장해 간다. 넷째, 가정은 인간형성이 이루어지는 최초의 교육 마당이다. 우리는 가정에서 인간형성의 터전을 굳힌다. 이와 같이 가정은 인생의 터전이다. 가정의 교육적 의의에 대하여 좀더 살펴보자.

페스탈로찌는 일찍이 「은자의 황혼」에서 다음과 같이 말하고 있다.4)

> 인류의 가정적 환경은 첫째가는 그리고 가장 슬기로운 자연적 환경이다. 인간은 그의 가정적 행복이 가져오는 순수한 행복을 맛보기 위하여 자기 직업에 힘쓰고 시민제도의 무거운 짐을 감당한다. 따라서 직업 및 계층을 위한 인간교육은 순수한 가정적 행복을 즐겨야 한다는 궁극목적에 예속되어야 한다. 따라서 어버이의 가정이여! 그대는 인류의 모든 순수한 자연적 도야의 터전이다. 어버이의 가정이여! 그대만이 도덕과 국가의 학교다. 인간이여! 그대는 먼저 한 어

---

4) Paul Baumgartner 편, 「페스탈로찌全集」, 제4권(Zürich: Rotapfel, 1946), S. 152.

버이의 자녀이며 그 다음에 그대의 직업의 도제가 되는 것이다. 어린 시절의 덕성은 그대의 도제시대의 행복이 되며, 그리고 그 후의 그대의 행복을 맛보기 위한 그대의 자질의 첫 교육의 터전이다. 이러한 자연의 질서에서 유리하며, 계급·직업·지배·예속에 관한 교육을 부자연하게 추진하는 자는, 인류를 가장 자연스러운 행복의 열락(悅樂)에서 꾀어내어, 암초 많은 바다에 던져 버리는 자다.

이렇게 가정은 교육적으로 중요한 마당이다. 그러면 우리는 가정에서 구체적으로 무엇을 배우는 것일까? 레이건은 이것을 셋으로 들고 있다.5) 모국어를 배우는 곳이며(learns to use language),6) 관습·행동양식을 익히는 곳이며(develops attitudes), 선·악의 판단기준을 몸에 배이게 되는 곳이다(forms his ideas of right and wrong). 따라서 가정교육의 뒷받침 없이는 학교교육이 불가능하다. 또 쉬프랑거는 가정을 여러 정서관계(Gemütsbeziehungen)와 여러 관습관계(Gebrauchsbeziehungen)를 사랑을 통해서 배우는 곳이라고 말한다.7) 그는 특히 명저「페스탈로찌의 사고형식」에서 인간의 생활은 가정이라는 확고한 구심점에서 직장·국가 등으로 동심원적으로 확장되어 가는 것임을 논하고, 가정에서 배우는 것은 사랑을 기축으로 하는 순수한 인간관계와 종교성임을 페스탈로찌의 이름을 빌려 역설하고 있다.8) 이런 가정의 교육적 의의를

---

5) W. B. Ragan, *Modern Elementary Curriculum*(New York: Holt, Rinehart & Winston, 1960), p. 72.
6) 생후 18개월 어린이는 22단어밖에 구사 못하나 4년 뒤에는 1,800단어를 구사한다. C. E. Skinner ed., *Essentials of Educational Psychology*(New Jersey: Prentice Hall, 1958), p. 74. 단어를 쓰기 시작한 처음 6개월, 즉 생후 12개월에서 18개월 사이에는 아동들은 새로운 단어를 천천히 학습한다. 그러나 이 이후에는 단어의 수가 놀랍도록 빨리 증가하는 '어휘폭발'(language explosion)이 나타난다. 18개월까지는 어휘수가 점진적으로 증가하지만 18개월에서 21개월 사이 또 21개월에서 24개월 사이에는 단어의 수가 두 배 이상 증가한다. 3세경이 되면 아동들은 2살 때 알던 단어들의 거의 3배가 되는 많은 단어를 알게 된다. 적어도 5세까지는 계속해서 단어의 수가 급격하게 증가한다. R. H. Siegler, 「아동사고의 발달」, 박영신 역 (서울: 미리내, 1995), pp. 205~206.
7) E. Spranger, *Pädagogische Perspektiven*(Heidelberg: Quelle und Meyer, 1964), S. 75.

스미스는 좀더 쉽고 구체적인 말로 다음과 같이 서술하고 있다.[9]

> 가정은 성장해 가는 어린이의 생활 속에서 많은 역할을 한다. 가정은 자연스러운 애정의 샘이다. 안정감을 가지고 살 수 있는 곳이다. 가정은 어린이에게 옷을 입히고, 학교에서 먹을 수 있는 우유나 식사와는 다르게 그를 기른다. 가정은 갖가지 방법으로 어린이를 교육하며, 여가를 즐길 기회를 갖가지로 제공한다. 가정은 사회에서의 역할(his status in society)을 가르쳐 주며, 또한 그에게 종교에 대한 태도를 굳혀 준다.

위에서 고찰한 바를 종합하면, 가정은 인생의 터전이며, 가정의 즐거움은 최대의 즐거움이고, 가정은 교육의 마당인데, 그 독자적인 교육적 의의는 모국어·관습·행동양식·선악의 판단기준·사회적 역할 및 종교적 태도를 사랑과 자연과 생활을 통해서 배우는 데 있다.

3. 가정교육의 방법적 특징

가정교육의 방법상의 특징을 학교교육이나 사회교육과 대비하여 여러 가지 들 수 있겠으나 그 중에서 가장 중요한 것을 들어보면 다음과 같다.

첫째, 서로의 신뢰와 사랑 위에 성립하는 교육이다. 시대의 변천에 따라 가정의 기능도 많이 변질하여 왔지만, 만일 가정에 남아야 할 유일한 기능이 있다면, 그것은 아이를 사랑으로 감싸 포섭하는 일이다.[10]

---

8) E. Spranger, *Pestalozzis Denkformen*(Heidelberg: Quelle und Meyer, 1966), S. 36f.
9) W. O. Lester Smith, *Education*(Aylesbury: Penguin Books, 1962), p. 64.
10) 모성애는 무조건적이며 부성애는 조건적이라고 말하는 사람도 있으나(E. Fromm 등) 어떻든 사랑이 어린이로 하여금 고통과 분리의 감옥에서 벗어나게 하는 근거

둘째, 심신양면의 교육이 이루어지는 곳이다. 학교교육은 '삼육'(三育)을 이상으로 내세우면서도 실제는 지육(知育)에 중점이 놓이고, 사회교육은 기술교육에 중점이 놓이기 마련인데, 지·덕·체를 겸하여 인간교육을 조화적으로 다루는 곳은 가정만이라 할 것이다.

셋째, 개성적인 교육이 이루어지는 곳이다. 학교가 개성을 평준화하며 사회화하는 곳이 되기 쉬운 데 비해 가정은 개성을 도리어 키워주는 곳이다. 가정의 구성원의 수, 사회적 계층, 경제적 수준, 교양의 수준, 부모의 어린이에 대한 태도, 전통적으로 내려온 가풍, 가정의 가훈(중략) 등이 각 가정에 따라 다르므로 이에 따라서 같은 연령·소질의 아이도 가정환경에 따라 인간성장에 현저한 차이를 보여준다.

넷째, 부성·모성 상보(相補)의 교육이 이루어지는 곳이다. 이것은 정의를 대표하는 엄한 부성과 포섭성을 대표하는 사랑의 모성의 상호 보충적 기능을 말한다. 이것을 저자는 가정교육의 가장 중요한 방법이라 믿기에 이에 관해서 저자의 '의(義)와 사랑'이란 제목의 수필 한 토막을 여기에 수록하는 것으로 설명을 대신하고자 한다.

의(義)와 사랑　아버지는 엄하고 어머니는 따뜻하다. 이 엄한 사랑과 따뜻한 사랑이 잘 조화가 될 때 이상적인 가정교육이 이루어진다. 그러기에 아버지나 어머니 중의 하나가 없으면 바람직한 가정교육은 이루어지지 않는다. 엄하기만 한 아버지 밑에서 자라난 아이는 강하기는 하지만 부러지기 쉬운 강철 같은 아이가 될 것이며, 따뜻하기만 한 어머니 밑에서 자라난 아이는 유연성은 있지만 힘이 없는 아이가 될 것이다. 유연성이 있으며, 또한 강한 것, 말하자면 객차와 바퀴 사이를 떠받고 있는 용수철 같은 바람직한 아이는 엄한 사랑과 따뜻한 사랑이 동시에 잘 베풀어지는 가정에서만 나온다.

사실 큰 의미로 인간을 교육시키고 있는 것 중의 하나인 종교는

임은 틀림없다. 진원중, 「애정과 가정생활」(서울: 한국평생교육기구 학술연구, 1983), p. 15.

이 엄한 사랑과 따뜻한 사랑을 동시에 간직하고 있는 것이다. 기독교에서 본다면 구약에서의 의(義)가 이 엄한 사랑이요, 신약에서의 구원이 이 따뜻한 사랑이다. 구약에서의 의(義)는 율법으로 이루어지고 신약에서의 구원은 죄를 대신 지는 사랑으로 이루어진다. 이 구약적인 엄한 것과 신약적인 연한 것이 잘 조화가 될 때, 아니, 좀 더 정확하게 표현해서 「화학적인 반응」을 일으킬 때에만 참된 기독교가 성립하는 것이다. 구약적인 엄한 것을 우리는 의(義)라 부르고 신약적인 연한 것을 우리는 사랑이라 부른다. 그러나 우리 인간은 약하고 모자라기 때문에 이 의(義)와 사랑을 한 몸에 지닐 수가 없다. 그것을 한 몸에 지닌 사람은 예수였다. 사실 그는 "율법 중에서 가장 으뜸가는 계명은 네 이웃을 네 몸같이 사랑하라"는 것이라고 하였고, 또 다른 곳에서는 "율법의 한 치 한 획이라도 못다 채워지면 결코 하나님 나라에 들어갈 수 없다"고 하였다. 즉 의(義) 속에 사랑을, 그리고 사랑 속에 의(義)를 그는 담았다. 의는 사랑이 없이는 이루어지지 못하고, 사랑은 의가 없이는 의의를 잃는다.

불교에서도 의(義)와 사랑은 동시에 강조되고 있다. 부처님이 사랑의 구현이며 염라대왕이 의(義)의 구현이다. 부처님과 염라대왕, 즉 의(義)와 사랑이라는 이대주(二大柱) 위에 불교는 성립하는 것이다.

이렇게 볼 때 우리는 요즘의 가정교육에 치명적인 결함이 있음을 깨닫게 된다. 즉 아버지가 맡아야 할 면과 어머니가 맡아야 할 면을 각각 소홀히하는 데서 생기는 결함이다. 엄해야 할 아버지가 도리어 연해지고 연해야 할 어머니가 엄해져 가고 있다. 이것은 물론 경제생활에 쫓기어 다니다 보니, 한 몸으로 아버지 역할과 어머니 역할을 동시에 해야 할 경우가 많은 데서 생기는 결과일 것이다. 그러나 그것이 아이의 교육에 바람직한 꼴이 아님은 명백한 일이다.

사리를 파헤치며 방향을 제시하여 주는 큰 사랑으로서의 의(義)와, 생명을 감싸 주고 북돋아 주면서 그 방향으로 자기와 더불어 걸게 하는 사랑, 이것이 자연스럽게 조화가 되는 곳이 가정이다. 그런데 만일 가정에서 이것이 포기되면, 차선의 길로서 학교에 이 과제는 넘겨져야 할 것이다.

다섯째, 가정교육은 어린이의 생활장면에서 전개되기 때문에 효과적인 면도 있으나 산발적·즉흥적·기회적인 비형식적인 것이 되기 쉽고, 지식적이라기보다 실천적이기 때문에 형식적 교육에 비해 즉효적(卽效的)이 아니고 도리어 지효적(遲效的)이다. 그러나 그 영향은 평생 지속된다.

위에서 고찰한 가정교육의 방법상의 특성은 다른 교육의 마당에 비해 장점인 동시에 단점이 될 수도 있고, 또 넷째의 특성처럼 다른 곳에서는 도저히 기할 수 없는 점도 있음을 주목해야 한다.

4. 현대 가족집단의 변화과정

앞으로의 가정교육은 사회 전체와의 관련성 위에 계획·조직되어야 하며, 또 사회학적 시점 위에서의 시사를 많이 받아야 할 것이므로, 우리는 현재 선진국의 가족이 역사적으로 어떻게 변모하는 과정에 있는가를 정확하게 포착하여야 할 것이다. 익히 논의되듯이 현대의 가정은 ① 확대가족이 핵가족화되면서 가족이 축소되고 세대는 단순해져가고 있으며, ② '일인가구', '모자가족', '소년소녀가장가구', '노인단독가구' 등의 가족의 형태가 다양화되어 가고 있고, ③ 가정이 친자중심에서 부부중심으로 전환해 부계제도로부터 양계제적 경향으로 변화해 가고 있으며, ④ 친족범위가 축소되고 친족유대가 약화되고 있으며, ⑤ 이혼율이 높아지면서 가족의 안정성이 약화되어 가고 있고, ⑥ 가족의 생산기능이 약화되고 소비기능이 강화되고 있다.[11] 그런데 문제는 이런 변화요인 거의 모두가 비교육적 요인을 내포하고 있다는 것이다.

돌이켜 유교적 전통에 바탕을 둔 우리나라 가족제도의 특징을 고찰하여 보면, 그것은 '칠출삼불거'(七出三不去) 등의 남성본위의 이혼요건에서 전형적으로 볼 수 있듯이 봉건체제를 유지하기 위한 씨족중심의 대가족제였고, 여성의 교사로서의 사명 자각이 서양의 핵가족사회에 비하면 현저하게 부족했다. 이런 제도 안에서 여성들은 삼종지도라 하여 결혼 전에는 아버지를, 결혼 후에는 남편을, 그리고 남편이 사망한 후에는 아들을 따라야 한다는 유교의 윤리, 그리고 반상(班常)이 엄격한 계급제에서 일반서민이라면 이중 삼중의 억압을 강요당하는 인간기계에 지나지 않았던 것이다.[12] 그러나 오늘날의 한국의 가정은 부권이 상실되면서 엄부자모의 교육적 기능이 파괴되고 있다.

우리는 위에서 선진제국의 가족집단의 변모과정과 우리나라 가족집단의 특징을 고찰하였다. 우리나라의 가정교육은 두 개의 큰 과제를 안고 있다. 한편으로는 선진제국의 가정의 변모과정을 유사하게 걷고 있는 우리 가정이 현재 갖고 있는 비교육적 요인들을 어떻게 극복하느냐 하는 문제이고, 또 한편으로는 포스트모던한 문화 속에서 세대차이 및 가치관의 차이로 인한 가족구성원들간의 갈등을 어떻게 극복하고 가정의 교육적 기능을 올바르게 수행하느냐의 문제라 할 것이다.

11) 강순주 외 4인, 「현대사회와 가정」(서울: 건국대학교 출판부, 1996), pp. 37~41. 참고로 서구 가정의 변모추세를 들면 다음과 같다. ① 여성의 유급노동률 증가, ② 이혼율 증가, ③ 편부모나 계부·모 가정의 현저한 증가, ④ 결혼하지 않은 채 동거하는 커플의 점차적 증가. Anthony Giddens, *Sociology*(Cambridge: Polity Press, 1994), p. 422.
12) 윤태림, 「한국인」(서울: 현암사, 1970), p. 160; 여성한국사회연구회 편, 「여성과 한국사회」(서울: 사회문화연구소 출판부, 1993), p. 52.

Ⅱ. 페스탈로찌의 가정교육론

1. 기독교적 가정관

기독교의 가정관은 신앙중심적이고 가부장중심적인 데에 그 특징
이 있다. 이런 생각은 에베소서와 골로새서에 잘 나타나 있다. 이 중
에서 골로새서의 것을 먼저 보자.[13]

> 아내된 사람들은 자기 남편에게 순종하십시오. 이것은 주님을 믿
> 는 사람으로서 해야 할 본분입니다. 남편된 사람들은 자기 아내를
> 사랑하십시오. 아내를 모질게 대해서는 안 됩니다.
> 자녀된 사람들은 무슨 일에나 부모에 순종하십시오. 이것이 주님
> 을 기쁘시게 해 드리는 일입니다. 어버이들은 자녀들을 못 살게 굴
> 지 마십시오. 그들의 의기를 꺾어서는 안 됩니다.

이처럼 기독교적 가족윤리는 아내의 남편에 대한 순종, 남편의 아
내에 대한 사랑, 그리고 자녀의 어버이에 대한 순종이란 세 윤리를
기간(基幹)으로 이루어져 있다. 표현은 다소 다르지만 이런 윤리는 에

---

13) 골로새서 3장 18~21절.

베소서에도 그대로 나타나 있다.[14)

> 여러분은 그리스도를 공경하는 정신으로 서로 복종하십시오. 아내된 사람들은 주님께 순종하듯 자기 남편에게 순종하십시오. 그리스도께서 당신의 몸인 교회의 구원자로서 그 교회의 머리가 되시는 것처럼 남편은 아내의 주인이 됩니다. 교회가 그리스도께 순종하는 것처럼 아내도 모든 일에 자기 남편에게 순종해야 합니다.
> 남편된 사람들은 그리스도께서 교회를 사랑하셔서 당신의 몸을 바치신 것처럼 자기 아내를 사랑하십시오. (중략) 우리는 그리스도의 몸의 지체들입니다. 성서에 "그러므로 사람이 부모를 떠나 자기 아내와 결합하여 둘이 한 몸을 이룬다"라는 말씀이 있습니다.
> (중략) 자녀된 사람들은 부모에 순종하십시오. 이것이 주님을 믿는 사람으로서 마땅히 해야 할 일입니다. "네 부모를 공경하라" 하신 계명은 약속이 붙어 있는 첫째 계명입니다. (중략)
> 어버이들은 자녀의 마음에 상처를 입히지 말고 주님의 정신으로 교육하고 훈계하여 잘 기르십시오.

이 글에서 우리는 다시 두 가지 기독교적 가족윤리를 더 찾을 수 있는데 그것은 신앙중심의 가정생활, 그리고 자녀에 대한 사랑의 교육이다. 기독교의 가족윤리는 이 다섯 윤리 위에 서 있다.

2. 기독교적 가정교육관

그러면 기독교는 어떤 내용을 가정교육의 가장 중요한 내용으로 보고 있는 것일까? 첫째, 아동존중교육이다. 시편에 "자식은 야훼의 선물이요, 태중의 소생은 그가 주신 상급이다"(127편 3절)라고 찬미되

---

14) 에베소서 5장 21절~6장 4절.

어 있다. 둘째, 신앙의 체험이다. 잠언에 "야훼를 두려워하여 섬기는 것이 지식의 근본이다"(1장 7절)라는 유명한 말이 있다. 셋째, 민족의 역사적 체험 및 그 유산을 종교적 예식으로 다져 계승하는 일이다. 여호수아기에 "훗날 너희의 후손이 이 돌들이 무엇이냐고 묻거든, 이스라엘이 요르단강을 발을 적시지 않고 건넌 일을 기념하는 것이라고 일러 주어라"(4장 21~22절)고 나와 있다. 넷째, 생활을 통해서 민족의 관습과 생활기술을 어버이로부터 배우는 데 있다. 이 일이 어찌 이스라엘 민족에게만 해당되리오만 이스라엘 민족은 특히 이것을 중시했다. 사무엘서에 "또 너희 딸들을 데려다가 향료를 만들게도 하고 요리나 과자를 굽는 일도 시킬 것이다"(상 8장 13절)라고 적혀 있다. 다섯째, 체벌을 가해서라도 사람됨을 일깨워 인격형성의 터전을 다지는 일이다.15) 히브리서에 다음과 같은 아름다운 글이 보인다.16)

> 아버지로서 자기 아들을 견책하지 않는 사람이 어디에 있겠습니까? 자녀는 누구나 다 아버지의 견책을 받게 마련입니다. 그러므로 여러분이 이런 견책을 받지 못한다면 여러분은 사생아나 다름없고 참 아들이 아닙니다. (중략) 이러한 견책으로 훈련을 받은 사람은 마침내 평화의 열매를 거두어서 올바르게 살아가게 됩니다.

이스라엘 민족이 핍박받아 온 소수 민족인데도 세계의 문화에 큰 기여를 한 것은 이런 가정관과 가정교육관의 덕택이라 한다. 이런 생각과 방식은 그대로 기독교문화에 계승되고 발전되었다. 페스탈로찌는 특히 이런 기독교적 전통과 세계관을 중시하고 이를 그의 교육이론의 핵으로 삼았다. 다음에 그것을 간단하게 보자.17)

---

15) 이와 관련된 성경내용은 사무엘하 7장 14절, 시편 23장 4절, 열왕기상 12장 11~14절, 요한복음 2장 15절, 히브리서 12장 6~11절 등을 참조할 것.
16) 히브리서 12장 7~11절.
17) 더욱 자세히는 저자의 다음 저작을 참고하기 바람. 「페스탈로찌의 교육철학」(서울: 고려대학교 출판부, 1995).

3. 인생과 가정

첫째, 인간은 심리적으로나 공간적으로나 자기에게 가장 가까운 것에 흥미를 느끼며, 또 이를 소중히 여긴다. 우리 인생에서 가장 가까운 것은 물론 가정이다. 물고기가 물을 떠나서는 살 수 없고, 새가 둥지를 떠나서는 살 수가 없듯이 우리 인생은 가정을 떠나서는 살 수 없다. 왜냐하면 우리는 가정을 통하여 이 세상살이에 필요한 '영육(靈肉)의 양식'을 공히 사랑으로 받는 까닭이다. 영육의 양식 중에 하나가 고갈되어도 참된 삶은 존재할 수 없다. 왜냐하면 참된 인간성의 발전에는 이 둘이 공히, 그리고 동시에 필요하기 때문이다. 일찍이 페스탈로찌는 「은자의 황혼」에서 다음과 같이 말했다. "좋은 아버지가 된 후에야 좋은 행정관이 될 수 있고, 좋은 형이 된 후에야 좋은 시민이 될 수 있다."[18] 그러므로 가정의 일이 사회·국가의 일에 앞서야 하며, 가정교육이 시민교육에 앞서야 한다. 그는 또 가정의 행복이 인생의 최대의 행복이라고 강조하면서, 이것 역시 슬기로운 가정교육에서 우러나오는 것이라 하였다. 왜 그럴까? 그에 의하면 가정의 모든 성원은 하늘이 주신 사랑의 유대로 묶여져 있기 때문이다. 사랑은 사랑을 낳아 사랑하는 마음을 키워주기 때문이다.

둘째, 가정은 가장 자연스러운 곳이다. 그러기에 인간 안에 깃든 모든 소질과 자질이 가정에서의 자연스러운 활동과 영향을 통해서 가장 슬기롭게 자기 발전한다.

셋째, 가정은 사회생활의 출발점이다. 우리는 사회에서 나서 사회 속에서 생활하는데, 가정생활은 이 사회생활의 원리를 슬기롭게 마련하여 주는 곳이다.

---

18) Pestalozzi, op. cit., S. 152.

가정의 가장 특성적인 이러한 애정성, 자연성, 사회성은 24시간의 공동생활을 통하여 교육에서 가장 중요한 아이의 자율적인 활동을 촉구한다. 그러나 이 자율성이 정착되기까지에는 길고 긴 사랑의 수고가 필요한 것이다.

페스탈로찌는 이런 사실을 직관적으로 인식하고, 아이를 자라나는 나무에 비유하면서, 거친 세상에 이식되기 전에 먼저 가정에서 적절하게 가꾸어져야 한다고 다음과 같이 부연한다.

> 냉기와 온기를 적절하게 조정하는 것이 육체적·도덕적 교육의 비결이다. 네가 가꾸는 나무에 어느 정도의 온기와 햇빛이 필요하며, 또 어느 정도의 냉기와 수분이 필요한가를 알아야 한다.

아침 저녁으로 자기 손발로 나무를 가꾸는 농부보다 이를 더 잘 아는 사람이 있을까? 밤낮 대하는 부모보다 자기 아이를 더 잘 아는 사람이 세상에 있을까? 온기와 사랑만이 교육의 전부가 아니다. 냉기도 필요하다. 엄격한 사랑인 채찍질도, 그리고 체벌도 이와 동시에 필요하다. 타인에게 받는 체벌은 아이의 자존심을 몹시 상하게 하여 역효과를 가져오기가 쉽다. 그러나 부모가 가하는 체벌은 그것이 깊은 사랑에서 나온 것임을 아이는 육감으로 알기에 교육적으로 큰 효과를 나타내게 된다. 부모만이, 어버이 같은 교사만이 매질로서 아이를 바로잡을 수 있다고 페스탈로찌는 역설한다. 냉기와 온기를 사랑 안에 겸비할 수 있는 곳은 세 교육의 마당 중에서 가정, 그리고 가정적인 학교밖에 없다. 다시 말하거니와 우리가 학교교육과 사회교육에 기하지 못할 것이 가정 안에 있음을 우리는 주목해야 한다. "세 살 버릇 여든까지 간다"는 우리 속담을 우리는 깊이 음미해야 한다.

4. 가정교육론

페스탈로찌는 인생에 있어서의 가정의 막중한 의의를 위와 같이 말하면서, 「린하르트와 게르트루트」(*Lienhard und Gertrud*, 1787)라는 농민소설에서 가정교육의 원리를 소설체로 그려내고 있다. 그 주요 골자는 대략 다음과 같다.

첫째, 가정에는 질서(Ordnung)가 있어야 한다. 위 아래 성원간의 도덕적 질서는 물론이요, 일상생활 자체의 질서가 서야 한다. 생활의 질서는 마음과 정신의 질서를 낳는다. 빈민이 그 가난의 구렁에서 헤어나지 못하는 이유는, 가난 → 무질서 → 가난 → 무질서의 악순환에서 헤어나지 못하는 까닭이다. 신앙생활을 가장 귀하게 여기는 페스탈로찌였지만, 신앙생활보다 생활질서가 우선되어야 한다면서 다음과 같은 예를 들어 말한다.

이웃집 아낙네는 교양이 높고 신앙심이 지극하다. 따라서 성경을 읽고 연구하는 것을 유일한 인생의 낙으로 여기고 있으며, 가사나 자녀교육에는 별 관심이 없다. 하늘나라만이 그녀의 소망이다. 그러기에 그녀의 아이들은 사랑에 굶주리며 헐벗고 밖으로만 맴돈다. 이런 그녀가 과연 올바른 신앙자일까? 아니다. 기독교에서는 가정을 하늘나라의 축소된 모형으로 여기며, 부모를 이 세상에서의 신의 대리자로 본다. 이 작은 하늘나라를 감당하지 못하는 자 어찌 큰 하늘나라를 감당할 수 있을까. 그녀의 자녀들은 누구의 사랑으로 사랑의 싹을 틔워 하나님의 사랑을 예감할 수 있고 마음 따뜻한 시민이 될 수 있겠는가! 주부된 자 책을 읽어서 나쁠 리 물론 없다. 그러나 가정생활 그 자체가 책보다 귀함을 알아야 한다. 책은 나들이 옷이라면 가사는 일옷이어야 한다.

페스탈로찌는 역설 같은 표현이지만, 이렇게 여성에게는 가정이 그 삶의 거의 전부이며, 따라서 주부는 먼저 묵묵히 일하며 가정의 질서를 세워야 한다는 것을 강조한다.

둘째, 가정은 순수한 정감들(reine Gefühle)이 길러지는 도덕교육의 터전이다. 이 순수한 심정(사랑·믿음·순종·신뢰심)은 우선 어버이와 자녀간에 발생하고 익혀져 하나님께로 향하고 다시 내려와 이웃에 퍼져가는 것이다. 여교사로서의 어머니 게르트루트는 아이에게 일체 말로 설교하지 않고 행동으로 익히게 해 준다. '이웃을 사랑하라' 하지 않고, '이 빵을 이웃 아이와 나누어 먹어라' 한다. '기도를 해라' 하지 않고 자기 자신이 식탁 앞에서 또는 골방에서 경건하게 기도를 한다. '순종하라', '복종하라' 하지 않고 우선 자기 자신이 남편에게 순종·복종하고, 또 아이들의 모든 일을 희생적으로 보살펴 준다. 이러한 생활을 통한 사랑의 도야, 덕성의 도야는 가정생활의 가장 특징적인 것 중의 하나이다. 학교에서 교사에게 말로, 머리로 들은 '도덕의 덕목 부스러기'는 집에 돌아오는 길에 도랑을 넘다 잊어버린다. 그러나 자기 빵을 이웃 아이와 나누어 먹으면서 느낀 흐뭇한 심정, 즉 자신의 생활과 행동으로 익혀 얻은 덕성은 깊이 심정 속에 새겨진다. 눈에 보이는 이웃과 형제를 사랑하지 못하는 자, 어찌 눈에 보이지 않는 하나님을 사랑할 수 있겠는가.

셋째, 가정은 기초교육(elementare Bildung)이 다져지는 곳이다. 종래의 기초교육은 소위 3R's(읽기, 쓰기, 셈하기)이었는데 페스탈로찌는 여기에 다시 도덕교육과 실제교육(사랑하기·일하기)을 덧붙인다. 실제교육이란 생활의 경제면·노동면에 대한 소양과 관심을 기르는 일이다. 어머니 게르트루트는 아이와 같이 실을 짜면서 노래를 부르며, 구구단을 셈하며 정확한 모국어로 대화를 나눈다. 아이에게 실을 짜게 하며 일을 시키는 페스탈로찌 방식에 우리는 회의를 느낄 수도 있다. 그러나 그것은 아이가 짜낸 실의 한발 두발의 상품가치를 문제시하지 않고 일을 시킴으로써 아이에게 경제·노동·생활에 대한 눈을 열게 하며 직업에 대한 신성한 감정을 싹틔우게 하는 데 의의를 두고 있는 것이다.

일찍이 교육학자 중에서 페스탈로찌처럼 철저하게 노동과 직업을 신성하게 여기고 이것을 교육의 마당에 도입한 사람은 드물다. 그러기에 페스탈로찌의 교육사적 의의를 노동과 교육과의 조화적 결합으로 보는 교육학자도 있는 이유가 여기에 있다.[19]

돌이켜 직업의 어원을 찾아보면 그것은 '불리움을 받는다'(berufen)에서 왔으며, 이것은 또한 사명과 동의어가 된다. 사람은 하늘이 정해주신 맡은 바 자리에서 묵묵히 일을 해야 한다고 그는 생각했다. 대장간 아들은 대장간을 해야 하며, 농부의 아들은 농부가 되어야 하며, 상인의 아들은 상인이 되어야 한다. 그러나 직업인이 되기 전에 먼저 인간으로 완성되어야 한다고 그는 믿었다. 이것이 페스탈로찌가 직업교육과 인간교육을 동시에 다루었던 이유다. 피상적으로는 그의 이념은 중세적·기독교적·계층적인 가부장질서를 찬양하는 것처럼 보인다. 그러나 그는 당대의 비극은 "손에 닿지 않는 높은 바구니에 들어있는 빵을 뛰어서 따먹으려는 데에 있다"고 보았다. 그는 말한다.

> 아직 바른편 왼편도 모를 때에 너의 아이들을 그가 맡아 살아야 할
> 자리에 굽혀 넣어라. 그러면 너의 아이들은 죽을 때까지 너희들에게
> 감사하리라. '왜'를 묻지 말게 하라.

이것이 페스탈로찌의 신념이었다. 그가 제일 싫어하는 유형의 사람은 '이런고로, 저런고로'라고 말을 놀리는 '말쟁이'(Maulbrauchen)였다. 노동과 교육을 결합시킨 페스탈로찌 방식의 참 의의는 노동을 통해서 창조의 기쁨을 맛보게 하며 노동의 즐거움과 생활경제의 초보개념을 이해시켜 인간교육의 기초를 다지는 데 있었다 할 것이다.[20]

---

19) K. H. Günther, *Geschichte der Erziehung*(Berlin: Volks und Wissen Verlag, 1957), S. 190.
20) 페스탈로찌는 전인적 인간도야의 방법적 원리로써 노작교육론을 강조하였다. 그는

넷째, 가정은 모든 교육이 자기활동성·자연성을 터전으로 하여 전개되는 실물교육의 마당이다. 문자로 가르쳐지는 곳이 아니고 실물로 저절로 익혀지는 곳이다. 우리는 아이에게 '이것이 손이요, 이것이 입이요' 하면서 말로 가르쳐서는 안 된다. '자, 입을 깨끗하게 닦읍시다. 그리고 손도 닦읍시다' 하면서 실제로 입과 손을 닦게 하는 곳이다. '사각형은 각이 네 개 있는 도형이다'라고 말로 가르쳐서는 안 되고, '이 식탁은 네모지다'면서 식탁을 정리하는 방식이다. 요는 가정은 모든 것이 자신의 생활 속에 전개되는 대상을 통해서 직관적으로 가르쳐지는 교육의 마당이다.

이와 같이 가정에서 아이의 인간적 모든 소질이 그 기초과정에서 확립·도야되면 교육은 거의 된 것이라고 페스탈로찌는 말하면서 아이를 학교에 보내지 말라고까지 극언한다. 모(母)교사 게르트루트를 그는 '아침 일찍부터 밤 늦게까지 복된 길을 걷는 햇님'으로 비유한다. 그런데 이런 가정교육론이 전개되는 그의 소설의 여주인공 게르트루트의 모델은 실은 그의 가정부였던 에리자베트였음을 우리는 깊이 미득(味得)해야 한다.

5. 현대적 의의

우리는 페스탈로찌의 가정교육의 원리를 개관하였다. 이제 우리는

노동을 통해서 창조의 기쁨과 생활활동의 초보적 개념을 이해시켜 인간교육의 기초를 다지고자 하였던 것이다. 이러한 페스탈로찌의 사상은 케르셴슈타이너와 듀이 등에 의하여 구체화하게 된다. 이들의 노작교육론은 현대산업사회 속에서 더욱 심하게 나타나고 있는 비인간적 현실에 대하여 노동의 인간화, 노동의 교육화, 노동의 윤리화라는 측면에서 커다란 의의를 지니고 있다. 특히 편향적 전문성만이 강조되고 있는 현대교육의 문제에 대하여, 인간중심의 전인교육적 방법원리로서 노작교육을 제시했다는 점에서 중요한 교육학적 의미를 갖고 있다고 할 수 있다. 전일균, "노작교육론의 인간학적 원리," 고려대학교 교육사·철학연구회 편, 「인간주의 교육사상」(서울: 내일을 여는 책, 1996), pp. 83~84.

그것이 우리에게 안겨 주는 현대적 의의를 고찰하자.

첫째, 인생에 있어서의 가정의 막중한 의의의 재평가다. "가정은 성이다"라는 영국의 속담이 있다. 가정이란 외적을 막고 자기를 보호하는 곳이라는 뜻이다. 전통적인 동양적 관념으로는 가정은 남성본위로 의·식·주를 얻고 내일의 싸움을 위해 휴식을 취하는 곳이다. 그러나 페스탈로찌는 가정을 천국의 모형으로 높이 평가한다. 가정은 천국과 같이 절대 자기목적적으로 존재해야 하며, 따라서 국가나 사회를 위해 수단적으로 존재하는 것이 아니다. 그런데 오늘날의 극단적인 개인주의와 사회주의는 이런 가정의 이념을 파괴하고 있다. 개인이 인생의 절대적인 단위일 수 없으며, 또 사회가 인생의 절대적 단위일 수도 없다. 아버지는 당에, 어머니는 방직공장에, 형은 철공소에, 누나는 밥공장에 나가 가정은 텅 비고, 따라서 어린이는 탁아소에 맡겨져 웃을 줄 모르는 병아리떼 같이 '생산'되는 사회주의 사회의 유아교육방식을 우리는 엄히 경계하여 가정을 인생의 신성한 절대적 단위로 정립해야 할 것이다.

둘째, 모성의 천성적인 교사로서의 사명의 자각이다. 동양의 전통적인 봉건적 가정관에서 보면 여성은 남성을 위하여, 여자는 부모를 위하여, 그리고 부모는 충군애국(忠君愛國)을 위하여 존재한다. 그러나 페스탈로찌는 남녀 제각기 고유의 천직을 가지고 있다고 생각한다. 여성의 천직은 무엇일까? 그것은 가정을 슬기롭게 경영하며 자녀의 교육을 맡는 일이다. 하지만 사회변화와 더불어 여성의 취업률이 증가하고 사회적 지위가 점차 높아지면서 오늘날의 한국 가정에서 모성으로서의 교사역할을 어머니한테 요구하기가 현실적으로 어려워진 실정이다. 정부에서는 이러한 문제를 최소화할 수 있는 대안을 하루빨리 마련하여야 할 것이다.

셋째, 루소가 제창하고 페스탈로찌가 실천한 소극교육(negative education)의 이념에 대한 재음미이다. 교육의 세 가지 계기는 인간·

사물·자연이며, 이 삼자의 교육이 잘 조화될 때 이상적인 최선의 인간교육이 이루어진다. 그러나 자연은 우리의 마음대로 조정되는 것이 아니기에 인간·사물의 교육이 자연의 교육에 따르는 것이 차선의 인간교육이다. 이런 교육을 소극교육이라고 루소는 정의했다.[21] 특히 유년기의 교육은 자연적 성장의 성숙도에 따라서 진행되어야 한다. 그런데 오늘날 한국의 학교교육은 계발이 아닌 주조가 되어 가고 있고, 이런 폐단을 완화해야 할 가정교육이 도리어 이 주조(鑄造)를 부채질하고 있는 실정에 있다.

넷째, 부모교육의 중시이다. 한 민족, 한 국가의 문화유산의 계승층은 중산층이고, 중산층의 특색은 경제적으로 자립할 수 있는 기업 또는 전문직을 가지고 안정된 가정생활을 즐기며, 자녀의 교육에 많은 노력을 하며, 또 자신의 직업에 큰 자랑을 가지며 이를 남을 위한 봉사수단으로 여기는 데에 있다. 그런데 오늘날 우리 한국에는 이런 중산층의 경제적 지반이 무너져 가고 있다. 따라서 우리는 중산층을 경제적으로 보호·육성해야 하며, 이들의 가정적이며 교육적인 삶을 이끌어갈 부모의 교육을 특히 배려하여 부모교육의 양적·질적 향상·확장에 보다 노력해야 할 것이다. 어린이의 삼대권리, 즉 '잘 출산받을 권리, 잘 양육받을 권리, 잘 교육받을 권리'[22]가 보장되려면, 무엇보다도 부모교육의 향상이 앞서야 한다.

---

21) J. J. Rousseau, *Emile*(1762), trans. Allan Bloom(Toronto: Basic Books, 1979), pp. 38~39.
22) 小原國芳, 「어머니를 위한 교육학」(동경: 玉川大學 出版部, 1958), p. 13.

III. 과제와 전망

1. 문제제기

가정은 학교, 사회와 더불어 교육의 세 마당의 하나다. 특히 가정
은 이 중에서도 인간형성의 터전이자, 모든 사회의 가장 핵심적인 집
단이요, 삶의 보금자리다. 그런데 바로 이 가정이 흔들리고 있다고들
한다.[23] 사실 가정이 흔들리기에 사회, 국가, 그리고 인류의 문화까지
도 흔들리고 있다고 말하는 사람도 있다.

가정관에서 예를 한 가지 들어본다. 가정을 어떻게 보느냐의 문제
에서도 전통적 기독교 문화권과 공산권은 입장을 달리한다. 전자는
일부일처제의 도덕윤리를 바탕으로 한 핵가족을 이상적 가정으로 보
는데, 후자는 가정을 전체주의 사회의 한낱 수단적 기구로 보면서 가

---

23) 예컨대 미국가정·사회의 특징과 문제점은 ① 편부모 가족의 증가(이혼율의 증가),
② 취업모의 증가, ③ 가족규모의 축소, ④ 청소년들의 또래문화의 급증, ⑤ TV
및 미디어의 영향력 급증, ⑥ 청소년의 폭력범죄의 증가 등으로 지적된다. Daniel
U. Levine & Robert J. Havighurst, *Society and Education*(Boston: Allyn and
Bacon, 1989), pp. 124~128.

정의 신성불가침성을 인정하려 들지 않는다. 전자에서는 가정이 국가나 사회보다 우선해야 하며, 따라서 인간의 '본적'이 가정이라고 보는데, 후자는 국가나 사회가 가정보다 우선해야 하며, 따라서 인간의 '본적'은 국가나 사회라고 보고 있다. 이런 가정관의 차이는 필연적으로 가정교육관의 차이로 나타난다. 자유진영에서는 친권적 교육권을 존중하는 데 비해 공산주의 체제에서는 이것을 아예 인정하려 들지 않는다.

다음에 우리는 현대의 한국가정이 지니고 있는 비교육적 문제들을 간단하게 살펴보자.

2. 현대 한국가정의 교육적 문제

현대의 한국의 가정이 지니고 있는 문제점 중에서 첫째로 들어야 할 것은, 우리 고유의 전통적 가정관은 붕괴되고 이에 대치되어야 할 새로운 가정관은 아직 정립되고 있지 못하다는 데 있다. 역사적으로 한국은 여러 문화, 즉 불교문화·유교문화·기독교문화의 영향을 받아왔으나, 실은 그 어느 하나도 오늘날 우리 국민일반의 생활 속에 완전히 토착화되지 못했기 때문에, 각 문화 고유의 가정관이 어느 하나도 생활 속에 완전히 정착을 하지 못하고 혼미를 거듭하고 있는 실정에 있다. 서구의 국민생활 속에는 기독교의 가정관이,[24] 이스라엘에는 유대교의 가정관이,[25] 그리고 옛 동양에는 유교의 가정관이 정

---

24) 서구의 가정관은 이상적 여성상이 지녀야 할 3K, 즉 Kirche(교회), Kinder(아이들), Kche(부엌)에 잘 나타나 있다.
25) 이스라엘가정에서는 자녀를 하나님의 것으로 여기어 소중히 양육하고, 하나님의 일꾼으로 만들고자 한다. 따라서 자녀교육은 태아때부터 엄격한 종교교육을 시작하여 굳건한 신앙의 소유자로 키우는 데 목적을 두었다. 즉 가정이 학교가 되고, 어머니와의 인격적 접촉을 통하여 받는 종교교육은 자녀들의 삶 깊숙이 스며들어 죽을 때까지 그 영향을 미친다.

착하여 그 이념을 끊이지 않고 후세에 계승시켜 왔는데,[26] 우리에게 는 국민 모두의 생활을 내면적으로 규제하는 고유의 국민적 종교가 없었기 때문에 이런 점이 다른 나라에 비해 아주 약했다. 기독교의 가정관, 즉 남편은 사랑하고 아내는 순종하되 하나님 앞에서 인격적 으로 평등한 부부관, 그리고 그들의 사랑을 중심으로 하는 핵가정관 도 우리에게는 정착되지 못했고, 또한 유교의 가정관, 즉 부창부수(夫 唱婦隨)하며 온 성원이 가장에게 인격적으로 매이는 위계서열이 분명 한 전통적인 대가족관도 무너진 오늘날, 우리는 이제 우리에게 가장 알맞은 가족관의 정립이 시급하다 할 것이다.

둘째, 대가족제도에서 핵가족제도로의 변화과정에서 야기되는 문제 와 저출산율의 문제이다. 우선 주목해야 할 점은 가족성원의 수는 유 아의 인격형성에 큰 영향을 준다는 사실이다. 식구가 많으면 각 가족 성원이 생활과 행동을 규제하는 권위를 지닌 인물이 필연적으로 요청 되기 마련이며, 또 많은 식구 중에는 모든 식구가 귀히 여기며 따르 는 모범적인 인물이 존재하기 마련이어서, 이런 인물이 성원간의 불 화를 중재·완화하고 혹은 동경의 대상이 되어 교육적으로 큰 영향을 준다. 대가족제도가 붕괴된 한국가정은 가장이 권위를 상실하고, 일 인 자녀 가정이 많아 사회성 형성에 문제가 있다는 지적의 목소리가 높다. 하지만 더 큰 문제는 출산율 저하의 문제이다. 우리나라는 OECD 국가 중 가장 빠른 속도로 저출산을 보이고 있다. 결혼에 의 한 고용의 불안정, 일과 가정의 양립의 어려움, 육아지원의 미흡, 자 녀양육 부담의 증가 등이 여성의 경제활동 위축과 출산율 감소를 심 화시키는 요인으로 작용하고 있다. 이에 대한 정부차원의 대책수립이 매우 시급한 상황이다.

---

26) 혈연으로 이어지는 인간관계를 '천륜'으로 여기고, 결혼으로 맺어지는 인간관계, 즉 부부관계를 '인륜'이라 하여, 천륜을 인륜보다 중시했다는 뜻에서 서구적 가정관과 대조를 이루고 있다.

셋째, 가정의 제 기능의 조화의 상실이다. 가정은 우선 '일용할 양식'을 생산하는 마당인데, 오늘날의 가정은 이것을 상품에 의존하고 있다. 가정은 성원간의 사랑의 대화를 통한 안식·휴식·오락의 마당인데, 오늘날의 가정은 성원의 만성적인 정신적·육체적 과로현상과 세대간의 행동양식·가치관의 격차 및 저속한 매스컴의 안방에의 침투로 인하여 이런 기능을 충분히 발휘하지 못하고 있다. 그래서 "집(house)은 있으나 가정(home)은 없다"라는 자조적 탄식이 나오기도 한다. 가정은 또 자녀의 출산·육성의 마당이며 이런 과정을 통하여 모든 가족들이 삶의 엄숙함과 신비에 접하며, 부모의 은덕을 회상도 하며, 한 인간으로서의 보람과 책무를 자각하며, 또 종교적 세계에 눈을 뜨게도 되어 인간적으로 성숙하여 간다. 그런데 오늘날 가정에는 세속적·공리적 가치관이 침투하여 부부가 자녀의 출산·육성을 기피하는 현상이 차츰 늘게 되어 이를 기하기 어렵게 되어 가고 있음은 교육적으로는 물론이요, 인류의 앞날에 짙은 암영을 던지고 있다. 가정의 교육적 기능의 저하는 위의 현상에서 필연적으로 야기되는 것이다. 우리는 가정이 몇천 년 동안 전통적으로 갖추어 온 이러한 4대 기능의 조화적 공존을 모색해야 한다.

넷째, 가정의 성원간의 통제·영향력의 감퇴현상이다. 가정구성원은 혈연·결혼·입양 등으로 묶여져 있기에 그 유대는 인간사회의 어떤 유대보다 강하다. 그런데 오늘날의 가정에는 이런 통제·영향력까지도 차츰 감퇴되어 가고 있어 교육적으로 우려할 현상들을 야기시키고 있다. 그 중에서 중요한 것 몇 가지만 살펴보면 다음과 같다. ① 앞세대와 뒷세대간의 가치관·행동규범의 격차에서 오는 세대간의 대화의 단절현상이요, ② '일용할 양식'을 상품으로 충당하는 데서 오는 가족성원간의 상호의존심과 애정의 결핍현상이요, ③ 가정의 서열적 계층의 붕괴에 기인한 질서의 부재현상이요, ④ 급격한 경제적·문화적·사회적 변동에 비롯한 성격의 중성화·평준화 현상이요, ⑤ 대기업 중심의 국가경제성장방식에서 필연적으로 야기된 건전한 뭇 중소기업과 중산층의 몰락에 수반된 가업과 가풍의 단절현상 등이라 할 것이다.

그리고 마지막 다섯째, 교육적으로 가장 주목해야 할 점은 가족과 아동과의 괴리현상이라 할 것이다. 오늘날의 아동들은 옛날에 비해 가정성원의 교육적 배려를 훨씬 덜 받고 있다. 위에서 고찰한 현대가정의 교육적으로 부정적인 뭇 요인들이 이 가족과 아동과의 괴리현상을 가속화하고 있다고 볼 수 있는데, 여기에 또 하나 덧붙여 고찰해야 할 점은 모성의 교사로서의 사명감을 자각하지 못하는 것이다.

3. 우리의 과제

이상 우리는 한국의 현대가정이 지니고 있는 여러 교육적 문제들을 열거·분석하여 보았다. 우리 조상들은 "오리고기를 먹으면 아기 수족이 오리처럼 된다" 하고, "토끼고기를 먹으면 아기 눈이 새빨갛게 된다"고[27] 믿으면서 임신중에는 식사에까지 세심한 배려를 하면서 자녀의 출산·육성에 정성을 다해 왔다. 오늘날의 과학의 눈으로 보면 임신중의 식사에 대한 이러한 금기는 분명히 미신이다. 그러나 우리는 그들의 지성에 깊은 감동을 받는다. 우리는 조상의 이런 정성을 이어받아 슬기로운 가정교육을 통해서 의롭고 굳센 다음 세대를 길러내기 위한 터전을 닦아 주어야 할 것이다.

그러기 위해서 부모는 우선 가정교육의 막중한 의의를 인식하고 온 가족이 이에 대한 세심한 배려를 해야 하며, 정치가는 국민이 안정된 가정생활을 즐길 수 있게 제도적인 보장을 해 주어야 하며, 교

---

27) 이두현 외 2인, 「한국 민속학 개설」(서울: 일조각, 1993), p. 64.

육자들은 가정교육에 관련된 문제들을 보다 여러 측면에서 계속 연구해야 하며, 매스컴은 이런 연구성과를 보다 교육적 견지에서 소개·계몽해야 하며, 학교는 학생이 장차 슬기로운 부모가 될 수 있게 교육과정에 가정교육론을 짜넣어야 하며, 특히 고교 이상의 학생들에게는 이것을 필수로 제공해야 할 것이다.

이런 다원적인 노력을 통해서만이 우리는 피히테가 「독일국민에게 고함」이라는 강연에서 부르짖은 새로운 교육에 의해 도덕적으로 거듭난 새 세대를 육성할 수 있고, 이들을 통해서 새 나라를 건설할 수 있는 것이다. 피히테는 말한다.[28]

> 종래의 교육은 고작해서 그 무엇을 어린이에게 덧붙이는 것이었다. 새로운 교육은 사람 그 자체를 도야하지 않으면 안 된다. 그 도야는 지금까지와 같이 학생을 소유물의 하나로 삼는 것이 아니라 오히려 인격적 요소로 간주하지 않으면 안 된다. (중략) 우리들은 새로운 교육에 의하여 독일국민을 하나의 협동체로, 공동의 관심으로 묶어 모든 사람의 가슴에 품고 있는, 생기가 약동하는 하나의 협동체로 형성하려고 한다. (중략) 그래서 우리들은 독일국민 전체에게 예외없이 새로운 교육을 실시하는 수밖에 없다. 즉 새로운 교육은 어떤 특수 계급의 교육이 아니라 국민으로서의 국민의 교육, 국민 각자에게 예외없이 실시되는 교육이다. (중략) 우리들에 의해 서민교육이 아니라 참다운 독일국민교육이 성장할 것이다.

피히테가 윗 글에서 강조하고 있는 것은, 교육이란 인격도야를 주축으로 해서 문화협동체를 형성하는 국민대중교육이어야 한다는 것이다. 이렇게 볼 때 그의 '새 교육'은 슬기로운 가정을 바탕으로, 또 가정을 모형으로 전개될 수밖에 없었다. 그러기에 그는 천성적 교사로서의 모성의 교육을 강조하게 되었고, 당시로는 참으로 혁명적인

---

28) J. G. Fichte, *Reden an die Deutsche Nation*(독일국민에게 고함), 김정진 역(서울: 삼성문화재단, 1971), pp. 45~46.

여성의 취학의무화를 부르짖게 되었다.

끝으로 우리의 전통교육사상가인 율곡 역시 가정교육에 대해 많은 관심을 기울였는데, 이러한 그의 사상은 『성학집요 聖學輯要』에 잘 나타나 있다. 율곡에게 가정교육은 유교의 핵심인 수기치인(修己治人)의 방식으로 설명하면, 수기의 완성인 동시에 치인의 기반이요 시작이다. 수기를 바탕으로 치인으로 나아가는 가운데, 치인 중에서도 '내부적 치인'에 속하는 일종의 마디(節)이자, 공동체적 삶에 생명력을 불어넣는 작업이 가정교육이다. 올바른 가정교육, 이른바 정가(正家)의 기초로 율곡은 여섯 가지를 제시했다. 그 가운데 '가족 내부의 윤리 체득'의 차원에서 첫째, 집안 내의 부모자식 간의 원활한 관계인 효경(孝敬), 둘째, 아내가 올바르게 제 역할을 하게 한다는 형내(刑內), 셋째, 자식교육인 교자(敎子)를 제시하였다. 그리고 그것을 확장하여 구현하는 '가문의 질서확립' 방식에서 넷째, 친척과 친하게 지낸다는 친친(親親), 다섯째, 집안 내의 다양한 관계망에서 공평무사함을 실현하는 근엄(謹嚴), 여섯째, 가문의 살림을 걱정하며 절제와 검소를 강조하는 절검(節儉)으로 보완했다. 이 여섯 가지는 가정교육의 차원에서 하나의 유기체로 결합되어 있다. 율곡의 가정교육론이 지니는 의의는 아래와 같다.

첫째, 가정교육은 개인의 수양을 실제로 적용하는 최초의 공동체 교육이다. 가정은 사회의 세포이고, 인간이 마주할 수 있는 가장 작은 단위의 공동체이다. 따라서 가정교육은 개인의 수양을 통해 습득한 윤리를 실천하는 배움의 기초이다.

둘째, 가정교육은 개인과 공동체를 연결하는 고리이자, 공동체 생활의 연습장이다. 즉 가정은 부모자식 간의 수직 관계, 형제자매 사이의 수평 관계를 통해, 상하, 좌우, 전후의 수직·수평적 윤리 질서를 체득하게 한다. 이는 공동체의 삶을 원활하게 하는 일종의 배움의 응용이요, 실천의 지적 승화이다.

셋째, 가정교육은 명분과 본분의 확인을 통해, 삶의 주체적 회복을 꾀한다. 가정교육은 가정 내에서 차지하는 자신의 지위와 역할을 통해 사회성을 확보하게 만든다. 그것은 보다 큰 공동체에서 자신의 위상을 점검할 수 있는 능력을 길러 주는 동시에 역할 점검을 통해 삶의 의미와 활력을 불어 넣어 줄 수 있다.

이처럼 율곡의 가정교육은 현대 교육적 차원에서 볼 때, 인간의 자기확인, 직책과 본분에 대한 배려, 공동체에 기여하는 방식 등에 대해 구체적으로 재고하게 만드는 차원 높은 가정교육의 원리라는 점에서 그 의의가 크다.[29]

우리는 온고지신의 관점에서 선현들의 가정교육에 대한 견해를 오늘날의 상황에 맞게 재해석하여 그 고귀한 정신을 새롭게 받들고 실천하여야 할 것이다.

---

29) 신창호·전선숙, "栗谷의 『聖學輯要』에 드러난 家교육의 位相,"「율곡사상연구」, 제20집, 율곡학회, 2010, pp 203~228.

교 / 육 / 학 / 개 / 론

제4장

학교교육론

—

I. 학교와 교육

1. 학교의 어원

상식적으로 '학교'란 일정한 목적·설비·제도 및 규칙에 의거하여, 교사가 계속적으로 피교육자에게 교육을 실시하는 영속적 기관 또는 그 장소 건물 및 제도이다.[1]

학교의 영어단어 school의 어원은 라틴어의 schola이고, 이 schola 는 다시 희랍어의 schol에서 유래하는데 이것은 '한가'(閑暇), '여가'를 의미했던 것이다. 이를 좀더 자세히 살펴보면 라틴어의 schola는 ① learned leisure, learned conversation, ② a place where learned disputations are carried on이었다.[2]

이러한 school의 어원으로 미루어 보면 원래 학교란 우선 생산·경

---

1) 이희승 편, 「국어대사전」(서울: 민중서림, 1997), p. 4253.
2) D. P. Simpson, *Cassell's Latin-English English-Latin Dictionary*(London: Cassell Publishers Ltd., 1987), p. 538.

제활동을 노예에게 맡기고 시간적·경제적 여유를 즐겼던 상류층 자녀들의 담소의 자리였고, 또 이런 상류층 자녀의 교양향상을 위한 계획적 교육의 마당이었음을 알 수 있다. 사실 이런 뜻의 전형적인 학교는 일찍이 아테네에 존재했다. 아테네의 시민들은 아크로폴리스에서 지도자의 정견을 듣고 시민적 훈련을 받았으며, 극장에서는 주로 비극을 통하여 자기네의 민족적 문예작품을 음미하면서 민족적 자각과 교양을 높였으며, 또 노천체육관인 김나지움에서는 강건한 신체적 훈련를 받았다. 이런 일정한 장소를 점하는 교육의 마당에 아이를 인도하는 사람이 바로 똑똑한 노예였던 paidagogos였었다. 그런데 후에 이런 세 개의 교육의 마당의 기능이 하나로 통합된 학교가 출현하게 되었는데, 이것이 바로 아테네 서북방 높다란 언덕에 자리잡고 하늘과 땅과 그리고 아테네의 역사와 시정(市政)을 냉철하게 조망하는 플라톤의 아카데메이아(Akademeia: B. C. 387~A. D. 529)였던 것이다. 그래서 우리는 학교하면 아카데메이아를, 아카데메이아하면 학교를 연상하게 되었다.

2. 학교의 기원

학교의 역사적 기원은 문자가 발생한 기원전 4000년 전후다. 즉 개인의 경험만으로는 감당하지 못하리만치 생활양식과 생산기술이 복잡해졌고, 문화가 축적되었기 때문에 이를 다음 세대에 계승시키기 위해서는 문자를 통해서 조직적으로 기록·훈련시키지 않으면 안 되었다. 따라서 학교의 기원은 형식적 교육의 필요성을 인식하기에 이른 때부터라 하겠다.

역사적으로 문자의 발생과 학교의 발생이 동시였음을 우리는 특히 주목해야 할 것이다. 이것은 학교의 본질적인 기능을 이해하는 데 중요한 계기가 되는 것이다. 축적된 문화유산은 문자를 통해서 기록·보존되며, 이것은 또한 문자를 통해서 시간·공간의 제약을 벗어나서 초시간·초공간적으로 전달이 가능하게 된다. 이러한 기능은 학교를 통해서 가장 효율적으로 계승·번식이 되는 것이다.

교육사가 몬로는 학교의 발생과정을 대략 다음과 같이 논하고 있다.[3] 미개한 원시사회에서의 교육이란 미성인들이 성인들의 일상생활을 무의식적으로 모방하는 활동인 놀이였다. 어린아이들은 활을 만들어 쏘아보며, 물에서 통나무배를 타보며, 소꿉장난을 해 보면서 어른들의 생활을 무의도적으로 축소해서 경험하고, 장차의 생활에 필요한 기술을 무의도적으로 터득했던 것이다. 성인들은 이런 어린이의 놀이를 계획적으로 지도하지는 않았다. 이것이 오늘날의 생활학습의 원형이며 교육의 제 1 단계라 해야 할 것이다. 교육의 제 2 단계는 의도적 모방활동으로서의 노동이었다. 즉 어른들이 집을 지을 때 아이들은 옆에서 연장을 날라주면서 집짓는 건축기술을 배우고, 동네 어른들이 멧돼지를 잡기 위하여 몰이를 할 때 자기도 소리를 지르면서 몰이꾼의 하나가 되어 수렵기술을 배웠던 것이다. 이 제 2 단계에서 비로소 어린이들은 생활과 노동을 통해서 의식적으로 생활기술을 배웠고, 또 성인들은 어린이들을 의식적으로 자기네의 활동에 참가시켰다. 그러나 이 단계에서도 아직 조직적(의도적·계획적·계속적) 교육활동은 보이지 않았다. 이런 조직적 교육활동은 문자의 발생과 더불어 발생하였고, 이 때에 비로소 교육은 제 3 단계, 즉 학교교육 단계에 들어서게 된다. 학교란 아이들의 직접경험의 범위를 벗어나는 고도의 문화내용·생활양식·생활기술을 문자를 통해서 정선·압축·체계화하

---

3) Paul Monroe, *A Brief Course in the History of Education*(London: Macmillan, 1928), pp. 1~10. 첫 단계는 education of the primitive child through play, 둘째 단계는 education through work, religious and social ceremonies, 그리고 셋째 단계는 education through definite curriculum, teaching-class, and school 이다.

여, 일정한 장소에서 교육하기 위한 역사적 필연성에 의하여 발생하게 되었다.

학교는 이렇게 발생되어 수천 년 동안 교육활동의 주무대가 되어 왔다. 그러나 현대에 와서는 1장에서 논한 바와 같이 비형식적 교육, 즉 가정교육과 사회교육(평생교육)이 인간형성에 학교교육 못지않게 큰 영향을 주게 되어, 이런 비형식적 교육을 어떻게 형식적 교육의 마당인 학교와 관련·포섭시켜야 할 것인가가 큰 과제의 하나로 대두되고 있다.

3. 학교의 역사

학교는 경영주체에 따라 공립과 사립으로 구분되고, 취학자의 성숙도 단계에 따라 초등학교, 중등학교, 대학 등으로 구분된다. 이런 학교들이 어느 연도에 발생했는가는 정확하게 고증하기는 어렵다. 우리들은 다만 이런 학교들이 모두 문자의 발생과 더불어 시작되었다고 말할 수밖에 없다. 우리는 다음에 초등학교, 중등학교, 그리고 대학이 대체로 어느 시대에 어떻게 발생했고 어떤 모습으로 발전하였는가를 개관하기로 한다.

초등학교(elementary school)의 원형은 로마의 루두스(ludus)와 그리스의 팔라이스트라(palaistra)다. 루두스는 라틴어로 '놀이'를 뜻했고, 팔라이스트라는 그리스어로 '신체단련'을 뜻했다. 다만 그리스에서는 뒤에 디다스칼레이온(didaskaleion)이라고 불리운 '글자읽기학교'가 생겨 위의 팔라이스트라와 공존하게 되었다.[4] 한편 이스라엘에서는 종교적 회당인 시나고그(synagogue)에 어린이들이 출석할 수 있게 하고,

---

4) J. S. Brubacher, *A History of Problems of Education*(New York: McGraw-Hill, 1966), pp. 362~367.

그 안에 초등학교에 준하는 기구를 두었다. 시나고그는 원래 '사람들이 모이는 회당'이란 뜻이다.

초등학교는 그 후 중세에서는 민중의 자녀들이 모국어를 배우는 모국어학교(vernacular school), 종교개혁기에는 역시 민중의 자녀에게 주의 기도문이나 찬송가를 가르치는 교리학교(catechumenal school), 산업혁명기에는 주로 빈민자녀의 복지를 위한 자선학교(charity and philantrophic school), 그리고 현대에는 국민적 자질육성을 목적으로 모든 국민의 자녀가 의무적으로 취학하게 강제된 국민학교(Volksschule)의 모습 등으로 발전하면서 오늘에 이르고 있다.

중등학교(secondary school)의 원형은 그리스에서는 김나시온(gymnasion), 로마에서는 그라마티쿠스(grammaticus)였다. 김나시온은 원래 16세에서 18세까지의 학생을 대상으로 군사훈련의 예비단계인 체육을 주로 하는 학교였고, 그라마티쿠스는 원래 루두스를 거친 학생을 대상으로 주로 문법을 가르치는 학교였다.[5] 그러나 이들 학교들은 체육이나 문법만을 가르치지 않고 장차 국가의 지도자가 되는 데 필요한 여러 가지 교양을 갖추게 했고, 또 동시에 윗단계 학교, 즉 고등교육기관에 입학할 수 있게 학문적인 준비를 시켰다. 이들 중등학교가 오늘날에도 '준비학교'(예비학교, preparatory school)로도 불리는 이유가 여기에 있다.

유럽에서는 지금도 중등학교의 명칭이 Gymnasium, Grammar School로 사용되고 있으며, 인문적 교과를 주축으로 하여 엘리트를 양성한다는 그 설립목적은 거의 변하지 않고 이어져 왔다. 다만 이런 인문교과와 더불어 순수과학, 예를 들면 수학이나 물리도 중시하는 실과김나지움(Realgymnasium)도 생겼다.[6] 이 학교는 우리나라의 관념으로는 인문고교의 이과반에 해당한다. 이 학교들은 그리스어, 라틴어를 중시하거나 거의 필수로 하기에 라틴어학교(Latin school), 고전

---

5) Ibid., pp. 394~395.
6) Albert Reble, *Geschichte der Pädagogik*(Stuttgart: Ernst Klett, 1975), S. 258ff.

을 중시하기에 고전학교(Classical secondary school), 또 인문교과를 중시한다는 뜻에서 인문학교(Humanistic secondary school)로도 불리우고 있다. 중등학교에는 농업·공업·상업 등 실과를 중시하는 새로운 유형이 20세기에 들어와 발생했는데, 이들 학교를 독일에서는 실업학교(Realschule), 영미에서는 직업학교(Vocational school)로 부른다. 또 실업학교는 대학입학준비를 시키지 않고 직업준비로 끝난다는 뜻에서 완성학교(Terminal school)로도 불리운다.

대학은 종류가 많아(전문대학, 사관학교, 교원대학, 대학 등) 관례적으로 고등교육(higher education)이라 한다. 그 원형은 익히 알려져 있는 바와 같이 플라톤이 창설한 아카데메이아, 아리스토텔레스가 창설한 리케이온(Lykeion)이나, 이 학원들은 발전을 못하고 기독교세력에 의해 폐쇄당하고 말았다.[7] 고대사회에 가장 크게 발전한 대학은 알렉산드리아 대학이며 여기에는 7만 권에 이르는 그리스, 이스라엘, 이집트 및 동방국가들의 책을 소장한 도서관이 갖추어져 있었다.[8] 이 대학은 그리스를 비롯한 고대 여러 나라 문화의 연구소였으나 차츰 기독교세력이 장악하여 기독교적 학문의 중심지가 되었다. 그러나 기원 후 640년에 아랍의 회교세력에 의해 멸망당하는 비운을 맛보았다. 비록 이 대학은 학생의 교육을 중시하는 현대적인 의미의 대학은 아니고 문화의 연구가 주였지만, 그 막중한 기능과 역할로 보아 대학이라 불러야 마땅하다. 수학자 에우클레이데스(유클리드), 물리학자 아르키메데스, 천문학자 프톨레마이오스가 이곳에서 학교를 열고 가르칠 수 있었던 것도 이 도서관, 그리고 그것을 중심으로 한 연구소 덕분이었다. 망국 후 외국에 흩어져 모국어를 잃어버린 이스라엘 민족에게 구약성서를 그리스어로 번역해서 선사한 칠십인역(七十人譯)의 역사가 이루어진 곳도

---

7) 유스티아누스 황제에 의해 529년에 해산당하였음.
8) Ellwood P. Cubberley, *The History of Education*(Boston: Houghton Mifflin Company, 1920), pp. 47~48.

바로 이곳이다. 대학은 이렇게 그 시발점에서부터 특정 민족이나 특정 세계관을 초월한 인류적이고 보편적인 문화기관이었다.

그 후 대학은 교수와 학생의 협동적 단체(studium generale)의 성격으로 바뀌면서 신학을 주축으로 한 파리대학, 법학을 주축으로 한 볼로냐대학, 의학을 주축으로 한 살레르노대학을 낳았고, 또 교수와 학생의 단결로 세속권력으로부터 갖가지 특권을 얻어 내는 동업조합(universitas)으로 발전하였다. 대학이 수여하는, 아무 나라에서나 가르칠 수 있는 교수권(jus ubique docendi), 종교세력과 세속권력에 맞서기 위해 휘두를 수 있는 강의정지권(cessatio)과 대학해산권(dispertio) 등이 그것이다. 대학은 이런 특권을 이용하여 자치권을 누리면서 중세문화의 발전에 크게 공헌하였다. 대학과 권력기관과의 싸움을 시민들은 '가운과 타운'(gown and town)의 싸움이라 했다. 이러다가 대학이 다른 도시로 옮겨가면 시민들은 대학도시라는 자랑과 생업을 잃어 비탄에 빠졌다. 대학은 중세에 크게 발전하여 그 후 철학 1부, 철학 2부, 법학부, 의학부, 신학부를 주축으로 학문과 문화의 발전에 힘썼고, 동시에 인류의 양심의 파수꾼이요, 영원한 진리의 전당으로 그 모습을 견지하고 있다.

한국의 학교는 초등학교로는 서당, 중등학교로는 향교, 고등교육기관으로는 태학(고구려), 국자감(고려), 성균관(조선) 등이 있었다. 또 사학이나 동서학당처럼 학교 단계별 구분이 서양처럼 분명하지 않은 것도 있었고, 서원처럼 알렉산드리아 대학과 같이 원래 교육기관은 아니지만 문화연구의 중심지란 뜻에서 대학의 기능을 한 교육기관도 있었다.

4. 학교의 정의

위에서 우리는 학교의 의의, 발생과정, 역사를 개관하였으므로, 이제 학교가 무엇인가를 보다 깊게 이해하기 위하여 학교를 여러 측면으로 정의하고 아울러 우리나라 교육기본법에 규정된 학교의 종류를 보기로 하자.

첫째로, 학교의 교육제도적 정의는 다음과 같다.[9]

> an organized group of pupils pursuing defined studies at defined levels and receiving instruction from one or more teachers, frequently with the addition of other employees and officers, such as a principal, various supervisors of instruction, and a staff of maintenance workers; usually housed in a single buildings or group of buildings.

이 정의에 따르면 학교란 일정한 발달수준에 있는 학생들의 집단에게 일정한 건물에서 교직원이 일정한 교과를 일정한 계획에 따라 조직적으로 교육하는 기관이라 할 수 있다.[10] 우리나라는 교육기본법 제9조에서 학교교육을 명시해 놓았는데 그 규정은 다음과 같다.

---

9) C. V. Good ed., *Dictionary of Education*(New York: McGraw-Hill, 1973), p. 512.

10) 이보다 쉽게 학교를 4 walls, pupils, teachers, books의 네 성립요건으로 정의할 수도 있다. 하지만 21세기의 교육은 다음과 같은 특징을 지닌 교육으로 변모하였고(① 공급자 위주 교육→소비자 중심 교육관, ② 교수(teaching) 중심→학습 (learning) 중심, ③ 폐쇄적 제도교육→개방적 탈제도교육(학습사회 중심 평생학습 체제), ④ 내국적 관점→세계적 관점, ⑤ 정규교육→재교육), 이러한 변화에 부응하여 현재와 같이 경직된 학교중심사고에서 대변화를 필요로 하게 되어 교과내용, 과정, 교육방법 등에 있어서도 크나큰 개혁을 요구 받고 있다.

이에 따라 기존의 물리적인 학교 개념 대신에 책없는 도서관(bookless library), 캠퍼스 없는 학교(campusless school), 교수 없는 강의실(professorless class-room)이 그 특징이 될 것으로 보인다. 따라서 앞으로의 교육제도는 '즉시성 교육'이 가능한 유연성을 지닌 제도로 전환해야 할 것이다.

① 유아교육·초등교육·중등교육 및 고등교육을 하기 위하여 학교를 둔다.

② 학교는 공공성을 가지며, 학생의 교육 외에 학술 및 문화적 전통의 유지·발전과 주민의 평생교육을 위하여 노력하여야 한다.

③ 학교교육은 학생의 창의력 계발 및 인성(人性) 함양을 포함한 전인적(全人的) 교육을 중시하여 이루어져야 한다.

④ 학교의 종류와 학교의 설립·경영 등 학교교육에 관한 기본적인 사항은 따로 법률로 정한다.

그리고 초·중등교육법과 고등교육법에 다음과 같이 학교의 종류를 명기하고, 각 학교의 교육목적을 명시하고 있다.

■ 학교의 종류 ■

〈초·중등교육법〉 1. 초등학교·공민학교, 2. 중학교·고등공민학교, 3. 고등학교·고등기술학교, 4. 특수학교, 5. 각종학교

〈고등교육법〉 1. 대학, 2. 산업대학, 3. 교육대학, 4. 전문대학, 5. 방송대학·통신대학·방송통신대학 및 사이버대학(이하 "원격대학"이라 한다), 6. 기술대학, 7. 각종학교

학교란 교육의 기회균등을 실현하기 위한 가장 효율적인 교육기관이며, 또한 법적으로 감독·보호를 받아야 하는 것이다. 교육기본법의 모법인 헌법 제31조는 다음과 같이 천명하고 있다.

① 모든 국민은 능력에 따라 균등하게 교육을 받을 권리를 가진다.

② 모든 국민은 그 보호하는 자녀에게 적어도 초등교육과 법률이 정하는 교육을 받게 할 의무를 진다.

③ 의무교육은 무상으로 한다.

④ 교육의 자주성·전문성·정치적 중립성 및 대학의 자율성은 법률이 정하는 바에 의하여 보장된다.

⑤ 국가는 평생교육을 진흥하여야 한다.

⑥ 학교교육 및 평생교육을 포함한 교육제도와 그 운영, 교육재정 및 교원의 지위에 관한 기본적인 사항은 법률로 정한다.

이 헌법 제31조는 민주적 교육을 성취하기 위하여 필요한 여섯 가지 최소한도의 기본요건을 정한 것으로, 그것은 교육의 기회균등, 초등교육의 의무화, 의무교육의 무상화, 교육의 미래지향성, 평생교육, 그리고 끝으로 중요사항의 법정주의를 규정한 것이다.

셋째로, 학교의 본질이 무엇인가 하는 교육철학적 정의는 듀이에 의하여 다음과 같이 정의되고 있다.[11]

> 간략하게 말하면, 학교는 사회의 여러 전통들이 복잡하게 되어 많은 부분의 사회적 축적이 문자와 관련되고 문자적 상징을 통해 계승되었을 때 발생하였다. 문자적 상징들은 구두적 상징들보다 더욱 인공적이고 전통적일 수 있다. 그것들은 타자와의 우연한 교섭으로는 획득될 수 없는 것들이다. 더욱, 문자적 형식은 일상생활에서는 비교적 낯설은 것들을 선별하고 기록하는 경향이 농후하다. 그래서 몇 세대에 걸쳐 축적되어 온 업적들은 그 속에 저장된다. 그 중의 몇은 지금은 사용하지 않는 것도 있다. 사회가 자신의 영역과 자신의 세대의 한계를 넘는 일들에 크게 의존하게 되자마자, 결과적으로 그 사회는 일련의 학교라는 기관을 통해서 그 모든 자원들을 적절하게 계승하는 길을 찾지 않을 수 없다.

듀이에 의하면 학교는 문화유산을 조직적으로 계승·발전시키기 위한 특수한 경험을 제공하는 '특수한 환경'(a special environment)이다. 그는 이어 학교의 본질적 기능을 다음 셋으로 요약하고 있다.

첫째, 학교는 아동에게 이해가 갈 수 있는 정도의 경험·지식 내에서 극히 기본적인 사회적 활동을 선택하여, 이것을 난이의 순서를 세

---

11) John Dewey, *Democracy and Education*(1916)(New York: The Free Press, 1968), p. 19.

워, 한층 복잡한 사태에 대한 통찰력을 기르는 수단으로 이것을 단순한 환경(a simplified environment)으로 조직하여 제공하는 곳이다.

둘째, 학교는 아동의 심적 관습에 영향을 미치는 현재의 환경 속에서 아동에게 무익한 부분을 제거하고 나쁜 풍습과 감화를 타파할 수 있게 정화된 행동환경(a purified medium of action)을 마련하는 곳이다.

셋째, 학교는 사회환경의 여러 요소와 균형을 유지하고, 각 개인으로 하여금 타고난 사회집단의 제한에서 벗어나 보다 넓은 환경과 생동적인 관련을 맺게, 보다 넓은 환경과의 생생한 접촉(living contact with a broader environment)을 마련하는 곳이다.

듀이의 교육철학적 정의는 학교가 본질적으로 지녀야 할 세 기능, 즉 조직적 교육성, 환경조정성, 그리고 생활확충성을 담은 것이며, 이것은 참으로 교육철학자다운 명쾌한 정의다.

5. 학교의 미래

이상 우리는 학교의 어원, 학교의 발생과정과 전개과정, 여러 측면에서의 학교의 정의 등을 개관하면서 학교가 갖는 독자적인 의의, 즉 학교교육의 본질적인 기능을 선명하게 부각시켜 보았다.

오늘날 급격한 과학기술의 발달과 세계화 그리고 비형식적 교육의 대두로 학교교육의 한계가 차츰 인식되기에 이르렀고, 학교의 개혁을 부르짖는 소리가 거세게 되었다. 그러나 어떠한 학교개혁이 온다 할지라도, 그것은 본절에서 특히 강조한, 역사적으로 계승된 학교의 본질적인 기능을 과소평가할 수는 없을 것이다. 오히려, 개혁은 학교의 본질을 더욱 부각시키는 것이 되리라는 것을 우리는 새로이 인식해야 한다. 그 단적인 증거로 평생교육을 위한 여러 프로그램이 학교에 많이 의존되거나 학교를 중심으로 전개되는 것을 들 수 있다.

미래는 과거의 역사를 발전적으로 계승한 현실의 인식 위에서만 올바르게 인식되고 투시되고 설계될 수 있다.

Ⅱ. 학교교육제도

1. 학교교육의 특질

우리는 앞절에서 사회적 필연성에 의해 학교가 발생된 과정과 아울러 학교의 본질적인 기능에 대하여 개관하였다. 이제 학교의 필요성을 보다 미시적으로 살펴보자.

첫째, 생활의 진보와 그 복잡화·고도화란 사실이다. 생활이 급격하게 변하며 직업이 전문적으로 분화해 가는 오늘날에 있어서는 옛날처럼 모방으로는 생활에 필요한 지식과 기술을 습득하기가 불가능하게 된다.

둘째, 사회 그 자체의 영속성을 위한 것이다. 새삼 말할 필요조차 없겠지만 사회는 그 성원의 조직적인 교육을 통해서만 유지·계승·발전된다.

셋째, 생활유산의 누적화란 사실이다. 인간이 생활 속에서 생산한 것 중에 비교적 일반성·객관성을 띤 것은 집단의 공동의 유산으로 문자·기호·형상 등의 심볼을 통해서 다음 세대에 계승되어야 한다.

넷째, 어린이의 생활에 대한 존중이다. 어린이에게는 어린이의 세계가 있다. 그것은 결코 성인들의 생활을 축소한 것도 아니며, 또 그것에의 준비도 아니다. 그들의 성장·발달에 맞추어 그들의 '놀이'와 '모방'활동을 실제생활에 근접시키도록 계속 노력해야 한다.

다섯째, 근대적 통일국가의 형성이라는 정치적 과제에서다. 시대가 진전함에 따라 사회생활이 더욱 복잡해지고 산업·경제가 고도화되고, 더욱 근대에 이르러 통일적인 국가가 성립하게 되자, 일정한 교육기관(학교)에 의하여 어린이들에게 다음 세대의 국민에게 필요한 자질과 지식, 기능을 조직적으로 교육할 필요성을 모든 국가가 의식하게 된다.[12]

이렇게 보면 계획적인 학교교육의 필연성은 직업의 전문적 분화성, 사회의 영속성, 생활유산의 누적성, 아동의 생활교도성 및 국민적 자질 함양성에 있는 것이다.[13]

학교는 이런 필요성에 의하여 발생하게 되었는데 그것이 공공기관으로서 제도적으로 확립된 것은 유럽의 근대국가의 성립과 더불어였음을 주목해야 할 것이다. 이런 의미에서는 근대학교의 제도적 성격은 다음 셋으로 요약될 수 있다.[14]

(1) 학생이 대량으로 수용되고 반을 편성하고 한 교사가 담임을 맡으나, 주로 담당하는 교사 외에 몇 사람의 다른 교사에 의하여 번갈아 가르쳐진다. 몇 사람 이상의 교사단을 포용하고 있기 때문에 일정한 의식적인 교육목적에 의한 어느 정도 조직적·단계적인 커리큘럼

---

12) R. S. Peters, *Ethics and Education*(London: George Allen & Unwin, 1978), p. 74. The School has to take careful account of what is in the interest of the state and of individual children 및 安藤五郎, 「현대교육의 본질과 과제」(名古屋: 黎明書房, 1967), pp. 153~154.

13) 학교의 필요성을 피닉스는 ① specialization, ② efficiency, ③ cultural con-servation, ④ transition from family to community의 넷으로 요약하고도 있다. Philip H. Phenix, *Philosophy of Education*(New York: Holt, Rinehart and Winston, 1958), pp. 26~30.

14) 勝田守一, 「교육과 교육학」(東京: 岩波書店, 1970), p. 289.

이 운용되고 있다.

⑵ 설립자 또는 관리자는 공공단체 또는 사회기관이다. 경영자가 사인(私人)일 경우에도 일정한 사회통제가 여기에 조직적으로 가해진다. 재정적 기초는 각 종류의 세(稅)나 학부모 또는 사회기관의 지출에 의존한다.

⑶ 학교는 단순히 일정의 특권자나 선택된 사람의 자제뿐 아니라 서민을 위한 교육기관이다.15)

근대학교의 제도적 성격은 이렇게 대량교육성, 사회적 통제성 및 국민대중성에 있다.

그러나 포스트모던 또는 탈산업사회라는 오늘날의 새로운 환경은 근대학교의 제도적 성격에 대한 변화를 불러오고 있다.16) 첫째, 근대학교가 배타적으로 부여하던 지식의 힘이 약화되면서 대량으로 찍어내는 붕어빵식 학교로부터 학습자 스스로가 지식의 생산자이며 주인이 되는 새로운 교육 시스템이 요구되고 있다. 학교가 새로운 지식의 원천이고 새로운 지식을 배우기 위해서는 누구든지 학교에 다녀야 한다는 생각은 점차 힘을 잃고 있다. 인터넷 등 학교보다 훨씬 다양한 지식을 효율적으로 전달해 주는 매체들이 발달해 학교를 다니지 않고도 필요한 지식을 습득하는 것이 가능해졌다. 가르치고 배우는 것은 학교가 아닌 다른 곳에서도 얼마든지 가능하게 되었을 뿐 아니라 때로는 학교보다 학교 밖에서 훨씬 더 효율적이고 매력적인 학습이 이루어지기도 한다. 둘째, 국가의 책임과 통제 아래 운영되는 학교중심

15) 학교의 모든 행정적 제도는 궁극적으로는 학급규모(class size), 반편성(class placement), 학교의 규모와 범위(size and scope of the school)의 문제로 집약된다. 예를 들면 한 학교 안에서는 능력별 반편성을 하면서도 학교간에는 평준화를 기하는 제도가 있고, 한 학교 안의 능력별 반편성을 지양하는 대신 학교간에는 능력별 운영을 유도하는 제도도 있다. 학교의 행정적 제도의 핵심은 이 두 유형의 어느 것을 택하느냐 혹은 절충하느냐의 문제에 달려 있다. Philip H. Phenix, op. cit., pp. 106~115.
16) 한숭희, 「평생교육론」(서울: 학지사, 2004), p. 150.; 이종태, 「대안교육이해하기」 (서울: 민들레, 2007), pp. 67~68, p. 119.

의 근대 공교육 체제 역시 그 위세를 잃고 있다. 근대학교의 획일적인 성격은 다양성과 창의성이 중시되는 탈산업사회에서 그 매력이 상실되고 있으며, 국가의 통제를 벗어난 새로운 학교가 다양한 형태로 모색되고 있다. 홈스쿨링이 확산되고, 일리치가 말했던 학습망이 인터넷을 기반으로 현실화되고 있다. 셋째, 신자유주의의 민영화 정책 역시 공적·사회적 통제를 특징으로 하는 근대학교의 성격을 시장의 통제로 변화시키고 있다. 민간기업이 설립·운영하는 학교의 출현과 특정한 계층을 위한 학교설립이 가능해지면서 서민을 위한 균등한 교육제공이라는 근대학교의 이념은 점점 약해지고 있는 추세다.

2. 의무교육의 이념과 제도

교육의 공공·사회적 성격은 필연적으로 교육에 대한 사회적 지원과 통제를 가져오기 마련이다. 국가·지방공공단체·사회단체에 의하여 설립·운영·관리되는 교육을 우리는 공교육(public education)이라 한다.[17] 공교육에 있어서는 교원의 신분·자격·복무규정·교육내용·교육시설·교육경비에 대해서도 법에 상세히 규정되어 있다.

교육사적으로 보면 이런 공교육의 개념을 가장 조직적으로 진술·주창한 사람은 수학자·철학자·정치가이며, 또한 프랑스혁명에 공을 세웠고 혁명이념을 특히 교육면에 있어서의 경제적·법률적·신분적 평등성에 입각하여 구현시키고자 노력했던 콩도르세(M. de. Condorcet, 1743~1794)이다.[18] 그는 공교육을 자유의 원리와 평등의 원리로 풀었

---

17) '공교육'은 넓은 의미로는 ① 공공단체에 의해 설치·운영되는 교육(성인교육과 직업교육까지 포함할 수 있음), ② 사립학교 교육과 종파계 학교교육과 대비되는 공공적 성격을 띠는 교육(사립학교 교육이나 종파계도 공공적으로 운영될 때 공교육에 포함됨), ③ 고등교육 기관에 대비되는 초·중등교육의 셋으로 넓게 해석할 수도 있으나 좁은 의미로는 이 중에서 첫째를 지칭한다.

다. 자유의 원리란 교육이 정치적 권력이나 종교적 권위에서 독립하는 것을 의미했고, 평등의 원리란 교육의 기회균등, 즉 국민일반에의 공개(public)를 의미했다. 그는 교육의 기회균등을 실현하기 위하여는, ① 각 종류·각 단계 학교의 분포의 평등, ② 학비면제와 장학금제도의 보급, ③ 성별·연령·인종 등의 선천적 요인에 의한 차별 철폐, ④ 남녀공학 및 남녀동권(男女同權), ⑤ 각 학교의 일반시민에의 공개, ⑥ 사회적 교육시설(강좌·도서관·박물관 등)의 개방이 필요하다고 부르짖었다.[19]

오늘날의 우리에게 그의 외침은 모두 당연한 것들이나, 당시의 시대적 배경 아래에서는 너무나도 혁명적이었음을 우리는 추측하고도 남음이 있다. 이런 공공성의 이념은 통일적 근대국가의 건설을 서둘렀던 당시의 국가들이 앞을 다투어 정치적으로 시행한바 자리잡게 되어, 공교육의 첫 과제로서의 의무교육의 이념을 제도적으로 구현하게 되었다.

의무교육이란 무엇인가? 그것은 본질적으로는 대중교육(mass edu-cation)과 국가의 제도적 지원이라는 두 개의 요소가 결합되어 발전된 것으로, 국민의 인간적 자각에서 비롯한 배우려는 권리의 주장과 절대주의적 국가의 '신민'(臣民)을 양성하려는 국가의 요구라는 서로 모순되는 두 요구의 통일에서 생긴 것이라 할 것이다. 따라서 의무교육은 법에 의한 강제성을 띠는 교육(compulsory education, obligatory education, Schulzwang, l'ducation forcée)이 되어 있다. 의무교육은 취학의 법에 의한 강제성, 읽기·쓰기·셈하기, 그리고 국민으로서의 기초교육을 중심으로 하는 기초교육성,[20] 재정·경영의 공공지원성, 정치

---

18) Brubacher, op. cit., p. 36.
19) 稲富榮次郎,「교육인명사전」(東京: 理想社, 1962), pp. 254~256.
20) 대한민국의 교육기본법(2007.12.21 개정)은 6년의 초등교육과 3년의 중등교육을 의무교육으로 정하고 있다. 선진국들은 초기 중등교육(중학교), 후기 중등교육(고등학교) 단계까지 의무화 혹은 준의무화하고 있다. 예를 들면 일본의 경우, 의무교육은 중학교까지지만 고등학교 단계까지도 무상으로 계속 진학할 수 있게 되어 있다.

제4장 학교교육론 **119**

적 중립성의 원리 위에 서 있다.

이 중에서 재정·경영의 공공지원성에 대해서만 좀 더 보기로 한다. 이 원리는 무상성과 동의라 할 수 있으며, 의무교육의 성공여부는 실은 이것에 달려 있다. 취학의무가 제 아무리 법률로 과해진다 하더라도, 그 경비가 공비에 의하여 보장되지 않는 한 그 완전시행은 어렵다.[21] 왜냐하면 내 자녀를 아무리 학교에 보내고 싶어도 학비가 없거나 자녀의 벌이가 없어져 가족의 생계가 위협을 받는다면, 어버이로서도 아이의 취학을 단념할 수밖에 없기 때문이다. 모든 어린이를 교육기관에 접근하는 것을 막는 경제적 구속에서 해방시켜, 교육에 필요한 제경비를 공비(公費)로 보장하는 무상성 원리의 시행이야말로 실질적 의미의 의무교육이라 할 수 있을 것이다.[22]

우리나라의 의무교육은 1950년 6월 1일부터 실시되었다.[23] 그 후 2014년 현재 의무교육 단계인 초등학교 학생 수는 2백 72만 9천 명이며, 취학률은 96.4%이고, 또 한 학급당 학생 수도 22.8명으로 2010년에 비해 약 7명 가량 줄었다.[24] 양적으로는 이렇게 성장했지만 아직 풀어야 할 과제가 많다. 그 단적인 예를 들면 취학률이 일본의 100%, 독일의 99.8%, 프랑스의 99%에 이르지 못하고 있으며, 또 의

---

21) 무상의 범위는 나라의 재정이 허용하는 범위일 수밖에 없으나 이에 대해서도 여러 이론이 있다. ① 무상의 내용에 대해서는 법률이 정하는 바에 따른다는 설(무상범위법정설), ② 취학필요비는 모두 무상이어야 한다는 설(취학필요비무상설), ③ 절충적으로, 무상이라 함은 수업료의 면제만을 뜻한다는 설(수업료면제설)도 있다. 그러나 원리적으로 볼 때 무상이라 함은 학용품 기타 급식의 무상까지도 포함된다고 보아야 할 것이다. 김철수 편, 「신헌법」(서울: 세영사, 1981), p. 246 및 권영성, 「신고 헌법학」(서울: 법문사, 1981), p. 499.

22) 伊藤秀夫, 吉本二郎 편, 「교육제도서설」(東京: 第一法規社, 1969), p. 45.

23) 법률로 정한 것은 1948년의 대한민국헌법의 제정·공포, 1949년의 교육법의 공포, 1952년의 교육법 시행령 세칙의 제정 등이다.

24) 우리나라는 「7·20 교육여건개선사업(2001)」에 의거하여 2003년까지 학급당 학생수를 35명 이하로 감축하는 사업이 추진되었다. OECD평균 21.5명, 25명과 비교하여 볼 때, 우리나라의 학급당 학생수는 여전히 많은 편이나 (2007년 현재 우리나라의 학급당 학생수는 30.2명, 35명으로) 현재까지 계속해서 줄어나가고 있는 중이다. 교육과학기술부·한국교육개발원, 「교육통계연보」(2014) <http://std.kedi.re.kr/index.jsp>.

무교육 연한이 선진국에 비해서 짧다.

《표 4-1》에 소개한 각국의 의무교육 연한 비교표에서 보면, 가장 연한이 긴 나라는 독일로 13년이며, 다음이 영국으로 12년이다. 우리나라와 같은 나라는 알제리, 리비아, 홍콩, 오스트리아, 스위스 등으로 9년이다. 우리나라의 의무교육 연한은 멕시코, 아르헨티나, 북한, 중국, 핀란드, 뉴질랜드보다 못한 수준으로 경제성장의 성과를 교육에 투자하지 않고 있음을 보여준다. 물론 우리나라의 중학교 의무교육은 1985년 도서벽지에서 시작되어, 1994년 읍·면지역, 2001년 시·광역시·특별시까지 확대되고, 2004년부터 전국적으로 실시되었다. 그 결과 초등학교에서 중학교로의 진학률은 1970년 66.1%에서 2014년 99.9%로 증가했다. 중학교 졸업자의 고등학교 진학 또한 1985년 90.7%에서 2014년 99.7%로 증가해 고등학교 단계까지 의무교육기반이 조성되어 있는 만큼 의무교육이 고등학교 단계까지 확대 실시되어야 할 것이다.[25]

---

25) 교육부·한국교육개발원. 「교육통계연보」(2014) <http://std.kedi.re.kr/index. jsp>.

〈 표 4-1 〉 각국의 의무교육 연한 비교표[26]

국 명	의무교육	
	한계연령(세)	기간(년)
알 제 리 아	6 ~ 14	9
이 집 트	6 ~ 14	9
리 비 아	6 ~ 14	9
캐 나 다	6 ~ 16	11
멕 시 코	6 ~ 15	10
미 국	6 ~ 17	12
아 르 헨 티 나	5 ~ 14	10
브 라 질	7 ~ 14	8
칠 레	6 ~ 13	8
홍 콩	6 ~ 14	9
인 도	6 ~ 14	9
이 스 라 엘	5 ~ 15	11
일 본	6 ~ 15	10
북 한	5 ~ 15	10
한 국	6 ~ 14	9
중 국	6 ~ 17	12
필 리 핀	6 ~ 15	7
태 국	6 ~ 14	9
오 스 트 리 아	6 ~ 15	9
프 랑 스	6 ~ 16	11
독 일	6 ~ 18	13
핀 란 드	7 ~ 16	10
이 탈 리 아	6 ~ 14	9
리 히 텐 슈 타 인	6 ~ 14	9
스 페 인	6 ~ 16	11
스 웨 덴	7 ~ 16	10
스 위 스	7 ~ 15	9
영 국	5 ~ 16	12
호 주	5 ~ 15	11
뉴 질 랜 드	6 ~ 16	10
러 시 아	6 ~ 14	9

26) 교육부·한국교육개발원(2014). 『2014년 OECD 교육지표』. 표C1.6. 재구성.

3. 단선형 학제와 복선형 학제

세계 각국의 학교제도에는 각각 자기 내의 고유한 역사와 전통이 담겨 있고, 학교의 종류와 성격에도 이것이 반영되어 있다. 각국의 여러 학교제도를 크게 나누어 보면 몇 개의 현저한 유형으로 분류된다. 이 중에서 가장 두드러지게 그 설립이념이 달라 제도에도 현저한 차이가 있는 것이 둘 있으니, 하나는 단선형 제도요, 또 하나는 복선형 제도이다. 이 두 학제는 각각 장·단점이 있으며, 다른 여러 학제도 실은 이 두 학제가 원리적으로 지니는 단점을 보완하기 위해서 고안된 것이다. 따라서 우리는 이 두 학제를 개관함으로써, 여러 학제가 지니는 장점과 문제점 그리고 학제개혁의 기본적 방향에 대한 전망을 얻을 수 있다.

조직적인 학교가 일찍 발생된 곳은 유럽인데, 중세기가 끝날 무렵 두 유형의 학교가 제도적으로 굳혀져 갔다. 하나는 지배·상류계층의 자녀를 대상으로 하는 학교요, 다른 하나는 서민·하류계층의 자녀를 대상으로 하는 학교였다.

전자는 라틴어의 문법을 주로 가르치는 '문법학교'이며, 오늘날 유럽에 남아 있는 영국의 Public School이나 Grammar School, 프랑스의 Lycée나 Collége, 독일의 Gymnasium에 그 이념이 계승되어 있다. 이러한 학교는 원래 대개 한 울타리에 초등교육기관인 예과를 가지며, 대학진학공부를 주로 한 준비학교(예비학교, preparatory school)적인 성격을 띠는 중등교육기관이었다. 이런 명문교는 오랜 전통과 명성을 자랑하며 오늘에 이르고 있으며, 중등교육의 중핵을 점하고 엘리트 코스에의 길을 거의 독점하고 있다.

서민·피지배 계층의 자녀들을 대상으로 하는 학교도 중세기의 중엽에 소규모로 발생하여 차츰 조직적 학교의 형태를 갖추게 되었다.

이에 따라 칼 대제는 789년에 국민의무교육 이념을 선포했다. 다만 이 경우, 우리가 주목해야 할 것은 이 이념이 결코 현대적 의미의 의무화는 아니라는 것이다. 사실, 처음에는 교구의 사제들이 그 교구 내의 모든 아이들을 가르칠 의무가 있다고 규정했고(789년), 다음에는 부모들이 그 자녀들을 가르칠 의무가 있다고 규정했지(802년), 결코 그 의무가 국가에 있다고 여기지는 않았다.

의무교육이 국가의 의무로 생각되기 시작한 것은 종교개혁기부터이며, 이런 운동을 전개한 대표적 사상가는 루터와 칼빈이었다. 루터는 1524년에 모든 학교가 민중의 자녀들에게 개방되어야 할 것(universal), 초등교육은 강제성을 띠어야 할 것(compulsory), 그리고 의무교육은 무상으로 해야 할 것(free)을 주장했다. 칼빈은 루터에 비해 다소 늦게 1559년에 이런 생각을 공포하였다. 절대주의 시기에 들어서면서 각국의 계몽군주들은 앞을 다투어 의무취학령(compulsory school attendance law)을 내리기 시작했는데 그 효시는 독일의 바이말(1619)이다. 하지만 이렇게 발생하고 제도화된 '서민학교'(Volksschule)는 대부분 소위 성경을 읽힘으로써 국가에 반항하지 않고 순종하는 농민을 형성하거나, 무력으로 정복한 이교도들을 종교적으로 통일하고자 한 국가주의적 견지 위에 서서 강제적으로 취학시킨 '읽기학교'였다.

그러나 사회의 진보, 경제·산업의 발달에 의하여 농민들 자신 속에서 교육에의 욕구가 움터 '쓰기학교'와 '셈학교'도 발생하게 되었는데 이런 학교는 진정한 의미의 교육과는 거리가 먼 것이었다. 바로 이 무렵 이러한 절대주의 국가의 '위로부터의 교육', '밖으로부터의 교육'에 반기를 들고 이것을 농민·서민들의 진정한 인간교육을 위한 '아래로부터의 교육', '안으로부터의 교육'으로 코페르니쿠스적인 대전환을 일으킨 사람이 페스탈로찌였다. 그는 말한다.[27]

지금까지 우리는 읽기학교, 쓰기학교, 하이델베르크 교리문답학교
만 가지고 있었다. 그러나 우리가 지금부터 필요한 것은 인간학교다.

이러한 새 시대를 전망하는 역사적 안목과 빈민 · 서민을 대변하는
인도주의 정신, 그리고 이것을 국가적 견지에서 권장하는 절대주의
국가의 현명한 계몽군주들의 정책적 지원에 의하여 초등교육의 이념
과 제도가 근대 초기에 차츰 뿌리를 내려 정착하게 되었다.

우리는 위에서 설립목적을 아주 달리하는 두 종류의 학교의 발생
과정, 즉 지배계급 · 유산자를 위한 문법학교와 그 예과, 그리고 피지
배계급 · 무산자를 위한 모국어를 중심으로 하는 읽기 · 쓰기 · 셈하기
학교의 발생과정을 개관하였다. 이 두 종류의 학교는 성격을 달리한
채 제 울타리를 지켜 발전하면서, 근세초두에 두 개의 학교체계, 즉
교육학적 용어로는 복선형 학교체계(dual school system)를 굳혔다.

그러나 18세기 말에 영국에서 시작된 산업혁명은 바로 유럽에 불
같이 퍼졌고, 그로 인한 경제구조의 변화는 이런 복선형 학교체계에
일대혁신을 가져왔다. 부국강병하려면 좋은 기술자와 유식한 군인을
대량 확보해야 하겠기에, 각국의 계몽군주는 ① 초등교육의 확장 · 충
실에, 그리고 ② 중등학교의 개혁에 진력했다. 그 결과 ① 초등학교
는 중견기술자와 하사관을 양성하기 위한 상급 초등교육과 서민 · 농
민을 위한 하급 초등교육으로 분화되었고, ② 전문적 기술자 사관 양
성에 필요한 자연과학 · 근대외국어 · 실무적 교과를 가르치는 새 유형
의 중등학교, 즉 실업학교(Realschule)가 탄생하였다. 이리하여 드디어
19세기 초에는 프로이센에서 전형적으로 보는 바 문법학교와 실업학
교와의 학교전쟁(Schulkrieg)이 벌어지게 되는데 이 싸움은 실업학교

---

27) "Wir haben nur Buchstabierschulen, Schreibschulen, Heidelbergerschulen,
und hierzu braucht es－MENSCHENSCHULEN," J. H. Pestalozzi, *Wie
Gertrudihre Kinder lehrt*(1801), hrsg. von Bd.Ⅵ, Werke in 8 Bänden, P.
Baumgartner(Zürich: Rotapfel Verlag, 1946), S. 341.

의 승리로 기울어졌다.

이리하여 초등교육의 2계층 분화와 중등교육의 다양화가 촉진되어 두 개의 국민의, 두 개의 학교는 차츰 접근을 하게 되었고, 이런 일반적 경향은 각 나라에 따라 진전의 속도는 다르다 할지라도 교육제도의 기본적 개혁방향으로 정립되었다. 이런 이념이 더욱 발전하여 모든 청소년이 출생신분·경제적 계층에 구애됨이 없이 능력에 따라 고루 교육을 받을 수 있는, 즉 모든 국민에게 교육의 기회균등의 결실을 거두게 할 수 있는 학교체계를 각국이 모색하게 되는데, 이것을 단선형에로의 통일학교(Einheitsschule)운동이라 한다.

그러면 단선형이란 무엇이며, 왜 그것이 통일학교라 불리웠는가? 쉽게 말하면 단선형(single ladder system)이란 초등학교에 입학하여 중등학교를 졸업할 때까지, 모든 국민이 원칙적으로 같은 종류의 학교(동일한 수학연한, 거의 동일한 교육내용)에 다니게 하는 민주적 학교체계를 말한다. 이런 학제는 일찍이 미국에서 전형적으로 발생했기 때문에 '미국형'이라고도 하며, 이에 대하여 복선형을 '유럽형'이라고도 한다. 복선형의 반대개념인 단선형의 이념을 좀더 구체적으로 살펴보면 다음과 같다.[28]

① 모든 국민은 연결된 단일의 학제(school ladder)를 거친다.
② 그 행정(行程)을 새기는 척도가 취학자의 연령이라는 의미로 연령단계형(Alterstufenssystem)이다.
③ 보통은 초등교육·중등교육·고등교육의 3단계를 가지며, 중등교육 또는 고등교육은 계급별이 아닌 교육목적별로 계통화된다.
④ 각 단계의 학교는 교육내용은 다소 다르다 할지라도 다음 단계의 학교에 동격적으로 접촉된다.

이 네 가지 특징으로 인해서 단선형은 미국에서 보는 바와 같이 국

---

28) 伊藤秀夫·吉本二郎 편, op. cit., p. 170.

민의 계층적 분화를 막고, 교육을 널리 대중화함으로써, 국가발전에 교육이 지대한 공헌을 해 왔던 것이다. 한국·미국·일본에 전형적으로 정착한 이 단선형도, 복선형의 전통과 역사가 깊이 뿌리 박고 있는 유럽에는 아직 널리 채택되지 못하고 있으며, 단선형과 복선형의 절충방식 상태에 머물고 있으나, 학제개혁의 기본방향은 역시 단선형의 이념구현에 있다 할 것이다.

다음에 복선형의 전형적인 예를 제시한다. 《표 4-2》는 영국의 현행학제이며, 중등교육수료자격시험(GCSE), 대학입학자격시험(GCE)은 학생들의 진학과 진로에 결정적인 영향을 준다. GCSE는 의무교육이 끝나는 만 16세에 치르는 일종의 중등교육졸업자격시험이다. 이 시험은 말 그대로 중등교육까지의 학생들의 성취도를 평가, 그 도달수준을 증명해 주는 것으로 시험결과는 상급중등학교(Sixth Form College)나 대학입학시, 그리고 취직시에 중요한 참고자료가 된다. 이 GCSE 시험은 1988년에 처음 실시되었는데, 이전까지는 성적이 상위 약 20% 안에 드는 학생들은 GSE 0-Level시험을, 그리고 그 다음의 40% 정도는 GSE시험을 보았었다. 이러한 이원화된 시험제도는 결국 어떤 시험을 준비할 것인가에 따라 14세의 학생들을 두 개 그룹으로 분리해야 하는 결과를 가져오게 된다. 이러한 문제점을 해결하고자 기존의 GSE 0-Level시험과 GSE시험을 통합하여 생겨난 시험이 GCSE시험이다. 의무교육단계인 전기중등교육을 끝내면서 GCSE시험을 치른 학생들 중 약 60% 정도는 후기(상급)중등교육기관으로 진학을 하고 나머지 40% 정도의 학생들은 취업을 하게 된다. 그리고 대학 등 고등교육기관에 진학하기 위해서는 보통 2~3과목의 GCE A-Level(General Certificate of Education Advanced Level)시험을 보게 된다.[29]

---

29) 국립교육평가원, 「세계화를 위한 교육의 국제비교」(서울: 국립교육평가원, 1996), pp. 574~578.

한편 독일도 교육제도 자체는 전통적인 복선형 학제를 유지하고는 있으나, 조기 진로선택에 따른 문제점을 보완하는 방향으로 학제를 마련하고 있다.[30] 독일교육제도가 주별로 약간씩은 다르지만 표로 나타내면 《표 4-3》과 같다. 초등학교(기본적으로 4년)를 졸업한 뒤, 중등 과정은 중등 Ⅰ단계와 중등 Ⅱ단계로 나뉘게 된다. 중등 Ⅰ단계에서는 보통학교(Hauptschule), 실업학교(Realschule), 인문학교(Gymnasium), 종합학교(Gesamtschule) 등의 여러 형태의 학교에 진학하지만, 실제에 있어서는 김나지움과 실업학교 또는 보통학교 사이의 구분이 다소간 약화되어 가고 있다. 왜냐하면 중등 Ⅰ단계를 수료한 후 Ⅱ단계를 정할 때 진로를 다시 선택할 수 있기 때문이다. 중등 Ⅱ단계 학교에는 다양한 직업계 학교와 대학진학을 위한 김나지움 상급반(Gymnasiale Oberstufe), 그리고 또 다른 대학진학을 위한 과정인 콜렉슐레(Kollegschule)가 있다.[31] 이러한 독일의 교육제도는 다음과 같은 쟁점이 해결되어야 할 과제로 남아 있다.

① 조기 진로구분의 문제: 초등 4학년에 이뤄지는 진로선택 및 학생선발은 예나 지금이나 독일 학교교육제도에 상존해 온 가장 큰 문제 중 하나이다. 이를 보완하기 위해 비인문계 고교생의 인문계고로의 수평이동을 실질적으로 가능케 하는 제도개선과 아울러 비인문계고 출신 직업인들의 대학진학 기회를 촉진하고자 하는 제도의 시행 역시 폭넓게 논의 시행되고 있다. 또한 초등 4년차에서 이뤄지던 진로선택 및 학생선발을 지양하고, 8년차까지 초중등 과정을 연속시행하자는 이른바 통합학교에 관한 논의도 현재 활발히 이뤄지고 있다.

---

30) 물론 전기 중등학교에서의 학교 종별에 따른 차이점이 근본적인 해결을 본 것은 아니다.
31) 교육과정 개정 연구위원회, "독일의 교육과정," 「교육과정 국제비교연구」(서울: 방문사, 1996), pp. 165~166; 박덕규, 「독일의 교육제도」(서울: 한국교육개발원, 1994), p. 4; 한국교육개발원, "독일의 교육과정 개혁," 「교육과정 개혁 국제비교연구」(서울: 한국교육개발원, 1994), pp. 197~202 참조.

② 직업교육의 개선문제: 독일 통일 이후 악화된 경제상황, 기업 내 대규모 구조조정 그리고 근래 실업률의 증가는 독일직업교육제도의 강점이었던 학교와 기업간 연계라는 직업훈련풍토에도 부정적 영향을 미치게 되었다. 즉 직업훈련 수요자와 공급자간의 양적 불균형으로 인해 학생에게는 직업교육의 기회자체가 제한되어 직업장래전망이 어두워진 한편, 기업은 교육사회적 책무를 등한시하거나 혹은 기업이 필요로 하는 인재양성에 기여하지 못한다는 사회적 비난으로부터 자유롭지 않게 되었다. 이러한 문제 해소를 위해 정부와 기업 그리고 학교 당국간 논의가 진행중이다.

③ 교육과정의 재조정 및 적합성 제고 문제: 현대사회 생활에 대처하는 데 필요한 내용으로 교과과정이 구성되어야 한다는 실용주의적 견해의 점증, 변화된 세계정세, 즉 세계화에 걸맞는 인재양성의 필요성 증가, 그리고 그간 만족스럽지 못했던 PISA결과로 인한 교육내용과 방식 전반에 대한 반성 등은 2000년대 독일 학교교육이 당면한 가장 시급한 시대적 과제들이라 할 수 있다.

《표 4-2》 영국의 학교제도

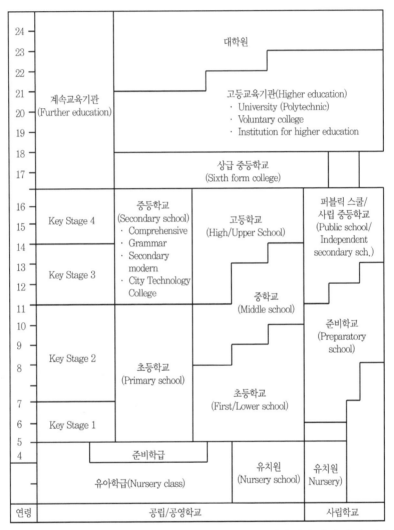

출처: 김영철, "지식기반사회의 학제 발전 과제," 지식기반사회의 학제 발전 방안
정책 토론회 자료(한국교육개발원 RM 2004-42).

《표 4-3》 독일의 학교제도

영역						
	Weiterbildung 일반. 직업. 학업 평생교육					

영역	내용		연령	학년
제3영역		Promotion 박사학위 Berufsqualifizierender studienabschuleß 직업자격 학업 졸업 Diplom 학사, Magister 석사. Staatsexamen 국가시험, Bachelor 학사, Master 석사		
		Diplom 학사 / Universität 대학, Technische Universität 공과대학		
		Berufsakademie 직업 아카데미 / Technische Hochschule 공과전문대학, Pädagogische Hochschule 교육대학, Kunsthochschule 예술대학, Musikhochschule 음악대학, Fachhochschule 전문대학, Verwaltungsfachhochschule 행정전문대학		
	직업 후속교육 졸업 / 일반대학 입학자격			
	Fachtechschule 전문대학 / Abendgymnasium 야간김나지움 Kolleg콜렉			
		교과전문대학입학자격 / 일반대학 입학자격		
중등교육 II	직업자격 학업 졸업 / 전문대학 입학자격	Berufsfachschule 상급직업학교 / Gymnasiale Oberstufe 여러 김나지움 상급단계	19 / 18 / 17 / 16	13 / 12 / 11
	Berufsausbildung in Berufsschule und Betrieb (산학협동의 직업교육 이중구조) / Berufsfach-schule 직업전문학교 / Fachober-schule 상급전문학교			
	Berufsgrundbildungsjahr		15	10
	중등학교 졸업(Realschule: 의무교육시작 10년 후/Haupeschule 의무교육시작 9년후)			
중등교육 I	Sonderschule 특수학교	10학년	16 / 15 / 14 / 13 / 12 / 11 / 10	10 / 9 / 8 / 7 / 6 / 5
		Hauptschule 하우프트슐레 / Realschule 레알슐레 / Gesamtschule 종합학교 / Gymnasium 김나지움		
		Orientierungestuffe 진로모색단계		
초등교육	Sonderschule 특수학교	Grundschule 초등학교	9 / 8 / 7 / 6	4 / 3 / 2 / 1
유아교육	Sonderkinder-garten 특수유치원	Kindergarten 유치원	5 / 4 / 3 연령학년	

출처: 독일의 교육제도(자료: Sekretariat der ständigen Konferenz der Kultusminister der Länder in der Bundesrepublick Deutchland. Dekumentaions—und Bildung sinformationsdienst(2002)).

Ⅲ. 과제와 전망

1. 문제제기

학교는 학생에게 문화유산을 조직적·체계적으로 계승시키는 곳이자 각자가 적성을 발견하고 이것을 키워 개성을 실현하고 나아가서 사회인으로서의 자질을 갖추어 나가는 곳이다. 비록 그 비중이 다소 적어졌다 할지라도 교육의 마당에서 가장 중시되어야 할 곳은 학교임에는 틀림없다.

그런데 바로 그 학교가 급격한 문화·사회적 변화에 새로운 자세정립을 못하고 흔들리고 있다. 그러기에 전통적 학교로 되돌아가야 한다는 입장이 있는가 하면, 아예 '학교교육 무용론'까지 등장하고 있는 실정이다. 전자의 입장에서는 흔들리는 사회를 바로잡을 수 있는 것은 옛 학교교육의 이념이라는 것이고, 후자의 입장에서는 현재의 학교교육 자체가 전통적 사회나 관리사회에 다음 세대를 길들여 넣는 곳이기에 탈바꿈되어야 한다는 입장이다. 어떻든 현대의 학교는 이렇게 심한 시대적 도전을 받고 있다.

우리나라의 학교교육은 더욱 큰 시련을 안고 있다. 교육이념면으로는 수월성을 추구할 것인가, 아니면 국민대중에게 교육의 기회를 보다 개방하고 균등성을 추구해야 할 것인가의 문제를 안고 있다. 교육내용 면으로는 전통적인 인문교과를 주축으로 할 것인가, 아니면 시대적 요구에 따라 실용적 내용을 반영할 것인가가 문제로 대두되고 있고, 교육방법, 교육체제 등에도 이처럼 많은 문제가 있다. 다음에 우리의 문제를 중등교육 단계에 초점을 맞추어 간단하게 점검하여 보기로 하자.

2. 학교교육의 과제

첫째는 학교교육과 가정교육과의 긴밀한 유대·협력 관계의 유지라 할 것이다. 학교교육은 슬기로운 가정교육의 터전 위에서만 열매를 거둘 수 있고, 또 이런 슬기로운 가정교육은 학교교육의 협력 없이는 불가능하기 때문이다. 일찍이 페스탈로찌는 「슈탄쯔 고아원에서」라는 교육서간에서 다음과 같이 논하였다. "인간교육에 필요한 모든 정신을 파악하지 못하는 학교교육 그리고 가정관계의 모든 생활 위에 세워지지 않는 학교교육은 우리 겨레를 위축시키는 인위적인 수단에 불과하다고 나는 본 것이었습니다"[32]라고. 또 바로 이어 "인간교육을 하려면 적어도 가정에서 시시때때로 자기 자녀들의 정신상태의 변화를 그의 입과 이마에서 읽을 수 있는 어머니의 눈이 필요합니다"라고.

어린이의 하루를 세 등분하면 8시간은 잠자고, 8시간은 학교에 가고, 8시간은 가족과 더불어 지낸다. 가정에서 지내는 시간이 그의 생활의 3분의 2를 차지한다. 따라서 자기 생활과 직접적인 관련성이 적은 학교에서 배운 일을 익히고 생활화시키는 곳은 가정이며, 그러기

---

32) Pestalozzi, *Brief an einem Freundüber meinen Aufenthalt in Stans*(1799), 상기 「전집」, 제 6 권, S. 98.

에 학교와 가정은 긴밀한 유대를 가져야 할 것이다. 그런데 우리는 교육은 학교에서 전담하는 것으로 여기는 그릇된 인식을 갖고 있어 학교교육이 열매를 충분히 거두지 못하고 있다.[33]

둘째는 사회교육과의 밀접한 관련성의 유지다. 인간은 사회적 동물이다. 인간이 유기적 동물로서 물·공기·식물에 의존하고 생존하듯이 인간은 또한 사회적 동물로서 사회의 문화·가치관·행동양식에 의존하면서 산다. 따라서 사회와 고립된 학교교육은 존재할 수 없는 것이다. 그런데 바로 이 사회가 오늘날 너무나도 많은 비교육적 요인들을 내포하고 있다.

일찍이 교육의 예언자이자 교육의 시인인 루소는 「에밀」의 서두에서 "조물주의 손에서 나올 때는 만물이 선한데 인간의 손으로 옮겨질 때 만물이 타락한다" 했고, 또 「사회계약론」의 서두에서도, "인간은 자유로운 존재로 태어났다. 그러나 인간은 모든 곳에서 쇠사슬에 얽매여 있다"고 갈파했다. 가정과 학교가 제아무리 교육적으로 노력하여도 가정과 학교를 공간적으로 담고 있는 사회가 혼탁하다면, 그리고 사회의 요구를 학교에 반영시키지 않는다면 학교교육이 열매를 충분히 거둘 수 없는 것은 자명한 일이다.

우리는 학교의 주변환경을 보다 정화해야 할 것이며,[34] 사회정기를 보다 높여야 할 것이며, 교직생활 주변의 일들을 보다 명랑하게 해야 할 것이며, 어린이에게 보다 넓고 바람직한 '사회생활'의 마당을 제공해야 할 것이며, 급변하는 사회에 장차 슬기롭게 적응할 수 있게 사

---

33) 고도산업사회에서는 여성의 취업률이 증가하기 때문에, 우리나라도 부모의 교육기능을 대리할 수 있는 제도적 보완이 시급하다. 2010년을 기준으로 가구당 평균가구원수는 2.7명이다. 통계청, 「가구주의 연령 및 가구원수별 가구(일반가구) − 시군구」(2010), http://kosis.kr. 여성의 경제활동 참가율은 52.6%로 조사되었다. 통계청, 「행정구역(시도)/성별 경제활동인구」(2015), http://kosis.kr.

34) 학교생활 중 학교주변환경에 대한 13세 이상 학생들의 만족도를 조사한 결과를 살펴보면, 매우 만족 10.4%, 약간 만족 27.1%, 약간 불만족 13.8%, 매우 불만족 4.0%로 나타났으며, 보통이라는 응답이 가장 높은 비율인 44.7%를 기록하였다. 통계청, 「학생의 학교생활 만족도(학교주변 환경, 13세 이상 재학생)」(2014), http://kosis.kr.

회의 요구를 보다 효과적으로 학교에 반영시켜야 할 것이다.

셋째는 교육의 기회균등의 실현이다. 헌법 제31조에는 교육의 기회균등의 이념이 명시되어 있다. 그러나 이런 이념이 잘 실현되고 있지 않다. 이 중에서 우리가 시급히 풀어야 할 과제가 특수아를 위한 교육의 확충 문제이다.

특수교육의 대상이 되어야 할 아이는 시각장애아, 청각장애아, 지체부자유아, 정신지체아, 영재아 등이다. 그런데 이들을 위한 특수교육이 외국에 비해 현저하게 뒤져 있다.[35]

넷째는 진학제도의 합리적 개혁이다. 현행 각급학교 입시제도는 많은 문제점을 지니고 있어 민주적 학제가 노리는 이념이 제대로 구현되지 못하고 있다. 각급학교의 입시제도는 최소한 교육기회의 확대, 사회의 요구반영, 능력과 적성에 맞는 학교의 선택, 교육내용의 다양화 등의 이념을 반영하도록 합리적으로 개선되어야 할 것이다. 가장 시급한 것은 고교 및 대학입시제도의 개선이다.

다섯째는 교육내용·방법의 혁신이다. 내용면으로는 인류가 공통적으로 풀어야 할 과제들, 예를 들면, 인구문제·환경문제 그리고 우리나라가 농업사회를 탈피하고 산업사회로 그리고 정보사회로 진보·변용하여 가는 마당에 필요한 지식, 즉 최첨단의 과학적 지식, 컴퓨터 및 미디어의 활용, 모든 직업에 필요한 기본적 기예(polytechnism) 등이 원리적으로 학교교육 내용에 도입되어야 할 것이며, 또 방법면으로는 전교과담임제·일학급 일담임제 등 현 제도의 단점을 극복하기 위하여 고안된 복수교사의 협력담임제(team-teaching), 연령단계별 학년조직의 여러 폐단을 제거하기 위하여 생긴 무학년제(non-graded

---

[35] 특수학교에 재학하고 있는 학생수는 1990년대 이후 아주 완만하게 상승하고 있으며, 2014년 현재 25,317명으로 전년도에 비해 약 0.6%(156명) 증가한 수준이다. 학교급별 취학인원을 보면 유치원 과정에 1,038명, 초등학교 과정에 6,548명, 중학교 과정에 6,355명, 고등학교 과정에 7,441명, 전공과 과정에 3,935명이 재학하고 있다. 교육부·한국교육개발원, 「교육통계연보」(2014). http://kess.kedi.re.kr/index.

system), 또 학생의 온 하루 전체를 하나의 교육과정으로 포섭하는 구동독의 전일학교제(Tagesschule) 등을 원용해 볼 수 있을 것이다.

여섯째는 선진국의 학교교육제도나 과정의 장점들을 긍정적으로 벤치마킹하여 다양한 실험학교를 운영하는 것이다. 물론 학교교육운영은 법의 테두리 안에서 많은 제약을 받고 있으나, 우리는 합리적인 테두리 안에서도 오늘날 선진국에서 실시되고 있는 여러 교육방식을 부분적·단계적으로 실시할 수도 있다. 우선 과정면으로는 학생 각자가 자기의 적성과 능력을 발견하고, 또 이것을 교사가 객관적으로 관찰하고 진로를 지도하는 관찰기간(observation and orientation)이 적어도 1년 간은 중등교육기간에 책정되어야 할 것이고, 제도면에서 더욱 다양한 유형의 학교들이 설립되어야 할 것이다.

일곱째는 우리 실정에 맞는 학제의 창출이다. 학제는 교육의 기회균등의 이념, 사회의 요구, 국력의 수준, 인간능력개발의 효율성 등을 기하도록 제정되어야 할 것이다. 그런데 우리나라의 현학제는 해방 직후의 군정하에 큰 영향력을 행사하였던 미국교육고문단의 자문에 의하여 이에 대한 충분한 교육철학과 교육재정의 준비 없이 이식된 것이었다. 그러기에 세계에도 그 유례가 드문 완벽에 가까운 현재의 단선형학제는 역사와 전통을 달리하는 우리나라에서는 큰 시련을 겪고 있다. 외면상 크게 자라기는 했으나 내면적으로는 많은 문제점을 지니고 있다. 잘 지적되는 바와 같이 교육의 기회균등이라 해서 일률적·공식적으로 ① 동일기간취학, ② 동일성취정도, ③ 동일교육과정, ④ 동일학교취학, ⑤ 평등한 기회만을 강조해서는 안 될 것이며,[36] 유럽에 현존하고 있는 복선형의 장점도 살린, 우리에 맞는 새 학제 창출에의 노력도 아끼지 말아야 할 것이다.

끝으로 한국교육개발원에서 진단한 중등학교의 문제점은 다음과

---

36) 한기언, 「한국교육의 민주화 과정에 관한 교육사상사적 연구」(서울: 서울대학교 출판부, 1970), pp. 20~21.

같다. 첫째, 학생들의 자기주도적 학습(self-regulated learning) 태도를 보여주는 13개 지표에서 OECD 평균보다 낮게 나타났으며, 특히 학문적 자아개념이 낮다. 둘째, 일본과 더불어 학교에 대한 소속감 지수가 매우 낮게 나타났다. 우리나라 학생들은 OECD 국가 학생들에 비해 학교에 결석하거나 지각을 하지는 않지만 친구들과 어울리지 못하고 학교생활에 소속감을 느끼지 못하고 있다. 셋째, 우리나라와 일본 학생들은 OECD 국가들 중 가장 높은 비율의 사교육을 받고 있다.[37)

3. 대안교육

(1) 대안교육[38)의 생성배경

현대사회가 도전받고 있는 가장 큰 문제 중의 하나는 아마도 비인간화(dehumanization) 현상 문제일 것이다. 즉 현대사회의 물질적 풍요 속에서 인간성이 점차로 마멸되어 가고 있는 것이다. 따라서 현대인은 타인을 하나의 인격적 주체로 대하는 데 점점 더 인색해지고 있다. 그러나 더 큰 문제는 이같은 비인간화 현상에 교육이 편승하고 있다는 사실이다. 교육의 본래적 사명이 사람임(Menschsein)을 사람됨(Menshwerden)으로 이끄는 일이라고 본다면, 이러한 교육현상은 미래사회를 더욱더 불투명하게 하는 촉진요인이 될 것이다.[39) 그러기에 많

---

37) 한국교육개발원(2004), 「OECD 지표로 본 한국교육의 실태 분석」, 53-54쪽.
38) 우리나라에서는 '대안교육'을 '대안학교'와 명백하게 구분하지 않고, 대안학교를 포괄하는 상위 개념으로 사용하는 경우가 많다. 따라서 전통적인 교육을 비판하며 시도되는 다양하고 새로운 실천들은 그것을 포괄하는 넓은 뜻에서 잠정적으로 '대안적 교육', '대안교육적 모형' 또는 '대안교육적 사고'라는 용어로, 그리고 뚜렷이 체계를 갖춘 교육 형태에 대해서는 '대안학교'라 부르는 것이 가능할 것이다. 송순재, "학교를 위한 삶인가, 삶을 위한 교육인가: 대안교육 둘러보기," 「처음처럼」, 창간호(1997. 5~6), p. 120.
39) 강선보, 「마르틴 부버의 만남의 교육」(서울: 양서원, 1992), p. 179.

은 학자들(Reimer, Silberman, Illich, Freire, Rich)이 학교교육의 유해성과 무용성을 역설하였다.[40] 따라서 인간성 회복의 문제는 여러 각도에서 밀도 있게 다루어야 할 현대교육의 당면과제로 부각되어 왔다.

일리치(I. Illich), 라이머(E. Reimer), 굿맨(P. Goodman) 등과 같은 탈학교론자들은 전통적인 학교교육이 학생을 억압한다고 보면서 '억압으로부터의 해방'을 주장한다. 일리치는 학교를 "커리큘럼의 이수가 의무화된 수업에 출석할 것을 요구하는 곳"이라고 규정하고, 또한 라이머는 "학년별로 편성된 커리큘럼을 학습시키기 위하여 교사가 관리하는 교실에 일정 연령의 아이들을 매일 출석시키는 것을 의무화하는 곳"이라고 규정한다.[41] 이들의 정의 속에 포함된 학교의 부정적 성격은 ① 강제적인 커리큘럼, ② 매일매일의 출석 강요, ③ 일정한 연령집단으로 묶어 획일화시킨 구속적·몰개성적 교육, ④ 전문가로서의 권위적인 교사 등으로 요약할 수 있다. 아울러 대안교육의 출현을 가져오게 한 전통적인 학교구조의 문제는 다음의 다섯 가지로 다시 설명할 수 있다. 첫째, 기존의 학교가 관료주의적 통제체제에 둘러싸여 자율성을 상실했다는 점, 둘째, 교육이 기존 계층 질서를 재생산하는데 집중되어 있다는 점, 셋째, 교사가 주도하는 언어중심의 일방적인 교수법이 주를 이룬다는 점, 넷째, 교육구조가 공동체성을 함양하기보다는 경쟁과 효율성에 입각한 현대산업사회의 생산구조를 그대로 반영한다는 점, 다섯째, 학교의 사유구조와 범주가 거의 실증주의적 과학에 의거함으로써, 영성(spirituality), 감성, 몸, 노작, 예술 등과 같은 측면에서 학생들의 삶을 다면적이고 포괄적인 안목으로 접근하지

---

40) E. Reimer, *School is Dead*(Harmondsworth: Penguin Books Ltd., 1971); C. E. Silberman, *Crisis in the Classroom*(N. Y.: Vintage Books, 1970); I. Illich, *Deschooling Society*(N. Y.: Harper & Row, 1970); P. Freire, *Education for Critical Consciousness*(N. Y.: The Seabury Press, 1973); J. M. Rich, *Humanistic Foundations of Education*(Worthington: Charles A. Jones Publishing Co., 1971).

41) 석태종 역, 「학교교육론: 비판적 관점」(서울: 교육과학사, 1991), p. 81.

못하게 만들고 있다는 점이다.[42]

이처럼 공교육체제의 학교교육을 부정하는 탈학교론자들과 전통적인 학교교육에 대한 비판이론의 부상이 학교개혁운동과 맞물려 가면서 1960년대 후반부터 1970년대 초에 걸쳐 미국을 비롯한 세계 각국에서 대안교육(alternative education)에 대한 관심이 급증하게 되었다. 즉 전통적인 학교교육이 지닌 문제점들이 인간화(humanization)라는 조화체제 속에서 재조명되게 된 것이다.

다행히 우리나라에서도 대안교육운동의 열기가 고조되고 있음은 참교육의 실현을 앞당기는 청신호로 받아들여진다. 외국의 대안교육운동의 출발과 마찬가지로 우리의 경우도 공교육에 대한 불만과 교육개혁운동이 맞물려 가면서 대안교육에 대한 관심이 증대되기 시작하였다. 즉 1990년대에 들어서면서 대안교육에 대한 진지하고도 활발한 논의들이 시작되었다. 그리하여 참교육의 실현을 위해 대안교육의 여러 분야에서 활동하거나 관심을 가진 사람들이 서울평화교육센터의 주최로 1995년 7월에 한데 모여 허심탄회하게 의견을 교환하였다. 여기서 논의된 주제들은 올바른 교육·어린이와 인간을 위한 교육의 상, 자유와 자율·민주적인 사고를 키우기 위한 교육방법, 바람직한 학교형태, 교육과정과 교수기재를 개선하는 문제, 생태계를 고려한 새로운 생활방식과 문화의 모색, 토착적이면서도 타문화권과 공존하는 평화의 정신 등이었다.[43] 현재도 이러한 이념에 바탕한 다양한 대안교육들이 초등단계와 중등단계에서 모색·실천되고 있다.

(2) 대안교육의 개념

사실 대안교육이라 함은 어떤 구체적인 특정의 교육형태를 지칭하는 것이 아니라, 교육에 대한 대안적인 태도—즉 교육에 대한 새로운

---

42) 송순재, 앞의 글, pp. 109~110.
43) 송순재, 위의 글, p. 105.

태도—로 보아야 한다. '대안'이라는 개념 속에는 '자유'(free)와 '개방'(open)의 의미가 내포되어 있다.[44] 이렇게 보면 대안교육이란 자유교육 또는 개방교육을 통한 인간성 회복의 교육이라고 볼 수 있을 것이다. 새로운 교육, 즉 대안교육은 인간과 인간, 집단과 집단, 인간과 자연의 관계를 조화롭고 평화로운 것으로 회복하려는 교육이다. 다시 말해 자연과 조화를 이루고(자연친화적), 온갖 목숨을 소중히 여기며(생명중심적), 공동체 속에서 남들과 행복하게 어울려(공동체적) 사는 것이 옳은 삶이라는 '가치'에 근거한 교육이다. 그것은 결국 모든 개인과 공동체, 그리고 생태계의 파멸을 막고 '지속가능한' 삶을 누리기 위한 교육이다.[45] 아울러 이러한 대안교육운동은 한마디로 탈정형화 운동이라고 할 수 있다. 즉 교육이 학교라고 하는 기관을 통해 조직되고, 제도화됨으로써 일률적이고 정형화된 교육이 실시됨에 따라 교육에서 인간적인 요소가 억제 또는 무시된 상황에 대한 반작용이 일어나게 된 것이다.[46] 넓은 의미에서의 대안교육운동은 '새로운 교육문화를 만들려는 사회운동'으로 규정되는데, 이것은 대안적인 교육내용, 학교의 인간화뿐 아니라 새로운 삶의 방식의 실현을 목표 및 과정으로 삼고 노력하는 운동이다.[47] 따라서 대안교육의 시각에서 보는 인간·교육관은, 인간은 주체로서 스스로를 생성하고 자율적인 조정을 통해 인간을 완성해 나가고, 교육은 단지 이런 과정이 자율적·자발적으로 일어날 수 있도록 돕는 것이다. 이를 위해 학교를 배움터로 써뿐 아니라 삶터, 나아가서 체험의 터전으로 삼고자 학교의 구조, 체계를 철저히 평등과 민주, 그리고 '자율구성 원칙'에 따라 함께 만들며, 학생들은 '자기주도 학습' 원칙에 따라 스스로 배우고 싶은 주

---

44) Richard D. Van, Richard J. Kraft, John D. Haas, *Foundations of Education: Social Perspectives*(N. J.: Prentice—Hall, Inc., 1979), p. 325.
45) 서울평화교육센터 편, 「대안학교의 모델과 실천」(서울: 내일을 여는 책, 1996), p. 6.
46) 배천웅, "대안적 교육의 이론," 「교육개발」, 제 9 권(서울: 한국교육개발원, 1987), p. 88.
47) 정유성, 「대안교육이란 무엇인가」(서울: 내일을 여는 책, 1997), p. 43.

제, 방법, 시간들을 결정하도록 하기도 한다.[48]

최근 영국에서 실천되는 다양한 종류의 대안교육의 흐름을 정리한 카니(Fiona Carnie)의 다음과 같은 대안학교의 일반적인 준거 역시 대안교육이 지향하는 바와 그 개념을 이해하는 데 도움을 준다.[49]

① 학교가 학생과 교사들이 서로 잘 알 수 있도록 충분히 작아 서로를 잘 느낄 수 있는 공동체의 의미를 창출해 낼 수 있다. 따라서 학습공동체의 모든 구성원은 서로 존중하고 보살펴준다.
② 교사는 학생들을 개별적으로 잘 알고 있기 때문에, 그들의 요구와 흥미(관심)에 응할 수 있으며, 학생들 각자에게 의미 있고 그들과 관련된 학습 프로그램을 개발할 수 있다.
③ 학습은 경험에 근거한다. 경험은 활동적이고 참여적인 과정이며, 탐구과정, 토론, 협력을 통해 정보를 지식으로 바꾸어낼 수 있다.

결국 대안교육이 지향하고자 하는 궁극적인 목적은 교육의 가치·형식·방식을 바꾸어 인간성을 회복하자는 것이다. 그러므로 대안교육운동은 단순히 교육운동의 성격을 넘어서 사회운동의 성격도 아울러 지니게 된다.

(3) 한국 대안교육의 유형 및 현황

현재 우리나라의 대안교육은 그 나름의 공유점을 가지면서도, 각각의 독자적인 이념을 지향하기 때문에 여러 가지 형태로 실천되고 있다. 따라서 이러한 대안교육의 유형을 단순히 몇 가지로 나누는 데는 무리가 따르며, 대안교육을 구분하는 기준과 방식이 매우 다를 수 있다. 여기서는 이러한 유형화 방법들 중 몇 가지를 선정하여 현재 우리나라에서 실천되는 대안교육의 유형과 현황을 그것이 실천되는 학

---

48) 위의 책, p. 35.
49) Fiona Carnie, *Alternative Approaches to Education: a guide for parents and teachers*(London & New York: RoutledgeFalmer, 2003), p. 3.

교를 중심으로 살펴보고자 한다.

대체로 대안교육의 유형은 ① 공교육제도 안의 대안교육, ② 공교육제도 곁의 대안교육, ③ 공교육제도 밖의 대안교육의 세 범주로 구분된다.[50] 유형별로 대표적인 학교를 예를 들면 제도 안의 대안학교로는 거창고등학교, 제도 곁의 대안학교로는 풀무농업고등기술학교와 영산성지고등학교, 제도 밖의 대안학교로는 초기의 비인가 학교였던 간디학교 등이 있다.

다음으로 이종태는 그의 책 「대안교육과 대안학교」에서 각각의 학교가 지향하는 핵심적인 특징에 비추어 다음의 네 가지 유형을 제시한다. 첫 번째 유형은 '자유학교형 대안학교'이다. 이러한 유형의 원조로는 영국의 섬머힐 학교를 들 수 있으며, 1970년대 이후, 미국과 독일, 그리고 일본 등지에서도 어린이의 자유를 중시하는 것을 특징으로 하는 교육운동 및 학교들이 생겨났다. 이러한 자유형 대안학교의 형태에 가장 가까운 우리나라의 학교로는 비인가 형태로 운영되었던 초기의 간디학교가 있다. 두 번째 유형은 '생태학교형 대안학교'이다. 이 유형의 전형으로는 영국 하틀랜드 지방의 '작은 학교'를 들 수 있다. 1980년대 이후 지구의 환경과 생태에 대한 관심이 전 세계적으로 증대되면서 생태와 노작, 그리고 지역사회와 학교의 결합을 중시하는 학교들이 생겨났다. 이러한 유형에 속하는 우리나라의 학교로는 1997년에 개교한 간디청소년학교를 비롯해 푸른꿈고등학교, 실상사 작은학교, 변산공동체학교 등이 있다. 세 번째 유형은 '재적응학교형 대안학교'이다. 이는 일반학교에 잘 적응하지 못하는 학생들을 대상으로 하는 학교로, 영광에 위치한 영산성지고등학교가 대표적이다. 이러한 유형의 학교에 다니는 학생들은 소위 사회부적응아일 것이라

---

50) 이들 세 유형에 속하는 대안학교들에 대한 상세한 설명은 다음 책들을 참조하기 바람. ① ACRP서울평화교육센터, 「대안교육 대동제: 대안교육을 만들어가는 사람들을 위한 자료집」(1996). ② 서울평화교육센터 편, 앞의 책. ③ 정유성, 앞의 책.

는 오해가 있을 수 있으나, 그보다는 일반학교에서 이루어지는 교육에 염증을 느끼고 보다 자유롭고 새로운 방식의 학교를 찾아 온 학생들이 대부분이다. 현재 운영되고 있는 특성화고등학교들 가운데 성지고등학교, 화랑고등학교, 원경고등학교, 양업고등학교, 동명고등학교, 두레자연고등학교 등이 이 유형에 가깝다. 네 번째 유형은 '고유이념 추구형 대안학교'이다. 이 유형은 나름대로 독특한 교육이념과 방식을 바탕으로 대안교육을 실천하고자 하는 학교이다. 대표적인 사례로는 독일의 발도르프 학교를 들 수 있는데, 이 학교는 인지학을 체계화한 슈타이너(R. Steiner)의 사상을 기반으로 설립되었고, 현재는 전 세계적으로 운영되고 있다. 우리나라의 학교들 중에는 기독교 신앙을 바탕으로 더불어 사는 평민을 기른다는 학교 고유의 이념을 추구하고 있는 풀무농업고등기술학교가 이 유형에 속한다.[51]

현행 우리나라의 대안학교의 특성을 단계별로 보면, 초등단계에는 자연과 더불어 생활하고 연령별·성별·장애우 통합교육을 구체적인 생활 속에서 실현하려는 산어린이학교 등이 있으며, 대안중학교로는 공존·생태·자립의 가치를 중시하는 실상사작은학교 등이 있다. 대안 특성화고등학교로는 사랑과 자발성의 철학을 바탕으로 하는 간디고등학교가 대표적이며, 비인가 대안학교로는 '구체적인 경험을 통해 배운다', '문제해결과 소통을 통해 배운다', '스스로를 업그레이드하자'라는 세 가지 원리를 중시하는 하자작업장학교가 대표적이다.

지금까지 살펴본 것처럼 현재 우리나라에서 일어나고 있는 대안교육운동은 어느 때보다 매우 활발히 이루어지고 있으며, 그 형태와 운영방법도 매우 다양하다. 또한 현재도 전국 곳곳에서 더욱 새롭고 의미 있는 교육을 생각하는 사람들이 모여 새로운 학교를 계획하고 있다. 이러한 움직임과 함께 교육과학기술부는 「대안학교의 설립·운영

---

51) 이종태, 「대안학교와 대안교육」(서울: 민들레, 2001), pp. 119~122.

에 관한 규정」을 제정·공포(대통령령 제20116호, 2007. 6. 28 공포)한 바 있다. 2021년 제정되어 2022년 시행된 "대안교육기관에 관한 법률(약칭: 대안교육기관법)"은 국민의 교육 받을 권리를 보장하고 대안교육기관의 등록 및 운영에 필요한 사항을 정하는 것을 목적으로 마련되었다. 대안교육법 시행 이후, 대안학교는 법이 정하는 범위 내에서 필요한 시설 및 설비를 갖추고 결격사유가 없다는 것을 증명하는 서류를 갖추어 특별시·광역시·특별자치시·도·특별자치도 교육감에게 등록하는 과정을 거쳐 설립·운영할 수 있게 되었다. 이에 따라 미인가 대안교육 기관에 재학 중인 의무교육 대상자(초·중학생)들은 교육적 권리를 되찾게 되었으며, 일부 미인가 대안학교에 제기되었던 교육환경 및 교육의 질을 보장할 수 있는 근거가 마련되었다는 점에서 대안교육법 제정의 의의를 찾을 수 있다. 그러나 재정적 지원의 측면에서는 아직 법적 근거가 마련되지 않아 이후 안정적인 재정지원을 위한 조항도 추가되어야 할 것으로 보인다.

2023년 현재, 대안교육과 관련된 법과 제도는 대안교육 특성화학교(초·중등교육법 시행령 76조 및 91조), 각종학교인 대안학교(초·중등교육법 60조의3), 대안교육 위탁교육 제도(초·중등교육법 시행령 54조), 그리고 대안교육기관 등록제(대안교육기관법)까지 크게 네 가지가 마련되어 있다. 대안학교는 1990년대 한국 사회에 공식적으로 등장한 이래, 그들이 추구하는 교육적 가치를 실현하기 위한 노력을 통해 교육 당국으로부터 법적, 제도적 차원에서 이루어지는 공식적 지원의 지평을 넓히고 있다. 또한 공교육 개혁 및 정상화를 위한 다양한 노력 속에서 이루어진 공립학교와 대안학교 교사들의 소통과 만남은 우리의 교육적 토양을 더욱 풍부하게 하고 있다.

이러한 움직임에 힘입어 2010년 이후부터 현재에 이르기까지 각 지자체를 중심으로 공립 대안학교가 세워지고 있다. 2010년 경남교육청에서 세운 최초의 공립 대안고등학교인 태봉고등학교의 1대 교장이 간디학교의 교사출신이라는 점은 그 의미를 되새겨볼 만하다. 태봉고를 시작으로 각 지자체에서는 학교급 및 중점 교육과정 등에 따라 다양한 공립 대안학교들이 꾸준히 설립, 운영되고 있다. 2022년을 기준으로 볼 때 각종학교에 해당하는 공립 대안교육기관은 22개, 공립 특성화중학교 5개, 공립 특성화고등학교 5개가 설립, 운영중이다.[52]

(4) 대안교육 기관 현황('22.4.1.)

참고로 2022년 현재 대안교육기관현황을 보면 다음과 같다.

대안학교(각종학교)[50교: 공립 22교 / 사립 28교]

시도	학교명(과정)	설립 구분	인가 연도	소재지
서울	서울실용음악고등학교(고)	사립	'09	중구 신당동
	여명학교(중 · 고)	사립	'10	중구 남산동
	지구촌학교(초)	사립	'11	구로 오류동
	서울다솜관광고등학교(고)	공립	'12	종로 숭인동
부산	송정중학교(중)	공립	'19	강서구 송정동
대구	대구해올중고등학교(중 · 고 통합)	공립	'18	대구 달서구
인천	인천청담고등학교(고)	사립	'11	연수 동춘동
	인천해밀학교(중 · 고 통합)	공립	'12	남동 구월동
	인천한누리학교(초 · 중 · 고 통합)	공립	'12	남동 논현동
광주	월광기독학교(초)	사립	'14	서구 화정동
대전	새소리음악고등학교(고)	사립	'11	서구 도마동
	새소리음악중학교(중)	사립	'16	서구 도마동
울산	울산고운중학교	공립	'21	울주군 두서면
경기	티엘비유글로벌학교(초 · 중 통합)	사립	'08	고양시 덕양구
	화요일아침예술학교(고)	사립	'11	연천군 전곡읍
	쉐마기독학교(초 · 중 · 고 통합)	사립	'11	양주시 은현면
	새나래학교(중 · 고 통합)	사립	'11	용인시(휴교중)
	경기새울학교(중)	공립	'13	이천시 율면
	광성드림학교(초 · 중 · 고 통합)	사립	'14	고양시 일산구
	하늘꿈중고등학교(중 · 고 통합)	사립	'15	성남시 수정구

52) 2022년 대안학교 및 대안교육 특성화중등학교 현황 - 교육부 홈페이지
https://www.moe.go.kr/boardCnts/viewRenew.do?boardID=316&lev=0&status
YN=W&s=moe&m=0302&opType=N&boardSeq=91336

시도	학교명(과정)	설립구분	인가연도	소재지
	중앙예닮학교(중·고 통합)	사립	'18	용인시 수지구
	노비따스음악중고등학교 (중·고 통합)	사립	'19	가평군 설악면
	군서미래국제학교 (초·중·고 통합)	공립	'21	시흥시 정왕동
	신나는 학교(중·고 통합)	공립	'22	안성시 보개면
강원	해밀학교(중)	사립	'18	홍천군 남면
	노천초등학교(초)	공립	'19	홍천군 동면
충북	글로벌선진학교(중·고 통합)	사립	'10	음성군 원남면
	한국폴리텍다솜고등학교(고)	사립	'12	제천시 강제동
	다다예술학교(초·중 통합)	사립	'17	청주시 상당구
	은여울중학교	공립	'17	진천군 문백면
	은여울고등학교	공립	'21	진천군 문백면
충남	여해학교(중)	공립	'13	아산시 염치읍
	드림학교(고)	사립	'18	천안시 충절로
	충남다사랑학교(고)	공립	'19	아산시 둔포면
전남	월광기독학교(중·고)	사립	'18	함평군 대동면
	성요셉상호문화고등학교(고)	사립	'18	강진군 강진읍
	이음학교(중)	공립	'20	광양시 광양읍
	송강고등학교	공립	'21	담양군 봉산면
경북	한동글로벌학교(초·중·고 통합)	사립	'11	포항시 북구
	글로벌선진학교문경(중·고 통합)	사립	'12	문경시 영순면
	산자연중학교(중)	사립	'13	영천시 화북면
	나무와중학교(중)	사립	'13	영천시 대창면
	링컨중고등학교(중·고 통합)	사립	'17	김천시 대덕면
	대경문화예술고등학교(고)	사립	'17	경산시 자인면
경남	경남꿈키움중학교(중)	공립	'14	진주시 이반성면
	경남고성음악고등학교(고)	공립	'17	고성군 하일면
	밀양영화고등학교(고)	공립	'17	밀양시 상남면
	김해금곡고등학교(고)	공립	'20	김해시 한림면
	거창연극고등학교(고)	공립	'20	거창군 위천면
	남해보물섬고등학교	공립	'21	남해군 창선면

대안교육 특성화중학교[19교: 공립 5교/사립 14교]

시도	학교명(과정)	설립 구분	지정 연도	소재지
대구	한울안중학교	사립	'18	달성군
	가창중학교	사립	'18	달성군
광주	평동중학교	공립	'14	광주시
	살레시오여자중학교	사립	'22	광주시
경기	두레자연중학교	사립	'03	화성시
	이우중학교	사립	'03	성남시
	헌산중학교	사립	'03	용인시
	중앙기독중학교	사립	'06	수원시
	한겨레중학교	사립	'06	안성시
강원	팔렬중학교	사립	'11	홍천군
	가정중학교	공립	'17	춘천시
전북	전북동화중학교	공립	'09	정읍시
	지평선중학교	사립	'02	김제시
전남	용정중학교	사립	'03	보성군
	성지송학중학교	사립	'02	영광군
	청람중학교	공립	'13	강진군
	나산실용예술중학교	공립	'18	함평군
경남	상주중학교	사립	'15	남해군
	대병중학교	사립	'21	합천군

대안교육 특성화고등학교[25교: 공립 5교/사립 20교]

시도	학교명(과정)	설립 구분	지정 연도	소재지
대구	달구벌고등학교	사립	'04	동구
인천	산마을고등학교	사립	'00	강화군
광주	동명고등학교	사립	'99	광산구
경기	두레자연고등학교	사립	'99	화성시
	경기대명고등학교	공립	'02	수원시
	이우고등학교	사립	'03	성남시
	한겨레고등학교	사립	'06	안성시
강원	전인고등학교	사립	'05	춘천시
	팔렬고등학교	사립	'06	홍천군
	현천고등학교	공립	'14	횡성군
충북	양업고등학교	사립	'98	청주시
충남	한마음고등학교	사립	'03	천안시

시도	학교명(과정)	설립 구분	지정 연도	소재지
	공동체비전고등학교	사립	'03	서천군
전북	세인고등학교	사립	'99	완주군
	푸른꿈고등학교	사립	'99	무주군
	지평선고등학교	사립	'09	김제시
	고산고등학교	공립	'18	완주군
전남	영산성지고등학교	사립	'98	영광군
	한빛고등학교	사립	'98	담양군
	한울고등학교	공립	'12	곡성군
경북	경주화랑고등학교	사립	'98	경주시
경남	간디고등학교	사립	'98	산청군
	합천평화고등학교	사립	'98	합천군
	지리산고등학교	사립	'04	산청군
	태봉고등학교	공립	'10	창원시

(5) 대안교육의 과제

오늘날 우리의 학교교육이 학생을 위한 참된 교육을 하고 있다고 믿고 있는 사람은 드물다. 그만큼 학교교육이 주는 해악이 크다고 보기 때문이다. 다시 말해 인간, 자유, 창의, 개성을 존중하지 않다고 보기 때문이다. 한마디로 인간성을 상실한 교육이라는 것이다. 그래서 새로운 형태의 교육, 즉 대안교육을 추구하고자 하는 것은 의미 있는 작업이다. 교육의 정상화를 통한 인간성 회복을 위해서는 이와 같은 다양한 실험학교들의 학교운영방식에 학부모와 정부가 많은 관심을 기울일 필요가 있을 것이다.

끝으로, 이러한 대안교육이 우리나라에서 성공적으로 이루어지기 위해서는 몇 가지 짚고 넘어가야 할 과제들이 있다.

첫째, 정부는 현재 마련된 대안교육법을 근거로 대안학교들이 학교의 철학과 방침에 따라 자유로운 교육을 할 수 있도록 지원을 하되 간섭이나 통제는 하지 말아야 한다.

둘째, 대안학교는 각 학교의 설립이념에 걸맞은 다양한 학습 프로그램과 교재 등을 개발하여야 한다. 즉 제도교육에 신선한 충격을 줄 수 있는 참신한 교육내용과 방법의 개혁이 기대된다. 최근 대안교육연대를 중심으로 대안학교 종사자들이 '대안학교와 자기주도학습' 등을 주제로 한 월례포럼을 진행하거나 교사들 간의 연구교류를 활성화하고자 하는 것은 고무적인 현상이라 할 수 있겠다.

셋째, 대안학교는 전인교육의 차원에서 지적 교육과 정의적 교육을 균형 있게 실시해야 할 것이다. 즉, 지적교육에 대한 지나친 경시도 바람직한 경향은 아니다. 이와 관련하여 노작교육과 예술교육뿐 아니라 인문교육의 비중을 중요하게 편성·실천하고 있는 풀무농업고등기술학교의 사례를 우리는 귀하게 참고할 필요가 있을 것이다.

넷째, 대안학교는 학교가 추구하는 교육철학을 기초로 미래사회에 알맞은 형태의 교육활동으로 구현하려는 노력을 끊임없이 이어가야 할 것이다. 기존의 많은 대안학교들이 노작교육의 일환으로 실시하고 있는 농업관련 교육활동은 단순 노작뿐 아니라 생태교육적 측면에서 종합적으로 접근하려는 시도가 필요할 것이다. 또한 다양한 형태의 노작, 즉 농사뿐 아니라 목공, 각종 작업활동 나아가 디지털 시민으로서 갖추어야 할 온라인상에서 이루어지는 노작활동 등도 교육적으로 구현하려는 노력이 필요할 것이다.

다섯째, 소규모 대안학교에서 실험적 교육운영이 성공적인 결과를 가져왔다고 해서 그 결과를 아무런 검증 절차 없이 성급하게 제도교육에 적용하는 우를 범하지 말아야 한다. 이는 정부의 재정지원이 있기에 충분히 있을 수 있는 일이라고 보기 때문이다. 이 점에서 우리는 여러 대안학교들과 대안교육사상가들의 이념과 실천을 참고로 제도권 안에서 모범적인 개혁사례로 언론의 주목을 받고 있는 남한산초등학교나 거산초등학교 등의 성과에 주목해 볼 수 있을 것이다.

이러한 대안교육운동이 우리나라 교육현장의 곳곳에서 일어나고 있다는 것은 매우 반가운 일이다. 그러나 이제 막 걸음마를 내딛기 시작한 우리나라의 대안교육이 2023년 현재 미인가 대안학교의 경우는 다양한 노력과 시도에도 불구하고 재정면에서 큰 어려움에 부딪혀 그동안 축적해온 교육적 성과를 이어가지 못하는 경우도 있다. 낮은 임금으로 인한 교사수급 문제, 높은 학비로 인한 학생 수급 문제 등이 학교 운영에 현실적인 어려움으로 작동하기 때문이다. 따라서 이러한 실질적인 문제에 대해서는 정부가 나서서 실질적인 지원을 통해 새로운 교육의 실험적 장이 보존되고 발전해나갈 수 있도록 해야 할 것이다. 이를 위해서는 새롭게 마련된 대안교육법이 기존의 대안교육 관련 법 및 제도들과 연동되고 정리되어 한발 더 나아간 '미래교육법'의 형태로 제시되어 우리 교육의 새로운 방향을 제시할 수 있도록 해야 할 것이다.

교 / 육 / 학 / 개 / 론

제5장

사회교육론

—

Ⅰ. 사회와 교육
Ⅱ. 청소년 비행 · 범죄
Ⅲ. 과제와 전망

Ⅰ. 사회와 교육

1. 사회교육(평생교육)

인간은 사회적 동물이라 한다. 이 말은 인간의 정신, 육체, 행동, 가치관의 형성이 소질적·생득적 요인에 의함과 동시에 더 크게는 인간을 에워싼 환경적·후천적 요인에 의함을 말한다. 더욱 구체적으로는 인간의 교육은 자연적 환경·문화적 환경 및 그가 속한 사회적 환경의 영향을 떠나서는 성립될 수 없다는 것을 말한다.

편의상 우리가 교육의 마당을 셋으로 구분하여 사회를 교육의 마당의 하나라 할 때, 그것은 인간교육이 사회라는 공간에서 이루어진다기보다는 사회적 기초 위에 서야 한다는 뜻으로 보다 적극적으로 이해해야 한다. 따라서 가정교육·학교교육이 소임을 다하려면 자연적·문화적 환경이 교육적으로 조성되어야 하며, 특히 사회의 교육적 기능의 중요성이 재인식되고, 지역사회가 교육의 기반으로써 그 본래의 의의를 회복할 수 있어야 한다.[1]

---

1) 이중, 「교육과 사회」(서울: 배영사, 1976), p. 134.

사회의 여러 영위가 인간에 미치는 영향은 의도적일 수도 있고 무의도적일 수도 있다. 또 긍정적일 수도 있고 부정적일 수도 있다. 이런 영향 중에서 특히 의도적이며 긍정적인 영향을 조직화해서 시행하는 교육을 우리는 넓은 의미에서 사회교육이라 말할 수 있다. 이에 대한 것을 좀더 자세히 살펴보자.

우리나라의 대표적 교육학사전의 하나인 「교육학용어사전」에는 '사회교육'을 다음과 같이 진술하고 있다.[2]

> **사회교육, 社會敎育, adult education** 주로 성인학습자를 대상으로 능력을 개발하고, 지식의 이해를 높이며, 기능 및 전문적 자질을 향상시키려는 일체의 조직적 교육활동. 사회교육이라는 용어는 교육이 이루어지는 공간개념에 중점을 두고 학교 밖의 사회에서 이루어지는 교육이라는 뜻으로 명명한 것이며, 일본과 한국에서 사용된다. 다른 나라들, 특히 영어사용권에서는 성인을 대상으로 삼는 교육이라는 점을 강조하여 「성인교육」이라 부르는 것이 보편적이다. 한때, 비형식교육(nonformal education)이라는 용어가 미국을 중심으로 흔히 사용되었는데, 이것은 학교교육이 제도의 틀 속에서 엄격한 형식성을 유지하고 있는 것과 대조적으로 사회교육의 형식성이 낮은 점을 강조하여 그렇게 불렀다. 그러나 사회교육의 용어, 개념, 정의에 관하여는 논쟁이 끊이지 않고 있다. 위의 몇 가지 다른 용어들이 시사하듯이 나라에 따라 혹은 시대에 따라, 교육이 이루어지는 공간을 강조하여 사회교육이라 부르기도 하고, 교육대상의 연령을 강조하여 성인교육이라 부르기도 하며, 교육형태의 형식성이 높고 낮음에 주목하여 비형식교육이라 부르기도 한다. 학교교육이 전통적으로 귀족과 지배계층을 위한 교육기관으로 일관해 온 것에 대비시켜, 일반대중 또는 민중의 교육이라는 뜻으로 부르는 경우도 있다(예컨대, l'éducation populaire, Volksbildung, people's

---

2) 서울대학교 교육연구소 편, 「교육학용어사전」 (서울: 하우, 1994), pp. 339~340.

education, popular education 등). 그런가 하면 기본교육인 학교교육을 마친 뒤에 계속하는 교육이라는 뜻으로 부르는 경우도 흔하다(예컨대, Weiterbildung, further education, continuing education, formation continue 등). 사회교육이 이처럼 용어와 개념조차도 통일된 것을 찾아보기 어려운 이유는 지난 200년 동안 학교중심의 공교육체제가 세계를 지배해 오면서 학교제도 밖의 교육은 무시되고 격하되어, 이 분야에 대한 학문적 관심이 낮았기 때문이다.

이 정의는 사회교육을 주로 성인을 대상으로 지식과 능력을 발달시키는 학교 밖의 사회에서 이루어지는 일체의 조직적인 교육활동으로서 정의해 놓고 있다. 따라서 학교 안에서처럼 완전한 형식을 갖추지 않은 교육이라는 뜻에서 '비형식적 교육'이다. 위의 사전에는 이것이 다음과 같이 정의되어 있다.3)

> 비형식적 교육, 非形式的 敎育, nonformal education 교사나 교재를 정규적·공식적으로 필요로 하지 않으면서 무의도적·자연발생적으로 이루어지는 교육활동. 가정교육이나 사회교육 등 각종 생활환경을 통해 인간의 행동변화에 영향을 미치게 되는 학교 이외의 모든 교육이라 할 수 있다. 듀이(J. Dewey)에 의하면 사회생활·공공생활에 의하여 그 구성원인 인간이 서로 감화·영향을 주면서 어떠한 인간상에까지 도달하게 되는데 이러한 현상을 비형식적 교육으로 본다. 따라서 비형식적 교육은 인간·문화·자연의 모든 생활환경은 물론이요, 제반 생활요건이 인간을 형성하는 작용이라 할 수 있으므로 오늘날의 교육은 학교교육에만 의지하지 않고 가정이나 사회환경의 정화를 통하여 바람직한 교육환경을 구성함으로써 비형식적 교육을 중시하는 경향이 강해지고 있다.

이 정의는 사회교육이 인간형성에 깊은 영향을 미치는 가정·사회

---

3) 같은 책, p. 325.

는 물론이요, 인간·문화·자연 및 여러 생활환경을 바람직한 교육환경으로 구성하여 이를 '형식화'해 가는 측면을 강조하고 있다.

우리는 이런 정의들을 토대로 하여 '사회교육'의 개념을 다음과 같이 다듬어 볼 수 있다. 사회교육이란 사회라는 여러 생활환경을 교육적으로 조직하여 학교 밖의 국민을 대상으로, 국민의 인간적·경제적 성장을 촉구하는, 자주적·자발적 참여를 전제로 하는 교육이다.

한편 평생교육에 대해서는 다음과 같이 정의하고 있다.[4]

> 유아에서 시작하여 노년에 이르기까지 평생에 걸친 교육으로서 학교교육과 사회교육을 동시에 포괄하는 개념으로, 오늘날 대부분의 국가가 평생교육 이념 하에 교육체제를 재정립하는 과정에 있다. 평생교육이 세계적인 관점에서 논의되기 시작한 것은 제2차 세계대전 이후 유네스코를 중심으로 한 활동에서 연유되었다. 평생교육의 교육이념이 정식으로 유네스코에서 채택된 것은 제3차 성인교육 국제회의(1972년, 동경에서 개최)에서였다. 이 대회에서 33개 항목으로 구성된 건의서가 받아들여졌는데, 그 중에는 '성인교육은 평생교육에 통합된 분야로 보아야 한다'는 항목이 포함되어 있다. 우리나라에서는 1973년 8월에 유네스코 한국위원회가 주최한 세미나에서 평생교육의 기본이념과 전략이 토의되고 건의서가 채택되었다. 평생교육의 어원은 프랑스어 éducation permanente에서 연유되었으며 용어의 본래 의미가 충분히 표현되기 위해서는 통합의 의미를 고려하여 life-long integrated education으로 번역되어야 할 것이다. 평생교육의 기본철학은 전통적 학교교육에 대한 의문에서 제기되었고, 그 이론적 틀은 사회변동, 생의 주기(週期)와 그 질적 내용 및 계속 통합교육의 세 측면으로 구성되어 있다. 평생교육의 목적은 개인의 신체적·인격적인 성숙과 사회적·경제적·문화적인 성장 발달을 전 생애를 통하여 계속시키는 데 있으며, 이러한 평생학습의

4) 같은책, p. 742

기회는 삶의 현장에서 언제, 어디서, 어떤 방법으로든지 이루어질 수 있다는 신념에 근거하고 있다.

2. 사회교육(평생교육)의 이념

사회교육은 법규상으로는 학교의 교육활동을 제외한, 모든 국민을 대상으로 하는 조직적인 교육활동이며,[5] 따라서 그 교육이념, 교육내용, 교육대상, 관련단체도 나라마다 문화의 발달정도, 학교교육의 보급정도에 따라 다르다. 이 중에서 사회교육의 이념을 살펴보자.

우리가 '사회교육'(social education)이라 부르고 있는 것은 유럽이나 미국에서는 보습·계속교육(further education[영], Fortbildung[독]), 청년교육(youth education[영], Jugenderziehung[독]), 성인교육(adult education[영], Erwachsenenbildung[독]), 민중교육(popular education[영], Volksbildung[독], l'éducation populaire 또는 l'éducation permanente[불], Folkeoplysning[덴마크]) 등으로 아주 다양하게 불리우고 있다.

여기에서 보듯이 선진 유럽이나 미국에는 '사회교육'이란 표현은 없으며, 이런 표현을 쓰고 있는 나라는 학교교육이 현저하게 뒤떨어져 있었고, 따라서 문맹퇴치를 서둘러야 했던 대만·일본·한국 등이다.[6]

이런 용어를 토대로 하여 사회교육의 이념을 몇으로 간추려 보면

5) 실제로 평생교육법의 전신인 사회교육법 제 2 조는 사회교육을 "다른 법률에 의한 학교교육을 제외하고, 국민의 평생교육을 위한 모든 형태의 조직적인 교육활동"이라고 정의하고 있다. 이에는 ① 국민생활에 필요한 기초교육과 교양교육, ② 직업·기술 및 전문교육, ③ 건강 및 보건교육, ④ 가족생활교육, ⑤ 지역사회교육 및 새마을교육, ⑥ 여가교육, ⑦ 국제이해교육, ⑧ 국민독서교육, ⑨ 전통문화이해교육, ⑩ 기타 학교교육 외의 조직적인 교육활동 등이 포함된다.
6) 사회교육을 한국에서는 영어로 흔히 social education을 번역해 쓰고 있지만 실제로 영어사용국에서는 social education이라는 용어를 별로 사용하지 않으며, 간혹 사용할 경우가 있더라도 그것은 사회과 교육 또는 사회성 교육이라는 뜻으로 사용된다. 한국사회교육협회 명지대사회교육대학원, 「한국사회교육 총람」(서울: 정민사, 1994), p. 6.

다음과 같다.

첫째, 학교교육의 보충(supplement)이다. 학교는 이상적으로는 아동의 모든 사회생활을 지도해야 할 것이지만 시간·경비·전문가의 부족 등으로 현실적으로는 이것을 수행하지 못하고, 이런 교육활동을 사회에 기대하며 보충시키고 있다. 예를 들면 아동조직의 지도(소년·소녀단, 주일학교 등), 아동시설의 활용(아동도서관, 어린이 놀이터 등), 아동문화의 창달(아동연극, 아동합창, 아동영화, 고전읽기 등)이다.

둘째, 학교교육의 확장(extension)이다. 학교교육을 받지 못한 국민에게 학교를 개방하거나, 새로운 지식, 기술에 접하고자 하는 시민에게 대학을 개방하거나, 사회의 교육시설에 학교의 교직원이 적극적으로 참가하거나, 현직을 가지고 근무하는 사람들을 위하여 대학 내에 사이버교육시설을 두거나, 혹은 사회·공장 내에 학교교육에 준하는 교육시설을 두고 계속적으로 기술자들의 자질향상을 기하는 활동들이 이것이라 하겠다. 예를 들면 학교도서실의 개방, 현직교육을 위한 대학기능의 확장, 학교 밖 교육활동(노인대학, 주부대학 등) 및 시국강연에 교수의 참여, 사이버대학의 설치·운영, 직장교육의 운영 등이다.

셋째, 학교교육에서는 다루지 못하는 사회교육의 독자적인 새로운 교육 이념으로 평생교육[7](life-long education)이다. 프랑스에서는 사회교육을 영구교육(l'éducation permanente)이라 부르고 있다. 교육의 본질론에서 우리가 이미 음미했듯이, 교육은 출생에서 죽음에 이르기까지 계속되는 활동이기에 단기간의 학교교육으로는 도저히 접하지

---

7) 우리나라도 1995년 5월 31일 교육개혁위원회의 제1차 교육개혁방안에서 〈평생교육법〉의 제정을 추진하기 위하여 평생학습 시안 제정 연구팀을 구성(1996. 10~1997. 5)하여 가동하였다. 1998년 7월 21일 공청회를 거쳐 입법예고하였으며, 2000년 3월 31일에 평생교육법 시행령을 공포하면서 새로운 제도 아래서 평생교육 시대의 문을 열게 되었다. 그 이후에도 평생교육법은 2001년 1월 29일 일부 개정되었으며, 평생교육법 시행령은 2001년 1월 29일과 7월 7일, 2002년 5월 13일, 2004년 3월 17일에 다시 일부 개정되었다. 2009년 5월 8일 현재, 평생교육법은 평생교육평가인정에 대한 제도정비(제23조) 및 학점인정제도에 관한 법률(제24조)과 관련하여 일부 재개정되었다.

못하는, 또 학교의 본질상 다루어서는 안 되는 교육활동들을 거쳐야
만 한다. 이러한 교육활동의 중요성은 최근에 와서야 깊이 인식되었
기에 우리는 이것을 새 교육이념이라 말할 수 있을 것이다. 예를 들
면 여가선용, 취미활동, 생활개선, 청소년지도, 생산기술교습, 시민교
육, 국민체육운동, 국제이해활동, 제대군인지도, 조직적 봉사활동, 자
녀교육지도, 직업상담알선, 시국강연, 교양향상 (중략) 등 평생 지속되
는 광의의 교육활동이다. 평생교육의 이념에 대해서는 아래 각주를
참고하기 바란다.[8]

특히 정보사회에서는 평생교육체제의 제도화가 필수적으로 요구된
다. 왜냐하면 지식과 정보의 홍수 속에서 이제 배워야 하는 일이 하
나의 선택적 문제가 아니라 생존을 위한 필연적 문제가 되기 때문이다.
즉 평생학습이 개인적 차원에서는 정보시대의 삶을 의미 있게 살고 생
업을 지속하고 발전하기 위하여 필수적인 것이 되는 한편, 사회·국가
적인 차원에서는 경쟁력을 강화하고 국민복지를 실현하기 위하여 반
드시 실행되어야 하는 사업이기 때문이다. 이러한 관점에서 평생교육
의 제도화는 다음에 보는 바와 같이 학습시기의 확대, 학습장소의 확
대 그리고 학습내용과 방법의 변화를 전제로 한다.[9] ① 학습시기를

8) 평생교육의 이념에는 크게 네 가지 기본구상이 있다. 첫째는 포오르 외 6명이 제시
한 것으로(Edgar Faure, et al., *Learning to be−The World of Education today
and tomorrow*, Paris: UNESCO, 1982), 사회의 모든 성원이 인간답게 살 수 있고,
자기가 되게(become himself) 도와주는, 전인교육을 위한 '학습사회'(learning
society)의 건설이다. 둘째는 랭그랑의 인간화 교육으로써 이는 현대사회의 인격분
열현상을 평생교육을 통해 극복하자는 것이다(Paul Lengrand, *An Introduction to
Life−long Education,* London: Croom Helm Ltd., 1975). 셋째는 아딧세시아의
탈학교교육이념으로 이는 현재의 불평등·차별이 지배하는 학교교육의 한계를 평생
교육으로 극복하자는 것이다(Malcolm S. Adiseshiah, *It is Time to begin*, Paris:
UNESCO, 1972). 넷째는 제섭의 평생학습의 이념으로 이는 '문화의 민주화'를 기하
자는 것이다(F. W. Jessup, "The Idea of Lifelong Learning," *Lifelong Learning*,
A Symposium on Conditioning Education, London: Pergamon Press, 1969). 위
의 네 이념에 대한 논술은 다음 논문을 참조할 것. 장진호, "평생교육의 이론적 구
조," 경희대학교 논문집, 제11집(인문·사회과학편)(1982).
9) 정인성, "정보화와 평생교육의 제도화," 크리스챤 아카데미 편, 「정보화 시대, 교육
의 선택」(서울: 대화출판사, 1997), pp. 229~230.

확대한다는 것은 한 개인이 원하는 시기에 언제든지 학습을 할 수 있도록 교육기회가 제공되어야 한다는 것을 뜻한다. 즉 정해진 시간에 학교에 가야 하는 지금의 형식교육체제와는 다르게, 일하는 도중에 늦은 나이에라도 자신이 필요로 하고 원하는 시점에서 교육을 받을 수 있는 장치가 있어야 한다는 것이며, 또한 여러 가지 이유로 학교를 떠난 후에라도 공부를 하고 싶을 때 다시 돌아올 수 있도록 유연한 교육체제를 갖추어야 한다는 것을 뜻한다. ② 학습장소를 확대한다 함은 교육이 반드시 학교나 형식적인 교육기관에서만이 아니라 가정이나 직장, 가상 공간, 해외 등 다양한 곳에서 일어날 수 있도록 학습의 기회를 제공한다는 것을 의미한다. 즉 학습자들이 일정한 시간에 일정한 장소에 갈 필요가 없이 자신이 편리한 곳에서 또는 교육이 요구되는 곳에서 학습할 수 있게 된다는 것을 뜻한다. ③ 평생교육의 학습내용과 방법에 있어서 혁신이 있어야 한다. 평생교육의 프로그램은 학습자가 당면한 문제를 해결하기 위하여 필요한 문제중심의 내용으로 구성되어 학습자의 평생교육에 대한 요구를 반영한 것이어야 한다. 평생교육의 방법은 시간과 공간에 얽매이지 않는 융통성 있는 것이어야 하므로, 많은 경우 원격교육의 방식을 도입하고 있다. 시·공간을 뛰어 넘어 학습의 내용을 전달하고 상호작용을 가능하게 하는 정보통신 기술의 발달은 원격교육의 장래를 더욱 밝게 하고 있다. 평생교육에서 일과 학습이 떨어질 수 없다는 이념의 실현이 가속화되고 있는 것은 바로 각종 첨단 정보통신매체의 발달에 힘입은 바가 매우 크다고 할 수 있다. 문제가 발생한 때와 장소에서 그 문제를 해결할 수 있도록 하려면 이를 위하여 필요한 지식과 기술을 적시에 제공할 수 있는 방식으로 평생교육 방법이 혁신되어야 할 것이다.

3. 사회교육의 유형 · 내용 및 방법

사회교육은 원래 광범위하고 포괄적인 개념이기 때문에 학자에 따라 다양한 정의를 내리고 있고, 어떠한 분류준거를 취하느냐에 따라 다양한 방식으로 유형화될 수 있다. 그러나 대체로 크게 네 가지 방식의 유형화, 즉 ① 사회교육 실시기관의 성격 및 설립 주체별 유형화, ② 사회교육 프로그램의 성격 및 내용별 유형화, ③ 사회교육 프로그램의 지향이념별 유형화, ④ 사회교육 대상별 유형화 등이 있을 수 있다. 이와 함께 이들 다양한 준거들을 필요에 따라 혼합 · 적용하는 혼합준거별 유형화 방식도 있을 수 있다.[10]

이러한 분류준거 중에서 사회교육을 실시 · 운영하는 주체기관의 성격에 따라 ① 학교중심의 사회교육, ② 독자적인 사회교육기관, ③ 문화시설중심의 사회교육, ④ 공공기관과 산업체의 사회교육, ⑤ 종교기관의 사회교육, ⑥ 자원단체의 사회교육으로 나누기도 하고,[11] 대상에 따라 ① 유아교육, ② 청소년교육, ③ 성인교육, ④ 여성교육, ⑤ 노인교육, ⑥ 특수교육의 여섯으로,[12] 그리고 내용에 따라 ① 기초 · 보충교육, ② 직업 · 기술교육, ③ 건강 · 복지교육, ④ 가족생활교육, ⑤ 시민윤리교육, ⑥ 여가선용교육 등으로 분류하는 학자도 있다.[13] 또한 사회교육을 '학교 밖의 교육'(die ausserschulische Erziehung)으로 규정하고, 이것을 ① 가정 안에서의 교육, ② 직장 안에서의 교육, ③ 병영 안에서의 교육, ④ 여가시간의 교육, ⑤ 청년교육, ⑥ 성

---

10) 한국교육개발원, "사회교육의 유형화,"「한국사회교육의 과거 · 현재 · 미래 탐구」(서울: 한국교육개발원, 1993), pp. 259~261.
11) 황종건,「사회교육의 이념과 실제」(서울: 정민사, 1994), p. 54.
12) 김도수, "학습대상의 성격과 유형,"「사회교육학」(서울: 교육과학사, 1995), pp. 39~55.
13) 정우현, "사회교육학의 정립을 위한 과제,"「사회교육론」(서울: 교육과학사, 1993), p. 399.

인교육의 여섯으로 나누는 학자도 있다.14) 이 모든 교육이 다 중요하지만 이 중에서 병영 안에서의 교육에 대해서만 간단히 생각하여 보자. 병영 안에서의 교육은 특히 전인교육적 시각에서 다루어져야 한다. 스위스의 사상가 칼 힐티는 병영생활이 인격형성에 지대한 영향을 미치는 것임을 크게 강조하면서 병영을 교육의 마당으로 순화시켜야 한다고 역설한 바 있다. 국토방위의 신성한 의무, 상하(上下)의 위계질서의 의의와 한계, 단체생활을 통한 자기 수련과 극복, 그리고 인류의 영원한 이상인 평화에의 간절한 소망 등, 우리는 병영에서 배우고 깊게 체험할 기회를 가져야 한다.

이렇게 사회교육의 내용(대상)은 넓고 다양하다. 자연적으로 발생했으나 오랜 세월을 거쳐 생활양식화, 습관화되어 우리의 오늘날의 생활에 뿌리를 내리고 있는 많은 현상은 이루 헤아릴 수 없으며, 이런 것들이 교육활동 속에 의식적으로 다루어지는 한, 그것은 모두 사회교육의 내용이 된다 할 것이다. 이것들을 다시 국면별로 세분하여 보면 다음과 같다.15)

① 일반교양에 관한 학습: 문학, 철학, 역사, 경제, 외국어 회화, 음악, 미술 등

② 생활에 필요한 지식기능의 학습: 요리, 영양문제, 보건의료, 출산육아, 가정교육 등

③ 직업에 필요한 지식기능의 학습: 컴퓨터 및 사무자동화에 관한 지식기능, 자동차운전 및 정비, 농업기술 등

④ 시민의 정치적 지식에 관한 학습: 민주주의, 헌법을 비롯한 법률지식, 국내외의 정치문제의 이해, 인권 등

⑤ 보완교육적 학습: 읽기, 쓰기, 셈하기, 간단한 어학 등

---

14) Theodor Wilhelm, *Pädagogik der Gegenwart*(Stuttgart: Kröner Verlag, 1967), S. 77~472. ① Erziehung in der Familie, ② Erziehung im Betrieb, ③ Erziehung im Wehrdienst, ④ Die Freizeit, ⑤ Soziale Jugendarbeit, ⑥ Erwachsenenbildung.
15) 김도수, 앞의 책, pp. 67~68.

⑥ 체육, 취미, 레크레이션: 스포츠, 등산, 여행, 연극, 영화감상 등

사회교육과 학교교육이 방법면에서 현저하게 다른 점은, 학습자가 시간과 정력의 일부(part-time)만을 바치며, 자발적(voluntary)으로 참여하며, 주로 성인(mature person)들을 대상으로 하며, 생활을 중심(life-centered)으로 전개되며, 그리고 지역사회(community)를 중심으로 이루어지는 데 있다 할 것이다.

이런 사회교육이 효율적으로 이루어지기 위해서는 교육의 기회균등을 원하는 민주적 교육이념이 민중 속에 널리 인식되어야 하며, 또 민중이 손쉽게 만나고, 배우고, 사귀고 할 수 있는 여건, 즉 교통의 발달, 시청각 기자재의 보급 등의 여건이 갖추어져야 하며, 또 좁게는 지역사회에 애착을 가지고 살며 그 발전에 노력하는 애향심과 넓게는 민족·국가의 현재와 미래에 대하여 깊은 관심을 갖는 공동운명체의식이 널리 발로되어야 한다. 국가는 또한 이런 민중의 소리와 욕구를 꾸준히 진지하게 청취하여 그들을 위한 교육의 기회와 시설을 확장해야 할 것이며, 이러한 사회교육활동이 국가의 발전과 직결되는 것임을 깊이 인식해야 할 것이다. 사회교육은 민중 자신의 아래로부터의 요구와 이를 충족시켜주기 위한 국가의 위로부터의 조성활동의 통일로 이루어진다 할 것이다.

4. 사회교육(평생교육)의 필요성

사회교육의 필요성을 크게 네 가지 입장에서 역설하는 학자도 있다.[16] 즉 ① 현대사회의 급속한 변화(가족의 구조 및 기능의 변화, 인간의 수명연장 및 장수사회의 도래, 인간간의 소외현상 및 인간의 비운에 대한 불감

---

16) 한상길, 「사회교육학」(서울: 교육과학사, 1995), pp. 99~114.

증의 만연, 과학기술의 고도화와 지식정보의 증대 및 노후화, 도시집중화와 거주지 및 지리적 이동의 확대), ② 기존 교육체제의 한계성 및 기능 상실, ③ 국제정치 사회의 변화, ④ 전통적 문화와 가치관의 상실 및 변화를 들고 있다.

한편 렝그랑(P. Lengrand)은 기존의 교육체제가 평생교육체제로 변화되어야 하는 이유를 ① 사회변화의 가속화, ② 인구증가 및 평균수명의 연장, ③ 과학 및 기술의 진보, ④ 정치적 도전(혁명, 전쟁, 체제변화), ⑤ 정보통신·매체의 발달과 정보량의 폭주, ⑥ 여가 시간의 증대, ⑦ 생활방식의 변화와 인간관계의 위기(부부, 부모자녀, 남녀, 노소, 빈부 등), ⑧ 정신과 육체의 불일치 및 성적 표현의 부조화, ⑨ 이데올로기의 위기로 들고 있다.[17]

다음에 우리나라에 사회교육(평생교육)이 왜 특히 확충되어야 하느냐의 이유를 크게 넷으로 나누어 고찰하여 보기로 하자.

첫째, 교육의 대중화 이념실현이다. 우리는 국민에게 교육이 가장 효율적인 투자임을 과학적으로 인식시키고, 복지사회건설을 위한 사회민주주의이념을 널리 보급시키며, 사회교육의 확충을 통해서 국가발전을 기해야 할 것이다. 그러기 위하여는 중등교육기관 및 고등교육기관을 시민에게 점진적으로 개방해야 할 것이다.

둘째, 학교교육의 한계를 똑바로 인식하여 교육=학교라는 고루한 생각에서 하루속히 탈피하는 일이다. 지식의 폭발적인 증가와 과학기술의 급진적인 발달은 최근 특히 학교교육의 한계를 절실하게 인식시키기에 이르렀고, 또 좀 지나친 표현이지만 '경험의 폐품화' 현상을 일으키고 있으므로, 우리는 꾸준히 스스로 계속 공부하지 않으면 낙오하게 되어 있다. 학교에서 배운 지식의 유효성은 날이 갈수록 짧아지고 있기 때문이다.

---

17) P. Lengrand, *An Introduction to Lifelong Education*(Paris: Unesco Press, 1975). p. 50.

셋째, 언론매체가 가져오는 해악을 방지하는 것이다. 선정적 언론 방송매체의 발달로 저속한 오락·광고 프로가 증가하여 우리 가정생활 및 정서생활에 비교육적인 요인들이 날로 늘어가고 있다. 대기업의 광고수입 위에 경영되는 매스컴은 소비풍조를 조성하며 말초적 쾌락을 자극하는 데 그칠 뿐 아니라 우리에게 생각하는 습성과 생각하는 시간을 앗아가며, 안방을 '작은 극장'으로 만들어 가정의 기능을 상실하게 하고, 나아가서 창의적 사고력을 상실한 획일적 인간유형을 만들어 내고 있다. 우리는 이에 대처하기 위하여 교육방송 프로그램을 보다 확장해야 함은 물론이요, 사회교육을 통해서 상업 TV에 의한 독소로부터 시민을 보호해야 할 것이다.

넷째, 국민총화(國民總和)의 실현이다. 우리는 오늘날 가치관의 동요·분열 및 국민의 이념적·계층적 분화·대립의 심화현상을 극복하고, 국가와 민족의 밝은 앞날에 대한 꿈을 바라보며 국민적 총화를 도모해야 할 것이다. 그러기 위하여는 사회교육(평생교육)을 통해서 민족의 동일성을 고취하고, 평화주의의 이념을 보급시키며, 민족의 도덕적 재생을 꾀하고, 북한과의 대화기반을 굳히기 위한 복지사회건설에의 준비를 서둘러야 할 것이다.

Ⅱ. 청소년 비행 · 범죄

1. 문제제기

청소년 비행 및 범죄[18]는 강력화, 저연령화, 범지역화되고 있으며 세계 각국이 공통적으로 당면하고 있는 교육 및 사회문제의 하나다. 전통적 가치관의 동요와 비인간화를 강요하고 있는 물질 · 기계문명의 가속적인 발달은 인간의 정신생활 전체에 커다란 변화를 일으키고 있으나, 특히 감수성이 예민한 사춘기의 청소년들에게 심한 심리적인 갈등과 정서의 불안정을 가져와 그들을 음지의 세계로 향하게 하고 있다. 몇 년 후면 선거권을 행사하면서 국정에 참여하고, 또 우리의

---

18) 「2014 청소년백서」에 따르면, 지난 8년간 전체범죄자 대비 소년범죄자 구성 비율은 2008년 5.5%로 최고치를 나타낸 이후 감소되어, 2012년에는 5.1%, 2013년에는 4.3%로 나타났다. 소년범 구성비율이 2009년부터 감소한 것은 개정소년법이 2008년 시행되면서 소년범의 범위에서 19세가 제외되었기 때문인 것으로 보인다. 2013년 소년범죄 유형별 분포상황을 보면 재산범이 49.9%로 가장 많았고, 다음으로 폭력범 24.1%, 교통사범 10.7%, 살인 · 강도 · 강간 등 강력범 2.8%, 저작권법 위반사범 0.5%의 순이었다. 여성가족부, 「2014 청소년백서」(2014), pp. 366~367.

문화유산을 계승하면서 이 사회의 역군이 되어야 할 그들이 이처럼 정신적으로 혼란을 겪고 있음은 우려해 마지않을 현상이다. 그들이 음지의 세계로 파고 들어가지 않게 미연에 막고, 한 걸음 더 나아가 그들을 올바른 방향으로 이끌려면 무엇보다도 그들을 음지의 세계로 향하게 하는 요인이 무엇인가를 올바르게 인식하며 분석하는 일이 앞서야 할 것이다. 다음에 우리는 이 요인들을 몇 개로 간추려 고찰하여 보기로 한다.[19)]

2. 요인분석

첫째, 현대가정의 애정적 교육적 기능의 저하·감퇴일 것이다. 가정은 우리 삶의 최초의 기반이자 보금자리이며, 또 사회를 구성하는 가장 핵심적 소집단이며, 인간교육이 사랑을 통해서 비형식적으로 이루어지는 최초의 교육의 마당이다. 태아가 탯줄로 모체에 연결되어 있듯이 우리 삶은 가정을 통하여 사회·국가에 연결되어 있다. 이렇게 볼 때, 태아에게는 탯줄로 맺어진 모체가 숙명적인 여건이듯이 청소년에게는 가정이 숙명적으로 주어진 여건인 것이다. 그런데 실은 이 가정의 전통적인 좋은 구조나 기능이 근래 뒤흔들리고 있음은 극히 주목해야 할 현상이다.

우선 구조상으로 보면, 가정이 씨가(氏家)중심의 대가족에서 부부중

---

19) 비행·범죄요인은 여러 학자에 의해 다양하게 분류될 수 있으나 그 한 예를 들면 다음과 같다. 경제적 빈곤(economic income), 사회적 혼란(social disorganization), 이민 2세의 부적응(second generation immigrants), 신체적 결함(physical constitution), 정신박약(feeble mindness), 정신적 혼란(mental disorder), 비인간적 도시화(urban condition), 인종적 차별(race), 성(sex), 결손가정(broken homes)을 비롯하여 자극적 영화(movies), 저속한 서적(comic books), 흥행적 전자매체(radio and television) 등을 들 수 있다. Joseph S. Roucek & Roland L. Warren, *Sociology*(New Jersey: Littlefield, Adams & Co., 1972), pp. 134~137.

심의 핵가족화, 핵가족화에 따른 결손가정의 증가로 인해 부모와 조상에 대한 존경심이 줄어들고, 가족공동체의식도 크게 줄어들었으며, 청소년들은 자기네의 집안에 내려온 좋은 가풍과 전통을 이어받지 못하는 상태에 놓이게 되었다. 또한 여성의 사회진출의 향상으로 인한 맞벌이 부부의 증가는 아버지 권위의 약화, 자녀양육책임의 분산화를 야기시켰고, 아이들이 인생을 살아가는 데 요긴한 태도, 행동양식, 가치척도 따위는 아예 안 가르치거나 가르칠 시간이 없어서 포기하고 있는 상태가 되어 있다.20) 그리하여 기능상으로는 가정의 기본적 기능, 즉 가정의 3대 기능이라고 일컬어지는 출산·교육·안식기능 중에서 교육기능이 현저하게 감퇴되어 청소년들은 어버이들의 따뜻한 입김과 손길을 통한 사랑의 교육을 받을 기회가 적어지게 되었다. 어려서 할아버지 할머니에게 들은 이야기며, 어머니가 타일러 주시고 가르쳐 주신 일들이 우리들 기성세대의 인격형성에 큰 비중을 차지하고 있는데, 오늘날의 젊은 세대는 이것을 거의 기대할 수 없게 되었다.

둘째, 교통수단의 발달 및 도시화 현상으로 필연적으로 야기되는 기동성 및 생활권의 확대를 들 수 있다. 이로 인하여 청소년들은 가정과 교사의 영향력과 감시의 눈을 벗어나, 친구와 놀이터를 찾아 먼 곳으로 쏘다니며, 또래집단을 형성하고, 자기들만의 언어(은어)와 행동양식을 구사하는 '우리만의 세계'를 만들게 되었다. 그들은 집근처의 '놀이터'나 여유 있던 공간, '골목'을 쓰레기차와 자가용에게 빼앗기고, 도심지의 유흥가, 환락가 주변으로 몰리게 되었다.

셋째, 저속한 매스컴 문화의 보급과 팽배를 들 수 있다. 특히 활자를 통하지 않고 쌀쌀한 브라운관을 통해서 짧은 시간에 많은 활극과 자연스럽지 못한 '벽돌문화'를 접하게 하는 TV의 보급은 청소년들에게 커다란 악영향을 주고 있다. 영리를 목적으로 하는 TV극의 저속

---

20) 김재은, "가정교육과 삶의 질," 「한국의 교육과 윤리」, 제3집(성남: 한국정신문화연구원, 1994), pp. 35~36.

한 프로의 증가는, 그것이 기업이니만큼 관중의 저속한 취미에 영합할 수밖에 없고, 또 소비심리를 조장할 수밖에 없다는 점에서, 청소년뿐만 아니라 일반성인에게도 지대한 영향을 주고 있는 것이다. 도시의 악을 과장해서 제공하는 '벽돌문화', 허황되며 싸움의 악을 미화하는 우주전쟁만화, 이기기 위해서는 어떤 수단을 써도 무방하다는 '정의의 반칙'을 노래하는 전쟁폭력만화, 신세대 뮤직스타들의 빠른 템포의 댄스음악과 감각주의적이고 노골적인 가사들, 그리고 무엇보다도 인간의 말초적 감각을 지나치게 자극하는 '섹스문화의 개발' 등은 청소년의 지적·정서적 발달을 저해하고 있다.

2014년을 기준으로 우리나라 청소년들의 매체 이용 시간에 대한 조사 결과를 보면 주중에는 MP3 듣기와 TV보기가 약 1시간 30분 내외로 가장 오래 사용하는 것으로 나타났고 그 다음으로 인터넷, 전화 통화 등을 많이 사용하는 것으로 나타났다. 주말의 경우 TV를 보는 시간이 2시간 39분으로 나타나 약 1시간 정도 더 많이 시청하며 나머지 시간도 주중보다 많다. 2011년 조사 결과에 비해 전반적으로 매체 이용 시간이 늘었다. 특히 인터넷 경험에서 문제가 되는 것은 개인비방이나 악성댓글 작성, 타인의 신상정보 무단 이용, 성(性)·연령을 숨기고 활동함, 출처표기 없이 타인의 자료를 무단으로 이용하는 일 등이다. 이에 대해서는 장기적인 관찰이 필요하다.[21]

넷째, 범죄를 저지르는 청소년들은 공감, 사랑, 사회적 수용 등 긍정적인 정서적 경험이 부족하다. 비행 경험이 많고, 싸이코패스 경향이 강하고, 친구의 지지가 높고 교사의 지지가 낮을수록 범죄에 연루될 확률이 높다. 이 중 싸이코패스 경향(부정적 매력, 자기과시, 거짓말, 조종 등)이 범죄율과 높은 상관관계를 보인다.[22] 따라서 청소년기는 자신의

---

21) 여성가족부(2014), 「2014 청소년종합실태조사」. pp. 58~61.
22) 강태식·임영식(2008). "청소년 범죄에 영향을 미치는 요인에 관한 연구", 「미래청소년학회지」 5(3). p. 88.

행위에 대해 적절한 판단능력을 가지기 어려운 시기이므로 이들 요인을 고려한 청소년정책 수립이 요구된다. 제한적이기는 하지만 학업성취도와 싸이코패스 경향이 반비례하는 것으로 나타나는 만큼 학업성취가 부진한 학생들을 위한 효능감 강화프로그램 등을 시행해야 할 것이다. 나아가서는 고교의 계층화 현상에 따른 학생들의 좌절감을 완화할 정책적 보완이 요구된다.

다섯째, 전통적으로 내려온 가치관의 동요일 것이다. 몇 번에 걸친 세계대전 및 각국의 국내적인 동란과 혁명은 전통적으로 내려온 정의의 개념과 인간의 선성(善性)에 대한 확신, 즉 넓게는 가치관을 밑뿌리부터 흔들리게 하였다. 과연 영원하고 객관적이며 보편타당한 진리나 가치규범 및 가장 바람직한 행동양식이 존재하는 것일까? 아니면 이런 것들은 상대적이며, 일시적이며, 습성적이며, 주관적인 것일까? 성인들보다 오늘날의 청소년들에게는 이 물음이 더욱 절실한 것이다. 성인들은 고정관념으로 이미 인생의 반은 살아왔고, 또 작은 일이나마 그것에 의미를 '부여'하며 두루두루 살 수도 있지만, 진리에 대한 감각이 예민하고 논리적으로 따지기를 좋아하는 시기에 있는 청소년들에게는 이런 인생관은 통하지 않는다. 정의란 강한 자의 입장을 합리화시키는 것이며, 체제를 수구적 현상적으로 유지하려는 자들의 허울좋은 구호에 지나지 않는 것이 아닐까? 그들은 이렇게 끝없이 물어 간다.

그들의 이러한 물음과 회의심은 우선 기성세대의 행동양식과 관습을 거부하는 행동적 저항을 낳게 하고, 나아가서는 기성세대의 가치관과 문화유산의 계승을 의식적으로 거부하는 심정적 저항을 낳게 한다. 1960년대의 히피족은 기존의 사회체제와 그것을 유지시키는 이념과 가치관을 전면적으로 부정함으로써 부모세대의 모든 것을 송두리째 무너뜨리려 하였다. 성인들이 도저히 이해하거나 받아들일 수 없는 옷차림과 행동, 예절도 모르고 사회규범도 무시하는 행위가 실은 기성문화에 대한 대항과 반대의 표현인 것이다.[23] 즉 그들의 긴 더벅머리와, 더러운 옷, 노브래지어는 가치관의 동요에 기인한 '체제'에 대한 그들 나름의 회의와 반항의 표시이다.

그러나 그들은 현존하는 어느 하나의 체제에는 반항하면서 다른 체제에 영합하는 것은 아니다. 그들은 기성의 모든 규범에 반항한다. 히피이즘은 결코 단순한 정신적 퇴폐에서 나오는 게 아니고, 기성의 일체의 체제 및 윤리를 거역함으로써 새로운 하나의 가치관과 질서를 찾으려는 새로운 문예부흥이라고 그들은 자처하기도 한다. 또한 1990년대 이후 오늘날의 청소년 세대는 그들의 육체나 정신에 기존의 역사나 이념이 뻐집고 들어갈 틈이나 여유를 주지 않는다. 그들은 기존세대와는 다르다는 차별성과 그에 기초한 동일시 거부(anti-identification)가 강하고 해체방법론에 숙달되어 있다. 이들이 갖고 있는 해체는 기성세대의 고정관념이나 옛날 틀에 고착화된 그런 인식으로는 제대로 설명할 수 없는 새로운 가치창출과 같은 인식의 혁명성을 갖고 있다.[24] 그들은 패션이나 음악, 영화, 언어 등에 있어서도 포스트모던한 문화성향을 보이며, 그들을 지배하는 문화적 감각은 적어도 기존의 기성세대들이 보유하고 있는 기성감각과는 그 틀이 전혀 다르다.[25]

여섯째, 사회적·경제적 불평등과[26] 차별에서 비롯한 계층분화의

---

23) 김신일, "청소년문화의 의미와 성격", 「청소년문화론」(서울: 한국청소년연구원, 1992), p. 10.
24) 한준상, "X세대와 청소년," 「국제화와 지방화에 따른 청소년문제」(서울: 한국청소년교육연구소, 1994), pp. 106~110.
25) 최운실, "사회변동과 청소년문화의 변화," 「사회변화와 청소년의 인간다운 삶」(서울: 한국청소년교육연구소, 1993), p. 55.
26) 청소년범죄를 원인별로 분석해 보면 2013년의 경우, 우발적 범행이 26.7%로 가장 많고, 다음으로 유흥비 마련 등 의욕 범행이 18.4%, 호기심 10.2%, 부주의 5.6% 순으로 나타났다. 특히 큰 원인인 '의욕'을 좀 더 세분화시켜 보면, 유흥비 마련 33.5%, 생활비 마련 31.6%, 허영사치심 1.5%, 도박비 마련·치부·기타가 33.4% 였다. 유흥비와 생활비 마련이 많은 부분을 차지하고 있는 것은 주목할 만한 현상이다. 이로 볼 때 청소년범죄 원인에 경제적 요인이 큰 비중을 차지하고 있음을 알 수 있다. 대검찰청, 「2014 범죄분석」(2014), pp. 574~575 참고. 이러한 경향은 청소년범죄 유형에서도 확인되는 것이다. 2013년 소년범죄 유형별 분포는 재산

심각성에서 온다 할 것이다. 어느 나라고 한 나라의 슬기로운 문화유산을 창의적으로 계승하여 가는 계층은 중산층이다. 부유층은 외국의 문물에 탐닉하고, 극빈층은 자국의 문화를 즐길 정신적·경제적 여유가 없다. 작으나마 자영하는 업체를 가지며, 화려하지 않지만 자기 직업을 천직으로 알고 이를 사회봉사의 수단으로 여기며, 안정된 생활 속에서 밝은 미래를 꿈꾸고, 아들 딸들을 고이 가꾸는 계층은 중산층만이다. 그런데 오늘날의 경제구조와 사회구조는 이 중산층을, 대기업 및 관료조직의 메커니즘에 봉사하는 청부업자 또는 봉급생활자로 전락시켜 버렸다.

역사적으로 보면 종교개혁과 산업혁명을 담당한 중산층의 활기, 그리고 자신의 신앙적 양심을 지키기 위하여 신대륙까지도 찾아갔던 중산층의 진지한 삶의 자세는 사라져 가고 있다. 이리하여 중산층을 대표하는 목사·교사·법관·자작농·의사·중소기업가들의 진지하고 창조적이며, 개성적이고 봉사적이며, 그리고 무엇보다도 가정적이며 교육적인 삶이 대기업의 하청업자나 대관료조직의 봉급생활자로 전락하여 소비와 오락의 동물로 되어 가고 있다. 그들이 스스로의 삶에 대하여 개성적·창조적인 고유의 의의를 찾지 못할 때, 어찌 자녀들의 참교육에 대한 관심을 쏟을 수 있겠는가.

일곱째, 현학교제도의 모순에서 오는 청소년의 조기선별(早期選別)과 입시위주의 교육에 있다 할 것이다. 우리나라의 현학제는 학생의 능력 및 적성을 너무나도 이른 시기에 측정·평가하여 아이들을 두 층으로 나누어, 하나는 인문계의 엘리트코스에, 다른 하나는 실업계의 직업교육코스에 달리도록 하고 있다. 우리는 미국의 흑백격차, 재일동포의 사회적인 차별에는 의분을 느끼면서도, 바로 자국 안에 있는 이러한 선별에는 적절한 배려를 못하고 있다.

범이 49.9%로 가장 많았고, 폭력범 24.1%, 교통사범 10.7%, 강력범 2.8% 순이었다. 여성가족부, 「2014 청소년백서」(2014), p. 367 참고.

그리하여 직업코스에 들어간 아이들은 좌절감, 허탈감, 패배감을 되씹고 이를 달래기 위하여 다른 길, 즉 반항과 범죄의 길에서 자기표현의 기회를 갖고자 경범죄, 강력범죄 등의 온상인 음지의 세계를 개척하는 것이다.[27] 우리나라 헌법 제31조는 분명히 교육의 기회균등의 이념을 내세우고 있다. 능력에 따라 적절한 교육을 받는다는 명분 아래, 이른 시기에 선별하는 현제도를 합리화할 수는 없다. 이런 모순점을 제거하고자, 한 학교의 울타리에 인문코스와 각 직업코스를 동시에 두는 것이 종합고등학교다.

우리나라에서도 우선 실험적으로 전국에 몇 개 설립하여 실험했으나, 그 결과는 설립이념이 잘 살려지지 않았고, 또 학부형의 이해부족으로 실패하고 말았다. 대기만성이라는 말이 있다. 늦되는 아이들을 어떻게 도와야 할 것인가도 앞으로의 과제일 것이다.

또한 입시위주교육으로 편중된 학교교육이 청소년문제를 야기시키는 주요한 요인으로 지적되고 있다. 학교교육은 한 개인의 능력이나 적성을 고려한 자아실현의 인생 진로교육이어야 함에도 불구하고 오늘날 학교는 여전히 입시위주의 학원을 방불케 하고 있으며 보충수업이나 자율학습 등으로 새벽부터 밤까지 학생들을 학교에 붙들어 두는 일종의 '입시탁아소'나 다를 바 없다.[28] [29]

---

27) 대검찰청의 자료에 따르면 2013년 한 해 동안 소년범죄의 주요 범죄별 점유율은 절도 30.3%, 강도 21.7%, 방화 10%, 성폭력 7.6%, 상해 3.4%, 폭행 3.3%, 살인 2.2%, 교통사고 1.8% 등의 순으로 나타났다. 대검찰청, 「2014 범죄분석」(2014), pp. 3~102 참고.

28) 최충옥, "학교와 청소년문제," 한국청소년개발원 편, 「청소년문제론」(서울: 서원, 1993), p. 33.

29) 2014년 교육부·보건복지부·질병관리본부 조사 결과에 따르면, 스트레스를 '대단히 많이' 또는 '많이' 느끼는 청소년은 남학생 30.8%, 여학생 43.7%로 조사되었으며, 지난 1년간 연속적으로 2주 이상 일상생활을 중단할 정도로 슬프거나 절망감을 느낀 적이 있는 청소년은 남학생 22.2%, 여학생 31.6%로 나타났다. 교육부·보건복지부·질병관리본부(2014). 「제10차(2014년) 청소년건강행태온라인조사 통계」. p.22. 2014년 통계청 조사 결과에 따르면, 청소년들(13~19세)이 주로 고민하는 문제는 공부 49.5%, 외모·건강 18%, 직업 11.7%, 가정환경 5.5%, 용돈부족 5.3%, 친구(우정) 3.0%, 이성교제 1.6% 등이었다. 통계청, 「2015년 청소년 통계/통계표(엑셀파일)/Ⅱ.

이러한 입시병리에 따른 청소년문제의 심각성을 인식하고, 하루속히 학교의 본래적 기능을 회복할 수 있는 방안이 강구되어야 하겠다.

3. 대 책

우리는 위에서 청소년들을 비행·범죄로 몰아넣는 요인들을 일곱으로 나누어 고찰하여 보았다. 이러한 요인들은 한편으로는 현대의 물질문명과 사회의 구조에서 발생하는 것이므로 문화개조, 사회개혁 없이는 극복이 거의 불가능한 것들이다. 그러나 또 한편으로는 우리의 따뜻한 교육적이고 의지적인 노력의 미흡에서도 나타난다. 교육에는 인격적인 감화와 가정적인 사랑이 제일 큰 비중을 차지하는 것이다. 청소년의 선도도, 한편으로는 이 인격적인 감화 없이는 실효를 거두지 못할 것이기 때문이다. 복지사회를 이룩하고자 하는 제도적인 개선과 또 새 사람이 되고자, 그리고 새 사람으로 일깨워 주고자 하는 교육, 즉 인격혁명, 이 내외(內外) 두 측면으로부터의 혁신에 의해서만이 청소년 비행의 문제해결의 실마리가 풀릴 것이다.

교육자는 학생들에게 민족의 밝은 앞날에 대한 비전을 꾸준히 제시하여야 하며, 종교가는 하나님의 속성을 이어받는 인간의 존엄성과 각 개인의 사명을 노래해야 하며, 정치가는 제도적인 모순을 시정개혁해 가야 하며, 부모는 가정이 갖는 교육적 기능을 깊게 자각해야 하며, 사회사업가는 이들 비행청소년들을 따뜻하게 감싸며 재생의 기회를 더욱 넓혀 주어야 할 것이다.

우리는 외적 제도의 개혁과 내적 인격혁명을 동시에 이루어야 한다. 도산 안창호 선생의 '인격혁명'의 높은 뜻을 오늘날 더욱 깊게 새

건강/10−1. 고민하는 문제」, http://kostat.go.kr/portal/korea/index.action.

겨들어야 한다. 도산 선생은 '청년에게 부치는 글'에서 이렇게 외치고 있다.30)

오늘 일반 민중에게 큰 기대를 많이 가진 제군 또 큰 짐을 지고 있는 제군이 하여야 할 일이 많지만 그 중에서 가장 먼저 하고 가장 힘쓸 것은 인격훈련과 단결훈련, 이 두 가지다. 이 두 가지를 현하(現下) 우리 생활에 직접 관계가 없는 듯이 생각하여 냉대시하는 이도 있고, 또 이 때가 어느 때라고 인격훈련이나 단결훈련 같은 것을 하고 앉아 있겠느냐고 이것을 배격하는 이도 없지 않다. 그러나 나는 이 때이기 때문에 인격을 훈련하고 단결을 훈련할 것이라고 생각한다.

오늘 우리 대한청년이 인격훈련과 단결훈련을 하고 아니하는 데 우리의 사활문제가 달려 있다고 나는 생각한다. 세상의 모든 일은 힘의 산물이다. 힘이 작으면 일을 작게 이루고 힘이 크면 크게 이루며, 만일 힘이 도무지 없으면 일은 하나도 이룰 수 없다. 그러므로 누구든지 자기의 목적을 달하려는 자는 먼저 그 힘을 찾을 것이다. 만일에 힘을 떠나서 목적을 달하겠다는 것은 너무나도 공상이다.

제군이여, 일이 힘의 산물이라는 것을 확실히 믿는가. 만일 이것을 믿고 힘을 찾는다 하면 그 힘이 어디서 오겠는가. 힘은 건전한 인격과 공고한 단결에서 난다는 것을 나는 확실히 믿는다. 그러므로 인격훈련, 단결훈련, 이 두 가지를 청년제군에게 간절히 요구하는 바이다.

---

30) 안창호, "인격훈련·단체훈련," 「동광」(1933년 2월호); 주요한 편, 「안도산전서」(서울: 삼중당, 1971), pp. 495~496.

Ⅲ. 과제와 전망

1. 사회교육(평생교육)의 이념 인식

사회교육은 어떤 이념 아래에서 전개되어야 할 것인가? 이 물음이 실은 우리나라의 사회교육의 과제 중에서 가장 큰 것이라 할 것이다. 사실 사회교육의 대상과 내용도 이 물음에 대한 대답에서 유도되기 때문이다. 이 물음에 대한 명쾌한 답을 내린 사람이 셋 있다. 스위스의 교육개혁자 페스탈로찌(1746~1827), 독일의 국민교육사상가 피히테(1762~1814), 그리고 덴마크의 평민대학 창설자 그룬트비(1783~1872)다. 우리는 우선 이 세 사람의 사회교육에 대한 입장을 비교하여 보자.31)

페스탈로찌는 사회교육의 이념을 크게는 ① 전인적 인간교육, ② 직업도야, ③ 민중의 역사의식 함양, ④ 지역간·계층간의 화해라는 네 측면에서 정립하고 있다. 전인적 인간교육은 도덕적 교육, 지육적

---

31) 페스탈로찌, 피히테, 그룬트비의 사회교육론은 다음 문헌에 자세히 상술되어 있음.
김정환, 「전인교육론」(서울: 세영사, 1982), pp. 198~226.

교육, 기술적 교육이 삼위일체적으로 이루어져야 함을 말하며, 직업 도야는 단순한 기술교육이 아니고 직업에 대한 깊은 윤리적 감각과 국민경제에 대한 인식을 갖추어야 함을 말하며, 민중의 역사의식 함양은 각 계층들이 다 자신들의 문제를 역사적·사회적 전망에서 제기하고 풀어가는 자세의 정립을 말하며, 지역간·계층간의 화해는 각 지역간의 이해의 조정, 각 계층간의 화해, 관리와 민중간의 상호신뢰의 회복 등을 말한다.

피히테는 각 지방국가로 흩어져 민족으로서의 일체감을 갖지 못한 게르만 민족에게 그 언어와 역사의 소중함을 일깨워 주어 민족으로서의 자기동일성을 인식시켜 주는 일을 사회교육의 가장 중요한 과제로 보았다. 그가 강조한 것은 ① 독일민족의 통일성, ② 가장 중요한 문화재인 모국어의 존중, ③ 체제적 국가보다 우선 되어야 할 민족의 근원적 문화, ④ 국민의 절대다수를 점하는 민중교육의 긴요성이다.

덴마크의 국민적 시인, 역사가, 신학자, 정치가이며 평민대학(folk high school)을 창설하여 사회교육에 힘써 덴마크의 부흥의 터전을 마련한 교육자 그룬트비는 ① 기숙제 학교로 각 세대간의 인간적 만남의 기회를 안겨 주는 일, ② 민족의 역사적 영웅들의 이야기, 민족의 옛 신화들을 배우면서 민족의 정신을 일깨움 받는 일, ③ 각자가 맡은 직업에 대한 깊은 윤리적 사명 인식, ④ 국사, 신화, 헌법, 자원학, 산업학 등 민족교과를 철저히 익히는 일로 보았다.

위의 세 사람의 생각을 종합하면, 사회교육이란 전국민을 대상으로, 삶의 온 마당에서, 인격적·문화적·직업적 능력을 계속 갈고 닦아 성장을 기하는 평생교육임을 알 수 있다.

2. 사회교육(평생교육)의 대상과 내용 인식

사회교육의 대상은 일단 전국민이라 할 수 있으나 이를 좀 더 좁혀보면 '사회 안에서 일정한 교육적 작용관계에 놓인 전대상'이라 할 수 있고, 이를 더욱 좁히면, 그 중에서도 요청·자각된 대상이라 할 수 있다.

이러한 대상에 따라 사회교육을 구체적으로 분류하면, 청소년교육, 성인교육, 여성교육, 노인교육, 농민교육, 근로자교육, 공무원교육, 군인교육으로 나누기도 하고,[32] 또 이것을 유아교육, 청소년교육, 성인교육, 여성교육, 노인교육, 특수교육의 여섯으로 나눌 경우도 있다.[33] 이렇게 사회교육의 대상은 넓으나 그 내용 또한 다양·다종이다. 자연적으로 발생하였으나 오랜 세월을 거쳐 생활양식화·관습화되어 오늘날의 생활 속에 뿌리를 내리고 있는 현상들은 이루 헤아릴 수 없이 많으며, 이런 것이 모두 교육작용 속에 의식적으로 다루어지는 한, 그것은 사회교육의 내용이 된다 할 것이다. 이것들을 생활의 국면별로 분류하면, ① 문학, 철학, 역사, 경제, 외국어 회화, 음악, 미술 등의 일반교양적인 것, ② 요리, 영양문제, 보건의료, 출산육아, 가정교육 등 생활에 필요한 지식기능적인 것, ③ 컴퓨터 및 사무자동화에 관한 지식기능, 자동차 운전, 정비, 농업기술 등의 직업에 필요한 지식기능적인 것, ④ 민주주의, 헌법을 비롯한 법률지식, 국내외의 정치문제의 이해, 인권 등의 시민의 정치적 지식에 관한 것, ⑤ 읽기, 쓰기, 셈하기, 간단한 어학 등 보완교육적인 것, ⑥ 스포츠, 등산, 여행, 연극, 영화감상 등 체육, 취미, 레크레이션적인 것으로 나눌 수 있다.[34]

---

32) 권이종, 「사회교육개론」(서울: 교육과학사, 1997), pp. 352~355.
33) 김도수, 앞의 책, pp. 39~55.
34) 위의 책, pp. 67~68.

3. 우리나라의 사회교육(평생교육)체제 점검

이제까지 본 바와 같이 사회교육은 이렇게도 중요하고, 그 대상과 내용은 이렇게도 넓고 다양한 것인데, 우리나라의 실정은 어떤 정도 인가? 사회교육에서 평생교육으로 진화된 오늘날의 평생교육체제에 초점을 두고 살펴보자.

첫째는, 기본 이념에 대한 인식의 부족이다. 평생교육의 이념은 평생교육이 지향해야 할 신념이나 사고를 의미한다. 평생교육법 제 4 조에 규정된 우리 평생교육의 이념을 세부적으로 설명한다면 다음과 같다.[35] 우선 평생교육의 기회균등 보장으로 균등한 교육이란 성별·신앙·사회적 신분 등에 의하여 평생교육을 받을 기회를 차별하지 않는 것을 의미한다. 또한 정부가 모든 국민이 균등하게 교육을 받을 수 있도록 교육시설을 설치·운용하고 장학정책을 시행하는 등 교육의 외적 조건을 정비해야 한다는 것을 의미한다. 둘째, 평생교육이 학습자의 자유로운 참여와 자발적인 학습을 기초로 이루어져야 한다는 점이다. 셋째, 평생교육의 정치적 중립성으로 평생교육은 정치적·개인적 편견의 선전을 위한 방편으로 이용되어서는 안 된다는 점이다. 넷째, 사회적 대우부여로 일정한 평생교육과정을 이수한 자에게는, 그에 상응하는 자격 및 학력인정 등 사회적 대우를 부여하여야 한다는 점이다. 우리의 경우 아직까지 평생교육의 기회균등이 초·중등교육의 기회균등 문제만큼 논의되지 못하고 있는 실정이며, 정규과정 이수자에 비해 평생교육과정 이수자에 대한 사회적 대우 또한 미비한 편이라 할 수 있다.

둘째는, 내용의 빈곤이다. 우리 평생교육법은 지나치게 성인기초교

---

35) 이황원, 「평생교육론」(서울: 교육과학사, 2008), pp. 17~18.

육을 무시한 면이 있었으며, 부문별로 노인교육, 노동교육, 여성교육 등 소외계층의 교육을 언급하지 않고 있을 뿐 아니라 인권·평화·환경교육 등의 시민사회교육에 대해서도 소홀하다. 학점은행제, 문하생(門下生) 학력인정, 독학사 학위제도, 시간제 등록, 사내 대학, 원격교육을 통한 학점 취득 등의 일련의 제도들은 모두 고등교육의 기회와 관련된 것이지 내용의 다양화를 꾀한 것은 아니다. 교육시장에 대한 접근법이 주류로 등장하면서 인문주의적 학습사회 이념이 그 지지기반을 잃고 노동교육의 축이 민주시민의식 양성으로부터 생애 및 경력 개발로 전환되어 간 점 역시 우리 평생교육의 내용을 빈곤하게 하고 있다.36) 따라서 평생교육의 내용을 좀더 다양하게 확대해 나갈 필요가 있다.

셋째는, 행정의 난맥상이다. 사회교육 및 평생교육 활동이 각 부에 흩어져 통합성을 이루지 못해 왔으며, 그 활동이 서로 긴밀한 유대를 지니며 통합적으로 진행되지 못하는 데 문제가 있어 왔다. 그러나 무엇보다 고무적인 것은 국가가 평생교육진흥과 업무를 효율적으로 수행하여 국민의 평생교육 활성화에 기여하기 위해 2008년 2월 15일 평생교육진흥원을 개원한 점이다.

이러한 평생교육진흥원의 출범은 그 동안 정부 여러 부처에서 진행된 평생교육 관련 업무와 사업들이 서로 긴밀한 유대를 지니면서 통합적으로 진행될 수 있게 하는 데 도움을 주고 있는 것으로 평가된다.

4. 특히 강조되어야 할 내용

우리 사회교육(평생교육)의 현황은 이렇게 많은 제한점을 지니고 있으나, 이런 여건 안에서도 앞으로 특히 강조해서 중점적으로 다루어

---

36) 한승희, 「평생교육론」(서울: 학지사, 2004), pp. 358, 360.

야 할 내용을 들면 다음과 같다.

첫째, 어린이의 보호다. 어린이 헌장에 어린이는 사회적으로 보호를 받아야 할 것으로 규정되어 있으나 실제는 그렇지 못하다. 어린이는 우선 저속한 TV프로그램 및 컴퓨터 게임으로부터, 값싼 만화로부터, 그리고 주위의 비교육적인 환경으로부터 보호를 받아야 한다. 저속한 TV프로그램 및 컴퓨터 게임에 하루 대부분의 시간을 보내는 어린이들은 학습의욕을 상실하고 스스로 책을 읽을 태도를 잃어가고 있다. 또 TV의 저속한 만화영화나 사이버게임에 나타나는 허황된 세계와 실제생활을 구별하지 못하고 엉뚱한 일을 저지르고 있으며, 만화 주인공의 제스처 버릇까지도 본따 자랑하고 있는데, 이런 현상적 문제보다 더 본질적인 교육문제는 장시간의 TV시청과 컴퓨터 게임이 가족과의 대화를 상실시키는 데 있다. 또 가정주변, 학교주변, 그리고 어린이 놀이터의 주변은 다른 어떤 곳보다 정화되어야 한다. 그러기 위해서 전문적인 교육방송국이 확장되어야 하며, 어린이의 건전한 놀이의 마당이 더 조성되어야 하고, 불량만화가 추방되어야 하며, 가정·학교·사회가 삼위일체로 환경정화에 노력해야 할 것이다.

둘째, 소외된 사람들을 적절하게 지도하여 국민의 일체감을 고취하는 일이다. 가난해서 의료시설의 혜택을 받지 못하는 사람들을 위한 의료부문의 공공성이 강화되어야 할 것이며, 불우한 가정생활과 저지능의 탓으로 비행·범죄를 저질러 소년원 기타 보호시설에 수감·위탁되고 있는 소년들에게도 꾸준히 교육의 손길이 뻗쳐져야 할 것이며, 국민 모두가 특수교육에 대한 관심을 보다 많이 갖고 적령아동의 4%나 되는 이런 아이를 전부 특수학급 또는 특수학교에 수용하고 그들에게 적절한 직업교육을 시킴으로써 삶의 보람을 갖게 해야 할 것이며, 학교교육을 충분히 받지 못한 사람들에게 제반 교육시설을 단계적으로 개방하여 그들의 향학열을 돋구어 보람된 시민이 되게 해야 하며, 핵가족화 현상으로 늘어만 가고 있는 정신적으로 외로운 노인을 위한 시설을 확장하거나 혹은 학교시설을 개방하여 그들이 교육적으로 맡을 수 있는 일을 담당하게 하여 여생을 의의 있게 즐기도록 해 주어야 할 것이다.

셋째, 부모교육을 강화해야 한다. 부모들에게 가정생활이 인간생활에 차지하는 막중한 의의를 자각하게 하고, 자녀교육에 그들의 영향이 얼마나 큰 것인가를 인식케 하며, 인생을 즐기기 위하여는 꾸준히 독서활동이나 좋은 취미활동을 계속해야 한다는 것을 계몽하고, 생활개선에 그들이 주도적 역할을 해야 한다는 점을 인식시키며, 민족의 전통과 좋은 생활양식은 그들의 손을 거쳐 다음 세대에 계승되는 것임을 강조하고, 이들이 부모로서, 하늘이 준 교사로서, 사회인으로서, 소임을 다할 수 있게 이끌어가야 하며, 또한 이들을 위한 교육시설과 교육내용을 꾸준히 확장·재구성해 가야 할 것이다.

이 중에서 특히 강조해야 할 점은 도덕적 품성 등을 기르고 훈련하는 기본적인 '인격과 태도의 교육'이며, 이것은 궁극적으로는 가족집단에 기대할 수밖에 없음을 부모들에게 인식시키는 일이다.

5. 시급한 정책적 과제

이제 우리나라의 사회교육(평생교육)의 발전을 기하기 위하여 우리가 시급하게 풀어야 할 정책적 과제를 들어보자.

첫째, 행정의 원리를 정립하는 일이다. 평생교육진흥원 개원을 계기로 평생교육의 효율적이고 통합적인 수행·집행이 가능해지는 발판이 마련되기는 했지만, 평생학습사회 구현을 위해 지역성과 생활성에 비추어 지방자치단체가 이를 관장할 수 있게 연계를 강화하는 작업이 필요할 것이다. 앞으로 평생학습사회의 구현은 지역을 기반으로 한 생활 속에서 주민들이 자유롭게 학습하고, 그것을 통해 지역공동체를 어떻게 구축하느냐에 달려있다. 따라서 각 지방자치단체는 지방화시대에 걸맞게 지역사회의 발전과 지역주민의 삶의 질을 향상시키기 위해 지역주민을 위한 평생교육체제를 구축해야 할 것이다. 이는 기초 및 광역 수준에서 평생학습추진체제 구축과 강화, 행정부서 및 평생학습기관의 평생교육사 배치, 읍·면·동 단위 평생학습체제 구축, 평생학습인적자원개발 및 지역지도자 양성체제 구축, '평생학습조례' 제정 및 내용 강화, 시민주도적 평생학습운영체제 구축, 지역 학습동아리 활성화 체제 구축, 지역평생교육활성화를 위한 네트워크 구축 등의 정책사업을 전개하는 것으로 가능할 수 있을 것이다.[37]

둘째, 사회교육(평생교육)의 발전을 저해하고 있는 요인을 명확하게 인식하고 이것을 제거하는 노력을 아끼지 말아야 할 것이다. 많은 저해요인들 중에서도 국민각자의 사회인으로서의 자각부족이 가장 큰 저해요인이다. 이것을 극복하기 위해서 우리는 개인을 사회인으로 만드는 여러 특징, 즉 사회적 유사성, 공동의 관습, 공동의 전통, 공동의 소속감정 등을 보다 뚜렷이 부각시켜야 할 것이다.

셋째, 일반사회인의 정치에 대한 무관심을 극복하는 일이다. 이런 현상을 시정하기 위해서 우리는 흑백논리식 정치교육을 지양하고, 현실에 발을 붙이고도 미래를 지향하면서, 국민모두에게 소통과 화합의 민주시민교육을 시켜야 할 것이다.

넷째, 관주도주의의 극복이다. 지방의 실정과 각 가정의 생활수준과 대상이 되는 집단들의 관심의 유무를 가리지 않고 관청에서 일방적으로 주민의 경제적 부담이 되는 일을 공문 한 장으로 지시하는 그릇된 처사가 없게 해야 한다.

---

37) 권인탁, "지방자치 수준에서의 평생교육체제 구축 방안," 「평생교육학연구」 제12권 4호(2006) 참조.

6. 청소년문제의 종합적 대책

우리나라 사회교육의 문제 중에서 가장 심각한 문제는 청소년문제다. 여러 방안이 있을 수 있지만 가장 중요한 것은 이 문제에 대한 범국민적 관심의 제고다. 청소년문제는 결코 비행청소년 선도라는 법률적 차원에서 볼 것이 아니고 넓게 문화적 차원에서, 즉 사회·경제·윤리·교육의 측면에서 보아야 할 것이며, 또한 개인차원, 가정차원, 사회차원에서 똑같이 강조되어야 할 것이다.

우선적으로 청소년문제를 해결하고 청소년지도에 필요한 문제점을 제기해 보면 다음과 같다. ① 가정에서 청소년지도에 필요한 부모교육[38]이나 정보제공의 부재현상, ② 학교 내의 여러 가지 문제를 들 수 있는데, 교사들의 청소년 이해를 위한 자발적인 참여 방안의 부재와 학교 청소년이 청소년활동에 참가할 수 있는 현실적인 시간의 부족, ③ 사회적인 측면은 유해환경과 언론, 방송, 잡지와 같은 대중매체로 나누어 볼 수 있는데, 지역사회의 유해환경에 대한 지도와 유해환경 업소 주인들에 대한 교육의 소홀, ④ 실존적 차원에서 청소년들의 자존감을 고양시켜줄 수 있는 교육 프로그램이 거의 없다는 문제적 상황, ⑤ 전문적인 청소년 지도자의 부족 문제, ⑥ 사범대학 교육과정에 관한 문제, 즉 청소년을 지도하는 데 필요한 프로그램이 너무 미흡, ⑦ 학교 내 수업활동이나 기업체·공장의 일터에서 부담없이 할 수 있는 청소년활동 프로그램의 부재 문제, ⑧ 비행청소년에 대한 특별 프로그

---

38) 청소년의 건전한 성장을 돕기 위한 부모교육 프로그램은 대체로 다음과 같은 내용을 포함하는 것이 바람직하다. ① 청소년의 발달과 심리, ② 한국의 청년문화, ③ 청소년비행과 범죄, ④ 현대사회(한국)의 제문제, ⑤ 학생운동의 과거와 현재, ⑥ 한국의 가족제도와 가족관계, ⑦ 취업구조의 변화, 추세 그리고 진로지도, ⑧ 성교육, ⑨ 가치변화와 가치교육, ⑩ 학습이론과 학습지도, ⑪ 상담이론과 기법, ⑫ 청소년 관련 법. 이상주, "청소년 문제와 부모교육," 한국지역사회교육중앙협의회 편, 「사회교육의 이해」(서울: 교육과학사, 1991), p. 356.

램의 개발과 전담기구 설립 문제, ⑨ 접근이 용이하고 이용이 편리한 청소년 수련장이나 레크레이션 시설의 부족 문제, ⑩ 청소년들을 위한 모든 계획에 소외 및 장애 청소년들이 배제되는 문제 등이다.

이러한 문제점을 인식하고 그 문제를 해결하기 위한 방안을 가정, 학교, 사회 등을 중심으로 제시하여 보면 다음과 같다.[39]

《가정》

① 교육의 본질을 파악하는 부모들의 교육관 형성이 요청된다.

② 부모와 자녀의 스트레스는 높은 상관관계를 보인다. 스트레스가 낮은 청소년들은 부모와의 대화시간이 길다.

③ 아침식사를 거르는 청소년이 25% 전후로 나타난다. 올바른 식습관 교육이 요청된다.

④ 새로운 가족 문화의 도래 – 남성과 여성의 역할 변화 등 – 에 민감해져야 한다.

⑤ 대중매체 과다노출에 대한 양육자의 높은 관심이 요청된다.

⑥ 가출충동, 청소년 자살에 대한 전문가 상담체계 확립이 요청된다.

⑦ 일주일 동안 가족이 함께 신체활동에 참여하는 시간을 늘려야 한다.

⑧ 총체적 인성교육에 대한 양육자의 관심이 요청된다.

《학교》

① 청소년 자살을 막기 위해 학교 내에 안정적인 상담자가 있어야 한다.

② 학교폭력에 대한 국가적 차원의 보호와 전문가 상담체계 확립이 요청된다.

③ 총체적 인성교육이 실시되어야 하며 전반적인 교육과정에 반영되어야 한다.

---

39) 여성가족부, 「2014 청소년종합실태조사」(2014), pp. 147~155; 한국교육개발원, 「청소년 자살 예방을 위한 학교의 역할」(2012), 참고.

④ 학교에 대한 소속감을 높이기 위한 노력이 교육과정에 반영되어야 한다.

⑤ 개인의 희망·능력·소질에 부합하는 직업교육이 실시되어야 한다.

⑥ 안전에 대한 실제 상황 위주의 교육이 실시되어야 한다.

⑦ 교과 간 장벽을 뛰어넘는 교육과정 설계가 요구된다.

⑧ 입시제도에 대한 일대 개혁이 요구된다.

《사회》

① 학교교육을 거부하는 청소년에 대한 사회적 관심이 필요하다.

② 청소년을 위한 문화, 예술, 체육 등 다양한 체험기관을 늘려야 한다.

③ 입시위주 사교육을 시정하기 위한 새로운 사회적 모델을 고안해야 한다.

④ 방과 후 '나홀로' 청소년 문제에 사회적 관심을 기울여야 한다.

⑤ 청소년 아르바이트 문제에 대한 사회적 관심을 가져야 한다.

《기타》

① 청소년의 행복감과 자아존중감은 부모와의 대화시간이 많을수록, 학교생활에 만족할수록, 학업성취도가 높을수록 높은 수준의 행복감을 보인다.

② 청소년을 보호나 관리가 아닌, 사회적 참여자로 인식하는 태도 변화가 요청된다.

청소년을 위해서 이 모든 방안 하나하나가 다 제도적으로 실현되어야 할 것이다. 그러나 우리가 가장 힘써야 할 것은 부모가 먼저 올바른 생활을 모범적으로 보여 주면서 자녀에 대해 항상 애정과 관심을 갖는 것이며, 이것이야말로 청소년문제에 대한 가장 근본적인 해결책인 것이다.

교 / 육 / 학 / 개 / 론

제6장

교육과정론

—

Ⅰ. 교육과정의 개념과 구조

1. 교육과정의 개념

우리는 1장에서 문화재는 교육의 3요소 중의 하나임을 논증했다. 인간은 동물과 달라서 출생 후 저절로 성장할 수 없으므로 지도를 해 줄 사람(교사)을 필요로 하게 되며, 이 때 교사는 가르쳐야만 할 그 무엇(교육내용)을 결정하여야 한다.[1] 이것은 교육이라는 사실이 존재하는 곳에는 반드시 인간의 성장에 필수불가결한 어떤 교육내용이 개재함을 말한다.

어린이가 인간으로서 성장하는 과정을 보면, 그것은 주체로서의 어린이가 어떤 교육대상(인격체 및 문화재)에 던지는 능동적 활동과, 또 한편으로는 어떤 교육대상(인격체 및 문화재)에게 던짐을 받는 수동적 활동과의 상호작용을 통한 연속적 발전과정임을 알 수 있다. 이런 교

---

1) Keith Thompson, *Education and Philosophy: A Practical Approach*(Oxford: Basil Blackwell, 1972), p. 50.

육대상의 문화재 중에서 교육을 위해 선정된 내용을 교육내용이라 한다. 어린이의 성장과정을 이러한 측면에서 보았을 때, 무엇을 선정하여 어떻게 가르칠 것인가 하는 문제는 한 인간의 성장발달에 매우 중대하다. 여기서 제기된 무엇을 어떻게 가르칠 것인가에 관한 문제가 좁은 의미의 교육과정이다.

그러나 교육과정의 개념규정이 이처럼 간단하지만은 않다. 왜냐하면 교육과정의 개념은 논자에 따라서, 그리고 시대와 장소에 따라서 그 의미가 다양하게 기술되고 있기 때문이다. 그러면 학자들이 규정하고 있는 교육과정의 개념들을 살펴보기로 하자.

교육과정(curriculum)의 어원은 라틴어 쿠로(Curro)이다. 이것은 동사로서 뛴다, 달린다(run)의 의미를 지니며, 명사로서 경주 코스(race course)의 의미를 지닌다. 이것이 교육에 전용되어서 학생이 일정한 목표를 향해서 학습하는 진로(進路) 또는 내용을 의미하게 되었다.

피닉스는 좁은 뜻의 교육과정이 적어도 다음 3요소, 즉 ① 교육내용(what is studied: the 'content' or 'subject matter' of instruction), ② 교수방법(how the study and teaching are done: the 'method' of instruction), ③ 교수순서(when the various subject are presented: the 'order' of in－struction)의 문제를 복합적으로 다루는 것이라고 보았다.[2]

케이(Donald F. Cay)는 교육과정을 "학교의 교육계획"[3]이라고 하였으며, 쏜톤과 라이트(Thornton & Wright)는 "학교의 지도하에 학생들이 갖는 모든 학습경험"[4]이라 하였고, 니콜스와 니콜스(Audrey Nicholls & S. Howard Nicholls)는 "교사가 학생을 위해 계획한 모든 학습기회"[5] 라고

---

2) P. H. Phenix, *Philosophy of Education*(New York: Holt, Rinehart and Winston, 1958), p. 57.
3) Gail M. Inlow, *The Emergent in Curriculum*(N. Y.: John Wiley & Sons, Inc., 1973), p. 41.
4) Ibid.
5) Audrey Nicholls & S. Howard Nicholls, *Developing a Curriculum: A Practical Guide*(London: George Allen & Unwin Ltd., 1972), p. 11.

하면서 커리큘럼의 요소를 《그림 6−1》에서 보는 바와 같이 4개로 제시하였으며, 커어(J. F. Kerr)는 "학교가 계획하고 지도하는 모든 학습"[6]이라 하였다.

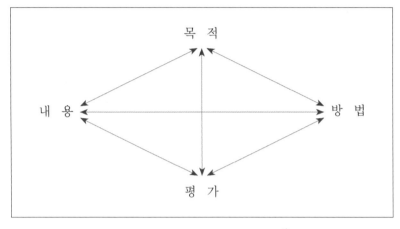

《그림 6-1》 교육과정의 요소들[1]

이렇게 보면 교육과정이란 학교 또는 교사의 계획과 지도하에 학생들이 갖게 되는 모든 학습경험이라고 할 수 있다.

물론 교육과정에는 이같이 의도되고 계획된 교육과정만 있는 것은 아니다. 의도되지 않고 계획되지 않은 교육과정도 있다. 전자를 표면적 교육과정(manifest curriculum)이라 하고 후자를 잠재적 교육과정(latent/hidden curriculum)이라고 한다. 표면적 교육과정은 표면화, 공식화, 명문화, 문서화, 계획화되어 있기 때문에 누구나 언제, 어디서, 무엇을, 어떻게 배울 것인가를 알 수 있다. 말하자면 바다 위에 떠 있는 빙산의 일부를 누구나 보고 알 수 있는 것처럼 공표화된 교육과정이라는 것이다. 반면에 잠재적 교육과정이란 학교에서 의도하고 계획

6) James Eaton, *An ABC of the Curriculum*(Edinburgh: Oliver & Boyd, 1975), p. 14.

한 바도 없지만 학생들이 학교생활을 하는 동안 은연중에 가지게 되는 경험을 말한다. 이것은 주로 학생들의 가치관, 태도, 신념 등과 같은 정의적 측면에 영향을 주게 되므로 학교나 교사는 교육적 분위기 조성이나 인격적 감화 등을 중시해야 한다. 참고로 잠재적 학습과 관련된 저자의 경험담을 소개한다.

대학원 시절의 어느 날이다. 점심시간이 끝난 후 친구들과 함께 지도 교수님의 연구실에 들렀다. 교수님께서는 상당히 기분 좋은 표정을 하고 계셨다. 그 이유를 여쭈어 보니, 교문 밖에서 식사를 하고 들어오는 중에 길거리 좌판상에서 눈에 띄는 액자가 있어 두 개를 사 오셔서 책상 앞면 벽에 걸려고 하는 참이라는 것이다. 그러시면서 그 액자들을 우리들에게 보여 주셨다. 하나는 지휘자가 눈을 지긋이 감은 채 지휘봉을 들고 있는 것이었고, 또 하나는 발레리나가 허리를 숙여 발레 슈즈를 여미는 것이었다. 우리들은 별 것도 아닌 싸구려 액자들을 사 놓고 싱글벙글해 하시는 교수님을 의아스럽게 쳐다 보았다. 그러자 교수님께서는 그 사진들이 주는 의미를 설명해 주셨다. 즉 오케스트라 지휘자가 지휘를 하기 직전에 최선을 다해 지휘를 하겠노라는 마음가짐과 발레리나가 무대에 서기 직전에 마지막으로 슈즈를 점검하는 마음가짐이 너무나 아름다워 보이신다면서, 바로 교사도 항상 그러한 마음가짐을 가져야 한다고 강조하셨다. 즉 늘상 있는 강의를 교사는 태만한 자세로 임하기도 하고, 때로는 싫증을 내기도 하면서 시간 때우기식 강의를 하기도 하는데, 예의 지휘자나 발레리나처럼 강의에 들어가기 직전에 경건한 마음가짐으로 이번 시간 강의에 최선을 다하겠다는 자세를 가져야 한다는 것이다. 그래서 교수님께서도 강의에 들어가시기 전마다 그 액자의 사진들을 보면서 태만하고 교만한 마음을 불식하고 최선을 다한 강의를 하겠다는 경각심을 불러일으키기 위해 책상 앞에 걸어 두고자 한다고 하셨다.

그 날 이후 내 머릿속에는 항상 교수님의 말씀이 맴돈다. 특히 강의준비가 덜 되었거나, '몸이 피곤하니 대충 강의해야지'라는 생각이 들 때는 예외 없이 교수님의 말씀이 뇌리를 치곤 한다. 교육의 질이 교사의 질을 능가하지 못한다고 하는데, 교사의 학생들에 대한 열과 성의는 최선의 교육내용이자 방법일 것이다. 이것이 바로 교사론의 핵심인 것이다. 지금도 나는 학부시절에 수강한 교사론 과목의 내용은 하나도 기억나지 않는다. 그러나 교수님의 연구실에서 교수님이 잡담삼아 무심코 우리에게 하신 말씀은 평생 동안 뇌리에 남아 있다. 바로 이것이 잠재적 학습이다. 이처럼 잠재적 학습의 교육적 효과는 지대하다.

2. 교육과정의 구조

위와 같은 시각에서 이제 교육과정의 구조를 미시적으로 분석하여 보자. 우리는 이것을 해석기하의 직각좌표방식을 빌어, 교육내용은 X좌표에, 그리고 시간계열은 Y좌표로 표시할 수 있다. X좌표의 교육내용은 특정한 학년에서 가르쳐야 할 범위(scope)를 담고 있으며, 이것은 다시 교육과정(영어·수학·음악 등)과 교과외 활동(교외지도·HR·특별활동 등)으로 나뉘며, Y좌표의 시간적 계열은 각 교과 및 교과 외 활동의 학년별 계열(sequence)을 담고 있다. 이 시퀀스는 중학교 음악을 예로 들면, 음악과의 내용을 크게 이해, 표현(가창, 기악, 창작), 감상의 3개 영역으로 나누어 각 학년이 다 이들을 학습하게 하되, 가락을 학습할 때 있어서도 1학년에서는 라단조, 마단조의 음계, 2학년에서는 내림 나장조, 라장조의 음계, 3학년에서는 내림 마장조, 가장조의 음계에 대해서 새로이 학습하도록 하는 등의 학습순서를 말한다.[7]

---

7) 교육부, 「중학교 음악과 교육과정 해설」(서울: 대한교과서 주식회사, 1994), pp.

또 수학도 이와 마찬가지로, 각 학년이 모두 수, 식, 등식과 부등식, 함수, 통계, 도형을 학습하되, 예를 들면 1학년은 정수 및 유리수 범위에서, 2학년은 유리수의 소수표현을 통하여 수 개념을 깊이 이해하게 하고, 그리고 3학년은 무리수, 실수 범위까지 확장해서 학습하도록 되어 있다.[8] 이것이 교육과정의 기본 구조다.

우리나라는 초·중등교육법에 다음과 같이 교육과정을 법적으로 규정하고 있다.

《초·중등교육법》 제23조의 교육과정 등

① 학교는 교육과정을 운영하여야 한다.
② 교육부장관은 제1항에 따른 교육과정의 기준과 내용에 관한 기본적인 사항을 정하며, 교육감은 교육부장관이 정한 교육과정의 범위에서 지역의 실정에 맞는 기준과 내용을 정할 수 있다.
③ 학교의 교과(敎科)는 대통령령으로 정한다.

또 이를 받아 초·중등교육법시행령(일부개정 2015. 1. 6 대통령령 제25961호)에는 각 학교에서 가르쳐야 할 교과를 다음과 같이 규정하고 있다.

제43조 교과

제23조 제3항에 따른 학교의 교과는 다음 각호와 같다. 〈개정 2013. 10. 30.〉

1. 초등학교 및 공민학교: 국어, 도덕, 사회, 수학, 과학, 실과, 체육, 음악, 미술 및 외국어(영어)와 교육부장관이 필요하다고 인정하는 교과
2. 중학교 및 고등공민학교: 국어, 도덕, 사회, 수학, 과학, 기술·가정, 체육, 음악, 미술 및 외국어와 교육부장관이 필요하다고

46~53.
8) 교육부, 「중학교 수학과 교육과정 해설」(서울: 대한교과서 주식회사, 1994), pp. 68~70.

인정하는 교과

   3. 고등학교: 국어, 도덕, 사회, 수학, 과학, 기술 · 가정, 체육, 음악, 미술 및 외국어와 교육부장관이 필요하다고 인정하는 교과

   4. 특수학교 및 고등기술학교: 교육부장관이 정하는 교과

② 제90조 제1항에 따른 산업수요 맞춤형 고등학교의 장은 산업계의 수요를 교육에 직접 반영하기 위하여 필요한 경우에는 제1항 제3조의 교과와 다르게 자율적으로 교과를 편성 · 운영할 수 있다.<신설 2013. 10. 30.>

3. 고전적인 예

교육과정을 역사상 최초로 그리고 거의 완벽하게 다듬어서 그 후의 전범(典範)으로 길이 읽혀지고 있는 것은 「국가」에 서술된 플라톤의 교육과정론이다. 이것은 다음 절에서 상세히 논하기로 하고, 여기에서는 아리스토텔레스와 루소의 것을 간략하게 소개한다.

아리스토텔레스는 스승 플라톤의 생각을 좀더 구체화하여 수년교육론(隨年敎育論)을 「정치학」(Politika, Ⅶ · Ⅷ)에 피력한다. 그는 21세까지의 인간교육을 5단계로 나누어 논하고 있는데, 그것을 태교로부터 시작하고 있다.

제1단계 태교는 우선 우생학적 견지에서 남녀가 잘 결합해야 하며, 임신한 여성은 태아를 위하여 식생활 · 정신생활을 배려해야 한다. 제2단계는 출생에서 5세까지인데, 이 때에는 신체발육에 주안점을 두어야 한다. 제3단계 5세에서 7세까지는 남녀의 성별에 유의하여 각각 다른 내용을 교육시켜야 한다. 제4단계 7세에서 10세까지는 정서를 발달시키는 데 가장 좋은 교재인 음악을 통해서 심정을 도야해야 한다. 제5단계 10세에서 21세까지는 강건한 신체와 건전한 정

신을 기르는 심신양면의 교육이 이루어져야 한다.9)

루소는 「에밀」에서 22세까지의 교육과정을 5단계로 나누고, 아름다운 형용(形容)과 폐부를 찌르는 익살, 어린이에 대한 깊은 사랑, 그리고 무엇보다도 전통적인 교육에 대한 날카로운 비판으로 이 교육낭만소설을 수 놓고 있다. 이 소설은 모든 사람이 꼭 읽어야 할 책 중의 책으로 평가받고 있다. 다섯이나 아들을 낳고도 하나도 기르지 못하고 다 고아원에 버린 루소의 눈물어린 회포를 우리는 이 소설에서 읽을 수 있다. 루소는 말한다.

제1, 2 단계는 출생에서 12세까지인데, 이 때 우리는 특히 신체발육에 힘써야 하며, 5세 때까지는 주로 신체의 기동력을 훈련시키며, 12세 때까지는 감각(육감)을 단련·훈련시켜야 한다. 12세에서 15세까지의 제 3 단계에서는 지적 발육을 중시해야 하는데, 특히 실용적 관점에서 다루어야 한다. 15세에서 20세까지의 제 4 단계는 정서·도덕의 도야를 기해야 하는데, 특히 인간이란 무엇인가, 자연이란 무엇인가를 깊이 사색하게 함으로써 종교적 세계에 눈뜨게 해야 한다. 마지막 단계인 20세에서부터 약 2년간은 결혼준비기인데, 에밀로 하여금 다른 세상을 약 2년 동안 여행하게 함으로써 애인 소피이에 대한 사랑을 자제하고 세상의 풍물과 풍파를 겪게 한 후 귀국하여 소피이를 맞아 독립된 가정을 이룰 마음의 준비를 시켜야 한다고 논한다.10)

---

9) 그 내용 중 일부를 구체적으로 소개하면, 5세까지 특히 배려해야 할 것은 충분한 모유, 운동, 얇은 옷, 7세까지는 개구쟁이 놀이, 이야기 듣기, 억압받지 않는 울음과 웃음, 필요할 경우 매, 10세까지는 읽기, 쓰기, 신체적 단련, 음악, 그림그리기, 21세까지는 씨름, 싸움놀이, 문장, 그리고 실용성을 배제하는 자유교양교육(liberal education)이다. George Howie ed., *Aristotle on Education*(New York: The Macmillan Company, 1968), pp. 160~167.

10) 제 1 단계(infancy)에서는 기동성(mobility), 제 2 단계(boyhood)에서는 감각(sensibility), 제 3 단계(early adolescence)에서는 지성(mentality), 제 4 단계(adolescence)에서는 도덕성(morality), 그리고 제 5 단계(marriage)에서는 관습과 애정(ethos and love)이 가장 중요한 교육내용이 된다고 말할 수 있다. Ivor Morrish, *Disciplines of Education* (London: George Allen & Unwin, 1968), pp. 88~92.

4. 혁신동향

오늘날의 교육과정은 크게 교과활동과 교과외 활동[11])으로 구성되고 있다. 커리큘럼의 역사적 변천과정을 개관하면, 옛날은 정선된 지식·객관적 가치를 중시하는 학과적인 것이 중시되었고, 오늘날에는 이와 더불어 3S, 즉 학생의 경험범위의 확대(scope), 발달의 계열(sequence), 자주적 활동(self-activities)을 많이 반영하여 시민적 자질훈련과 생활과제의 해결능력을 도야하는 경험적인 것이 중시되고 있다.

다시 말하면 커리큘럼은 봉건적 사회에서는 외적인 권위와 사회질서 유지의 관점에서 외부로부터(from without) 결정되었지만, 근대적 시민사회에서는 아동의 발달과정과 시민생활의 필요·욕구를 반영하여 내부로부터(from within) 결정되기에 이르렀다.

그러나 현대에 와서는 지식·정보의 폭발적 증가에 대응하기 위한 기본적인 지식의 구조의 학습이 각광을 받게 됨으로써 다시 경험적인 커리큘럼의 한계를 극복하고자 하는 새 유형의 학과커리큘럼을 모색하는 과정에 있고, 선진제국은 물론이요 우리나라에서도 이런 '교육의 현대화'의 이념에 따라 교육과정을 개편해 가는 과정에 있다.[12])

새로운 지식이 끊임 없이 쏟아져 나오는 급변하는 사회 속에서 낡은 지식은 점차 새로운 지식으로 대체되어지고 있으며, 동시에 이러한 지식의 폭발과 관련하여 질 높은 교과내용의 신중한 선정과 새로운 교수-학습법이 요청된다. 이에 따라 세계 각국은 저마다 시대변

---

11) 교과외 활동(extra-curricular activities)은 보통 특별활동이라 하며, 학교교육의 목표를 달성하기 위해서 마련된 교과학습활동 이외의 학교교육활동, 예를 들면, 학생회, 봉사활동, 운동경기, 토론회, 독서회, 클럽활동 등을 총칭한다.
12) 어떤 교육내용도 그것을 배우는 아이의 발달단계에 맞는 용어나 인식방법으로 다루어지기만 한다면 어떤 단계의 아이에게도 다 가르쳐질 수 있다는 소위 브루너 가설에 근거한 나선형 교육과정(spiral curriculum) 등이 그 대표적인 예다. J. S. Bruner, *The Process of Education*(New York: Vintage Books, 1963), pp. 33, 52~54.

화와 사회요구에 부응하는 체계적인 교육과정 개발작업을 수행하기 위해 막대한 인력과 예산을 투입하고 있다.

교육과정은 자라나는 세대로 하여금 자아실현과 더불어 보다 나은 사회건설을 위해 필요한 통찰력과 능력을 제공하는 것이어야 한다. 왜냐하면 교육이라는 것이 앞세대의 문화를 뒷세대에 전수(transmit)한다는 과거지향적 의미뿐만 아니라, 앞세대의 문화를 뒷세대가 변화 (transform)시킨다는 미래지향적인 의미도 내포하기 때문이다.13) 이같은 관점에서 변화하는 지식의 본질, 변화하는 학습자에 대한 개념, 그리고 변화하는 사회의 요구 등은 필연적으로 교육과정의 변화를 요구하고 있다. 따라서 교육과정개발이라는 것은, 출발점도 종착점도 없는 부단히 계속되어야 할 과정(never-ending process)14)임을 알 수 있다. 더구나 교육과정이 변화하는 사회의 일부로 이해된다면, 교육과정은 정치적·사회적·경제적 또는 도덕적 가치에 따라서 선정·조직된다.15) 이처럼 사회변화의 속도와 내용은 교육과 밀접한 관련을 맺고 있다. 즉 변화하는 사회는 변화하는 교육과정을 요청하게 된다. 결국 사회의 변화, 지식과 기술의 변화, 그리고 개인의 욕구와 가치의 변화는 교육과정의 변화를 요구하게 된다.

과거의 산업혁명이 교육체제를 혁신하였듯이, 21세기의 정보사회 또한 교육 체제의 혁신을 지속적으로 요구하고 있다. 교육내용과 방법에 있어서도 정보사회에서 요구되는 것과 산업사회에서 요구되는 것이 질적으로 다르며, 지식의 폭발적인 증가와 사회의 급격한 변화는 유연성 있는 교육체제와 교육과정을 요구하고 있다.

---

13) 강선보, "교육과정 개발체제의 동향," 「한국교육」, 제 9 권 제 1 호(한국교육개발원, 1982), p. 94.
14) Audrey Nicholls & S. Howard Nicholls, op. cit., p. 15.
15) P. H. Taylor & M. Johnson, *Curriculum Development: A Comparative Study*(Berks: NFER Publishing Co., 1974), p. 12.

Ⅱ. 교육과정의 역사와 유형

1. 교육과정의 역사적 변천

플라톤은 이상주의적·공동체주의적 관점에서 철인교육을 절정으로 하는 가장 효율적인 시민을 양성하기 위한 교육과정을 그의 대표작 「국가」와 「법률」에서 논하고 있다. 이것은 근세에 이르기까지 교육과정의 고전적 모형이 되었다. 플라톤은 인간교육을 평생교육의 관점에서 태교에서 은퇴(사망)에 이르기까지 7단계로 나누어, 각 단계에서 다루어야 할 교육내용과 방법을 세밀하게 제창하고 있다.

그 첫단계는 태교다. 좋은 아이를 낳기 위해서는 결혼은 사회적으로 제한·통제되어야 하며, 임신 후에는 태아를 위하여 동침이 금지되어야 하고, 영양공급을 충분히 함과 동시에 음악·문학감상도 꾸준히 해야 한다. 출생에서 17세까지의 제 2 단계는 기초도야기이며, 따라서 3R's, 음악(시가(詩歌), mousik) 및 체육이 주된 내용이 된다. 17세에서 20세까지의 제 3 단계는 보통교육기이며, 체육·군사학을 전수함으로써 건강한 신체를 단련하여 국가의 수호자를 만들어야 한다. 20세에서 30세까지의 제4단계는 고등교육기인데 산수·기하·천문학·화성학의 4과로 대표되는 수학적 교과를 이수하여 철학교육의 기반을 굳혀야 한다. 30세에서 35세까지의 제5단계는 철학교육기인데 문법·수사·변증으로 대표되는 변증적 3학과를 배워 이데아 자체를 파악하게 해야 한다. 35세에서 50세까지의 제6단계는 실천·봉사기인데 교육·군사·정치·실무에 종사함으로써 국가에 봉사해야 한다. 50세에서부터는 제7단계인데 은퇴·자적기(自適期)로서 이 때부터 비로소 공무에서 해방되어 사생활을 즐길 수 있으며, 뛰어난 자는 정치가나 원로원 의원이 되어 활약하다가 행복의 섬에 은퇴하고, 이 중 국가에 공적이 많은 자에게는 기념비가 세워져야 한다.16)

플라톤의 교육과정에서 주목해야 할 점은 생애교육의 중요성, 1인 1기(1人1技)교육을 통한 교육의 지도자 양성기능, 교육의 지적 훈련성, 국민의 사회적 적응훈련, 교육의 자기실현성과 남녀평등성, 도덕·종교교육의 중요성, 그리고 사회교육의 중요성 등이라 할 것이며,17) 오늘날 이런 문제들을 생각할 때 우리는 원천으로 거슬러 올라가 플라톤과 더불어 교육의 공공성을 생각해 볼 수 있다.

플라톤의 평생적 교육과정론에 필적할 만한 것을 동양의 고전에서 찾는다면 공자의 「논어」 위정편(爲政篇)이 될 것이다. 여기에는 인생을 6단계로 나누어 군자가 되기까지의 인생의 성장·발전단계를 논하고 있다.18)

---

16) Plato, *Republic* Ⅶ, trans. Allan Bllom, *The Republic of Plato*(Toronto: Basic Books, 1991), pp. 376~407.
17) Ivor Morrish, op. cit., p. 78.
18) 제4장에 나오는 이 유명한 글의 영문을 참고로 소개한다.
1. At Fifteen, I had my mind bent on learning. 2. At thirty, I stood firm. 3. At forty, I had no doubts. 4. At fifty, I knew the decrees of Heaven. 5. At sixty, my ear was an obedient organ *for the reception of truth.* 6. At seventy, I could follow what my heart desired, without transgressing what was right. *The Chinese Classics*, Vol. I, trans. James Legge(台北: 文史哲出版社, 중

吾十有五而志于學, 三十而立, 四十而不惑, 五十而知天命, 六十而
耳順, 七十而從心所欲不踰矩

　나는 열 다섯 살에 학문에 뜻을 두었고, 서른 살에 자립하였고,
마흔 살에 사리에 의혹하지 않았고, 쉰 살에 천명을 알았고, 예순
살에 귀로 들으면 그대로 이해되었고, 일흔 살에 마음에 하고자 하
는 바를 좇아도 법도에 넘지 않았다.[19]

　동양의 고전적 교육사상은 참으로 광대무변한 것이나 이것을 단적
으로 「논어」에서 보면 크게는 안인사상(安仁思想)[20] 과 정교일치(政敎
一致)[21] 의 사상이라 할 수 있다. 인이란 타인을 사랑하며 타인을 독
립된 인격체로 존중하는 제덕(諸德)의 통일이며, 이런 인에 지행(知行)
공히 안위하는 사람이 바로 안인자(安仁者)로서, 동양의 이상적 인간
으로서의 군자이다. 정교일치의 사상은 국가통치의 이념을 가정도덕
의 근원인 효제(孝悌, 仁의 本)로 보고 일가(一家)의 가장이 사랑으로
자제를 교양하듯, 하늘이 정해 주신 천자도 일국의 대가장으로서 백
성을 효제의 도로 기르며 다스린다는 덕치주의를 말한다. 논어에서는
분명히 "정치는 덕을 가지고 바르게 다스리는 일"이라 하고 있다.
　특히 공자의 경우 교육은 과거의 위대한 정신적 유산의 계승이라
는 복고적 성격이 강했다. 사실 그는 "술이부작"(述而不作,[22] I trans-
mit, but I do not create)이라 했고, 과거의 위대한 이상적 인상을 지향
시키기 위하여 교육과정으로 '사교'(四敎), 즉 '문'(文, 넓은 문예적 교양),
'행'(行, 성실한 생활), '충'(忠, 국가에 대한 충성심 함양), '신'(信, 옛것에 대

화민국 61년), pp. 146~147.
19) 성백효 역주, 「論語集註」(서울: 전통문화연구회, 1991), pp. 34~35.
20) 不仁者 不可以久處約, 不可以長處樂, 仁者安仁, 智者利仁(「논어」, 里仁篇, 第 2
　　章句).
21) 道之以政 齊聲之以刑 民免無恥, 道之以德 齊之以禮 有恥且格(「논어」, 爲政篇,
　　第 3 章句).
22) 「논어」 술이편 제 1 장구.

한 믿음)을 중시했다.[23]

이런 2대 목표를 달성하고 군자를 기르기 위하여, 동양에서는 "교불엄사지타"(教不嚴師之惰)라 하여, 사제 공히 마음에 채찍질하면서 "永字八方," "上大人 孔乙己 化三千 七十士 小生 八九子 佳作仁 可知禮也" 등 쉬운 자획에서부터 시작하여 사서·오경·육예(예·악·서·사·어·수)에 이르기까지 통달시켜 수신제가(修身齊家)하며 치국평천하(治國平天下)시키고자 했던 것이다.

우리나라에서도 역시 이런 중국의 교육의 이념·과정·방법을 그대로 답습하였고, 근세에 이르러 초학을 대략 천자문·계몽편·격몽요결·명심보감·사자소학(四字小學)·추구(秋句)·통감(通鑑)의 순서로 다루었다.[24]

서양에서는 중세에 대사원을 중심으로 주로 성직자를 양성하기 위

---

23) 四教, 文行忠信(「논어」 술이편 제24장구).
24) 우리나라의 전통적 교과 및 교육방법에 대해서는 다음 문헌을 참고하기 바람. 한기언, "한국교육의 예지," 「한국사상과 교육」(서울: 일조각, 1973), pp. 200~292. 우리 조상들이 배운 이런 교재가 어떤 내용을 담았는가 알기 위해, 그 한 보기로 명심보감의 첫 장구 하나를 보기로 하자.

《계선편》

[원문] 子曰 爲善者는 天이 報之以福하고 爲不善者는 天이 報之以禍니라.

[예담(例譚)] 이조 선조 때 정협이란 사람이 있었다. 그는 어려서 장가를 들어 새로 지은 옷을 입고 동무들과 함께 운곡서원엘 다니게 되었다. 돌아오는 길에 그는 길가에 떨고 있는 거지를 발견하고 자기 새 주의(周依, 두루마기)를 벗어 입혀가지고 가동(家童)을 시켜 데려다가 집에서 키우게 했다.

이 아이는 크면서 매우 주인에게 충성스럽고, 또한 힘이 장사였다. 때마침 임진왜란을 당해서 왜적을 피해 나루를 건너 피난하게 되었다. 나룻배는 한 척뿐인데 건너갈 사람은 수백 명이어서 도저히 건너갈 수 없었다. 모든 사람들은 허둥지둥 그 배에 타고 중류에 이르자 마침내 배가 뒤집혀 몰사했는데 유독 정협의 가족만은 그가 길러준 거지 아이가 얕은 여울목을 찾아 업어 건너서 무사히 피했다.

세상 사람들은 이를 보고 정협이 소시에 베푼 착한 행실의 인과라고 일컬었다. 과연 착한 일을 하면 언젠가는 그 보답으로 복을 받게 되고 악한 일을 하면 이와 반대로 자손의 대에 가서라도 반드시 화를 받는다는 것은 비단 정협에게만 있는 이야기만은 아니다.

중국 한나라 소열제(昭烈帝)가 죽음에 임하여 후주(後主) 선에게 조칙(詔勅)을 내려 말하기를 "악한 일이 아무리 작은 일이라도 하지 말고, 착한 일이 아무리 작은 일이라도 하지 않아서도 안 된다"(勿以惡小而爲之하고 勿以善小不爲하라)하였다.

해 대학이 발생되는데, 이것이 제도적으로 거의 확립된 것은 12~13세기다. 대학의 주된 교과는 플라톤이 제창한 7자유학과(seven liberal arts)였는데 이것은 문법·수사·변증의 3학(trivium)과 산술·기하·천문학·화성학의 4과(quadrivium)였다. 그 다음에 모든 학문을 시녀로 거느린 신학이 등장했다.[25] 한편, 기사의 저택을 중심으로 중세의 정치·치안을 담당하는 기사교육이 실시되었는데 그 주된 교과는 승마·수영·수렵·서양장기·시짓기·투창·검술로 나뉘는 기사의 7예(seven perfections of chivalry)였다.[26]

2. 스펜서의 교육과정론

이렇게 중세까지의 교육은 상류층을 위한 것이었으나 르네상스·종교개혁 후에 서민들을 위한 교육이 발전하여, 서민들의 생활을 위한 초등교육기관이 발달하면서 새로운 이념의 교육과정이 등장하게 되었다. 가장 대표적이며, 또 체계적인 것은 스펜서의 '완전한 생활'(complete living)을 위한 교육과정이며, 이것은 현대 교육과정의 이론적 모형이 되어 있다.[27]

---

25) E. P. Cubberley, *The History of Education*(Boston: Houghton Mifflin Company, 1920), pp. 152~162.
26) Ibid., pp. 167~168.
27) Our first step must obviously be to classify, in the order of their importance, the leading kinds of activities which constitute human life. They may be nat − urally arranged into: ① those activities which directly minister to self − pres − ervation; ② those activities which by securing the necessaries of life, in − directly minister to self − preservation; ③ those activities which have for their end the rearing and discipline of offspring; ④ those activites which are in − volved in the maintenance of proper social and political relations; ⑤ those miscellaneous activities which fill up the leisure part of life, devoted to the gratification of the tastes and feelings. H. Spencer, *Education*(1861)(London: Dutton & Co., 1924), p. 7.

스펜서가 제창한 교육과정은 ① 건강관리 등을 통한 직접적인 자기보존의 활동, ② 직업기술을 통해 생활의 필수품을 얻음으로써 가능해지는 간접적인 자기보존의 활동, ③ 자손의 보호·육성과 자녀교육을 위한 활동, ④ 응분의 사회적·정치적 관계를 유지하기 위한 활동, ⑤ 여가를 선용하고 취미와 정서를 충족시키는 활동을 주로 내포하는 것이었다. 스펜서의 교육과정론은 개인주의에 서면서도 개인을 생생한 사회생활에서 고립시키지 않고, 일찍부터 사회·문화활동에 참여시키는 데에 특색이 있으며, 또 베이컨 이래 영국에 뿌리를 내린 경험론과 귀납법적 과학론을 적극적으로 학교교육이 도입한 데 있다. 이러한 이념은 특히 미국의 진보주의 교육학파에 깊은 영향을 주었다.

그러면 미국의 진보주의 교육학파의 기본이념은 무엇인가?

첫째, 교육이란 활동적이어야 하며, 따라서 어린이의 흥미를 반영시켜야 한다.

둘째, 학습은 교과를 가르치는 데서 탈피하여 생활문제를 해결하는 데 역점을 두어야 한다.

셋째, 교육은 현재의 생활 그 자체의 과정(process)이지 미래의 생활을 위한 준비(preparation)가 아니어야 한다.

넷째, 교사의 역할은 지도·편달하는 데 있지 않고 도와주는 데 있다.

다섯째, 학교생활은 경쟁을 촉구하고자 하는 것이 아니라, 협동심을 길러주는 데 있다.

여섯째, 민주적 생활방식만이 참된 인간성장을 기할 수 있는 유일한 방식이다.[28]

이런 교육이념 아래 발생된 교육과정은 필연적으로 3학 4과에서 전형적으로 볼 수 있는 전통적인 교과중심의 커리큘럼에서 크게 전환하여 아동의 생활을 중시한 경험중심의 커리큘럼을 낳게 했다.

---

28) G. F. Kneller, *Introduction to the Philosophy of Education*(New York: John Wiley & Sons, 1971), pp. 47~53.

3. 교과중심 교육과정과 경험중심 교육과정

우리는 지금까지 교육과정의 유형과 그 발생과정을 역사적으로 간결하게 개관하였다. 그 결과 교육과정은 미래를 위한 정선된 지식의 전수에 강조점을 두는 교사중심의 교과적인 것과 현재를 위한 생활문제해결에 강조점을 두는 학생중심의 경험적인 것의 둘로 구분할 수 있음을 알게 되었다. 이 두 기본적 교육과정은 대비적 요인을 너무나도 많이 가지고 있다. 이 두 유형 중 우리는 어느 것을 택할 것인가? 결론을 미리 말하면 이 질문제기 자체가 어리석은 것이다. 우리는 교육에서 미래를 버릴 수도 없거니와 현재도 버릴 수 없으며, 또 인류의 정선된 문화유산을 버릴 수도 없거니와 학생의 발달과정을 경시하거나 경험을 버릴 수도 없다. 이런 대립계기의 조화로운 통일 위에서만 슬기로운 교육이 이루어지는 것이다.[29]

우리는 다음에 이런 양극의 입장에 놓인 두 교과과정 사이에 어떤 교육과정이 있는가를 개관하고, 아울러 이 양극적인 두 교육과정의 장·단점을 고찰하자.

교육과정의 유형의 분류는 학자에 따라 다르다. 케스웰(H. L. Casewell, 1941)은 교과교육과정(subject curriculum)을 사회적 유용성과 학생의 학습의 효율화를 기하기 위하여 과학적으로 재구성한 과학적 교육과정(scientific subject curriculum), 교과교육과정의 단편성을 제거하고 비

---

29) 로튼(Denis Lawton)은 교육과정이론을 3가지 관점, 즉 ① 아동중심 교육관에 터한 교육과정, ② 교과(지식)중심 교육관에 터한 교육과정, ③ 사회중심 교육관에 터한 교육과정으로 분류하면서, 최근에는 어느 한쪽에 치우치지 않고 세 가지 측면을 동시에 고려한 종합적인 교육과정계획(comprehensive curriculum planning)을 하는 경향이 있다고 보았다. 즉 상황에 따라 적절하게 세 가지 측면을 배합하는 상황중심 교육과정(situation-centered curriculum)을 계획한다는 것이다. Denis Lawton et. al., *Theory and Practice of Curriculum Studies*(London: Routledge & Kegan Paul, 1978), pp. 2~4.

숫한 교과를 병합시킨(일반이과, 일반사회, 가정생활 등) 광역교육과정 (broad field curriculum), 사회조사와 아동조사를 통해서 사회·아동의 요구를 찾아 반영시키는 사회생활중심의 생활영역교육과정(areas of living curriculum), 교재를 미리 마련하지 않고 실생활현장에서 학생의 요구를 찾아 교사·학생이 상의하여 학습내용을 짜나가는 생성교육과 정(emerging curriculum)의 넷으로 구분하였다.

또 미국 메릴랜드(Maryland)주는 1941년에 이것을 학문적 체계와 각 학과의 연구대상과 방법을 중시하고자 학과를 세분하는 교과교육 과정(subject—matter curriculum), 비슷한 교과를 서로 관련시키는 상관 교육과정(correlated curriculum), 몇 개의 비슷한 교과를 융합시켜 하나 의 큰 교과로 만드는 융합교육과정(fused curriculum), 하나의 테마를 중심으로 모든 교과의 관련된 내용을 넓게 관련시키는 광역교육과정 (broad—field curriculum), 아동의 개인생활이나 사회생활에 공동적으 로 필요한 공통필수과목(대개 사회과나 과학과 같은 것이 된다)을 중심학 습과제로 놓는 중핵교육과정(core curriculum), 그리고 학생들의 경험 과 생활문제해결을 중시하는 경험교육과정(experience curriculum)의 여섯으로 나누고 있다.

그러나 진정한 교육과정은 이 각 유형의 교육과정의 이념이 지니 고 있는 장점을 고루 갖추어야 할 것이다. 이제 앞서 말한 양극적인 두 교육과정의 장·단점을 고려한 세일러(J. G. Saylor)의 견해를 요약 해 보면 다음과 같다. 세일러 자신은 커리큘럼을 ① the school subjects, ② the broad fields of subject matter, ③ the major so— cial function of living, ④ the interests, needs, and problems of learners의 네 유형으로 구분하고 있는데, 첫째가 교과교육과정, 넷째 가 우리가 말한 경험교육과정에 해당하는 것이다.[30]

---

30) J. G. Saylor, *Curriculum Planning*(New York: Rinehart & Co., 1958), p. 250.

교과교육과정의 장점과 단점은 다음과 같다.31)

≪장 점≫

① 구성이 논리적·효율적·체계적이며,

② 개인의 지적 능력의 개발에 가장 적합하며,

③ 교육과정의 기본개념을 담고 있으며,

④ 인류의 축적된 유산을 가장 잘 이용하며,

⑤ 오랜 전통에 의하여 수용되어 왔고,

⑥ 현교사들에게는 자기네가 그렇게 배워왔기에 아주 가르치기에 편하고,

⑦ 짜나가는 데 아주 편하고,

⑧ 학습평가도 편하다.

≪단 점≫

① 심리적으로 조직되어 있지 않고,

② 넓은 교육목표 중에서 극히 좁은 일부만을 다루며,

③ 학과 그 자체가 정신을 훈련시키지는 못하며,

④ 단편적인 학습이 되며,

⑤ 지식의 기능적 실용성을 기하지 못하며,

⑥ 한 교과에서 다루어야 할 영역의 극히 제한된 부분밖에 다룰 수 없다.

한편 경험교육과정의 장점과 단점은 다음과 같다.32)

≪장 점≫

① 심리적 기반 위에 서 있으며,

② 개인의 생활에 직결되어 있고,

③ 넓은 교육목표의 실현을 기할 수 있고,

31) Ibid., pp. 253~264.
32) Ibid., pp. 295~302.

④ 학습자의 성장·발달과정에 부응하며,

⑤ 의미 있는 활동을 하기 때문에 정신건강에 이롭고,

⑥ 학교의 학습활동을 통합할 수 있다.

≪단 점≫

① 무엇이 진정한 흥미·욕구·문제인가를 결정하기 어렵고,

② 학교의 사회적 책무를 감소시킬 우려가 있고,

③ 지식을 체계적으로 익히지 못하며,

④ 과거와 미래를 무시하기 쉽고,

⑤ 조직적 교육계획을 수행하는 데 어려움이 있고,

⑥ 성인과 사회가 요구하는 교육과 거리가 생길 수 있고,

⑦ 전통적 교과과정이 지배적인 오늘날의 학교에는 이것을 적용하는 데 난점이 있다.

이렇게 두 교육과정은 각각 장점과 단점을 지니고 있고, 각기 다른 두 개의 교육철학을 대표하는 것이기도 하다. 교사·교과서 중심으로 기성의 지식·생활양식·기술의 전달·수용을 강조하고, 학문＝교육의 입장에서, 미니멈 에센셜스(minimum essentials)로 선택·구성된 교과 교육과정은 배그리, 부로우디 등의 본질주의 교육학파가 강조한 바이었고, 또 아동의 생활경험·자기활동을 중시하고, 심신의 발달에 부응하고자 경험＝교육의 입장에서 아동의 현재의 생활문제해결을 중시하는 경험교육과정은 듀이, 킬패트릭 등의 진보주의 교육학파가 강조한 바이었다. 이 대립은 교과의 논리주의와 아동의 심리주의의 대립이기도 하고, 또 전달과 창조, 훈련과 흥미, 객관적 가치와 주관적 가치, 보수와 혁신, 전체와 개체와의 대립이기도 하다.

이제 우리는 어느 교육과정이 옳은가라는 어리석은 물음을 철회하고, 참 교육과정은 이 두 대립이념을 포섭하면서 우리에 맞게 창출해내어야 할 것임을 깊이 인식할 수 있는 단계에 이르렀다 할 것이다.

Ⅲ. 과제와 전망

1. 교육과정의 성격인식

교육과정은 교육의 3요소 중의 하나이며, 문화를 정선해서 담는 데 그치지 않고 학생의 다방면에 걸친 능력을 계발하며, 발전하는 사회의 요구를 반영하는 것이어야 한다. 교육과정이 몇 년을 주기로 꾸준히 개편·개정되어 가는 이유도 여기에 있다.

교육과정 작성에 가장 큰 영향을 미치는 세력들이 무엇일까? 이를 좀더 구체적으로 살펴보자.[33] 우선 대외적 세력과 대내적 세력으로 나누어 볼 수 있다. 하나씩 예를 들면, 경제성장에 불가결한 직업·기술교육 등은 경제적 세력이 강조하는 것이고(대외적), 특정의 교육관, 예를 들면 진보주의 교육관은 교직단체의 세력(대내적)이 강조하는 것이다. 이처럼 각급 학교의 교육과정 속에는 그 시대, 그 사회의 문화

---

33) Allan C. Ornstein, *Foundation of Education*(Chicago: Rand Macnally College Publishing Company, 1977), pp. 489~492 참조.

가 최대공약수적으로 반영되어 있다. 만일 그렇게 되어 있지 않다면 그것은 분명 잘못되어 있는 것이다.

그러면 적어도 교육과정에 반영되어야 할 내용은 무엇인가? 우선, 쉽게 '국·수·사·자'를 들 수 있다. 문화의 매개체인 국어, 논리적 사고력을 길러주는 수학, 생활의 윤리와 생활의 장의 틀을 익혀주는 사회, 그리고 이 우주의 원리를 통일적으로 인식시켜 주는 자연이 그것이다. 이런 '국·수·사·자'적 원리는 초등학교에 국한되지 않고 중·고등학교, 대학의 교육과정에도 반영되고 있다. 다음에 '3P'다. 과학과 소비문화의 일방적 독주로 야기된 공해문제(환경문제, pollution), 세계를 파멸로 몰고 가고 있는 전쟁을 어떻게 방지할 수 있는가라는 평화문제(peace),[34] 그리고 부는 넘쳐도 그것이 공평하게 분배되지 못한 데서 오는 빈곤문제(poverty)가 그것이다.

우리가 무엇을 가르쳐야 할 것인가의 문제는 이런 시각에서 정해져야 할 것이다.

2. 특히 강조되어야 할 교육내용

우리 겨레와 우리나라의 현실에 비추어 어떤 교육내용이 중점적으로 가르쳐지며 강조되어야 할 것인가? 최근의 논의를 종합해 보면 인성교육, 환경교육, 다문화교육, 죽음교육, 평화교육 등이다. 사람다운

---

34) 평화교육은 인류의 영원한 이상인 평화를 실현하고자 하는 교육이며(목적), 평화를 파괴하는 공격성, 폭력성, 갈등성, 편견성을 극복하게 돕는 개인, 사회, 자연, 우주의 4차원에 걸치는 교육과정을(내용), 정서순화, 역사의식배양, 사회개혁에의 참여의식고양, 고난에의 동참 등의 방법으로(방법), 모든 교사가 모든 교과·모든 교육의 장에서 모든 사람들을 대상으로 전개하는 일련의 통합적 교육의 체계다(체제). 김정환, "평화교육학의 이론과 과제,"「현대의 비판적 교육이론」(서울: 박영사, 1993), p. 83; 고병헌, "공존을 위한 교육, 평화를 위한 교육: 세계화 시대에 평화로운 지구촌 건설을 위한 교육적 대응," 고려대 교육사·철학연구회 편,「인간주의 교육사상」(서울: 내일을 여는 책, 1996) 참조.

사람을 만드는 인성교육, 인류의 지속가능한 삶을 위한 환경교육과 평화교육, 다름을 존중하고 배려하고 포용하는 다문화교육, 삶에 대한 열정을 고취하고 자살예방을 위한 죽음교육 등이 오늘날의 초중등 교육에서 특히 강조되어야 할 교육내용이다.

위에 든 내용들 외에 강조되어야 할 내용이 또 있다. 한국사회에 전파되는 이민자들을 통해 타문화를 인정하고 공존하는 자세와 함께 민족사관에 입각한 국사교육, 통일적·포섭적 국어교육이 필요하다. 우리 역사를 역대왕조의 정권교체니, 양반귀족들의 가렴주구니 하는 잿더미 속에서 그 잔재, 그 망령을 제거 불식하고, 싱싱한 민족대중의 창조적 노력 속에서 멋진 생활을 개척한 역사로 해석한 민족사관에 입각한 국사교육의 중요함은 새삼 더 논할 필요가 없을 것이다. 또 민족의 문화와 역사가 담겨져 있는 용기인 국어의 소중함도 그렇다. 그런데 우리의 경우 우리 조상들이 국어로 써 오던 한자마저 거의 배제하고 있는 실정이다. 더욱이 남북한의 언어이질화 현상도 두드러지게 나타나 민족의 통일에 대한 전망에 어두운 그림자를 드리우고 있다.[35]

3. 이상적 인간상인 선비상의 발전

교육내용 중에서 또 중시되어야 할 것은 우리 겨레가 역사 속에서 따스히 가꾸어 온 이상적 인간상인 선비상의 발전적 계승이다.[36] '선

---

[35] "남북한의 이질화과정에서 교육이 어떤 역할을 하였던가, 또 언어정책, 국어교육이 민족동질성의 이질화에 어떤 중요한 기능을 했던가?" 김동규, "남북한의 교육발전 과정에 있어서의 언어이질화 현상의 비교연구," 早稻田大學, 문학박사논문(1981), p. 9; 남북의 언어통일을 위한 기초다지기 작업으로 남북한 언어를 비교한 연구가 있다. 남북의 언어통일은 민족어에 대한 진정한 애정이 있을 때 그리 어렵지만은 않을 것이다. 전수태, "남북한 언어연구의 최근 동향," 「통일대비연구-국학분야」 (성남: 한국정신문화연구원, 1995), pp. 116~124.
[36] 우리의 과제는 선비상을 어떻게 긍정적으로 교육의 마당에 되살려야 할 것인가다.

비상'에 대해서는 특히 논란이 많다. 우리는 선비상의 취약점으로 식민사학자들이 헐뜯은 ① 계층성, ② 비생산성, ③ 비행동성을 극복하고 선비상의 긍정적인 면, 즉 ① 학자적 기질, ② 예술적 기질, ③ 지사적(志士的) 기질을 더욱 평가하며 키워가야 할 것이다.[37] 조지훈은 「선비의 도」에서 이렇게 말하고 있다.

> 지성인 곧 선비는 나라의 기강이요 사회정의의 지표이다. 그러므로 한 나라의 기강을 바로잡고 사회정의의 지표를 확립하자면 무엇보다도 먼저 선비의 기절(氣節)을 숭상함으로써 선비의 명분을 세우지 않으면 안 된다. 선비가 만일 시류(時流)에 부침(浮沈)하거나 권세에 추종하는 것만을 일삼는다면, 선비의 명분이 땅에 떨어질 뿐아니라 선비의 그러한 자모(自侮)는 마침내 간악한 소인으로 하여금 폭력으로써 선비의 바른 언론을 봉쇄하고 선비의 밝은 도를 억압하게 하는 지경에 이를 것이다. 선비의 성충(誠衷)이 짓밟힌 곳에 어찌 사회정의의 지표가 설 수 있을 것인가.[38]

어느 민족이나 그 역사와 전통으로 소중하게 가꾸어 이어가는 이상적 인간상이 있다. 중국민족의 군자상, 일본민족의 무사상, 독일의

여기에는 크게 두 가지 방안이 있을 것이다. 하나는 교사 자신이 선비적 자세로 교육에 임하는 것이고, 다른 하나는 교육과정에 '선비논의'를 반영하는 일이라 하겠다. 김정환, "한민족의 교육적 인간상," 「현대의 비판적 교육이론」(서울: 박영사, 1993), p. 201.

37) 1984년에는 1월 15일자 「한국일보」 기획논단에 "선비상을 키워가자"는 김정환의 논설이 실린 이래 6회에 걸친 논쟁과 종합토론이 이루어졌다. 교수, 문필가, 학생, 상인, 심지어는 재외동포까지 포함하는 수십 명의 토론자가 참여한 유례 없는 이 지상 논쟁에서 몇 가지 사실을 엿볼 수 있다. 첫째는 선비상 혹은 이상적 인간상에 관한 국민적 관심이 매우 높다는 것이며, 둘째는 선비상에 대한 부정적 견해들이 적지 않다는 것이며, 셋째는 여러 가지 부정적 측면이 있음에도 불구하고 참된 선비정신은 오늘날에도 계승되어야 한다는 것이다. 또한 한국의 이상적 인간상을 전통 속에서 찾는다고 할 때 '선비' 말고는 달리 대안이 없다는 것이다. 박의수, "21세기의 한국인상과 선비," 고려대 교육사·철학연구회 편, 「인간주의 교육사상」(서울: 내일을 여는 책, 1996), pp. 423~424.

38) 조지훈, "선비의 도," 박두진 외 편, 「조지훈전집」, 제5권(서울: 일지사, 1973), p. 23.

장인상(Meisterschaft), 영국의 신사상(gentlemanship), 미국의 개척자기질(frontier spirit) 등이 그 대표적인 것이다.

우리 민족의 이상적 인간상을 든다면 무엇이 될 것인가? 선비상밖에 없다. 또 이것은 위에 든 다른 민족의 이상적 인간상에 비해 손색이 없을뿐더러 오히려 더 좋아 보인다. 지성을 소중히 여기는 학문애호의 정신, 마음의 여유를 갖고 삶을 즐기는 예술애호의 정신, 그리고 불의를 미워하는 재야적 정신이 이 선비상에 응집되어 있기 때문이다. 그동안 한민족의 자생적 발전의 길을 모색하자는 논의가 많았다. 자생적 발전책이 전통과 역사를 통해서 미래에 도약할 터전을 마련하는 것이라면, 인문·사회과학자는 물론 자연과학자 또한 더욱 역사의식을 갖추어야 할 것이다. 우리 실학자들의 역사의식, 바로 이것이 선비정신의 발로가 아니고 무엇이겠는가?

4. 교과 외 활동의 중요성

교육과정은 교과활동과 교과 외 활동의 둘로 구성된다. 우리는 흔히 학교교육이라고 하면 교과교육만을 생각하기 쉬운데, 실은 어린이의 인격형성에 이에 못지않게 영향을 미치는 것이 교과 외 활동임을 깊이 인식해야 하겠다.

그러면 교과 외 활동에는 어떤 종류의 활동들이 있는가? 열거하기 어려울 정도로 많지만 그 중 중요한 것만을 몇 가지 들면, 교내외 미화활동, 학생들의 자치활동, 지역사회에의 참여활동, 학교극이나 기타 취미·특기활동, 수학여행이나 등산, 수영, 동물의 사육이나 식물의 재배, 단체운동, 그리고 홈 룸(HR) 등이다.

독일의 교육철학자들은 이외에 특히 학교노작(Schularbeit)을 중시했다. 노동을 통해서 인간문화의 핵심을 이루는 개념들을 체험하며, 나아가서 분업·협동의 의의를 인식하고, 자연을 지배하는 아름다운 섭리에 귀를 기울이고, 자기가 몸담고 살고 있는 지역사회에 대한 사랑을 키우며, 직업이 얼마나 귀한 것이며, 우리가 직업을 통해서 어떻게 자기 개성을 실현시킬 것인가를 알게 된다. 그래서 심지어는 교과서를 통해서가 아니고 노작을 통해서 문화를 익혀가자고 하는 교육이론이 나오기도 하였다. 우리 삶은 결국은 각자의 직업을 통해서 이루어진다 할 것인데, 올바른 삶을 위한 올바른 직업윤리의 확립은 노작교육이 가장 효과적이라는 데에 의견이 모아지고 있다.

홈 룸은 특히 교사와 학생, 그리고 학생 상호간의 인격적 만남의 장을 마련하여 준다는 뜻에서 학생의 인격형성에 큰 영향을 미칠 수 있다. 홈 룸은 그 성격상 양면성을 지니고 있다. 하나는 학교관리면에서 교사가 학생들에게 지도하며 전달하는 면이고, 또 하나는 학생의 자발적 활동면에서 학생들이 교사에게 희망하며 요구하는 면이다. 이 두 가지 면에서 특히 중요한 것은 자발적 활동면이다. 이것이 학생들의 갖가지 자치적·자주적·민주적·단체적 활동의 기본단위가 되기 때문이다. 우리는 민주적 학교생활을 통해서 민주적 사회를 건설하는 데 불가결한 시민도덕의 원리들을 익혀야 한다. 학교생활이 민주화되지 않고서는 이 사회가 민주화되기를 절대로 기대할 수 없다.

5. 나선형 교육과정과 인간주의 교육과정

교육과정의 유형 중 특별히 관심을 받고 있는 나선형 교육과정과 인간주의 교육과정이 있다. 전자는 미국의 인지심리학자 브루너가 주장하는 것이고, 후자는 현대의 많은 교육학자들이 이구동성으로 부르짖고 있는 것이다.

나선형 교육과정(spiral curriculum)이란 지식의 구조를 가르치자는 교육과정 조직의 한 형태를 말하는 것으로 그 기본전제는 다음과 같다.

① 모든 지식은 몇 가지 기본원리로 짜여진 하나의 구조를 이루고 있다.
② 이 기본원리는 아주 단순하기에 그 표현방법만 쉽게 하면 어떤 아이들도 다 이해할 수 있다.
③ 따라서 이 지식의 구조를 학습자의 발달단계에 알맞는 표현으로 '번역'하여 되풀이 가르치는게 가장 효과적인 교육방법이다.[39]

하나의 예를 들어 보자. '경제'는 생산, 유통, 소비의 세 요소로 이루어지고 있다. 밭에서 배추를 가꾸는 아저씨(생산), 시장에서 배추를 파는 아저씨(유통), 그리고 집에서 배추김치를 먹는 우리 가족들(소비)을 의식적으로 보여줌으로써 유치원 아이들에게도 그 어려운 '경제'의 핵심적인 개념을 이해시킬 수 있는 것이다. 중학교 단계가 되면 밭과 배추는 공장과 기계가 되고(생산), 시장과 배추는 도매상과 전자제품(유통)이 되고, 배추김치를 먹는 우리 가족은 가전제품의 보급으로 시간의 여유를 갖게 된 국민 일반이 될 수 있다(소비). 이런 논리로 브루너는 그의 유명한 가설을 세웠다. "어떤 지식이든지, 지적으로 성실한 형태를 그대로 지니면서, 발달의 어느 단계에 있는 아이들에게도 효과적으로 가르칠 수 있다."[40]

브루너의 나선형 교육과정은 지식의 구조의 개념과 피아제의 인지적 발달단계론이 결합되어 있다. 피아제의 인지발달 단계론은 감각과 행동으로 이해하는 단계(sensory-motor stage, 2세까지), 사고의 틀이 아직 미숙한 단계(pre-operational stage, 2~7세), 구체적 사물을 통해서만 이해하는 단계(concrete operational stage, 7~11세), 그리고 기호나

---

39) Jerome S. Bruner, "The Importance of Structure," *The Process of Education*(New York: Alfred A. Knopf, 1963), pp. 17~32 참조.
40) Ibid., p. 33. "Any subject can be taught effectively in some intellectually honest form to any child at any stage of development."

문자를 통해 논리적으로 이해하는 단계(formal operational stage, 11~14세)로 인간의 인지가 차례로 발달한다는 이론이다.

여기에서 우리는 하나의 귀한 사고방식에 접할 수 있다. 교육과정은 학문의 체계, 사회의 요구와 더불어 학습자의 발달단계와 요구에 맞게 짜여져야 한다는 논리다. 그래서 학습자중심 교육과정(learner-centered curriculum)도 제창하는 것이다.[41]

인간주의 교육과정은 교육의 인간화를 위해 강조되어야 할 교육내용을 강조하는 것인데, 그 중요 내용은 ① 지·덕·체의 조화, ② 노작, ③ 고전독서, ④ 실재적 자기각성, ⑤ 사회구조 비판, ⑥ 그리고 역사의식 고취를 위한 의식화 등을 주요 내용으로 하여 자기, 이웃, 역사, 인격과의 '만남'의 체험을 강조하는 것이다.[42] 특히 인간주의 교육과정에서 강조되는 것은 교사와 학생간의 관계, 즉 인격적 만남이다.[43] 교육의 인간화 방안은 여러 측면에서 고찰될 수 있겠으나, 그 중에서도 특히 교사와 학생간의 참된 관계가 인간화교육의 가장 중요한 핵심이라고 본다. 왜냐하면 교사와 학생은 교육내용 및 방법에 선행하기 때문이다. 인간화교육을 위해서 교사는 학생과의 관계를 중시해야 하며, 그 자신 또한 인간적인 품성(humanistic character)을 지녀야 한다. 부버(Martin Buber)는 말하기를, 교사는 그가 가르치는 과목에 정통해야만 하며, 그것을 풍부한 인간적 활동을 통해서 나타내야 한다고 했다. 즉 교사가 그의 순수한 내적 체험을 진실한 행동으로 나타내 보였을 때 교사와 학생은 인격으로 만날 수 있다는 것이다.[44]

지적 교육도 정의적 교육도 모두 다 중요하다. 하지만 지식 이전에 인간이 앞서야 한다. 그럼에도 불구하고 현대교육이 지나치게 지적

---

41) David G. Armstrong et al., *Education*(New York: Macmillan, 1981), pp. 36~40.
42) 김정환, 「전인교육론」(서울: 세영사, 1982), pp. 57~70; 小原國芳, 「전인교육론: 도덕교육의 근본문제」, 제갈삼 역(부산: 부산대학교출판부, 1995) 참조.
43) 강선보, 「마르틴 부버의 만남의 교육」(서울: 양서원, 1992), p. 192.
44) Ibid.

교육에 치중하는 데서 비인간화문제가 발생하는 것이다. 따라서 지적 교육과 정의적 교육이 조화를 이루는 인간주의 교육과정이야말로 학습효과의 극대화는 물론 인간성회복의 실마리까지 풀게 할 수 있을 것이다.

교 / 육 / 학 / 개 / 론

제7장

교사론

—

Ⅰ. 교직의 제 문제

1. 교육과 교사

흐르는 물은 그 원선 이상의 높이에 오르지 못한다. 그러나 문화적으로 볼 때 어린이는 자기를 가르친 교사나 자기를 낳아 주신 어버이 이상의 수준으로 오를 수 있다. 이리하여 인류의 진보가 이루어지는 것이며, 이것을 유발시키는 것이 교육활동이자 교사의 역할이라 하겠다.

교사, 학생 및 교육내용은 교육작용의 3대 요소인데 교육작용을 주도하는 요소는 역시 교사라 할 것이다. 동양에는 군사부일체(君師父一體) 또는 "삼척(三尺) 떨어져 스승의 그림자를 밟지 않는다"는 말이 있다. 교육의 막중한 의의와 그것을 주도하는 교사의 귀한 직책, 높은 사회적 역할 및 존경의 마음을 나타내는 말이다. 아리스토텔레스는 육신을 낳아 준 어버이보다 더 귀한 사람이 영혼을 낳아 키워 주는 교사라 하였다. 참으로 교사는 교육에 있어서의 알파이자 오메가다. 모든 참 교육은 이 교사의 인격을 매개로 하여 이루어진다. 예를 들면 TV, 라디오에서 방송되는 교육내용도 아이들이 가정에서 제멋대로 듣고 있을 때는 그리 큰 교육력을 발휘하지 못하지만, 그 방송이 교사의 지도계획 속에 짜여져 학교수업시간중에 보여질 때는 큰 교육력을 발휘한다. 즉 교육작용이 완전히 진행되려면 학생 및 교육내용이 교사라는 구체적 인격을 통해야 하는 것이다.

교사란 무엇인가? 우리가 쓰는 상식적인 교사(teacher, Lehrer, maitre)라는 말에는 적어도 다음 네 가지의 뜻이 내포되어 있다.[1]

① 공·사립교육기관에 학생의 지도를 위하여 고용된 사람
② 한 영역에 뛰어난 자질을 갖추고 남을 가르치는 사람
③ 교직과목을 이수하고 공적으로 인정된 교사자격증을 가지고 있는 사람
④ 무엇인가 남을 가르치는 사람

이렇게 교사란 넓은 뜻으로는 사회인 중에서 아동·학생·청년·성인에게 좋은 영향과 감화를 주어 그들의 인간적인 성장을 조성하는 사람을 가리키거나, 또는 소크라테스·예수·베토벤 등 철학자·종교가·예술가들과 같이 인생에 대하여 깊은 교훈을 주는 사람을 가리킨다. 그러나 학교교육제도가 발달한 오늘날에 있어서는 교사란 협의로 교원, 즉 아동·학생들을 지도·편달하는 자격증을 갖춘 학교교사, 특히 초등 및 중등학교의 교사를 가리킨다.[2]

---

1) C. V. Good ed., *Dictionary of Education*(New York: McGraw-Hill, 1973), p. 586.
2) UNESCO/ILO의 '교사의 지위에 관한 권고' 중에서도 교사를 협의로 다음과 같이 정의한다. "'교원'이라 함은 학교 내에서 학생의 교육에 책임을 가지고 있는 모든 사람"(The word 'teacher' covers all those persons in schools who are responsible for the education of pupils) UNESCO/ILO, 「교원의 지위에 관한 권고」(서울: 대한교육연합회, 1971), pp. 11, 28.

2. 교직의 역사

교직의 역사는 문화의 역사만큼 길며, 교직의 문제는 문화의 문제만큼 중요하다. 교직의 역사에서 우리는 현대의 교사가 안고 있는 문제의 배경을 알며, 또 이 문제를 푸는 실마리를 찾을 수 있다. 각 시대에 어떤 문제가 제기되었고, 그 문제가 어떤 방향으로 풀리게 되었는가를 다음에 간단히 살펴보기로 하자.

(1) 기술전수적 교직관 대 인격도야적 교직관

교직문제 중에서 가장 일찍이 제기된 문제는 기술전수적 교직관과 인격도야적 교직관이었다. 이 문제는 먼저 고대 그리스에 프로타고라스와 소크라테스의 쟁점이 되어 오늘에 이르고 있다. 프로타고라스는 교직을 전문적 교육내용, 즉 당시에 가장 중요시했던 웅변술을 기술적으로 가르쳐 입신출세의 길을 열어 주고 그 대가로 보수를 당당하게 요구해야 할 직업으로 보았다. 이에 반해서 소크라테스는 인생을 진지하게 사는 자세를 보여 주고, 학생과 교사가 서로 친구가 되어 대화를 나누면서 진리가 무엇인가를 묻는 구도적 과정이 바로 교육이며, 따라서 교직은 학생의 윤리적 감각을 도야하고 인격을 함양하는 직분이며, 보수를 받아서도 안 되는 자유직으로 보았다.

이 상반되는 교직관에 진리가 모두 담겨 있다. 우리는 기술도 버릴 수 없고 인격도 버릴 수 없으며, 또 교사의 경제적 지위의 문제도 교사의 윤리적 삶의 자세 못지 않게 중요하게 여겨야 하기 때문이다.

(2) 교사의 권익

교사에게는 어떤 권리가 주어져야 하는가? 이 문제는 로마시대에 구체적으로 제기되었다. 오랜 시일에 걸쳐 조금씩 다듬어진 이 시대의 교권옹호책을 요약하면 다음 다섯 가지 사항이 된다. 첫째는 교사 후보생에게 높은 학력을 요구하고 그 학력을 사회적으로 공인하는 일, 둘째, 교직자가 좋은 시설과 환경에서 근무할 수 있게 교육환경을 정비하며, 재정이 약한 학교, 특히 지방이나 농촌의 학교에 대해서는 정부가 보조금을 지급하는 일, 셋째, 교사가 부업을 하지 않아도 될 만큼 그들의 생활을 보장하는 선에서 교사의 봉급제도를 표준화하는 일, 넷째, 자격증을 갖추지 않고서는 교직에 임할 수 없게 교사자격증제도를 실시하는 일, 다섯째, 교육의 수준과 교사의 품위를 유지할 목적으로 학교설립을 공공적으로 규제하는 일이었다.

이 다섯 가지 시책은 교직의 권익옹호에 불가결한 것이며, 참으로 교직의 역사에 획기적인 것이었다. 이는 법과 질서를 존중한 로마 민족다운 위대한 시책이었다.

(3) 교직단체의 성격 정립

교사의 권리를 교사 스스로가 자주적·능동적으로 지켜 나가기 위해 단체를 결성하게 된 것은 근세에 들어서의 일이다. 스위스의 교육학자이며 교육개혁자이자 교육실천가인 페스탈로찌가 교육사상 최초로 '스위스교육회'(Die Schweizerische Gesellschaft der Erziehung)를 1808년에 창립한 것으로 알려지고 있다.[3] 페스탈로찌는 사회악을 제거하고 교사의 권익을 지키기 위해서는 교사와 지성인의 공동투쟁과 협력이 필요함을 느껴 이 단체를 창설하고 1808년 12월 26일과 27일에 그 첫 회의를 열었는데, 여기에는 스위스 각 주의 교사들은 물론이요, 목사와 교육관계 장관들도 많이 모인 것으로 기록에 나타나 있다.

사랑의 교사로 얄팍하게 이해되고 있는 페스탈로찌가 실은 이렇게 교직의 막중한 책무와 권리를 지키기 위해서 역사상 최초로 교직단체

---

3) 김정환, 「페스탈로찌의 교육철학」(서울: 고려대학교 출판부, 1995), p. 8.

를 결성한 매서운 교사였음을 우리는 주목하고자 한다. 알을 품은 암탉은 사납다. 알을 지키기 위함이다. 어린이를 통해서 민족의 얼, 인류의 이상을 키우는 교사도 이렇게 사나워야 함을 우리는 페스탈로찌의 교사상에서 엿볼 수 있다. 교직단체는 교사 자신의 권익옹호에 국한되지 않고, 교직윤리를 스스로 정하여 실천에 옮기며, 교육의 중요성을 널리 일반국민에게 홍보하여 국민의 협조를 유발하는 데에도 큰 의의가 있다.

(4) 교원양성제도의 일원화

교원을 양성하는 학교의 문제는 현대에 와서야 큰 쟁점으로 등장했다. 교원양성기관의 역사를 돌이켜 살펴보면 크게는 두 계통의 학교에 대응하는 교원양성기관이 있어 왔다. 하나는 중·상류계층의 자녀를 대상으로 하는 인문계 고등학교(영국에서는 Grammar School, 독일에서는 Gymnasium, 프랑스에서는 Lycée 등)와 그런 학교에 입학할 수 있게 준비를 시키는 명문 사립초등학교·중학교(영국의 public school 등), 교원양성기관인 대학 또는 전문대학이고, 또 하나는 하류계층의 자녀를 대상으로 하는 공립초등학교(영국에서는 Parish school, 독일에서는 Volksschule 등)와 그 상급단계의 학교인 실업학교(독일의 Realschule 등), 교원양성기관인 사범학교였다. 이렇게 한 나라 안에 사립초등학교와 인문계 고교를 거쳐 대학에 진학하는 엘리트학교 계통과 공립초등학교나 실업학교를 거쳐 곧바로 사회에 나가는 서민학교 계통의 학교군이 이원적으로 존립하며 이에 대응해서 엘리트학교 교사는 대학에서, 서민학교 교사는 사범학교에서 양성하는 이원적인 교원양성구조가 있어 왔고, 아직도 그 잔재가 남아 있다. 이 문제를 개혁하기 위해 사범학교를 교육대학으로 승격시키고, 이 교육대학을 다시 4년제 종합대학 수준으로 격상시켰지만, 아직도 교육대학이 종합대학에 비

해 일반적으로 뒤지고 있는 것은 사실이다.[4]

이런 제도적 개혁은 교육의 기회균등의 이상실현, 교사의 자질향상과 사회·경제적 지위의 제고에 크게 공헌하였다. 그러나 아직 문제는 남았다. 모든 교사를 다 종합대학에서 양성하여 초등교원과 중등교원을 동격화하고 나아가서 모든 단계의 교원의 인간적·학문적인 폭을 넓고 깊게 하자는 것이다. 종합대학의 사범대학 안에 초등교육과와 유아교육과가 생긴 이유가 여기에 있다. 선진국에서는 이런 제도가 널리 시행되고 있다.

(5) 교원의 지위향상

문화발전과 경제성장의 원동력은 교육에 있고, 교육의 관건은 교사에 있기 때문에 교사의 지위는 다른 직종에 비해 결코 뒤지지 않음은 물론이요, 이상적으로는 다른 전문직에 비해서 더 높아야 할 것이다. 그런데 현실은 그렇지 못한 데에 문제가 있다. 교사의 지위향상 결정요인은 무엇인가? 유네스코와 국제노동기구가 공동으로 주최한 회의에서 채택된 '교원의 지위에 관한 권고'(Recommendation concerning the Status of Teachers, Paris, 5 October, 1966)에 의하면 그것이 다음과 같이 밝혀져 있다.

> 교원의 '지위'(status)라는 말은 교원의 직무의 중요성 및 그 직무 수행 능력에 대한 인식의 정도에 따라서 그들에게 주어지는 사회적 대우 또는 존경과 다른 직업집단과 비교하여 본 교원의 근무조건, 보수 및 그 밖의 물질적 급부 등 두 가지를 다 의미한다.[5]

---

4) 문화재건주의의 기수인 브라멜드는 이런 현실, 즉 '교육대학'의 질저하의 문제를 크게 ① 교육과정의 과목수 과다, ② 교수진의 학문적 수준의 저하, ③ 학생들의 지적 수준의 저하를 들고 있다. Theodore Brameld, *Cultural Foundations of Education*(New York: Harper & Brothers, 1957), p. 225.

5) "The expression 'status' as used in relation to teachers means both the standing or regard accorded them, as evidenced by the level of appreciation of the importance of their function and of their competence in performing it,

위의 정의에서 우리는 교원의 지위를 결정하는 요인이 크게는 정신적인 것과 물질적인 것으로 나뉘는데, 전자는 교원에 대한 정신적 예우, 후자는 교원에 대한 경제적 예우임을 알 수 있다.

3. 교직문제의 분석적 시각

위에서 우리는 교직의 역사를 통해서 시대마다 어떤 문제가 제기되었고 그것들은 어떤 방향으로 해결되어 갔는가, 혹은 해결에 노력하고 있는가를 보았다. 그러나 엄밀한 의미에 있어서는 그 어느 문제 하나 완전히 해결되었다고 볼 수 없다.

첫 번째 문제, 즉 교직은 일차적으로 유용한 지식을 전수하는 기술적 직업인가, 아니면 바람직한 삶의 자세를 보여 주는 인격도야적 직업인가는 아직도 많은 논쟁을 불러 일으키고 있다. 두 번째 문제, 즉 교사의 권익을 높이기 위해 국가가 어떤 시책을 써야 할 것인가에 대해서도 나라마다 사정과 상황이 달라 일률적으로 말하기 어렵다. 세 번째 문제, 즉 교직단체는 어떤 성격을 지녀야 할 것인가의 문제에 대해서도, 당연히 일반 근로자의 권익단체처럼 '노동조합'적 성격을 띠어야 하며, 따라서 실력행사(파업 등)도 용인되어야 한다는 입장이 있는가 하면, 교육활동은 미숙자를 대상으로 하는 계속적 활동, 더욱 공공적 성격을 띠는 활동이기에 실력행사는 물론이요, 단체교섭권도 인정되어서는 안 된다는 입장도 있다. 네 번째 문제, 즉 교원양성제도의 일원화의 문제에서도 가르치는 내용과 그 기술을 강조하는 사람들은 학교급별로 교원양성기구가 다원화되는 것을 바라는가 하면, 교

and the working conditions, remuneration and other material benefits accorded them relative to other professional groups." UNESCO/ILO, op. cit., pp. 28~29.

사의 학문적 배경과 인간적 폭을 중시하는 사람들은 일원화를 강하게 주장하고 나선다. 다섯 번째 문제, 즉 교원지위의 적정선의 문제는 교직은 그 전문성의 정도가 다른 전문직(예를 들면 법관직, 의사직 등)에 비해 절대 뒤져서는 안 되며, 따라서 지위도 이들에 버금가야 한다는 이상적인 입장이 있는가 하면, 현실적으로는 그 전문성의 정도가 다른 전문직에 비해 뒤지기 때문에 그 지위도 중산층 정도면 족하다는 현실적 입장도 있다.

교직은 이외에도 현실적으로나 이론적으로나 풀기 어려운 많은 문제를 안고 전진하고 있다. 미국의 교육철학자 브루바커는 교직의 역사를 ① 교사가 가르칠 내용(content he is going to teach)에 대한 이론적 배경의 수련도는 어느 정도라야 하는가, ② 가르치는 기술(technique of teaching)을 익히기 위해 어떤 연구를 해야 하는가, ③ 교사의 사회적 지위(social status)는 어느 정도가 적정선인가, ④ 교사자격증(certification)의 수준은 어느 정도라야 하는가, ⑤ 교원의 단체활동(professional organ-ization)의 종류와 그 활동수준은 어느 정도이어야 하는가의 다섯 문제로 보아야 한다고 제창한다.6) 이것은 참으로 탁월하고 예리한 시각이다.

우리는 이러한 분석적 시각에서 교직의 문제를 생각해야 하며, 그 문제의 역사에 대한 인식을 바탕으로 이러한 난제들을 풀어가야 할 것이다.

---

6) John S. Brubacher, *A History of the Problems of Education*(New York: McGraw-Hill Book Company, 1966), pp. 465~466.

Ⅱ. 교사의 업무

1. 업무의 다양성

우리 말에 교사의 업무를 뜻하는, 뉘앙스를 달리 하는 표현이 넷 있다. 훈장, 선생님, 교원, 스승이 그것이다. 훈장이란 말은 초보적인 글이나 가르치고 그 보수로 겨우 생활을 꾸려간다는 뜻이 담긴 표현 으로 다분히 교사가 자신의 직분을 비하하는 자조적인 표현이다. 선 생님이란 말은 한 가지 기술이나 예능에 뛰어나 남을 가르치고 이끈 다는 뜻이 담긴, 인생의 선배에 대한 경칭이다. 교원은 정규 교원양 성과정을 거쳐 교사자격증을 취득하고 주어진 교육의 과정을 전문적 지식과 기술로 가르치고 평가하는 교사에 대한 법률용어이다. 스승은 학생에게 깊은 사랑과 모범을 보여줌으로써 인격적 감화를 주며 학생 의 삶에 큰 전환점을 마련하는 교사에 대한 존칭이다. 이처럼 위의 네 가지 교사에 대한 호칭은 다 교사가 수행해야 할 업무의 종류를 뉘앙스를 달리 하면서 들고 있는 것이다.

교사가 전문가로서 수행해야 할 업무는 아주 다양하다. 교사의 업무 분석에 관한 문헌은 이루 헤아릴 수 없이 많으나 여기에서는 우선 고전적 모형으로 페스탈로찌와 피닉스의 것을 드는 데 그치기로 한다.

페스탈로찌가 강조한 교사의 기본적 활동업무는 교과지도, 학생지도, 전문영역계속연구, 교직단체활동, 그리고 학원관리의 다섯으로 나눌 수가 있다.[7] 이에 대해서는 다음에 자세히 다루기로 한다. 피닉스는 교사의 주요 업무를 일곱으로 들고 있는데, 그것을 요약하면 다음과 같다.[8]

① 인격형성(the making of persons): 어린이의 유연한 삶에 감화를 주면서 그들을 완전하고 성숙한 하나의 이상적 인간상으로 키워낸다.

② 지식의 계승(verbal transmission of knowledge): 인류의 귀한 경험·유산을 지식으로 다듬어 다음 세대에 계승시킨다.

③ 사표(demonstration): 교사는 자기 삶을 통하여 바람직한 삶의 모범을 보여준다.

④ 학습환경의 정비(arranging learning situation): 학생의 학습의욕을 돋구어 주며, 학습을 효과적으로 진행할 수 있게 환경을 마련한다.

⑤ 평가(appraisal): 학생의 소질이나 능력을 발견하여 키워 주며, 성취해야 할 목표에 비추어 그 성취도를 평가한다.

⑥ 참여(participation): 사회나 학교 안의 여러 교육적 활동에 학생과 더불어 관여하고 귀한 시사를 준다.

⑦ 중개(mediation): 교사는 진리와 학생 사이의 중개자가 되어 학생과 더불어 진리에의 길을 걷는다.

---

7) 김정환, op. cit., p. 7.
8) Philip H. Phenix, *Philosophy of Education*(New York: Holt, Rinehart and Winston, 1958), pp. 40~56.

2. 페스탈로찌의 교직업무론

페스탈로찌는 교육개혁자, 교육실천가, 그리고 교육사상가로서 교육의 역사에 코페르니쿠스적인 전환을 가져온 사람으로 평가되고 있다. 위에 든 그의 교사업무론을 보다 자세히 분석하여 보자.

첫째, 교사는 우선 자기가 맡은 교과를 능숙하게 가르칠 수 있어야 한다. 그러기 위해서는 가르치고자 하는 교육내용과 그 이론적 배경을 충분히 알고, 그것을 가르치는 방법에 숙달해야 하며, 또한 그것을 일정한 연관성 위에서 제시하는 교육계획에 대한 깊은 소양을 갖추어야 할 것이다. 한 가지 예를 들어 도덕시간에 '애국'에 대해 가르친다고 하자. 교사는 우선 가르쳐야 할 덕목 '애국'이 무엇인가를 구체적으로 알아야 하며, '애국'의 이론적 배경으로서 이것이 한 집단에 내려온 유산·전통·관습 등을 숭상·준수시키고자 하는 객관적·구속적 도덕에 속하느냐, 또는 각자의 가치관·세계관에서 우러나온 자율적인 판단에 의거한 행동을 존중하는 주관적·양심적 도덕에 속하느냐, 아니면 인간의 역사의 발전 가능성에 회의를 품거나 자신의 능력의 한계를 인식하고 초현세적 절대자에게 자신을 내던지고 귀의함으로써 세계의 평화와 자신의 구원을 비는 종교적·계율적 도덕에 속하느냐를 알아야 할 것이다. 또 이 '애국'이란 덕목을 단계적으로 아이들에게 제시하는 방법을 알아야 하며, 그리고 이것을 가족애·향토애·인류애와 관련해서 계열적으로 다루는 장기적인 교수계획을 짬으로써, '애국'의 의의와 위치를 전망할 수 있어야 할 것이다.

둘째, 교사는 학생들의 개인적인 생활문제, 진로문제에 대한 적절한 지도자가 되어야 한다. 학생들은 일상생활 속에서 많은 문제를 안고 고민하고 있다. 학업에 전혀 열의가 없는 아이, 지능이 일반학생들에 비하여 현저하게 떨어지는 아이, 자신의 능력과 적성을 객관적으로 인식 못하고 진학문제, 진로선택에 고민하고 있는 아이, 지나친 열등감 혹은 우월감을 갖고 있기 때문에 친구들 사회에 못끼고 외톨이로 지내는 아이, 경제적 빈곤이나 인종적 차별로 인하여 사회적으로 불우한 대접을 받고 있는 아이 등 불과 몇십 명 안 되는 교실 안에도 무수한 문제를 지니고 있는 아이들이 있다. 이들을 적절하게 지도하기 위해 교사는 학생들의 괴로움을 자신의 괴로움으로 여기는 동붕동행적(同朋同行的) 자세를 갖추어야 하며, 교육철학과 상담심리에 대한 전문적인 지식을 갖추고 있어야 한다.

셋째, 교사는 자신이 하나의 전문적 연구영역을 갖고 진지하게 계속 연구해 나가야 한다. 우리가 부스러기 지식을 가르치지 않기 위해서는 자신이 먼저 이것을 체계화해야 한다. 그러기 위해서는 높은 수준의 학문에 꾸준히 접해야 한다. 교사 자신이 이런 진지한 학문적 태도, 자신을 권위자로 위장하지 않고 겸허한 자세로 인생을 뜻 있게 살고자 하는 구도의 자세를 갖추게 되면 이것은 아이들에게 무의도적으로 감화된다. 그 결과 모든 교사가 자기의 학급을 다른 학급과 다른 특색 있는 학급으로 만들게 되는 것이다. 교사는 자기가 맡고 있는 학급이라는 작은 우주(microcosmos)를 자기가 꿈꾸고 있는 큰 우주(macrocosmos)로 인도하는 선두가 되어야 한다.

넷째, 교사는 교육의 자유, 교사의 신분보장, 교사의 품위 있는 생활보장 등을 위한 교직단체활동에 적극적으로 참여해야 한다. 물론 교직단체에의 참여활동은 법적으로는 자유이나 교사는 자신의 막중한 직분에 알맞는 교육권·신분권·생활권 확보를 위한 단체활동을 벌려 이것을 제도적으로 보장받아야 할 것이며, 또 이에 그치지 않고 단체활동을 통해서 민족의 양심을 견지하며 민족의 미래에 대한 밝은 청사진을 독자적으로 제시해야 할 신성한 책무를 지닌다 할 것이다. 우리나라에는 고아의 아버지, 사랑의 교사 정도로 통속적으로만 소개되어 있는 페스탈로찌가 사실 이런 교직단체활동의 의의를 깊이 인식하고 스스로 교육사상 최초로 '스위스교육회'(Die Schweizerischen Gesellschaft der Erziehung)를 창립하여 회장으로 취임하고 이에 일선교사는 물론이요, 교육행정가·종교가·학원관리자를 규합, 참여시킨 뜻을 우리는 깊이 새겨야 할 것이다.

다섯째, 교사는 슬기로운 학교관리자라야 한다. 교사는 학교관리에 필요한 여러 직무를 분담하여 수행해야 하며, 학교가 외부의 부당한 간섭을 받지 않게 지켜 나가야 하며, 학교 내의 여러 교직원과의 꾸준한 대화를 통해서 파벌을 타파하고 공리심을 버리고 공동의 광장을 마련함으로써 직장의 민주화를 꾀해야 한다. 이러한 민주적인 직장에서 비로소 민주적 교육이 진행되며, 이런 교육환경에서만 민주주의가 몸에 배인 민주시민들이 길러질 것이다.

3. 외국 교사의 특징적인 업무

나라마다 역사, 전통, 문화가 다르기 때문에 교사에게 기대하는 업무도 다르게 마련이다. 위에 든 일반적인 업무와는 달리 나라마다 별도로 기대하는 업무들을 특징적인 업무라는 표현 아래 다섯 가지만 들어보기로 한다.[9]

(1) 종교교육(미국)

미국은 교육에 관한 권한이 거의 주에 있으며 주마다 사정이 다르나 종교교육을 강조하는 점에서는 일치하고 있다. 예를 들어 캘리포니아주에서는 이것을 이렇게 규정하고 있다.

> 신교의 자유의 입장에서 종파적인 교의에 걸치는 것은 피하나 광의의 종교교육, 도덕교육은 학교교육을 통해서 중시되어야만 한다.

---

9) 平塚益德 편, 「세계의 교사」(東京: 帝國地方行政學會, 1972), p. 65.

미국의 교사들은 그 담당과목이 무엇이든 넓은 의미의 종교교육을 통해서 도덕교육을 해야 할 업무가 부과되어 있다. 이런 사정은 일반적으로 유럽의 모든 나라, 그리고 불교나 회교 등을 국교로 정한 나라에서도 마찬가지다.

(2) 체벌부 작성(영국)

영국은 전통적으로 어린이에 대한 체벌을 인정한다. 그래서 꼭 체벌을 과해야 할 경우 사전에 교장의 양해를 받고 이것을 가하며, 가한 후에는 이것을 기록하여 비치하고 학부모에게도 통보한다. 그래서 생긴 것이 체벌부이다. 이것은 통지표와는 다르며, 어린이의 인격형성의 과정의 기록이기에 대단히 중요한 문서로 취급된다. 그러나 영국의 공립학교에서는 1986년부터 공립학교에서의 체벌을 금지하고 있다.

(3) 교무전담교원(프랑스)

프랑스의 중등학교에는 교과지도를 주로 하는 교원 외에 교무만을 전담하는 교무교원, 학생들의 진로지도를 전담하는 진로상담교원, 문제학생들을 돕는 학교심리치료사 등이 있다. 교사들은 많은 업무, 특히 '잡무', 예를 들면 공문서 처리, 학적부 관리, 잡부금 처리 등에 시달리고 있다. 그래서 교무에 관계되는 업무만을 전담하는 교원이 따로 있는 것이 퍽 특이하다.

(4) 사친회(미국/독일)

학생들의 학업이나 생활에 관련된 문제를 사친회(師親會)라는 교사와 학부모의 조직을 통해서 효과적으로 진행시키는 나라가 많다. 미국의 PTA, 독일의 '슈울플렉샤프트'(Schulpflegschaft)가 그것이다. 독일에서는 이 사친회의 협력을 통해서 교사가 어린이의 지도에 성공을 거두고 있는 나라의 하나이며, 그러기에 교사의 사친회활동이 큰 비중을 차지한다.

4. 교직의 애환

교사는 자연물에 기계적 절차를 거쳐 가공을 하여 상품을 생산하는 육체노동자(labourer)가 아니고 살아 움직이는 인간의 심신에 정신적 감화를 가하여 최선의 것을 발로하게 하는 예술적 근로자(worker)이며, 더 나아가 고도의 이론적 배경과 장기간의 학문적 수련을 필요로 하는 법률가·종교가·의사·교수에 필적하는 전문직업인(profes-sional)이다.

교직에는 슬픔도 많다. 세상 사람들은 교직은 저급한 기술에 속하며, 경제적 대우가 좋지 못하며, 효과가 미비해서 보람이 없고, 입신출세를 기하지 못하는 주변적 직업이라 생각하고 이것을 천직(賤職)이라 여기는가 하면 한편으로는 곧잘 구름 위에서 안개만 마시며 살수 있는 천직(天職)이라고 추켜세우면서 생활권 보장을 위한 단체교섭권을 백안시하기도 한다. 천직(賤職)과 천직(天職), 이 두 극단적인 교직관이 그릇된 것임은 너무나도 명백하다. 그러나 그 의의를 생각하면 성직(聖職)임에는 틀림 없으며, 또 마음과 뜻과 정성을 다해서 수행해야 할 성직(誠職)임에 틀림 없다.

또 교직에는 다른 직업에서는 기할 수 없는 보람도 있으니 자신의 직책의 사회적 중요성을 음미할 때 인생에 항상 충실감을 가지며, 순진한 학생들을 항상 대함으로써 애정의 욕구가 채워지며, 자기의 도움으로 나날이 커가는 아이를 봄으로써 창조의 기쁨을 맛볼 수 있고, 학문을 계속 연구함으로써 자신의 개성을 십분 발휘할 수 있고, 뭇사람을 대하게 됨으로써 인생을 배울 수 있고, 좋은 환경으로 다듬어진 직장에서 일함으로써 건전한 생활을 즐길 수 있는 점들이라 할 것이다.

여기에 미국의 청교도 시인 반다이크의 '무명교사들에게'(To the Unknown Teachers)[10] 라는 교사 예찬사를 소개한다.

[무명교사들에게]

나는 무명교사를 예찬하는 노래를 부르노라.

전투를 이기는 것은 위대한 장군이로되, 전쟁에 승리를 가져오는 것은 무명의 병사로다.

새로운 교육제도를 만드는 것은 이름 높은 교육자이로되, 젊은이를 올바르게 이끄는 것은 무명의 교사로다. 그가 사는 곳은 어두운 그늘, 역경을 당하되 달게 받도다. 그를 위하여 부는 나팔 없고, 그를 태우고자 기다리는 황금마차 없으며, 금빛 찬란한 훈장이 그 가슴을 장식하지 않도다. 묵묵히 어둠의 전선을 지키는 그 무지와 우매의 참호를 향하여 돌진하는 그이니, 날마다 날마다 쉴 줄도 모르

---

10) Henry Van Dyke의 '무명교사들에게'라는 교사 예찬사를 영어로 소개하면 다음과 같다.

I sing the praise of the unknown teacher.

Great generals win campaigns, but it is the unknown soldier who wins the war.

Famous educators plan new systems of pedagogy, but it is the unknown teacher who delivers and guides the young. He lives in obscurity and con-tends with hardship. For him no trumpets blare, no chariots wait, no golden decorations are decreed. He keeps the watch along the borders of darkness and makes the attack on the trenches of ignorance and folly.

Patient in his daily duty, he strives to conquer the evil powers which are the enemies of youth. He awakes sleeping spirits. He quickens the indolent, encourages the eager, and steadies the unstable. He communicates his own joy in learning and shares with boys and girls the best treasures of his mind. He lights many candles which, in later years, will shine back to cheer him. This is his reward.

Knowledge may be gained from books ; but the love of learning is trans-mitted only by personal contact. No one has deserved better of the Republic than the unknown teacher. No one is more worthy to be enrolled in a democratic aristocracy, 'King of himself and servant of mankind.'

고 젊은이의 적인 악의 세력을 정복하고자 싸우며, 잠자고 있는 영혼을 일깨우도다. 게으른 자에게 생기를 불어넣어 주고, 하고자 하는 자를 고무하며 방황하는 자에게 안정을 주도다. 그는 스스로 학문하는 즐거움을 젊은이에게 전해 주며, 지극히 값진 정신적 보물을 젊은이들과 더불어 나누도다. 그가 켜는 수많은 촛불, 그 빛은 후일 그에게 되돌아와 그를 기쁘게 하나니, 이것이야말로 그가 받은 보상이로다.

지식은 책에서 배울 수 있으되 지식을 사랑하는 마음은 오직 따뜻한 인간적 접촉으로써만 얻을 수 있는 것이로다. 공화국을 두루 살피되 무명의 교사보다 예찬을 받아 마땅할 사람이 어디 있으랴. 민주사회의 귀족적 반열(班列)에 오른 자, 그 밖에 누구일 것인고, '자신의 임금이요, 인류의 종복인저!'

Ⅲ. 교사의 권리

1. 교권의 개념

최근 '교권'의 문제가 진지하게 논의되기 시작한 것은 교육을 위해, 교사를 위해 퍽 다행한 일이다. 그러나 교권의 개념이 매우 광범위하고, 쓰는 사람에 따라 개념을 달리 하기에 논의에 초점이 흐려지는 경우도 있다. 교권이란 무엇인가? 교권옹호단체인 한국교원단체총연합회의 「교권사건판례집」(1991)에서는 이렇게 규정되어 있다.[11]

교권은 사회적 제도로서의 교육에 종사하는 교원들이 자신들에게 주어진 사회적 역할을 수행하는 데 있어서 ① 그들이 일정한 기간의 훈련을 통하여 획득한 전문적 지식과 능력의 소유자로서 권위를 인정받고, ② 부과된 책임과 임무를 이행하는 데 있어서 부당한 간섭과 침해로부터 자신과 자신의 업무를 보호하고, 나아가서 ③ 그

---

11) 한국교원단체총연합회, 「교권사건판례집」(서울: 한국교원단체총연합회, 1991), p. 23.

전문직에서의 안정된 생활과 최대한의 능률을 기하기 위한 신분상
의 보장을 받을 수 있는 조건을 주장할 수 있는 권리이다.

이러한 개념규정은 학생이나 학부모가 학교교육에 간섭하고 교원
의 권리를 침해하는 데 대해 교원의 권리와 권위를 확보하려는 의도
에서 교사의 교육권이라는 뜻으로 사용된 것이다. 이처럼 교권을 좁
게 '교사의 권리'로 보는 면이 있는가 하면, 넓게는 '교육의 권리'를
교권으로 보는 입장이 있다. 이 때에 교육권이란 교육에 관한 일정한
권리를 보호하기 위하여 법이 특정한 개인 또는 단체에게 부여하여,
그 의사를 우선적으로 주장하고 남을 지배할 수 있는 힘이다. 즉 교
육에 직접 관계하는 사람들의 교육에 관한 권리와 의무 및 책임과 권
한 관계의 총체를 교육권으로 보는 것이다. 이러한 교육권은 학교교
육의 측면에 있어서 어린이, 학생의 교육을 받을 권리와 부모, 교사,
설치자, 국가의 교육을 할 권리로 나누어진다.[12]

2. 교육의 권리

넓은 의미의 교권은 '교육을 받을 권리'와 '교육을 할 권리'를 다 포
함하며, 이것은 다음 네 권리로 분류된다.

첫째는, 수익권으로서의 교육권이며, 이것은 헌법에 명시되어 있는
교육의 기회균등권, 즉 모든 국민이 성별, 인종, 신분의 차별이 없이
균등하게 교육을 받을 권리를 말한다.

둘째는, 친권적 교육권이다. 이는 어버이가 자기 자녀에 대해 교육
을 할 수 있는 권리를 말한다. 어린이의 '본적'이 국가인가, 가정인가,

---

12) 강인수, "교권의 개념," 「대학교권실태와 신장방안」(서울: 한국교원단체총연합회,
1992), pp. 16~18.

이 물음은 참으로 중대한 물음이다. 전체주의 사회체제에서는 그것을 국가로 보며 자유주의 사회체제에서는 가정으로 본다. 그러나 우리는 어린이의 귀속을 가정으로 보기에 가정이 교육의 권리를 지니는 것을 자연법적 권리로 인정한다. 민법에도 친권을 행사하는 자는 자녀의 감독 및 교육을 행할 권리와 의무를 지닌다고 규정하고 있다.[13]

셋째는, 위탁권으로서의 교육권이다. 이는 공공기관과 어버이로부터 교사가 진리의 대변자로서 위탁받은 권리를 말한다. 좁은 의미의 교권, 즉 교사의 권리가 이것이다. 그래서 교사는 자유롭게 교육을 할 권리를 지니는 것이다. 이런 뜻에서 대학의 교수가 학문의 자유를 누리듯이 초등학교나 중등학교의 교사도 교육의 자유를 누려야 한다는 논리가 유도된다.[14]

넷째는, 입법·사법·행정의 삼권에 준하는 제4권으로서의 교육권이다. 이것은 교육은 세속적 권리나 특정 종교로부터 자유로워야 한다는 교육철학을 바탕으로 전개되는 교육행정의 원리다. 즉 국가나 지방공공단체가 행하는 교육행정기능의 정치적 중립성의 보장, 외부로부터의 지배 혹은 간섭으로부터의 자유, 더욱 나아가서 일반행정에 대한 교육행정의 우위성을 사법권의 일반행정권으로부터의 독립에 견주어 이룩하고자 하는 생각이며, 교육에 자연권적 불가침성을 인정하고 교직을 사법직처럼 전문직으로 규정하고자 하는 생각을 기저로 한다. 헌법에도 교육의 정치적 중립성과 자율성을 보장하고 있다. 이 넷째의 교육권에서 필연적으로 유도되는 교직관은 의사, 법률가, 종교가에 버금가는, 고등의 전문적 지식과 기술을 지니고 자유재량권을 행사할 수 있는 자유직업관(profession)이다.

---

13) 첫째로 든 수익권이 사회권으로서의 교육권인 데 비해서 둘째로 든 이 권리는 친권이며, 따라서 사회가 바람직하지 못한 방향으로 교육을 하고 있다고 생각될 때 친권자는 이를 거부할 수 있다. 그래서 가정교육적 모형의 사립학교도 탄생되는데 그 대표적인 것이 영국의 사립학교들이다.

14) B. R. Wilson, et al., *Der Lehrer in Schule und Gesellschaft*(München: R. Piper & Co. Verlag, 1971), S. 235~242.

우리가 교권이라 말할 때 여기에는 이렇게 많은 권리들이 담겨져 있음을 알아야 한다. 교권을 전문직으로서의 교사의 권리만으로 국한 해서는 결코 안 된다. 물론 교사의 권리가 교권의 핵심적 구성요소이 기는 하지만, 넓은 의미의 교권이 보장되지 않을 때 교사의 권리도 보장받지 못하기 때문이다.

3. 교사의 권리

교사의 권리를 주제로 한 가장 큰 국제적 회의[15]는 UNESCO와 ILO 의 주최로 1966년 10월 5일 파리에서 열린 '교원의 지위에 관한 정부 간 특별회의'였다. 이 회의에서 채택된 권고문(Recommendation con‐ cerning the Status of Teachers)은 그 배경을 이렇게 진술하고 있다.[16]

---

15) 참고로 1996년 10월 5일 제네바에서 열린 국제교육회의(International Conference on Education)는 1966년 교사들의 지위에 관한 UNESCO와 ILO의 권고문이 채택 된 지 30년, 1975년 교사를 주제로 다루었던 35차 국제교육회의에서 69개의 권고 문이 채택된지 21년이 지난 지금 학교와 사회에서 교사와 교육자의 역할, 기능, 지 위를 검토할 때가 되었음을 선언한다. 그러면서 다음과 같은 권고문을 제시하는데, 그것은 다음 9개의 장으로 이루어져 있다. 1장: 교원충원, 2장: 전직교육, 3장: 현 직교육, 4장: 변화하는 교육과정에 교사들의 참여, 5장: 교육과정에서 교사와 그들 의 협력자들, 6장: 새로운 정보기술, 7장: 교사의 지위와 근무조건을 개선하기 위 한 전략으로서 전문직화, 8장: 어려운 상황에서 근무하고 있는 교사와의 연대, 9 장: 지역적이고 국제적인 협력으로 이루어져 있다. 이 권고문은 현대 사회가 겪고 있는 심각한 사회적·경제적·정치적·문화적 변화를 고려해 볼 때 새로운 기술의 보급이 불가피한데, 이러한 새로운 교육적인 변화에 주도적인 사람이 바로 교사라 고 한다. 또한 교사의 지위를 개선하기 위해서는 그들에게 물질적인 상황을 개선 하는 것, 즉 봉급과 사회적 혜택의 개선은 필요조건은 되지만 충분조건은 되지 못 하기 때문에, 통합적인 정책으로서 전문직화되는 것이 탁월한 전략이라고 주장한 다. 그렇기 때문에 이 권고문은 교사의 지위를 개선하기 위한 체계적인 접근을 시 도하고 있는 것이다. International Conference on Education, "Declaration of the Forty‐Fifth Session of the International Conference on Education," Geneva, Oct. 5, 1996.
16) UNESCO/ILO, op. cit., p. 10.

교원에게 적용되는 현행의 제 국제협약, 특히 1948년의 '결사의
자유와 단체조직의 권리보장에 관한 협약', 1958년의 국제노동기구
(ILO) 총회에서 채택된 '고용과 취업에 있어서의 차별대우에 관한
협약', 1960년의 UNESCO 총회에서 채택된 '교육에 있어서의 차별
반대에 관한 협약' 등 인간의 권리에 관한 제 문제의 제 규정에 유
의하며, 또한 유네스코와 국제교육국(IBE)이 공동으로 소집한 공교
육에 관한 국제회의에서 채택된 '초·중등교원의 양성 및 지위에 관
련된 제 문제에 대한 권고'와 1962년 유네스코 총회에서 채택된 '기
술 및 직업교육에 관한 권고'를 상기하며, 교원에게 특히 관련된 제
문제에 대한 현행 규정상의 기준을 보완하고 교원부족의 문제를 해
결하기 바라면서 이 권고문을 채택하였다.

교사의 지위향상과 교사의 권리보장은 표리일체의 관계에 있으며,
사실 이 권고문은 교사의 지위향상으로 되어 있지만 권고문의 내용은
권리보장의 사항으로 짜여져 있다. 특히 우리나라는 유네스코 회원국
이기 때문에 이 권고문의 정신을 행정적으로 반영해야 할 의무가 있
다. 전 8 장 제146조로 짜여진 권고문에서 가장 주목되어야 할 조항
은 교원의 지위의 결정요인을 분석한 제 1 조 제 2 항이다.

교원의 지위라는 말은 교원의 직무의 중요성 및 그 직무수행능력
에 대한 인식의 정도에 따라 그들에게 주어지는 사회적 대우 또는
존경과 다른 집단과 비교하여 본 교원의 근무조건, 보수 및 그 밖의
물질적 급부 등 두 가지를 다 의미한다.

이 권고문은 교사의 권리를, ① 전문직으로서의 자유, ② 교원의
책임, ③ 교원과 교육활동과의 관계, ④ 교원의 권리(여기에서는 단체활
동권)의 네 개념으로 규정하고 있는데, 우리는 이것을 ① 교육자유권,
② 문화생활권, ③ 신분보장권의 셋으로 조명하여 이에 관련된 조항
들을 다음에 음미하여 보기로 한다. 교사의 권리 중에서 이 세 권리

가 가장 핵심을 이루는 것이기 때문이다. 우리는 이 세 권리를 교사의 3대 권리라 할 수 있다.

(1) 교육자유권

교사는 전문직으로서 법의 범위 안에서 소신대로 가르칠 내용을 선정하고 그것을 개성적인 방법으로 교수하고, 또 그 결과를 평가할 수 있는 자유를 누려야 한다. 권고문은 이러한 권리에 대하여 '전문직으로서의 자유'라는 제목으로 제61조에서 제69조까지에 걸쳐 세밀하게 논구하고 있다. 이 9개 조항 중에서 가장 중요한 것은 원칙을 밝힌 제61조다.

> 교직은 전문직으로서의 임무를 수행하는 데 있어서 학문의 자유를 누려야 한다. 교원은 학생에게 가장 적합한 학습지도 보조자료와 방법을 판단하는 데 있어서 특별한 자격을 가지고 있으므로 소정의 교육과정의 테두리 안에서 당국의 원조를 받아 교재의 선정과 개선, 교과서의 선택, 교육방법의 적용 등에 중요한 역할을 담당해야 한다.

이러한 학문의 자유(교육의 자유)는 어떻게 구체적으로 반영되어야 할 것인가? 교원과 교직단체가 교육과정 작성에 참여해야 하며(제62조), 장학은 교원을 감독하는 위치에서가 아니고 격려하는 위치에 서야 하며(제63조), 교원의 근무평정은 객관적이고 공개적이어야 하며, 따라서 부당하다고 여겨질 경우 이의를 신청할 수 있어야 하며(제64조), 학생의 진보를 평가하는 데 유용하다고 생각되는 평가기술을 자유롭게 택할 수 있고(제65조), 교육과정 및 교육과정상의 여러 문제에 대한 교원의 건의를 당국이 존중해야 하며(제66조), 교원은 학부모의 부당한 간섭을 받지 않도록 보호를 받아야 하며(제67조), 교원에 대한 학부모들의 불평처리는 교장과 관련교사와의 토론, 서면에 의한 상급기관에의 제소, 교사를 위한 비공개리의 변호기회제공을 거쳐야 하며

(제68조), 교내외의 교육활동 중에 학생에게 상해가 발생할 경우, 교원은 손해배상을 청구당하는 일이 없도록 되어야 한다(제69조).

이같은 기준에 비추어 우리 현실을 볼 때 유감스러운 일들이 많다. 교원이 전문직으로 자각을 못하며, 짜여진 교육과정을 기능공처럼 가르쳐야 하며, 근무평정에 전전긍긍하고, 성적평가도 거의 상대평가를 강요당하며, 학부모의 교사에 대한 불평처리가 무사안일을 일삼는 교육행정으로 인해 무마되고 있고, 심지어 교내의 재산상의 피해를 교사들이 공동으로 변상하는 사례까지 있다.

(2) 문화생활권

교원은 그 직분에 부합한 문화생활을 누릴 수 있는 물질적 보수를 받을 수 있어야 한다. 직업을 영리직과 봉사직으로 나눈다면 교직은 물론 봉사직에 든다. 그러기에 사회는 교사가 부업이 아닌 본업만으로도 최저한의 문화생활을 할 수 있게 도와줄 공공적 책무를 져야 한다. 권고문은 '교원의 봉급'이란 제목으로 제114조에서 제124조에 이르기까지 이것을 강조하고 있다. 우선 기준을 밝힌 제114조를 읽어보자.

> 오늘날의 세계적 상황에 비추어, 교원들에게 주어지는 사회적 대우나 존경과 그들의 중요성에 대한 인식의 정도 등, 제 요인은 유사한 타 전문직과 마찬가지로 그들이 놓여 있는 경제적 지위에 크게 달려 있으므로 교원의 지위에 영향을 주는 요인 중에서도 봉급은 특히 중요시되어야 한다.

이같은 원칙은 어떻게 구체화되어야 할 것인가. 권고문은 말한다. 교원의 봉급은 교직의 중요성에 비추어 타 전문직에 손색이 없고, 또 계속연구나 문화활동에 부족함이 없는 정도가 되어야 하며(제115조), 교직단체와의 합의하에 작성된 봉급표에 의해 지급되어야 하며(제116

조), 소정의 기준에 의한 추가보수가 지급되어야 하고(제118조) (중략) 기본봉급표에 있어서 최저봉에서 최고봉에 달하는 기간은 10년 내지 15년을 초과하지 말아야 하며(제122조), 봉급결정을 목적으로 하는 어떤 근무평정제도도 관계 교직단체와 사전협의 및 승인 없이 도입되거나 적용되어서는 안 된다(제124조).

이런 기준에 비추어 우리 교사들의 현실을 보면, 봉급액이 타 전문직에 비해 현저히 뒤지며, 계속연구나 문화생활을 즐기기에는 매우 부족하며,[17] 하물며 기본봉급표 작성과정에 교육단체의 사전승인을 받아야 한다는 생각은 상상도 못할 형편에 있다.

(3) 신분보장권

신분보장권은 법에 의해 정해진 인사·임용상의 권리가 보장되며, 부당한 인사행정상의 조치에 합법적 소청의 기회가 부여됨은 물론 교직단체를 통해 단체활동을 전개할 수 있는 권리를 포함한다. 권고문은 '취업과 교직생애'의 장에서 이런 문제들을 다루고 있으며, 신분보장이라는 제목으로 2개조, 승격과 승진에 5개조, 징계절차에 6개조를 할당하고 있다. 우선 원칙을 밝힌, 신분보장에 관한 두개 조항을 읽어 보자.

> 제45조 교직에 있어, 취업의 안정성과 신분보장은 교원을 위해서는 물론, 교육을 위해서도 불가결하며, 비록 교육제도 자체가 변하거나 또는 그 내부에 변화가 일어나더라도 보호되

---

17) 이광현(2008)이 한국과 미국 교원의 임금수준을 비교·분석한 결과에 따르면 미국이 한국보다 연6%(약 3,000달러)의 임금을 더 받는다. 두 나라 모두 전체 대졸자에 비해 낮은 임금 수준을 보이며 미국의 경우 11%나 낮다. 주요 전문직과의 비교에서도 양국의 임금이 모두 낮고 기술요구수준이 비슷한 직종에서는 한국교사가 미국교사보다 약간 높은 수준을 보인다. 최저생계비와 임금을 비교한 결과 한국이 0.7% 더 받는다. 마지막으로 한국의 교사들은 업무강도에 비해 임금은 낮은 것으로 드러났다. 이광현(2008). 「한국과 미국교원의 임금수준 비교연구」. 지방교육경영 13. p. 38 참고.

어야 한다.

제46조 교원은 그 전문적 지위나 신분에 영향을 미치는 부당한 행위로부터 충분히 보호되어야 한다.

이같은 원칙을 구현할 시책은 무엇인가? 고용기관과 고용조건에 관해서 발생하는 분쟁의 해결을 위한 교직단체의 활동의 보장(제84조), 기구개편에서 오는 불이익 예방(제45조), 교육행정가의 기초자격을 교사로 정함(제43조), 징계사항·절차의 교직단체와의 협의·자문(제49조), 그리고 여교사의 권리의 보호(제54~58조)이다. 특히 교직의 여성화 추세에 긍정적으로 대처하기 위해서는 여교사의 권리보장에 각별히 배려해야 할 것이므로 이들 조항을 정독할 필요가 있다.

제54조 결혼이 여교원의 임명이나 계속적인 고용에 지장을 주는 것으로 생각되어서는 안 되며, 또한 보수나 그 밖의 근무조건에 영향을 미쳐서도 안 된다.

제55조 임신과 출산 휴가를 이유로, 고용자가 고용계약을 종결시키는 일은 금지되어야 한다.

제56조 가정의 책임을 가진 교원의 자녀를 돌보아 주기 위하여 바람직하다고 생각될 경우에는, 탁아소나 보육원 같은 특별한 설비가 고려되어야 한다.

제57조 가정을 지닌 여교원에게는 연고지에서 근무할 수 있도록 하고, 또 부부교사의 경우에는 인접지역의 학교 또는 동일학교에서 근무할 수 있도록 하는 조치가 강구되어야 한다.

제58조 가정의 책임을 지고 있는 여교원으로서, 정년 전에 퇴직한 자의 복직은 사정이 허락하는 한 장려되어야 한다.

이같은 권고문의 정신과 기준에 비추어 볼 때 우리 현실에 문제가 많다. 교권침해사례가 이루 헤아릴 수 없이 많기 때문이다.[18] 아동간

---

18) 최경실·주철안(2015)에 따르면 교권을 침해당했다고 응답한 교사들은 그 유형을

의 자연사고 때문에 교사가 피해를 입으며, 기구개편으로 교사가 면 직을 당하고, 근무조건 개선을 요구한 교사에게 직위해제를 시키며, 출산 여교사에게 불이익을 주고, 매스컴에 의해 교직이 우롱당하며, 학부모가 교사를 폭행하기도 하는 등 참으로 안타까운 일들이 많다.

다음과 같이 인식하고 있다. 학생의 부당행위 55.3%, 학부모의 부당행위 24.5%, 명예훼손 9.4%, 기타 3.6%, 교직원갈등 3.1%, 신분피해 2.4%, 학교안전사고 1.7% 순이다. 이 중 학생의 부당행위 내용으로는 교사의 정당한 지시 불이행, 수업진행 방해, 폭언·욕설의 순으로 나타났다. 한편 학부모의 부당행위 내용으로는 폭력 및 언어폭력이 가장 많고 민원제기와 과장된 내용 유포가 그 뒤를 잇는다. 최경실·주 철안, "교권침해 실태에 대한 중학교 교사의 인식 조사"(2015), 「교육혁신연구」 25(1). pp. 83~87 참고.

Ⅳ. 바람직한 교사 – 학생 관계

맥루한(Marshall McLuhan)은 "전달매체가 곧 전달내용이다"(The medium is the message)라고 하였다. 전달매체 그 자체가 전달내용이 된다면, 교사와 학생간의 교육활동에 있어서 교육내용을 전달하는 교사 그 자체 또한 교육내용이 될 수 있다고 볼 수 있다. 즉 교육활동에 있어서 교사의 일거수 일투족이 조심스러워야 하고 모범(example)이 되어야 함은 교사 그 자체가 곧 교육내용일 수 있기 때문이다. 하지만 교육은 교사 혼자의 노력으로만 이루어지는 것이 아니다. 교사와 학생간에 참다운 관계가 형성되지 않으면 교육의 효과는 그만큼 반감되기 마련이다.

그 동안 교육에 대한 인간주의적인 접근이 고조되어 왔는데, 그 중에서도 교사–학생간의 관계의 중요성을 역설하면서 이에 대한 인간학적 접근을 강조하는 경향이 돋보인다.[19] 이러한 관계가 자주 교육의

---

19) Heath는 오늘날의 시대상황이 심각한 교육적 변화를 요구하고 있다고 지적하면서 학교교육의 인간화를 주장하고, 특히 교사와 학생간의 관계 및 학생 상호간의 관계의 중요성을 역설하였으며(Douglas H. Heath, *Humanizing Schools: New Directions, New Decisions*, New Jersey: Hayden Book Co., Inc., 1971, p.

문제로 부각되는 이유는 학생의 인간성(사람됨)은 인간인 교사의 인간적인 교육방법에 의해 계발될 수 있기 때문이다. 즉 교육내용이 아무리 인간적인 것이라 하더라도, 이것이 인간성이 결여된 교사에 의해 비인간적인 방법으로 가르쳐진다면, 학생들은 결국 비인간적인 '어떤 것'을 학습하게 된다. 결국 인간화 교육은 인간적인 교사에 의해 이루어질 수 있으며, 교사가 학생을 수단시하지 않고 인격적 주체로 파악하는 상호인격적 관계 속에서 가능하다고 본다.

교육이란 근본적으로는 살아있는 인간이 또 하나의 자유로운 인간을 만나는 것이다. 따라서 교육이란 그 가장 깊은 본질적 차원에 있어서는 역시 기계적인 기술이 아니고 인간과 인간 사이의 삶의 대결이다.[20]

그러기에 교사와 학생간의 참된 관계는 교육내용과 방법에 선행한다고 볼 수 있다.[21] 이런 맥락에서 실존철학자인 부버(Martin Buber)의 「관계」의 철학, 즉 「만남」의 철학은 교사−학생간의 관계확립에 시사하는 바가 많다. 부버는 여타의 실존주의 철학자들과는 달리 교

187.), Lapp 등은 인간성이 인간화된 환경 속에서 계발될 수 있다고 하면서 교사와 학생간의 인간관계를 강조하였고(Diane Lapp, Hilary Bender, Stephan Ellenwood, Martha John, *Teaching and Learning: Philosophical, Psychological, Curricular Applications,* N. Y.: Macmillan Publishing Co., Inc., 1975, pp. 195~204), Patterson은 휴머니티를 지닌 교사의 필요성을 논하면서 교사와 학생간의 인간관계가 학습의 본질적인 조건이 된다고 하였으며(C. H. Patterson, *Humanistic Education,* New Jersey: Prentice−Hall Inc., 1973, pp. 61~62), Rich 는 학교와 사회의 비인간화 현상을 논하면서, 교사와 학생간의 인격적 관계를 강조하였고(John Martin Rich, *Humanistic Foundations of Education,* Worthington: Charles A. Jones Publishing Co., 1971, pp. 205~236), 김정환은 오늘날의 교육의 비인간화는 현대문명의 역기능적 소산임을 지적하면서, 그것은 스승·제자·부모 상호간의 올바른 관계 상실에서 비롯됐음을 강조하였으며(김정환, op. cit., 1982), 홍웅선은 Zahorik & Brubaker(1972) 및 Combs(1970) 등의 이론을 근거로 하여 학교교육의 인간화를 논하면서 인본적인 교사의 역할 및 학생과의 인간적인 관계 형성을 역설하였다(홍웅선, 「초기교육과정」(서울: 교학사, 1976), pp. 285~292).

20) Otto Friedrich Bollnow, *Existenzphilosohie und Pädagogik*(실존철학과 교육학), 이규호 역(서울: 배영사, 1967), p. 3.

21) Patterson도 이같은 입장에서 훌륭한 교사와 훌륭하지 못한 교사의 구분은 교육방법에 있는 것이 아니라 교사의 인격에 있다고 보았다.

사와 학생간의 관계를 중요시한다.[22] 일반적으로 실존주의 운동은 교육가들에게 막연한 의미를 부여하였으며, 게다가 어떠한 지도지침도 제시하지 않았다. 하지만 부버의 경우는 예외적이다. 즉 의미 있는 교사─학생간의 관계를 위한 준거 및 바람직한 교육풍토를 위한 준거의 제시는 현대 교육철학에 명백한 의미를 부여하였다.[23]

그러면 부버의 「만남」의 철학과 교육관에 투영된 교사─학생간의 관계본질은 무엇인가? 우리는 부버의 철학과 교육관을 바탕으로, 교육의 인간화를 보장할 수 있는 바람직한 교사─학생 관계를 여섯 가지로 항목화하여 살펴보기로 하자.[24]

1. 상호인격적 친교의 관계

상호인격적 친교의 관계는 교사와 학생 둘 다 자유로이 활동하는 인격체로서 각각의 인격이 「서로 만남」 하는 것을 의미한다. 따라서 교사는 학생을 항상 하나의 인격체로서 목적시하여야 하며 수단시하지 말아야 한다. 왜냐하면 교육의 일차적 목적은 지식을 전달하는 데 있는 것이 아니라 개개학생을 책임적인 인격존재로 이끌어 주는 데 있기 때문이다. 학생을 수단시하였을 때 교사와 학생의 관계는 「나─그것」의 비인격적 관계로 전락하고 만다. 인격적 상호관계는 단순한 반응관계가 아니다. 자동판매기도 반응을 하지만, 사람과 같은 감정을 서로 주고받을 수 있는 인격적 친교작용은 이루어지지 않는다. 그러므로 교사와 학생간의 인격적 친교작용이 없다면, 그 관계는 동전

---

22) Mitchell Bedford, *Existentialism and Creativity*(N. Y.: Philosophical Library, Inc., 1972), p. 303.
23) Ruth Goodman, "Dialogue and Hasidism: Elements in Buber's Philosophy of Education," *Religious Education*, 73(Jan. Feb., 1978), p. 70.
24) 강선보, 「마르틴 부버의 만남의 교육」(서울: 양서원, 1992), pp. 181~192.

을 집어넣으면 기계적 반응을 하는 자동판매기와의 관계와 다를 바가 없는 것이다. 즉 「나-그것」의 관계로 비인간화하는 것이다.

인격적 관계형성을 위해서는 교사 자신이 먼저 인격화되어야 한다. 인격적-실존적 관계는 먼저 자기 자신의 내부로부터 성립하며, 자신의 인격성에 눈뜬 자는 아직 눈뜨지 못한 자에게 이를 가르칠 수 있다고 하면서, 이리하여 교육적 만남이 성립한다고 보았다.25) 이러한 인격적 「만남」을 통해 한 인간의 삶을 비약적으로 변화시키기도 한다. 부버는 이것을 다음과 같은 비유로 설명한다.

> (중략) 어떤 사람이 노래를 부르는 데 목소리를 더 이상 높일 수 없는 음(音)이 있다. 바로 그 때, 또 다른 사람이 다가와 그와 함께 노래를 부르는데 그 사람은 그 이상의 음을 낼 수 있는 사람이다. 그러면 첫 번째 사람도 또한 그의 목소리를 높일 수 있게 될 것이다. 바로 이것이 영혼과 영혼 사이의 결합의 신비이다.26)

바로 이것이 교사와 학생간의 관계인 것이다. 즉 인격에 눈뜬 교사는 학생의 잠든 영혼, 인격을 일깨워줄 수 있는 것이다. 그러기에 교육의 본질이 영혼과 영혼의 접합이며, 인격과 인격의 「만남」인 것이다.

2. 구도적 동반자 관계

구도적 동반자(求道的 同伴者) 관계는 교사와 학생과의 관계를 우열적 상하관계로 보지 않고 진리와 삶 앞에 적나라하게 서 있는 동등한 구도자의 관계로 보는 것이다.27) 부버는 이것을 우정의 관계라고 표

---

25) 김병옥, "인격교육의 이념," 「인격교육의 이념과 방법」, 한국교육학회교육사교육철학연구회 창립 17주년 기념 학술발표회 자료(1981), pp. 14~15.

26) Martin Buber, *Ten Rungs: Hasidic Sayings,* trans. Olga Marx(N. Y.: Schocken Books, 1962), p. 84.

현한다. 이 때 교사가 학생이 되기도 하고, 학생이 교사가 되기도 한다. 진리와 삶 앞에서는 교사가 교사이기를 그치고, 학생은 학생이기를 그치는 한에서 「만남」이 가능한 것이다. 그러므로 비록 학생이 교사와 만나는 경우라 하더라도 그것은 특별한 교육학적 만남의 특수형태가 아니라, 어디까지나 단순히 인간과 인간의 만남이라는 것이다.[28] 따라서 삶과 진리 앞에 교사와 학생이 동등한 구도자적 인간으로 마주설 때 「만남」이 가능한 것이다. 다음의 예를 들어 보자.

> 눈 내리는 추운 겨울날 나그네가 길을 떠났다. 목적지에 도달하기 위해서 깊은 산을 넘어야 했다. 계곡을 가다보니 웬 나그네 하나가 추위로 인해 눈 위에 쓰러져 있었다.

> ① 이 나그네는 망설였다. 쓰러진 나그네를 보살피거나 업고 가다가 지체하면 자기마저도 동사(凍死)할 것이라는 생각에 못 본체하고 지나쳤다. 결국 이 나그네도 얼마 못가 추위로 동사하고 말았다(「나-그것」의 비인격적 관계의 결말).

> ② 이 나그네는 쓰러진 나그네를 업고 목적지를 향해 부지런히 걸었다. 이마에는 구슬 같은 땀이 흘렀으며, 등에서는 따스한 체온이 솟아나와 업힌 나그네의 가슴으로 전달되어 언 몸을 녹여 주었다. 결국 둘 다 살았다(「나-너」의 인격적 관계의 결말).

이 예에서 보듯이 ①의 나그네는 삶과 진리 앞에 떳떳이 맞서지 못했기에 결국 파멸하고 말았지만, 떳떳이 맞선 ②의 나그네는 공생(共生, living together)을 하게 된 것이다. 진흙에 빠진 사람을 구하기 위해서는 진흙 속으로 뛰어 들어야 한다는 것이다.

오늘날의 학생들은 예의 쓰러진 나그네처럼 항상 진리와 삶의 문

---

27) 은준관, 「교육신학: 기독교 교육의 이론적 근거」(서울: 대한기독교서회, 1980), p. 64.
28) 이규호, 「교육과 사상」(서울: 박영사, 1977), p. 138.

제로 방황하며 고뇌한다. 교사는 이러한 학생들을 지나쳐 버려서는 안 된다. 구도자적 자세로 그들의 삶에 동참하여 동반자로서 고뇌할 때 교사와 학생의 삶 모두가 보장되며, 서로 일깨움을 주고 받음으로써 진리의 공동생산이 가능해진다. 즉 동붕동행(同朋同行)적 자세를 견지하여야 한다.

3. 상호포용적 관계

상호포용적 관계는 교사와 학생이 정체성(identity)을 지니면서 상대편의 삶에 동참함으로써 자기 생의 실현을 맛보는 것이다. 인격적 관계의 이상적인 형태는 훌륭한 결혼에서 잘 표현이 되는데, 여기에서 각 반려자는 자기 자신을 상대방에게 비이기적으로 주며, 또 그 주는 것 안에서 자기 생의 실현을 보게 된다. 즉 어떠한 선입견이나 편견 없이 상대방을 있는 그대로 받아들이면서 상호존중적·이타적인 삶을 영위하는 것이다. 이처럼 참된 교사는 학생들의 삶에 동참하면서 자기 자신을 비이기적으로 주는 아가페적 사랑 속에서 진정한 자기 삶을 발견하는 것이다.

"네 이웃을 네 몸과 같이 사랑하라"라는 기독교 정신이 바로 이러한 것이다. 다시 말해 이웃을 버리는 것은 자기 자신을 버리는 것이다.[29] 환언하면 학생을 버리는 것은 교사가 자신을 버리는 것이다. 학생은 미성숙자이기에 결점 투성이이다. 학생의 결점조차도 사랑할 때에, 즉 학생의 삶을 있는 그대로 포용할 때, 학생도 교사의 삶을 포

---

29) Martin Buber, op. cit., p. 83. 유대교에서의 이웃 사랑의 논리는 다음과 같다. 즉 자기 자신의 수많은 결점을 가장 잘 알고 있는 자는 곧 자기 자신이다. 그럼에도 불구하고 개의치 않은 채 자기 자신을 사랑한다. 이와 마찬가지로 우리가 우리 이웃 사람에게서 아무리 많은 결점을 발견한다 하더라도 개의치 않고 그를 사랑해야 한다는 것이다.

용하게 되어 비로소 상호포용적 관계가 성립되는 것이다.

4. 상호개방적 신뢰의 관계

상호개방적 신뢰의 관계는 교사와 학생이 신뢰의 분위기 속에서
서로의 삶 앞에 자기 자신을 드러내어 주는 것을 의미한다. 교사의
가장 중요한 과제는 배우는 자의 신뢰를 깨우쳐 주는 일이다.[30]

신뢰의 전제가 되는 것은 개방이다. 자신을 먼저 상대방에게 드러
내어 보여야 비로소 상대방도 믿고 자신을 드러내어 보인다. 다음의
우화를 예로 들어 보자.

여우와 늑대가 같은 방향으로 걸어가고 있었다. 앞에서는 늑대가
걸었고 뒤에서는 여우가 걸었다. 늑대와 여우의 거리는 어느 정도
일정하게 유지되고 있었다.

앞에서 걷는 늑대가 깊은 생각에 잠겼다(지금 여우는 내 뒷모습
을 보며 걷겠지. 내가 고개를 뒤로 살짝 돌리면 여우의 얼굴을 보겠
구나).

늑대는 더 밝은 곳을 기다렸다. 다행히 저 앞에 아주 밝은 곳이
펼쳐져 있었다. 그 곳에 이르자 늑대는 고개를 살짝 돌려 여우의 얼
굴을 훔쳐 보았다.

다시 앞을 바라보며 늑대가 큰 소리로 외쳤다.

"너는 내 뒷모습을 보며 걷지만 나는 너의 얼굴을 봤다."

여우가 빙그레 웃으며 입을 열었다.

"나도 방금 전에 네 얼굴을 봤다. 상대방의 얼굴을 보려면 먼저
자신의 얼굴을 보여줘야 한다구!"

---

30) Reuel Howe, *The Miracle of Dialogue*(대화의 기적), 김관석 역(서울: 대한기독
교교육협회, 1981), p. 112.

이 우화가 시사하는 것처럼 상대방의 마음의 빗장을 열기 위해서는 먼저 자기 자신의 마음의 빗장부터 열어야 한다. 마음의 문을 열지 않는 사람을 어느 누가 신뢰할 것인가? 교사가 자기 자신을 개방하고 신뢰로운 분위기를 형성하기 위해서는 용기와 진실한 태도, 그리고 상당한 원숙성을 필요로 한다. 즉 자신을 진리 앞에 내어 놓고 그 결과가 어찌되든 기다린다는 뜻이다. 이것은 가장 넓은 의미에서 자기를 내어던진다는 뜻도 된다. 그런데 신뢰와 개방은 반드시 교육적 성공을 보장하지는 못한다. 즉 모험적 성격을 지니기 때문에, 그러한 신뢰와 개방이 거부되는 상황 속에서 교육적 실패를 수반할 수도 있는 것이다. 그럼에도 불구하고 교사가 학생들을 신뢰하고 자기 자신의 내면성을 개방하지 않을 수 없는 이유는 신뢰와 개방의 모험 없이는 위대한 교육적 성과가 이루어질 수 없다고 보기 때문이다.[31] 그러므로 교사는 때때로 실패의 벽에 부딪치게 되지만, 그가 교사이기 때문에 또 다시 신뢰의 힘을 회복하고 자기 자신을 개방하여야 하는 것이다.

부버는 참된 학습이 성립되기 위해서는 무엇보다도 신뢰(confidence)가 전제되어야 한다고 본다. 즉 ① 교사가 학생을 인격으로 대하고, ② 학생은 교사가 자기를 인격으로 확인하고 있음을 느끼게 되고, ③ 학생의 교사에 대한 신뢰가 형성되고, ④ 학생은 교사를 하나의 인격으로 수용하고, ⑤ 이리하여 묻고 배우는 교육작용이 성립한다고 보았다.[32]

---

31) 이규호, op. cit., 1977, pp. 141~143; O. F. Bollnow, *Existenzphilosohie und Pädagogik,* 5. Aufl.(Stuttgart: Kohlhammer, 1977), S. 143f.

32) Martin Buber, *Between Man & Man,* trans. Ronald Gregor Smith(London: Routledge & Kegan Paul, 1954), p. 106.

5. 상호개성의 조화적 관계

상호개성의 조화적 관계는 교사와 학생이 각각 자유로운 개성적 존재로서 「서로 만남」하는 관계를 의미하는데, 이를 통해 창조활동이 이루어진다고 본다. 부버는 이 세상의 모든 참된 관계가 개별화에 근거해 있다고 하였다.[33] 즉 우리는 개별화되어 있기 때문에 서로 다른 사람끼리 알게 되며, 또 만나기도 하는 것이다. 그러나 바로 이 개별화 자체가 관계의 한계가 되기도 한다. 왜냐하면 개별화된 상태에서 우리는 상대를 완전히 알기도 어렵기 때문이다. 이처럼 우리는 개별화로 인해 「너」가 「나」와는 다름을 알게 된다. 즉 타자성을 인정하게 된다. 그러므로 교사는 학생들의 독자적인 타자성을 인정하며, 진리에 대한 자신의 관계를 그들에게 강요하지 않는다.[34] 왜냐하면 뚜렷하고 특색 있는 독립적인 인격을 서로가 보장할 때 대화적 관계가 성립될 수 있기 때문이다.

인격과 인격의 관계는 결코 주관과 객관의 관계가 아니라 주체와 주체간의 관계이기 때문에[35] 교사는 학생을 하나의 개성적 인격으로 파악하여야 한다. 오케스트라 연주에서 보듯이, 여러 악기들은 제각기 독특한 음을 내면서 한데 어우러져 앙상블을 이룬다. 즉 개개 악기의 개성을 유지하면서 조화를 통해 새로운 예술세계를 창출하는 것이다.

---

33) Martin Buber, *I and Thou*, trans. Ronald Gregor Smith(N. Y.: Charles Scribner's Sons, 1958), p. 99.
34) Ruel Howe, op. cit., p. 158.
35) 남정길, 「마르틴 부버」(서울: 대한기독교출판사, 1977), p. 80.

6. 대화적 관계

대화적 관계는 교사와 학생이 대화를 통하여 서로의 인격을 부화시켜 주는 관계이다. 부버는 인간이 단독자로서는 불완전하다는 것, 즉 고립된 존재는 인간이 아니라는 점을 역설하면서 고립된 개인을 강조하던 종래의 실존주의를 극복하였다. 그래서 그는 참된 삶이란 서로 만나는 일, 사람과 사람과의 관계 속에 사는 데 있다고 보았다. 이렇게 만난다는 것은 대화의 삶을 말하는 것이며, 이러한 대화 속에서 한 사람이 다른 사람에게 말을 건네고, 삶이 자기에게 무엇을 의미한다는 것을 상대방에게 제시하게 된다. 우리가 한 인격으로서 다른 인격에게 전달할 때 나의 전인격이 당신에게 무엇인가 말을 해 주며 당신의 전인격이 나의 생활에 침입하는 그 무엇을 말해 주게 되는 것이다.[36] 이러한 대화관계에서는 내가 만나는 인격을 결코 나의 경험의 대상이나 이용의 대상으로 보지 않고 주체로서 파악하게 된다. 그러기에 대화의 관계는 인격적 「만남」의 관계인 것이다.

대화란 「너」를 향하여 말하려는 「나」의 의지만이 아니라(그것뿐이라면 그것은 독백이 되고 만다) 「너」가 「나」에게 말하려는 바를 듣고자 하는 의지 사이의 민감성인 것이다.[37] 이처럼 대화적 관계는 자신의 입장을 상대방에게 강요하지 않는다. 대화는 상호관계이며, 각자가 상대방의 처지를 체험하면서 참된 말을 주고 받는 것이다. 따라서 대화는 무책임한 '예'보다는 책임적인 '아니오'를 더 존중한다.[38] 왜냐하면 진실한 대화 속에서만이 참된 인격적 친교가 이루어질 수 있기 때문이다.

루빅젝(P. Roubiczek)은 부버의 「만남」의 사상을 독서, 청강, 그리고 대화의 셋으로 구분하여 비유적으로 설명하면서 「만남」의 의미는 진

---

36) Paul E. Johnson, *Psychology of Religion*(종교 심리학), 김관석 역(서울: 대한기독교서회, 1979), p. 62.
37) 은준관, op. cit., p. 297.
38) Ruel Howe, op. cit., p. 68.

실한 대화 속에 있다고 하였다.[39]

즉 독서를 할 때 그 책의 저자는 우리에게 영향을 미치고 있다. 그러나 우리는 다른 생각을 할 수도 있고, 주의가 산만해지기도 하며, 책을 집어 던졌다가 다시 읽기도 하며, 그리고 독서하는 동안 잠이 들 수도 있다. 그러므로 우리가 완전히 참여되지 않았기 때문에 이것은 부버가 의미하는 「만남」이 아니다. 또한 청강을 할 때 강사와의 인격적 관계가 큰 역할을 할 것이다. 그러나 우리는 여전히 다른 생각을 할 수도 있고, 또 잠이 들 수도 있다.

그러나 대화의 경우, 그것이 진실한 대화라면 우리는 분명히 줄곧 그 대화에 참여하고 집중하게 된다. 만약 우리가 듣지 않으면 응답을 할 수가 없을 뿐만 아니라 상대편의 주의를 끌지도 못하게 된다. 따라서 우리는 정말로 상대방을 이해시키려고 노력해야 하며, 또 이해하도록 노력해야 한다. 그리고 상대방을 믿게 하도록 노력해야 하며 믿기 위해 노력해야 한다. 이러한 상황 속에서 우리가 완전하고 솔직한 응답을 하게 될 때 우리는 부버가 요구하는 인격적 만남을 경험하게 되는 것이다. 이같은 입장에서 보면 실존적 영역의 교육에서뿐만 아니라 지적영역의 교육에서도 이같은 대화적 방법이 적절히 원용될 수 있다.[40] 그러나 사실은 어떠한 교육이든 간에 교사와 학생간의 관계는 대화적 관계로 형성되어야 하리라 본다.

39) Paul Roubiczek, *Existentialism: For and Against*(London: Cambridge Univ. Press, 1964), p. 142.
40) 물론 부버는 지적인 문제(intellectual problem)와 실존적 문제(existential problem)를 구별하고 있다. 그에 의하면 지적인 문제들은 지적으로 만족할 만한 풀이를 통해 해결될 수 있으나 고독이나 죄같은 실존적인 문제들은 그 같은 방법으로 해결되어질 수가 없다. 단지 사람들은 이러한 문제들을 대화적으로 수행하는 생활양식을 추구함으로써 대처할 수 있을 뿐이라고 한다. Haim Gordon, "Did Martin Buber Realize His Educational Thought?" *Teacher's College Record*, 81(Spring 1980), p. 387. 따라서 오늘날의 교사는 이러한 실존적 문제의 해결을 교육마당에서 중요시하여야 하며, 이것은 학생과의 대화적 관계에 의해서 가능하게 되므로 교사는 이러한 교육적 일면을 항상 의식하여야 한다. 최근의 각종 청소년 문제들은 학교교육이 지적인 문제에만 급급하고 학생들의 실존적 문제들을 등한시함으로써 나타나게 되는 필연적 산물이라고 본다.

V. 과제와 전망

한국의 교사들은 오늘날 어떤 과제를 안고 있으며, 이런 과제들은 어떤 방향으로 해결되어야 할 것인가? 우리는 다음에 한국교사들의 당면과제 몇 가지를 중점적으로 전망하여 보자.

1. 교사의 기본적 자세 정립

우리는 일찍이 교육이란 사람 및 문화에 대한 사랑에 비롯한 인간형성의 작용이라 했다. 교사에게 제일 요망되는 것은 사랑이다. 페스탈로찌는 "사랑, 그것은 우리의 자연성을 인간성으로 높여주는 단 하나의 그리고 영원한 교육의 기초다"[41] 라고 갈파했다.

교사의 이상상의 설정은 교육의 본질이 무엇인가의 물음에서부터

---

41) J. H. Pestalozzi, *Am Neuerstag*(1809), Rotapfel판 전집 제 7 권(Zürich: Verlag, 1946), S. 361. "Liebe ist das einzige, das ewige Fundament der Bildung unser Natur zur Menschlichkeit."

시작되어야 할 것이다. 교육의 마당에 제 아무리 기계공학적 방법이 도입되고, 제 아무리 전문적 직업교육이 강조된다 하더라도, 그것이 교사라는 인격의 매개로 진행되는 한, 교육은 교사의 사랑의 영향을 떠나서는 생각될 수 없다. 페스탈로찌의 정신적 제자인 쉬프랑거는 그의 명저 「생의 형식」(Lebensformen, 1914)에서 이것을 다음과 같이 말하고 있다. "그러기에 교육은 타인의 심령에 대한 혜시적(惠施的) 사랑을 바탕으로 하는 의지이며, 그것은 타인의 전체적 가치수용능력과 가치형성능력을 내부로부터 발전시키는 의지다."[42]

교사는 인간형성자로서, 전문직 기술자로서, 현대적 직업인으로서 갖추어야 할 일들이 참으로 많다. 그러나 그 모든 것이 이런 혜시적 사랑(Gebende Liebe)에 비롯함을 우리는 자각해야 할 것이다. 근래 교직의 전문성과 교육의 방법성을 강조한 나머지 교사가 기본적으로 갖추어야 할 이 사랑의 의의를 경시하는 풍조가 교육의 일각에 일고 있음은 우려할 현상이 아닐 수 없다. 전문성과 방법성을 사랑 안에 포섭하는 일이 교직계의 기본적 과제의 하나라 할 것이다.

2. 교직의 전문성 확립

교직은 변호사직·의사직·목사직과 더불어 전문직으로서 인정을 받고 있다. 역사적으로 보면 교직은 동서양을 막론하고 꼭 이렇게 전

---

42) 이인기, "교사의 자질과 과제," 제 3 회 교직교육심포지움(한국교직교육협의회, 1971), pp. 3~4. "Erziehung ist also der von einer gebenden Lieben zu der Seele des anderen getragene Wille, ihre totale Wertempfänglichkeit und Wertgestaltungsfähigkeit von ihnen heraus zu entfalten." 쉬프랑거의 교육관과 교사관에 대하여는 다음 문헌을 참고하기 바람. 쉬프랑거, 「천부적인 교사」, 김재만 역(서울: 배영사, 1996); 김정환, "각성과 교육," 한국교육학회 교육사·교육철학연구회 편, 「현대교육철학의 제문제」(서울: 세영사, 1981), pp. 182~200; 송순재, "쉬프랑어 교육학에서 각성의 개념," 고려대학교 교육사·철학 연구회 편, 「인간주의 교육사상」(서울: 내일을 여는 책, 1996), pp. 200~250.

문직으로 출발된 것은 아니다. 지식만 있으면, 혹은 열성만 있으면 자기 마음대로 교사로 임할 수 있었으며, 또 사회도 이를 허락하였던 것이다. 소크라테스·공자·페스탈로찌·프뢰벨 등에서 우리는 이런 교사상을 볼 수 있다. 그러나 근대에 이르러 직업이 분화되면서부터는 교사에게 담당하는 교과에 대한 전문적 지식의 이수를 필수요건으로 부과하게 되었고, 현대에 이르러서는 이와 더불어 인간의 성장·발달과정에 대한 지식과 교육기술을 요구하게 되어 교직의 전문성이 형식상·명분상으로나마 정립되기에 이르렀다. 좀 더 구체적으로는 교직은 다음 다섯 가지 척도에 의한 요건을 구비하는 전문직(profession)으로 인정받게 된 것이다.[43] 첫째, 직무를 수행하기 위하여 고도의 이론적 배경이 필요하며, 둘째, 장기간의 학문적 훈련이 필요하며, 셋째, 공공적으로 인정하는 여러 등급의 자격, 기준이 있으며, 넷째, 상위의 자격, 기준의 획득은 경험연수에 의하지 않고 연수결과에 의하며, 다섯째, 직업을 품위 있게 수행하기 위한 자율적인 직능단체를 가지고 있다는 것이다.

그러나 이런 전문직으로서의 구비요건이 과연 우리나라의 교사에게 실질적으로 갖추어져 있느냐는 의문이다. 일례로 자율적 직능단체 하나만 보더라도 한국교원단체총연합회에 가입하고 있는 교사는 2012년 기준 14만 9,580명으로 전체 교원의 32.5%에 지나지 않으며,[44] 또 정부의 재정적 지원의 부족으로 충분한 복지활동을 못하며, 특히 교권·생활권·신분권 확보를 위한 '자율적 활동'에 제한이 많다고 지적되는 실정에 있다.

교사가 전문직으로서의 막중한 직분을 기능적으로 수행할 수 있기

---

43) 리버만은 전문직의 기준으로 ① 봉사적 기능, ② 고도의 지적 기술, ③ 장기간의 준비교육, ④ 광범위한 자율권, ⑤ 광범위한 책임, ⑥ 자치적 조직, ⑦ 비영리성, ⑧ 직업윤리를 든다. Myron Lieberman, *Education as a Profession*(New Jersey: Prentice-Hall, 1956), pp. 13~15.
44) 조선닷컴 2013년 5월 14일 보도 참고.

위해서는 우선 교사 자신이 전문직업인으로서의 자각을 가져야 할 것이나, 이에 못지않게 사회·국가가 이를 행정적·재정적으로 뒷받침해 주어야 할 것이다.

3. 교사의 지위 향상

한국 교사들의 사회·경제적 지위에 관한 연구가 있다. 이 연구는 주요 화이트칼라 직업군과 교사를 비교한다. 주요 직업군은 회계사, 구매계약 전문가, 변호사, 컴퓨터시스템 분석가, 엔지니어, 공립대학 정교수, 공립대학 조교수의 7개이다. 2005년을 기준으로 평균연봉은 다음과 같다. 먼저 초중등교사 3천 4백 5십 만원, 회계사 4천 7백 3십 만원, 변호사 7천 5백 9십 만원, 컴퓨터시스템설계 분석가 3천 7백 2십 만원, 엔지니어 3천 5백 4십 만원, 대학교수 5천 1백 3십 만원으로 나타났다. 초중등교사는 회계사에 비해 25% 가량 적은 연봉을 받고 있다.[45]

이와 관련하여 교육과 수입을 기준으로 사회·경제적 지위 점수를 산출하고 이를 서열화한 연구도 있다. 점수는 10−90점대까지 분포한다. 중학교 교사는 65.8점으로 나타난 반면, 판사, 대학교수, 의사 등은 82점 이상을 받고 있다. 이와 같이 교사는 중상 정도의 사회·경제적 지위를 누리고 있다.[46] 이러한 인식은 최근 경제성장 위축과 고용불안에 따라 바뀌고 있다. 교사의 경제력을 상대적으로 가장 높게 생각한 연령대는 30대와 40대였으며 20대 역시 교사의 경제력을 높게 평가하였다. 구직난에 시달리는 20대와, 구직을 하였어도 직업의 안정성 때문에 불안을 느끼는 30−40대에게 교직은 경제적으로

---

45) 이광현(2008). 앞의 글, p. 11 참고.
46) 유홍준 외, 『한국인의 일자리 선택과 직업가치』(서울: 그린, 2015), pp. 119~120.

매력적이다. 그러나 50대 이상은 다른 연령대와 달리 교사의 경제력을 낮게 본다.[47]

교사 자신들의 사회·경제적 지위에 대한 인식 조사 결과도 있다. 교사들은 자신들의 직업을 전문직으로 생각하는 경향이 강한 데에 비해 명예나 경제력, 주변인의 간섭 배제 등에 대한 인식 수준은 상대적으로 떨어지는 것으로 나타났다. 즉, 전문지식 및 기술, 독점성, 윤리성과 같이 전문직으로서의 인식은 높지만 그것을 실제로 규정하는 경제력, 자율성, 사회적 명예에 대한 인식은 중간 정도로 나타난 것이다. 특히 16년 이상의 경력 교사 집단이 전문직으로서의 인식에 대해 높은 수준을 나타내는데, 이는 타 전문직에 비해 경제력이 떨어짐에도 불구하고 국가가 신분을 보장하거나 그에 준하기 때문이다. 반면 학교장이나 교육행정가의 지시를 받는다는 점에서는 타 전문직에 비해 자율성이 떨어진다고 할 수 있다.[48]

교사의 출신계층은 중산계층이 바람직하다는 견해도 있다. 왜냐하면 중산계층이 그 국가 또는 민족의 문화에 제일 애착을 갖고 이것을 키워가는 문화계승층이기 때문이다. 상류계층은 외국 문물에 대한 선호도가 강하며, 하류층은 시간적·경제적 여유가 없어 자기 민족의 문화를 즐기지 못하는 현실을 우리는 잘 알고 있다. 한국 교사들이 사회·경제적 지위는 여전히 같은 학력의 타 직종에 비해 상대적으로 열악한 상황에 놓여 있다. 최근 한국에서 가장 큰 사회문제로 부각되고 있는 공교육의 위기와 관련하여 일반인들이 교사들에 대하여 갖는 부정적 시각은 교원의 사기와 교직의 매력을 더욱 떨어뜨리고 있다.[49]

47) 김은주, 『초등 교직과 교사』(서울: 시그마프레스, 2011), p. 310 재인용.
48) 김은주, 「초등교직의 전문직 성립요건과 전문직 위상의 관계: 사회계층 요인의 매개효과 분석」. 한국교원교육연구 26(3), 2009, pp. 280~281 참고.
49) 김이경·한유경, 「한국의 교원정책: OECD 교원정책 검토 배경보고서」(서울: 한국교육개발원, 2002), pp. 40~41.

교사의 지위를 이렇게 떨어뜨리고 있는 원인은 무엇인가? ① 교원의 신분보장의 미흡, ② 과중한 수업부담, ③ 경제적 우대의 미흡, ④ 복지·후생시책의 미흡, ⑤ 교직에 대한 교원 자신의 자부심과 만족 부족, ⑥ 교원의 자질부족, ⑦ 교직존중의 사회적 풍토의 결여, ⑧ 과 중한 잡무 등으로 지적되고 있다.

4. 교원의 근무조건 개선

교사가 좋은 환경에서 근무하는 것은 교사에게 삶에 대한 충실감과 직분에 대한 만족감을 줄 뿐만 아니라 배우는 어린이나 학생에게도 양질의 교육을 제공할 수 있기 때문에 대단히 중요한 일이다. 한 예를 들어 보자. 한 반의 학생이 30명인 경우와 60명인 경우를 비교하여 보면, 60명인 반에서는 30명인 반보다 교사의 정력이 두 배 이상으로 소모되며, 어린이에 대한 배려, 예를 들면 능력별 맞춤 지도라든가, 진로지도라든가, 인간적인 대화 등은 행하기가 퍽 어렵게 된다. 그래서 선진국은 물론이요, 중진국에서도 한 학급의 인원수를 25명 전후로 잡고, 교사 1인당 학생수를 15명 전후로 잡고 있다.

참고로 세계 주요국의 '초등교원 1인당 학생 수'를 보면 오스트리아 12명, 독일 12명, 일본 18명, 미국 15명, 영국 21명, 한국은 14.9명(한국은 2014년 기준, 나머지국은 2012년 기준)으로서, G20 회원국 평균은 19명으로 나타난다. 중등교원의 경우 G20 회원국 평균은 15명이고 한국도 비슷한 15.2명(위와 마찬가지 기준)이다. 이를 통해 볼 때 초등 및 중등교원 1인당 학생 수는 선진국 수준에 도달했다.[50] 한편 '학급당 학생 수'는 2014년 통계자료를 기준으로 초등은 22.8명, 중등

---

50) 교육부·한국교육개발원, 「2014 OECD 교육지표」, p. 503.

30.5명, 고등 30.9명으로 나타난다. OECD 평균은 21명이며 주요 선진국의 학급당 학생 수는 다음과 같다. 일본 28명, 미국 21명, 독일 21명, 이탈리아 19명, 핀란드 19명이다. 한국의 경우 2000년 조사결과에 비해 그 인원이 큰 폭으로 하락하였지만 여전히 낮추어야 할 요인이 있다는 점(전담교사 확보 등)을 시사한다.[51] OECD 평균치 16.2명에 훨씬 못미치는 수치다. 이런 현실을 놓고 볼 때 우리가 그간 얼마나 교육에 대해 투자를 소홀히 했는가를 알 수 있다. 한국 경제성장의 밑거름이 된 것은 교육인데 우리는 바로 이 교육을 경시하여 온 것이다.

일반적으로 교사의 근무조건을 결정하는 요인은 ① 인간관계, ② 직무, ③ 근무환경, ④ 보상, ⑤ 자아실현 등으로 알려지고 있다. 이들 조건들이 고르게 충족될 때 교사는 직무에 만족을 느끼며 그렇지 못할 때 욕구불만에 허덕이며 교육에 정성을 다할 수 없게 된다. 한국의 교사들은 이들 요인의 작용으로 나타나는 근무조건에 어느 정도로 만족하고 있는 것일까? 이를 위해 교원의 업무부담을 나타내는 가장 핵심적인 지표인 '교원의 주당 수업시간수'를 살펴보기로 하자.

1998년 이래 교사의 수업 시간수는 초등학교를 비롯한 각 급 학교에서 모두 감소하는 추세를 보이고 있다. 이는 수업시수 자체의 감소와 맞물려 있다. 2014년을 기준으로 교육체제 상위 10개국 초등학교 6학년 학생의 수업시수를 비교한 결과 평균은 24.2 시간으로 나타났다. 한국은 21.3, 일본은 21.0, 싱가포르는 24.5, 핀란드는 24.0 시간 등이다.[52] 따라서 이 자료를 해석할 때 주의할 점은 겉으로 드러난 시수만이 아니라 실제 업무강도와 연관 지어 생각해야 한다는 점이다. 업무강도가 높다는 우리나라 초등학교 교사를 대상으로 한 심층

---

51) 교육부, 「2014 교육기본통계 주요내용」, p. 16 및 교육통계서비스 사이트 주요지표란(http://kess.kedi.re.kr/index) 참고.
52) 박일수(2014). 「초등학교 수업일수 및 수업시수 국제 비교」. 초등교육연구 27(3). p. 83.

면접 연구에 따르면, 그들은 다음과 같은 어려움을 호소하고 있다. 첫째, 성격이 전혀 다른 여러 종류의 업무를 수행한다. 이는 업무강도가 높다는 것을 뜻하는 동시에 전문성 신장에 어려움을 겪고 있음을 뜻한다. 둘째, 업무 영역별로 명확히 정해진 시간이 없다. 생활지도, 학급경영, 학교행사 등 수업시간 이외에 명확히 정해진 업무시간이 없다. 이에 따라 교사들은 학생들에 대한 미안함으로 불안감을 느끼거나, 기존의 관행에 부딪혀 자괴감을 느끼고 성격이 다른 여러 업무로 인해 혼란을 느낀다.53) 그리고 최근 몇 년 동안 퇴직교원의 증가에 따라 교원들의 수업부담이 증가하는 경향이 있어 우려를 낳고 있다. 교원의 주당 수업시간수는 교원의 업무부담을 줄이고 수업의 질을 향상시키는 차원에서 이해될 필요가 있다. 교원들은 교실수업 이외에 교재 연구 및 생활지도 등 교사로서 본연의 업무수행을 위해 투입해야 하는 시간이 필요하다. 주당 수업시간수에는 포함되어 있지 않지만 우리나라 교원들은 수업 외의 추가적인 업무인 소위 '잡무'부담이 과중하다. 적정 수업시간수를 유지하려는 노력과 함께 초·중등교원의 잡무부담을 최소화하여 교육의 질을 확보하는 노력이 요청된다.

〈표 7-1〉 연도별145 교원의 주당 수업시간수54)

구분	초등학교	중학교	일반계 고등학교	전문계 고등학교	전문대학	대학
2011	24.6	19.9	17.9	18.0	12.9	9.1
2012	24.4	20.0	18.0	18.1	12.7	9.0
2013	24.2	19.8	18.0	17.9	12.9	9.1
2014	24.0	19.7	17.7	17.8	12.8	9.0

53) 김대현 외(2014). 「초등교원의 근무부담에 대한 질적 사례연구」. 한국교원교육연구 31(3). pp. 24~26.
54) 교육부·한국교육개발원. 『2014 교육통계연보』.

위에 든 다섯 가지 근무조건 중 어느 하나 만족스러운 것이 없으나 우리에게 가장 시급한 것은 교사 업무과다의 현실을 하루 속히 개선하는 일이다.

5. 교직의 여성화 추세에 대한 긍정적 대처

여교사의 비율은 점차 높아지고 있으며 이것은 세계적인 추세다.[55] 여성이 대거 교직에 진출하게 된 원인은 공채로 인해 여성의 교직진입이 용이해졌고, 남성의 교직희망자가 감소하였고, 타 직종과 달리 교직사회의 경우 여성이 남성과 동등한 대우를 받을 수 있다는 점 등에 있다 할 것이다.

그러나 일각에는 여교사의 문제점을 운운하고 있는 사람도 없지 않다. 여교사는 결혼 후 가사에 얽매이기 때문에 교육에 열의가 없다든가, 생리적 제약 때문에 남교사와 동등하게 직무를 수행 못한다든가(예: 잔업·야외지도) 하는 말들이 그것이다.

이런 점들은 어느 정도 수긍이 가는 점도 없지 않으나 우리는 여성들의 교사로서의 천성적인 특질을 높이 평가해야 한다. 여성은 남성이 갖추기 힘든 교육적인 장점을 지니고 있으니, 그것은 다음과 같은

---

55) 2008년 통계에 의하면, 우리나라 여교사의 비율은 유치원 99%, 초등학교 79%, 중학교 69%, 고등학교 49%이다. OECD 교육지표 2015, "교사의 성별분포(2013)", <http://kess.kedi.re.kr/index>.

것들이다.

첫째, 남성은 싸움의 논리로 살기 쉬운데, 여성은 사랑의 논리로 살며 언제까지나 아름다운 꿈을 꾸는 자(beautiful dreamer)이다. 둘째, 남성은 자기 생활권을 보기에 앞서 남의 생활을 보며, 현재를 생각하기에 앞서 미래를 보는 원심적 활동을 하기 쉬운데, 여성은 자신의 생활권, 현실의 학생 하나하나에 세심한 배려를 하는 구심적 활동에 정열을 기울인다. 셋째, 남성은 지적·논리적 성향이 강한데, 여성은 상대적으로 정서적·직관적인 성향이 강하다. 이런 여성적 특질은 교육에 있어서 고유한 역할을 수행하며, 또 학생·교실·교무실·교직사회를 따뜻하게 감싸는 것이다. 여교사는 이런 점을 의식적으로 살려야 하며, 남교사는 여성의 이런 '천성적인 교사기질'을 객관적으로 인정하는 데 인색하지 말아야 할 것이다.

교육은 천성적으로 여성적인 작용이며, 우리는 괴테와 더불어 이런 여성적인 것이 인류를 구원하는 것임을 인식하여야 한다. 이것이 「파우스트」의 결론이었다.

> 우리의 힘으로 미치지 못하는 일/이 곳에서 이루어졌고/우리말로
> 다 할 수 없는 일/이 곳에 또한 나타났으니/영원한 여성이여/그대
> 이 곳에 우리를 인도하였도다.

이러한 여성의 천성적인 교사기질을 살리기 위해서는 여교사의 다음과 같은 애로사항들을 시급히 해결해야 할 것이다. ① 보육시설의 확대·확충, ② 육아휴직의 실질적 보장 및 휴직기간의 보수지급, ③ 부부교원의 전보시 동일지역 우선배정, ④ 일정액의 자녀양육비 지급, ⑤ 법정 산전·후 휴가일수의 보장이다.[56]

---

56) 한국교원단체총연합회, 앞의 책(1997), pp. 43~44.

6. 현대적 선비로서의 교사관

지금까지 우리는 한국 교사가 풀어야 할 과제들을 보아왔다. 남달리 교육을 통해서 굳센 나라를 세우고자 한 교육입국론의 사상이 서민들의 생각 속에 스며 있는 우리 민족의 염원에 보답하기 위해서 우리 교사는 어떤 자세를 갖추어야 할 것인가?

그것은 우리 고유의 '선비'의 자세라 할 것이다. 우리 말에 선비는 ① 학식이 있는 사람, ② 학식이 있되 벼슬을 하지 않는 사람, ③ 학식이 있고 인격이 고결·근엄·강직한 사람을 총칭한다. 이런 선비가 갖추어야 할 자질은 셋인데, 그것은 지사적(志士的) 기질, 학자적 기질, 시인적 기질이다.[57] 오늘날의 선비인 교사는 이런 선비의 기질을 발휘하면서 교직에 열과 성을 다해야 할 것이다. 한국교원단체총연합회가 2005년 5월 13일 제24회 스승의 날 기념식 때 선포한 교직윤리헌장을 읽어 보기로 하자.

≪교직윤리헌장≫

　　우리는 교육이 인간의 가치와 존엄성을 높이며, 개인의 성장과 자아실현은 물론 국가와 민족의 미래에 중대한 영향을 준다는 사실을 명심하고, 국민으로부터 부여받은 교육자의 책무를 다하기 위해 최선을 다한다. 우리는 균형 있는 지·덕·체 교육을 통하여 미래사회를 열어갈 창조정신과 세계를 향한 진취적 기상을 길러줌으로써, 학생을 학부모의 자랑스런 자녀요 더불어 사는 민주사회의 주인으로 성장하게 한다. 우리는 교육자의 품성과 언행이 학생의 인격형성을 좌우할 뿐만 아니라 사회전반의 윤리적 지표가 된다는 사실을

---

[57] 조지훈은 이렇게 말한다. "지성인 곧 선비는 나라의 기강이요, 사회정의의 지표다. 그러므로 한 나라의 기강을 바로잡고 사회정의의 지표를 확립하자면 무엇보다도 선비가 기절(氣節)을 숭상함으로써 선비의 명분을 세우지 않으면 안 된다." 박두진 외 편, "선비의 도,"「조지훈 전집」, 제5권(서울: 일지사, 1973), p. 23.

깊이 인식하고, 윤리성과 전문성을 높이기 위해 노력한다. 이에 우리 모두의 의지를 모아 교직의 윤리를 밝히고, 사랑과 정직과 성실에 바탕을 둔 교육자의 길을 걷는다.

≪우리의 다짐≫

1. 나는 학생을 사랑하고 학생의 인권과 인격을 존중하며, 합리적인 절차와 방법에 따라 지도한다.

1. 나는 학생의 개성과 가치관을 존중하며, 나의 사상·종교·신념을 강요하지 않는다.

1. 나는 학생을 학업성적·성별·가정환경의 차이에 따라 차별하지 않으며, 부적응아와 약자를 세심하게 배려한다.

1. 나는 수업이 교사의 최우선 본문임을 명심하고, 질 높은 수업을 위해 부단히 연구하고 노력한다.

1. 나는 학생의 성적평가를 투명하고 엄정하게 처리하며, 각종 기록물을 정확하게 작성·관리한다.

1. 나는 교육전문가로서 확고한 교육관과 교직에 대한 긍지를 갖고, 자기개발을 위해 노력한다.

1. 나는 교직 수행과정에서 습득한 학생과 동료, 그리고 직무에 관한 정보를 악용하지 않는다.

1. 나는 학생이나 학부모로부터 사적 이익을 취하지 않으며, 사교육기관이나 외부업체와 부당하게 타협하지 않는다.

1. 나는 잘못된 제도와 관행을 개선하는 데 앞장서며, 교육적 가치를 우선하는 건전한 교직문화 형성에 적극 참여한다.

1. 나는 학부모와 지역사회를 교육의 동반자로 삼아 바람직한 교육공동체 형성을 위해 함께 노력한다.

7. 교사와 학생간의 관계 중시

　교육은 일방적으로만 이루어지는 것이 아니다. 즉 교육은 가르치는 자와 배우는 자의 상호교류 속에서 쌍방향적으로 이루어지기도 한다는 것이다. 과거의 전통적인 교육에서는 교사와 학생간의 관계를 일방적인 과정으로 보았다. 즉 본질주의자 및 테크놀러지스트(technologist)들은 교육을 교사로부터 학생들에게로 내리 이루어지는 일방적 과정으로 보았으며, 진보주의자 및 낭만주의자들은 교육을 학생으로부터 교사로 이동하는 흐름으로 보지만 역시 일방적인 과정으로 본다. 요컨대 교사와 학생간의 관계를 상호관계로 보지 않고 일방적이고 권위주의적인 관계로 파악한다. 따라서 인간주의학자들은 오늘날 전세계의 대부분의 학교에서 팽배하고 있는 권위주의적인 교사－학생간의 관계유형이 과거의 유산임을 지적하면서 인간학적인 차원에서 이를 극복하여야 함을 역설한다.[58]

　일방적·강제적으로 형성되는 교사의 권위는 참다운 권위가 아니다. 교사와 학생간의 인격적 교감하에 학생의 마음 속에서 저절로 우러 나오는 교사에 대한 애정과 신뢰는 저절로 교사의 권위를 옹호하게 한다. 따라서 교육의 효과는 참된 교사－학생간의 관계확립으로부터 보장됨을 인식해야 한다.

---

58) Edgar Faure et al., *Learning to Be: The World of Education, Today and Tomorrow*(인간화 교육), 오기형·김현자 역(서울: 일조각, 1980), p. 6.

교 / 육 / 학 / 개 / 론

제8장

특수교육론

—

Ⅰ. 특수아

1. 특수아의 개념

우리는 어떤 아동을 특수아(exceptional child)라고 하는가? 특수아의 개념정의를 위해 평균(average)이라는 말의 의미를 생각해 보도록 하자. 상식적으로 생각할 때 평균이라 함은 보통 또는 정상의 의미를 지닌다. 예컨대 IQ가 100인 아동을 대할 때 우리는 별다른 느낌을 가지지 않는다. 그러나 IQ가 150이거나 50인 아동을 대할 때는 그 아동을 이상시 내지는 특별시한다. 왜냐하면 전자의 경우는 우리가 일상적으로 생각할 때 보통 내지는 정상의 범주에 속해 있지만 후자의 경우는 그 범주를 벗어났기 때문이다. 또한 우리가 길을 가다가 신장이 170cm인 성인 남자를 보았을 때는 그냥 지나쳐 가지만, 2m가 넘거나 1m 50cm가 안 되는 성인 남자를 보았을 때는 다시 한 번 쳐다보면서 고개를 갸우뚱거린 후 지나가게 된다. 이것도 또한 우리가 일상적으로 생각해 볼 때 전자의 경우는 한국의 성인 남성신장의 보통 내지는 정상의 범주에 속해 있지만, 후자의 경우는 그 범주를 벗어났기 때문이다. 결국 우리가 일상적으로 생각하는 정상의 범주를 벗어나게 되는 경우를 특이하게 생각하는 것이다. 이것을 토대로 하여 일단 특수아의 범주를 《그림 8-1》로 나타낼 수 있다.

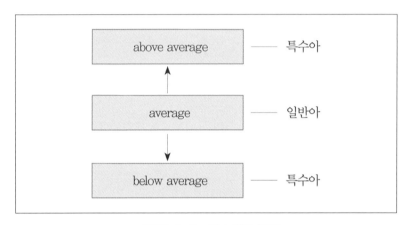

《그림 8-1》 특수아의 범주

《그림 8-1》에 나타난 바와 같이 우리가 정상·보통·평균이라고 생각하는 범주의 위 또는 아래로 벗어난 아동을 특수아로 볼 수 있다는 것이다. 그러므로 특수아는 일반아에게서 발견하기 어려운 다양한 특수성(exceptionality)을 지니고 있다. 이 때의 특수성이란 장애 등과 같은 부정적 측면뿐만 아니라 재능 등과 같은 긍정적 측면도 포함한다. 결국 특수아란 신체적·정신적·사회적 특성 등에 있어서 정상이라고 생각되어지는 것에서부터 훨씬 편차(deviate)되어 있어서, 그들의 최대의 능력을 발달시키기 위해서는 특별한 교육적 조치(special educational treatment)가 필요한 아동이다. 즉 인간의 잠재력을 충분히 실현하기 위해 특별한 교육과 서비스를 필요로 하는 아동을 특수아라고 할 수 있다.[1]

---

1) Daniel P. Hallahan & James M. Kauffman, *Exceptional Children: Introduction*

그러나 특수아를 정의할 때 한 가지 유의해야 할 점은 정상에서부터 벗어났다고 해서 항상 특수아로 간주되지는 않는다는 것이다. 예를 들어 왼팔이 절단된 장애아의 경우를 생각해 보자. 의자에 가만히 앉아 수업을 듣는 국어시간의 경우에는 특별한 교육적 조치가 필요하지 않기 때문에 일반아로 간주되지만, 배구수업을 하는 체육시간에는 특수한 교육적 조치가 필요하기 때문에 특수아로 간주된다. 이렇게 보면 특수아가 보이는 편차 내지 이상성은 상대적이고 양적인 개념이지 절대적이고 질적인 개념은 아니라는 데 유의할 필요가 있다.[2] 즉 '특수'라는 용어는 정도(degree)나 유형(kind)상의 차이를 의미하는 상대적인 개념으로 파악해야 하는 것이다. 따라서 교육현장에서의 교사는 상황에 따라 특수아와 일반아를 판별할 수 있는 기본적 안목을 지녀야 하며, 동시에 그에 따른 적절한 교육적 조치를 할 수 있어야 한다. 직전교사교육에서 특수교육이 다루어져야 하는 당위성이 바로 여기에 있는 것이다.

2. 특수아의 유형

특수아는 일반아들과 비교해 볼 때 하나 또는 그 이상의 영역에서 현저한 차이를 나타내기 때문에 특수교육을 필요로 한다. 이러한 특수아는 대체로 크게 장애아(handicapped child)와 영재아(gifted child)로 대별된다. 일반적으로 장애아는 특수교육법(2007)에 따라 시각장애, 청각장애, 정신지체, 지체장애, 정서·행동장애(자폐성 장애), 의사소통장애, 학습장애, 건강장애, 발달지체, 그 밖에 대통령령으로 정하는 장애를 지닌 자 중에서 특수교육을 필요로 하는 사람이다. 미국의

---

to Special Education(New Jersey: Prentice−Hall, Inc., 1978), p. 4.
2) 김원경, "특수교육의 개요," 구본권 외, 「특수교육학」(서울: 교육과학사, 1990), p. 9.

장애인 교육법은 정신지체(mental retardation), 청각장애(hearing im-pairment including deafness), 말/언어장애(speech and language impair-ment), 시각장애(visual impairment including deafness), 심각한 정서장애(seriously emotional disturbance), 지체장애(orthopedic impairments), 자폐(autistic), 외상성 뇌손상(traumatic brain injury), 기타 건강상의 장애(other health impairment), 특정학습장애(specific learning disabilities)의 열 가지로 구분하고 있다. 보다 구체적으로 특수아를 분류하면 다음과 같다.[3]

첫째, 지적으로 우수하거나 지체된 아동으로서 여기에는 정신지체아, 학습장애아, 영재아가 포함된다.

둘째, 의사소통능력의 차이를 지닌 아동으로서 주로 언어장애아가 포함된다.

셋째, 감각능력의 차이를 지닌 아동으로서 시각장애아와 청각장애아가 포함된다.

넷째, 행동이상을 지닌 아동으로서 정서장애아와 사회부적응아동이 포함된다.

다섯째, 신체능력의 차이를 지닌 아동으로서 운동장애아가 포함된다. 이를 테면 병·허약아동, 지체부자유아와 뇌성마비아 등을 지칭한다.

여섯째, 장애 정도가 심하거나 하나 이상의 장애를 지닌 아동을 지칭하는 중도·중복장애아를 들 수 있다.

특수아의 분류는 각 사회의 차이와 필요한 교육적 배려의 정도나 유형에 따라 다르다. 현대사회에 들어서면서 특수아의 영역은 넓어지고, 분류가 좀 더 세분화되고 있다. 참고로 여기서는 몇 가지 유형의 특수아에 대한 정의와 분류를 간략히 소개하기로 한다.[4]

---

3) 김원경, 앞의 글, p. 11.
4) 장선철, 「장애유아의 발달과 교육을 위한 특수교육」(서울: 동문사, 1994); 김승국, 「특수교육학개론」(서울: 양서원, 1991); 구본권 외, 앞의 책; Daniel P. Hallahan & James M. Kauffman, op. cit.; 박병량·임재윤·강선보, 「특수교육현황분석연구」(서

(1) 영재

영재아란 탁월한 지적능력을 가졌거나 특정 적성영역(운동, 예능, 지도력 등)에서 비범한 재능을 가진 아동을 지칭한다. 미국은 1988년 우수아 및 재능아 교육법(Gifted and Talented Education Act of 1988)에서 "인지, 창의성, 예술성, 리더십이나 특정 학업영역에서 뛰어난 능력을 보이는 아동이나 청소년을 지칭하거나 이와 같은 능력개발을 최대화하기 위해 일반 학교교육 이외의 교육적 배려를 필요로 하는 학생"이라고 정의하였다. 이와 같은 정의는 두 가지 점에서 통상적 수준의 이해를 넘어선다. 첫째, 영재아를 인지적 능력이 높다는 점에만 주목하는 것과는 달리 영재아의 범주는 인지적 능력 이외에 창의성, 예술성, 리더십과 다른 학업 영역에서의 능력을 포함하고 있다. 둘째, 영재아는 아무런 교육적 배려가 없더라도 자신의 능력을 발휘할 수 있는 학생이 아니며 적절한 교육적 배려가 필요하다. 이들은 신체적·정신적·사회적·교육적인 측면의 발달에서 영역간 개인 내 차이가 크거나, 개인의 특수한 발달영역에 알맞는 발달과제를 성취하지 못함으로써 어려움을 겪을 수 있다. 따라서 신체, 정신, 사회, 교육 등 각 발달영역을 고려한 도움이 필요하다. 어떤 학자들은(Heallahan & Kauffman) 영재아를 높은 지능, 높은 창의성, 높은 과업수행을 분명하게 나타내거나 그 잠재성을 보이는 아동이라고 정의하면서 이에 해당하는 아동이 학령인구 중에 2~5%가 있을 것으로 보았다.

과거에는 영재성을 주로 지능검사에 의해 측정되는 지능지수(IQ)에 의존해서 정의했지만, 최근에 들어서는 이러한 정의에 대해서 부정적인 입장을 취한다. 왜냐하면 지능검사가 일부 제한된 능력만을 측정할 뿐 여타의 영재성을 모두 측정하지는 못하기 때문이다. 게다가 영재성

울: 한국교육개발원, 1980) 참조.

에 대한 폭넓은 연구들이 이루어지게 됨에 따라 지능과 영재성을 동일 시하지 않게 되었을 뿐만 아니라 영재의 개념 역시 더욱 확장되었다.

(2) 정신지체

과거에는 교육적 교정이나 치료가 불가능하다고 보아 정신박약아 라는 용어를 사용했으나, 최근에는 의학·심리학·교육학 등이 발달 함에 따라 주어진 소질의 범위 내에서 교정이나 치료가 가능하다는 입장에서 주로 정신지체아라는 용어를 사용한다.

미국정신지체협회 (AAMR: American Association on Mental Retardation) 의 정의에 따르면, 정신지체의 특징은 발달기(developmental period)에 나타나며, 적응행동(adaptive behavior)에 결함을 보일 뿐만 아니라 일반 적 지적기능이 매우 낮다는 것이다. 정신지체는 발달기, 즉 18세 이전 에 정신지체가 일어난 경우에 한하며(실제로 정신지체가 발생하는 시기는 주로 5세 이전임), 노화가 됨에 따라 나타나는 지적기능의 퇴화로 인한 지적능력의 저하는 정신지체로 볼 수 없다. 적응행동은 자연적·사회적 요구에 대처해 나가는 개인의 능력으로서, 적응행동에서의 지체는 성 숙, 학습, 사회적 적응의 3가지 측면에서 나타난다. 적응행동의 내용을 단계별로 보면, 학령 전에는 성숙(예컨대 자립, 즉 앉기, 걷기, 서기, 말하기, 습관훈련, 또래집단 사귀기 등)이, 학령기(6~18세)에는 학습이, 학교졸업 후에는 사회적 적응이 그 주된 내용이 된다.

일반적으로 사용하는 장애 정도에 따른 분류기준은 지능검사 결과 에 따른다.5) 경도 지적장애는 지능지수가 대략 50~55에서 70정도까 지, 중등도 지적장애는 35~40에서 50~55까지, 중도 지적장애는 20~25에서 35~40까지, 최중도 지적 장애는 20~25 미만인 경우를 말한다. 그 이전에 사용하던 교육가능급(EMR), 훈련가능급(TMR), 보

---

5) 이소현·박은혜, 「특수아동교육」(학지사, 2013), p. 81

호급 정신지체(CMR) 등은 용어가 갖는 낙인효과를 고려하여 현재는 잘 사용되지 않는다.

(3) 시각장애

시각장애아는 시력(visual acuity)이나 시야(visual field)에 장애를 가지고 있는 아동이다. 시각장애는 주로 시력장애에 집중되어 있지만 터널시야 등 시야가 심각하게 부분적인 경우, 시야장애로 인해 어려움을 겪는 경우도 있다. 현재 특수교육법은 시각계의 손상이 심하여 시각기능을 전혀 이용하지 못하거나 보조공학기기의 지원을 받아야 시각적 과제를 수행할 수 있는 사람으로서 시각에 의한 학습이 곤란하여 특정의 광학기구, 학습매체 등을 통하여 학습하거나 촉각 또는 청각을 학습의 주요 수단으로 사용하는 사람을 시각장애 특수교육 대상자로 명시하고 있다.

교육적 입장에서 시각장애아는 둘로 나눌 수 있는데 시각이 아닌 점자나 촉각 및 청각매체를 통하여 교육해야 할 아동이 교육적 맹아이며, 광학적 기구의 도움이나 또는 도움 없이 보유시력을 활용하여 일반문자를 통해 교육할 수 있는 아동을 약시아동 혹은 저시력 아동이라고 한다. 일반적으로 시각장애아동은 중복장애가 없는 한 일반학교에서 통합교육을 받는 것이 바람직하다.

(4) 청각장애

청각장애는 청각기관의 어느 부위상에 여러 가지 원인으로 이상이 생겨서 청력이 저하되어 있는 상태이다. 보통 청각장애는 농(聾: the deaf)과 난청(難聽: hard of hearing)으로 대별되는데, 농은 보청기의 착용 유무에 관계 없이 청각을 통한 언어적 정보의 성공적인 수용이 불가능한 상태를 지칭하고, 난청은 일반적으로 청각을 통한 언어적 정보의 활용이 가능한 상태를 지칭한다.

청각장애는 교육적 차원에서 청각적 능력손실과 일상 언어생활에 미치는 영향력에 준하여 분류되는데, 특수교육법에서는 청력손실이 심하여 보청기를 착용해도 청각을 통한 의사소통이 불가능 또는 곤란한 상태이거나, 청력이 남아 있어도 보청기를 착용해야 청각을 통한 의사소통이 가능하여 청각에 의한 교육적 성취가 어려운 사람을 청각장애 특수교육 대상자로 명시하고 있다.

(5) 지체부자유

지체부자유아는 사지 및 체간(體幹)에 운동기능의 장애가 있어 그대로 두면 장차 자활이 곤란한 아동을 지칭한다. 그러나 지체부자유는 신체적 장애라는 공통분모 바깥에는 각기 다양한 특성을 지닌다. 뇌성마비나 간질과 같은 신경계 이상, 근이양증, 소아류마티즈관절염과 같은 근골격계 이상, 골반 탈구나 이분 척추와 같은 선천성 기형 등으로 분류될 수 있다. 지체부자유아의 특성을 정리하면 사지 및 체간에 운동기능장애를 갖는 것(운동기능의 부전), 그 때문에 일상생활·학교생활의 여러 장면에 불편함을 가지며(생활상의 불편), 이와 같은 부자유한 상태가 장래에도 계속될 것으로 예상되는 것(영속성) 등이다. 이렇게 볼 때 지체장애는 다양하며 그 범위 또한 넓기 때문에, 위에서 규정한 정의를 근간으로 교육적 차원에서 지체부자유아를 분류하여야 할 것이다. 특수교육법상 지체장애는 기능, 형태상 장애를 가지고 있거나 몸통을 지탱하거나 팔다리의 움직임 등에 어려움을 겪는 신체적 조건이나 상태로 인해 교육적 성취에 어려움이 있는 사람으로 규정하고 있다.

(6) 정서 및 행동장애

우리나라의 특수교육법은 정서, 행동 장애를 장기간에 걸쳐 다음 각 항목의 어느 하나에 해당하여 특별한 교육적 조치가 필요한 사람으로 규정하고 있다.

가. 지적·감각적·건강상의 이유로 설명할 수 없는 학습상의 어려움을 지닌 사람

나. 또래나 교사와의 대인관계에 어려움이 있어 학습에 어려움을 겪는 사람

다. 일반적인 상황에서 부적절한 행동이나 감정을 나타내어 학습에 어려움이 있는 사람

라. 전반적인 불행감이나 우울증을 나타내어 학습에 어려움이 있는 사람

마. 학교나 개인 문제에 관련된 신체적인 통증이나 공포를 나타내어 학습에 어려움이 있는 사람.

정서 및 행동장애에 대한 정의는 오랜 기간의 논의에도 불구하고 공식적으로 합의된 정의는 없다. 명칭이 통일되지 않고, 정의에 대한 논의들이 지속되는 이유는 인간의 문제행동에서의 이상성을 규정하는 이 장애영역에 대해 소아정신과적 입장, 심리학적 입장, 사회학적 입장과 같은 다양한 전문영역과 여러 관점에 따라 유동적일 수 있기 때문이다. 따라서 특히 정서 및 행동장애의 정의와 판별과정이 주관적인 판단으로 환경과의 관련성을 통해 세심하게 관찰되고, 교육적 배려가 주어져야 한다.

(7) 언어장애(의사소통장애)

인간의 언어는 인간을 인간으로서 성장시키는 중요한 도구이다. 우리는 언어를 통해 상호소통하고, 스스로를 성장시킨다. 개인의 언어는 사회에 따라, 자신의 고유한 특성에 따라 다양하게 나타난다. 그러나 상호소통을 위한 기본적 공통분모는 아동의 성장에 필수적이다. 언어장애는 이러한 의사소통에 필요한 기본적 공통분모를 갖는데 어

려움을 갖는 것을 의미한다.

특수교육법은 다음 각 항목의 어느 하나에 해당하여 특별한 교육
적 조치가 필요한 사람을 의사소통장애로 규정하고 있다.

> 가. 언어의 수용 및 표현능력이 인지능력에 비하여 현저하게 부족한
>   사람
> 나. 조음능력이 현저히 부족하여 의사소통이 어려운 사람
> 다. 말 유창성이 현저히 부족하여 의사소통이 어려운 사람
> 라. 기능적 음성장애가 있어 의사소통이 어려운 사람

의사소통에서의 어려움은 학생들이 기초 교과를 습득하는 데 방해
요소로 작용하게 됨으로써 학업에서의 성취도 낮을 수 있고, 친구나
교사 등에게 거부당하는 경험을 통해 창피함과 열등감 같은 정서적
어려움을 가질 수 있다. 통합된 일반 학급에서는 말실수에 주목하지
않고, 느린 말을 끝까지 들어주는 것과 같은 수용적 분위기를 만듦으
로써 2차적 난관을 줄여줄 수 있다.

(8) 학습장애

1960년대 초반 처음으로 제안된 학습장애는 비교적 현대에 세분화
된 장애유형이다. 기초적인 학습을 진행할 때 학생들에게서 발견될
수 있는 것으로 알려져 있으나 정의(定義)에 대한 논란이 계속되고 있
기도 하다. 특수교육법은 개인의 내적 요인으로 인하여 듣기, 말하기,
주의집중, 지각(知覺), 기억, 문제해결 등의 학습기능이나 읽기, 쓰기,
수학 등 학업성취 영역에서 현저하게 어려움이 있는 사람으로 정의하
고 있다. 이 밖에 특정 학습장애(Learning Disabilities)는, 때로는 특정
한 학습곤란(Learning Difficulties)으로도 불리어지는데, 평균 또는 평균
이상의 지능을 가지고도 읽기, 철자, 수리(수학) 및 문어에 현저한 어
려움을 가진 것으로 정의하기도 한다.[6]

일부 학습장애 학생들은 특정 학과목에서 학업 성취에 문제를 보이기도 하지만 학습장애 학생들은 대부분 학과목 전반에서 학업성취가 부진하다. 또한 상호간의 대화나 상호작용에서 사회적 단서를 잘 해석하지 못하기 때문에 학습장애를 지닌 아동들은 사회 – 정서적인 측면에서도 문제를 보이기도 한다.[7] 따라서 학습장애 학생에 대한 교육적 배려는 특정 학업영역에서의 능력뿐 아니라 각 발달영역에서 잘 성장할 수 있도록 이루어져야 한다.

(9) 건강장애

전통적 장애 영역 외에 건강상의 이유로 특수교육적 지원이 필요한 경우가 있다. 2005년 특수교육진흥법에 추가되었다. 현재 특수교육법에 따르면 건강장애 특수교육 대상자는 "만성질환으로 인하여 3개월 이상의 장기입원 또는 통원치료 등 계속적인 의료적 지원이 필요하여 학교생활 및 학업수행에 어려움이 있는 사람"이다. 심장의 상태나 결핵, 류마티스성 열병, 신장염, 천식, 겸상적혈구빈혈증, 혈우병, 간질, 납중독, 백혈병, 당뇨병 등 급성 혹은 만성적인 여러 가지 질병은 건강상의 문제를 일으키고 결과적으로 학교생활에 어려움을 초래하게 된다.

치료 때문에 장기결석을 하게 되거나 면역력이 약화되어 학교 환경에서 학업을 수행할 수 없는 경우, 특별한 건강관리가 필요한 경우 특수교육적 지원을 받을 수 있다. 비교적 최근에 추가된 영역으로 적절한 교육이 제공되기 위해 앞으로 더 많은 연구가 필요하다.[8] 아동이 처한 환경과 학업 발달, 사회적 측면 등을 영역별로 살펴 필요한 자원을 제공하는 것이 중요하다.

---

6) Linds S. Siegel, "How to Define, Treat and Prevent Learning Disabilities," 국립 특수교육원 9회 국제세미나 자료집(2002), p. 32.
7) 이소현·박은혜, 앞의 책, p. 124.
8) 이소현·박은혜, 앞의 책, p. 366.

II. 특수교육

1. 특수교육의 개념

앞에서 규정한 특수아의 개념을 바탕으로 특수교육의 정의를 내리면, 특수교육(special education)이란 특수아를 대상으로 행하는 교육이다. 즉 특별한 교육적 욕구(Special education need)를 가진 아동을 대상으로 실시하는 교육을 특수교육이라고 할 수 있다. 결국 특수아의 특별한 욕구들을 충족시켜주기 위해 특별히 계획된 수업을 특수교육이라고 할 수 있다.[9]

한편 김원경은 특수교육이란 일반 혹은 정상으로 일컬어지는 것으로부터 지적으로나 감각기능, 신체운동, 건강, 정서, 의사소통의 기능면에서 일정한 편차 내지 이상성(異常性)을 지니는 아동을 위하여 특별한 교육 프로그램과 교육자료, 특별히 훈련된 전문교사에 의해 특

---

9) Daniel P. Hallahan & James M. Kauffman, op. cit., p. 4.

수한 방법으로 실시되는 교육이라고 정의한다.[10]

던(Dunn)은 특별히 잘 훈련된 전문적인 교사, 특별히 설계된 교육 과정, 특별히 고안된 교수방법, 특별히 고안된 교수매체 등이 종합적 으로 갖추어져 이루어지는 교육을 특수교육이라고 하였다.[11]

우리나라 특수교육법 제 2 조는 "특수교육이란 특수교육대상자의 교 육적 요구를 충족시키기 위하여 특성에 적합한 교육과정 및 제 2 호에 따른 특수교육 관련서비스 제공을 통하여 이루어지는 교육을 말한다." 라고 규정하고 있다. 이어 "특수교육 관련 서비스란 교육을 효율적으 로 실시하기 위하여 필요한 인적·물적 자원을 제공하는 서비스로서 상담지원·가족지원·치료지원·보조인력지원·보조공학기기지원·학 습보조기기지원·통학지원 및 정보접근지원 등의 지원을 의미한다."고 서술하고 있다.

요컨대 특수교육은 특수아를 대상으로 하되, 특별한 교육 프로그램 과 교육자료·시설·장비, 특별한 교육방법, 그리고 특별히 훈련받은 전문인력을 필요로 한다. 이처럼 특수교육의 방법은 일반교육과 다르 지만 특수교육의 목적은 일반교육의 목적과 같음에 유의해야 한다. 즉 특수아를 위한 교육목적과 일반아를 위한 교육목적이 동일하되, 단지 그 목적의 우선순위에만 차이가 있을 뿐이다.[12] 예컨대 특수아 의 경우에는 무엇보다도 아동의 능력과 인성의 계발에 일차적 순위를 부여하여야 한다는 것이다. 따라서 특수아도 일반아와 똑같은 인격적 주체이며 민주사회의 시민이므로 특수교육에서도 자아실현, 개성신 장, 민주시민으로서의 자질함양 등과 같은 일반교육의 목적을 동일하 게 추구하는 것이다. 바로 이러한 교육목적이 특수교육에서도 달성될 수 있도록 행정·재정 지원이 이루어질 때 명실상부한 교육기회의 균

---

10) 김원경, 앞의 책, p. 8.
11) 같은 책, p. 19.
12) R. Gulliford, *Special Educational Needs*(London: Routledge & Kegan Paul, 1976), p. 22.

등이 이루어지는 것이다.

2. 특수교육의 종류

특수한 교육적 욕구를 지니고 있는 특수아를 효과적으로 교육하기 위한 여러 가지 교육적 환경이 있다. 이러한 환경들은 아동의 입장에서 교육적 필요를 충족시키면서도 일반적 환경과 가장 유사하게 제약을 최소화한다는 원칙에 따라 선택된다.

특수교육체제를 넓게 나누면 통합교육체제와 분리교육체제로 나눌수 있는데, 시간제 특수학급의 형태로 이루어지는 특수학급과 일반학급 연계시스템은 현재 우리나라에서 대표적인 통합적 체제로, 특수학교는 분리교육의 대표적 체제로 볼 수 있다.

(1) 통합교육

통합(integration)은 주류화(mainstreaming), 정상화(normalization)와 같은 의미로 사용된다. 한마디로 장애인도 일반인들과 함께 더불어 살아가는 것을 뜻한다. 워노크(Warnock, 1978)에 의하면, 통합이란 모든 아동이 같은 장소(일반학급)에 있게 하는 장소의 통합, 특수교육 요구 아동과 일반아동이 비학문적 활동 시간에 상호작용하게 하는 사회적 통합, 특수교육 요구 아동을 일반학급에 완전 참여시키는 기능적 통합 등 3단계로 구분하고 있다.[13]

철학적으로 보면, 21세기 포스트모던사회의 특징 중의 하나는, 정상과 비정상의 경계를 해체시켰다는 점이다. 사실 근대사회 때까지는 모든 차이를 정상(normal)과 비정상(abnormal)이라는 이분법적 잣대를 가지고 구분하면서 차별화를 시도하였다. 즉, 차이(다름)를 존중하고

---

13) 서울대교육연구소편, 『교육학대백과사전』(서울: 하우동설: 1998), p. 2628.

배려해 주는 것이 아니라, 인위적인 이분법적 잣대로 그 차이를 정상과 비정상으로 구분하면서 우열(優劣)과 상하(上下) 등과 같은 서열화를 통해 비정상 영역을 홀대하였다. 따라서 심신의 영역에서도 사람들 간의 차이를 정상과 비정상으로 구분하면서 비정상 영역에 속한다고 판단되는 사람들을 홀대하였다. 예컨대 미모를 기준으로 잘생긴 사람(정상인)과 못생긴 사람(비정상인), 장애유무를 기준으로 일반인(정상인)과 장애인(비정상인), 지능을 기준으로 천재 및 보통사람(정상인)과 저능아(비정상인) 등등으로 인간의 생각과 행동, 외모 등 모든 면들을 정상과 비정상으로 구분하면서 비정상 영역을 열등시하고 홀대하였다. 인간을 장애의 유무에 따라 정상인과 비정상인으로 구분하여 차별화하던 근대사회에서는 비정상인의 교육기회를 박탈하거나 아니면 정상인과 비정상인을 따로 분리하여 교육을 시켰다. 하지만 정상과 비정상의 경계를 해체시켜버린 포스트모던 사회의 도래와 함께 차이(다름)가 존중되고 배려되면서 일반인과 장애인의 인위적인 구분 또한 무의미해졌다. 같은 맥락에서 볼 때 성별의 차이(다름)조차도 남성(우월)과 여성(열등)을 구분하여 여성을 홀대하는 가부장제를 확립하고 이에 따라 여성에게 교육의 기회를 박탈하거나 분리교육을 하였으나, 포스트모던 사회의 도래와 함께 여성의 교육기회 보장과 함께 남녀 분리교육에서 남녀 통합교육으로 전환되었다.

20세기 후반부터 형성된 이러한 사회적 변화와 함께 일반인과 장애인의 분리교육도 남녀 통합교육처럼 점차 통합되어 왔다. 따라서 통합교육이란 장애 학생들을 일반학생들과 함께 동등하게 교육받게 하고, 필요에 따라 장애학생들의 특별한 교육적 요구에 따라 적절한 지원을 해주는 교육을 말한다. 현재 우리나라는 특수교육법 제11조에서 특수교육이 행해지는 지역마다 특수교육지원센터의 설치·운영을 의무화하고 있으며, 특수교육법시행령 제11조 제2항에서는, "교육장 또는 교육감은 특수교육대상자를 일반학교의 일반학급에 배치한 경우에는 특수교육지원센터에서 근무하는 특수교원에게 그 학교를 방문하여 학습을 지원하도록 하여야 한다."라고 규정하고 있다. 즉 일반학교에 배치되어 통합교육을 받고 있는 장애학생들이 특별한 교육적 요구를 가질 때 특수교육지원센터에서 지원을 하도록 되어 있다.

(2) 분리교육

1) 특수학교

특수학교(special school)는 특수아만을 대상으로 특수교육을 행하는 기관이다. 따라서 영재성의 정도가 두드러지게 뛰어나거나 장애의 정도가 두드러지게 심한 아동들을 대상으로 한다. 현재 우리나라 교육기본법(제18조)과 특수교육법(제10조)에서는 장애아만을 특수교육 대상자로 정하고 있다. 따라서 교육기본법 제18조에서는 "국가와 지방자치단체는 신체적·정신적·지적 장애 등으로 특별한 교육적 배려가 필요한 자를 위한 학교를 설립·경영하여야 하며, 이들의 교육을 지원하기 위하여 필요한 시책을 수립·실시하여야 한다"고 규정하고 있다. 특수학교의 유형으로는 정신지체학교, 시각장애학교, 청각장애학교, 지체부자유학교, 정서장애학교 등이 있다.

특수학교는 ① 통학제 특수학교와, ② 기숙제 특수학교로 나누어지는데, 둘 다 일반아동과 분리된다는 단점이 있다. 그래도 통학제의 경우는 방과 후에 가족 및 일반 아동과 접촉할 수 있는 기회가 있지만, 기숙제의 경우는 접촉기회가 차단되므로 가족·친지·이웃의 학교방문을 권장한다거나 혹은 일반아동과 더불어 활동할 수 있는 다양한 기회를 제공하는 것 등과 같은 교육적 조치들이 적극적으로 이루어져야 한다.

2) 특수학급

특수학급(special class)은 장애 정도가 비교적 가벼운 아동들의 교육적 욕구를 충족시키기 위해 일반학교에 병설한 학급이다. 즉 심신의 장애로 인하여 일반학급에서는 교육적 효과를 기대하기 어려운 장애 아들에게 특수한 교육적 조치를 하기 위하여 편성한 학급이 특수학급 이다.

특수학급은 ① 시간제 특수학급과, ② 독립 특수학급으로 나누어지 는데, 시간제 특수학급에 편성된 아동은 특수한 교육적 조치를 제공 하는 특수학급과 특수한 교육적 조치를 제공하지 않는 일반학급을 오 가면서 수업을 받는 동시에 자료실14)을 활용하게 되고, 독립 특수학 급에 편성된 아동은 장애 정도가 보다 심한 아동으로 대개 15명 이 하로 편성하여 하루종일 이 학급에서 수업받게 되나 일부 통합이 가 능한 교과(음악이나 체육 등)시간에는 일반학급에 통합되기도 한다.

이상에서와 같이 특수아를 위한 특수교육의 단계별 교육조치를 특 수학교와 특수학급으로 나누어 살펴보았다. 특수아동의 학습환경 모 형을 그림으로 제시하면《그림 8－2》와 같다.

---

14) 자료실: 특수아 교육에 필요한 특수자료와 설비를 갖추고 있으면서 특수아동의 요 구에 따라 일정시간 그들에게 개별 또는 소집단 지도를 하는 곳이다. 일반학교에 설치되는 일종의 특별교실인 자료실에는 특수교사인 자료실교사(resource teach－ er)가 상주하면서 찾아오는 특수아동의 지도를 전담한다. 자료실 교사는 특수아동 을 돕는 일뿐만 아니라 특수아동을 맡고 있는 일반교사를 돕는 일도 한다. 일반교 사에 대한 원조는 주로 특수아동의 교수방법과 관리방법에 관한 자문이다. 김승국, 앞의 책, pp. 22~23.

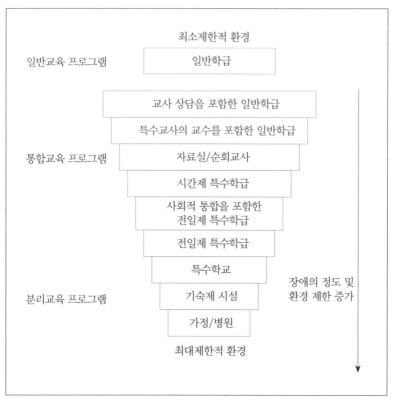

《그림 8-2》 특수교육의 연계적 서비스 체계[15]

《그림 8-2》에서 보는 바와 같은 특수교육 각 환경에 대한 배치는 대상 아동이 보이는 ① 일반아동과의 차이의 정도 및 성격과, ② 학교와 지역사회에서 제공해 줄 수 있는 자원의 정도에 따라[16] 적합한 단계에 배치하여 특수교육을 행하게 된다. 아래 단계로 갈수록 장애의 정도와 환경이 갖는 제약 정도는 심화된다. 모든 환경에 대한 배

---

15) Lewis, R. B. & Doolag, D. H. "Teaching Special Students in the main-stream(4th ed.)"(Englwood Cliffs, 1994), p. 21.
16) Hallahan, D. P. & Kauffman, J. M., "Exceptional Children: Introduction to Special Education(6th)"(Allyn and Bacon, 1994); 이소현·박은혜, 「특수아동교육」, p. 25에서 재인용.

치는 아동의 필요에 따라 가능하지만 기본적 철학은 아동이 자신의 필요를 충족시킬 수 있고, 제한은 최소화된 환경에 배치되어야 한다는 점이다. 통합교육을 확대하려는 최근의 경향도 이와 같은 철학의 선상에 있다.

Ⅲ. 특수교육의 현황

1. 특수교육 발달사

우리나라의 특수교육은 1894년에 미국 감리교 선교사이자 의사인 홀(Rosetta S. Hall) 여사가 평양에서 점자시스템(braille system)에 의해 맹교육을 실시한 것이 최초의 시작이었다. 그러나 그녀가 설립한 평양 여자맹학교의 정확한 설립연대에 관해서는 1894년설, 1898년설 등으로 견해가 다양하다. 뒤이어 1903년에는 장로교 선교사인 모페트(Alice F. Moffett)가 평양에 최초의 남맹학교를 설립하였다. 또한 홀 여사는 1909년에 우리나라 최초의 농교육을 실시하기도 하였다. 이처럼 태동기의 특수교육은 모두 외국인 선교사들에 의해 이루어졌다. 반면에 한국인이 설립한 최초의 특수학교는 이창호 목사가 1935년 평양에 설립한 광명 맹아학교이다.

선교사들에 의해 특수교육이 태동된 이후, 뜻있는 독지가들이나 여러 종교단체에 의해 특수학교가 설립되어 왔는데 우리나라의 특수교육은 주로 사학이 주도해 왔다. 공립 특수학교로는 일제하인 1913년 조선총독부에 의해 설립된 제생원(현재의 서울농·맹학교)이 최초이긴 하나 그 설립목적은 인도주의사상에 있었다기보다는 식민정책의 합리화에 있었다.

한편 우리나라 최초의 특수학급은 일제치하인 1937년에 서울의 동대문공립초등학교에 설치된 병·허약아를 위한 양호학급이다.[17] 그러나 해방 이후 우리가 설치한 최초의 특수학급은 1968년 9월 서울 월계초등학교에 설치된 약시학급이다.

해방 이후 1948년에 특수교육에 대한 감독권이 보건사회부에서 문교부로 이관되었으며, 1949년에 교육법의 제정으로 그 속에 특수교육에 관한 조항(제143조, 제144조, 제145조)이 삽입되었고 이후 계속해서 특수교육과 관련된 법규가 제정·공포되었다. 즉 1977년 12월 31일에 특수교육진흥법(법률 제3053호)이 제정·공포되었고, 뒤이어 1978년 8월 30일에 특수교육진흥법시행령(대통령령 제9151호)이 그리고 1978년 12월 30일에 특수교육진흥법시행규칙(문교부령 제435호)이 공포되었다. 시대변화와 더불어 특수교육진흥법은 1994년 1월 7일에 전면 개정·공포되었고, 이에 따라 동법의 효율적인 시행을 통하여 장애를 지닌 아동들에게 각자의 능력과 장애 정도에 알맞는 교육기회를 제공함과 아울러 특수교육의 내실화를 도모하고자 하위법령인 특수교육진흥법 시행령(1994. 10) 및 시행규칙(1995. 4)도 역시 전면 개정·공포하였다. 특수교육의 기본법인 특수교육진흥법은 특수교육을 필요로 하는 사람에게 국가 및 지방자치단체가 적절하고 고른 교육기회를 제공하고, 교육방법 및 여건을 개선하여 자주적인 생활능력을 기르게 함으로써 그들의 생활안정과 사회참여에 기여함을 목적으로 하고 있다. 2008년 6월에는 장애인 등에 대한 특수교육법 시행규칙이 제정되었는데, 이는 국가 및 지방자치단체가 장애인 등 특수교육

---

17) 김병하, 「특수교육의 역사적 이해」(서울: 형설출판사, 1983), p. 113.

대상자에게 고등학교까지 의무교육을 실시하고, 영유아 때부터 장애의 유형과 정도를 고려한 특수교육 및 특수교육 관련서비스를 제공하는 등의 특수교육법 내용과 관련된다. 이를 통하여 특수교육대상자를 조기 발견하여 보호자에게 통보하고 특수학교의 기숙사 생활을 지도하기에 적합한 교사자격기준을 정하는 등의 문제가 정비되었다.

최근 십년간 특수교육 현장에서 가장 두드러진 변화는 통합교육의 비약적인 확대로 볼 수 있다. 1970년 대구칠성초등학교 특수학급 최초 설치 이래 현재는 70% 이상의 학생이 일반학교에 배치되어 특수학급을 통한 교육 지원을 받고 있다. 그러나 통합 환경 배치는 수치적 확대에 비해 배치된 학생들이 일반교사와의 협력과정 없이 특수교사에게만 맡겨져 있는 등 통합교육의 내실있는 성장을 이루지 못하였다.

이처럼 우리나라의 특수교육은 그 역사가 100여 년이 되지만 대체로 1950년대 이후부터 계속적인 양적 성장을 하여 왔지만 질적인 측면에서는 여전히 많은 문제점들을 안고 있다.

2. 특수학교 현황

우리나라의 특수학교 현황은 다음과 같다.

《표 8-1》 2022년도 특수학교 현황[18]

(단위: 교)

구분	설립별 학교 수				장애영역별 학교 수					
	국립	공립	사립	계	시각 장애	청각 장애	지적 장애	지체 장애	정서 장애	계
학교수	5	97	90	192	13	14	137	21	7	192

18) 2022 특수교육 연차보고서 p. 25.
(국립특수교육원http://www.nise.go.kr/ebook/site/20220916_093645/)

우리나라의 특수학교는 1945년 2개교, 1955년 17개교, 1970년에 40개교, 1979년 52개교, 1989년에 100개교, 2009년에 150개교였던 것이 《표 8-2》에서 보는 것처럼 2022년 기준 192개교로 계속적으로 양적 성장을 해 왔다. 설립별 특성으로 보았을 때 사립의 비중이 여전히 적지 않지만 최근 공립학교의 증가로 사립학교 의존도가 지양되고 있다. 그러나 모든 학령기 장애인에게 균등한 교육기회를 향유하게 하기 위해서는 국가적 차원에서 지역별로, 장애영역별로 고르게 특수교육기관이 증설되어야 할 것이다. 즉, 복지민주사회 및 교육의 기회균등의 구현이라는 측면에서 모든 장애인이 취학할 수 있도록 특수교육영역에서 공적 책임을 높여 나가야 한다. 만성적 건강의 어려움, 장애의 심각정도와 상관없이 국민으로서 마땅히 누려야 할 교육의 기회를 누릴 수 있도록 특수교육 기관의 확충이 이루어져야 할 것이다.

3. 특수학급 현황

한편 일반학교의 특수학급 현황은 다음과 같다.

《표 8-2》 일반학교 내 특수교육 현황[19]

학교급	학 교 수	학 급 수	학 생 수	교 원 수
유 치 원	1,141	1,437	5,291	1,473
초등학교	4,753	6,701	30,964	6,999
중 학 교	2,018	2,614	11,317	2,778
고등학교	1,126	1,926	10,172	2,312
전공과	18	34	204	70
합 계	9,056	12,712	57,948	13,632

19) 상동. p. 27.

특수학급은 1971년에 1개 학급(30명)에서 1979년 349학급(6,207명), 1988년 3,026학급(32,262명), 2009년 6,924학급(39,380명)이었던 것이 2014년 현재 유치원 464개 학급, 초등학교 5,073 학급, 중학교 2,353 학급, 고등학교 1,709 학급, 전공과 18개 학급, 총 9,617학급(45,803명)으로 괄목할 만한 양적 성장을 하였다. 특히 특수교육 대상 학생의 70% 이상이 통합환경으로서 특수학급에서 지원을 받고 있다는 사실은 주목할 만하다. 또한 지속적으로 문제제기되었던 중등교육에서의 특수학급 증가와 유치원 과정의 도입은 전문교사의 부족 등 열악한 특수교육의 환경을 감안하면 의미 있는 변화라 할 수 있다. 특수학급의 특수교육 교사자격을 소지한 교사의 비율을 보면, 1990년 68.3%, 1994년 62.7%, 1998년 54.4%로 1994년에는 전년도보다 5.8%, 1998년에는 7.7% 감소하여 특수학급 교사의 특수교육 교사자격 소지율은 매년 감소하고 있는 추세를 나타내고 있었으나 2000년 들어 다시 65.0%, 2002년 78.1%, 2014년 현재 97.3%로 증가하고 있는 추세다.[20] 2022년 현재 시도별 특수학교(급)의 전체 특수교육 담당교원의 특수학교 교사자격증 소지율은 특수학교가 99.4%, 특수학급이 99.0%로 전체 99.2%에 이르고 있다.[21]

이와 같은 양적 팽창과 더불어 특수학급에서 이루어지는 교육의 질에 대한 관심도 높아지고 있다. 특수학급은 일반학급과 연계된 교육체제로서 통합교육의 한 형태이다. 그러나 특수학급은 일반학급에서 학업적응에 실패한 학생들을 보충지도하는 장으로만 지각되거나, 특수학급에 있는 시간이 읽기와 셈하기 같은 기본 교과만을 지도하는

---

20) 국립특수교육원, 「한국 특수교육의 지표」(2014), p. 46. 참고로 2014년 현재 특수학교 교사의 자격증 소지비율은 93.9%이다.
21) 2022 특수교육연차보고서.
   (국립특수교육원http://www.nise.go.kr/ebook/site/20220916_093645/)

것으로 오인되기도 한다.[22] 따라서 특수학급의 양적 발전을 지속시키는 동시에, 일반학급과 연계된 교육체제로서 일반교사와 특수교사가 협력하여 아동의 교육적 요구에 맞도록 특수학급의 교육질을 향상시키는 것이 특수학급의 당면 과제로 제시된다.

---

22) 박승희, "2000년대를 향한 특수학급의 정체성과 발전 방향," 「특수학급 운영의 질적 향상을 위한 재고」(이화특수교육 학술대회 발표논문집, 1998), p. 19.

Ⅳ. 과제와 전망

어느 시대, 어느 사회를 막론하고 장애인은 항상 존재하여 왔으며, 또 앞으로도 계속 존재할 것이다. 모든 사람에게 장애의 유무에 관계 없이 동등하게 인간으로서의 존엄성과 교육의 기회를 부여하는 것이 민주국가의 이념이라고 할 때, 장애인이 학교 및 사회생활에서 원활한 적응을 할 수 있도록 신체적·사회적 재활을 위한 각종 지원체제를 확립하여야 함은 당연한 국가적 과제라 할 수 있다.

인류의 역사 속에서 인간이 이룩한 위대한 업적 중의 하나는 약육강식과 적자생존의 자연계에서 약자를 보호함으로써 공존공영할 수 있는 길을 열어 놓은 것이다. 그리하여 이제는 약자에 대한 보호가 어느 정도인가에 따라서 국가나 사회의 문명화 내지는 복지화 정도를 가늠하게 되었다.

장애인의 사회적 통합에 관한 세계적 추세와 사회적 관심의 증대에 따라 이들에 대한 사회보장제도의 확립이 민주복지의 측면에서 대두되어 왔다. 1968년 정박아 국제연맹의 '정박아를 위한 권리선언', 1975년 유엔의 '장애자 권리선언' 등 여러 국제기구에서 심신장애자를 위한 국제적인 운동을 전개하여 왔으며, 유엔은 1981년을 '세계 장애자의 해'(International Year of Disabled Person)로 정하여 이들에 대한 세계적인 관심을 촉구한 바 있다.

우리나라도 70년대의 경제기반구축과 함께 특수교육에 대한 관심이 증대됨으로써 특수교육기관의 계속적인 양적 성장이 있어 온 것은 사실이다. 그러나 복지는 경제성장의 결과가 마련하는 것이 아니라 기초적인 인간생존의 조건마련이 곧 영속적 경제성장과 안정된 사회발전의 기반이 된다는 사실을 인식하여야 한다. 따라서 민주복지사회의 지향이라는 조회체제 아래서, 당면한 문제점들을 바탕으로 특수교육의 발전방안을 모색해 보기로 한다.

첫째, 건전한 장애인관을 확립하여야 한다. 전근대적인 사회에서의 장애인은 어떠한 불이익 처분도 감수하여야 했으나 현대 민주주의사회에서는 인간의 존엄성과 평등성의 이념 아래 모든 사람이 장애의 유무에 관계없이 동등한 인간으로서의 권리와 자유를 누릴 수 있게 되었다. 즉 전근대적인 부정적 장애인관으로부터 긍정적이며 적극적인 장애인관으로 변모하게 됨에 따라 장애인을 하나의 인격적 주체로 파악하게 된 것이다. 그러므로 장애라는 것은 단지 심신상의 일부분의 장애이지 인간전체의 장애이거나 인격이 장애를 의미하는 것은 아니다. 또한 하나에서 열까지 완전한 인간이 없는 것처럼 하나에서 열까지 모두 불완전한 인간도 있을 수 없으며, 누구나 크건 적건 간에 부분적인 장애를 가지고 있다. 게다가 산업재해나 교통사고 등으로 장애 그 자체가 언제 나의 문제, 내 가정의 문제가 될지 모른다는 엄연한 사실을 인식해야 한다. 따라서 장애인의 문제는 남의 문제가 아니라 우리 자신의 삶의 문제인 것이다. 그러므로 장애인에 대한 배타적·동정적인 사회적 편견을 지양하고 그들을 자연스럽게 사회의 동등한 일원으로 수용하는 사회통합적 장애인관을 우리 모두가 지녀야 한다.

둘째, 평등한 사회풍토가 조성되어야 한다. 이것은 소수 약자인 장애인의 교육권 및 생존권의 보장을 위한 기본적 전제조건이다. 평등의 이념은 민주주의의 기본철학으로 받아들여지고 있으며, 이는 복지사회를 지향하는 민주국가의 이념이기도 하다. 그러므로 장애의 유무에 관계 없이 누구나 동등한 사회의 한 구성원으로 삶을 영위할 수 있는 사회풍토가 조성되어야 함에도 불구하고 오늘날 우리 사회에는 해결되어야 할 많은 불평등요인을 지니고 있다. 예컨대 교육적인 측면에서 보면, 교육의 기회균등사상이란 민주사회가 지향하는 평등이념의 교육적 구현인 것이다. 특수교육의 100여 년 역사 속에서 양적성장이 지속되어 오긴 했지만 장애를 가진 성인의 경우, 일반인들에 비해 무학자의 비율이 월등히 높고, 영유아나 청소년의 경우도 일반학생의 취학률에 비해 떨어지는 것으로 나타났다.[23] 장애인 예상 추정치에 비추어 볼 때 취학률도 월등히 떨어지는 것으로 드러나 많은 장애인들이 교육받을 권리로부터 제외되고 있는 실정이다. 이는 현대사회의 대량교육의 풍요 속에서 많은 장애인들이 교육에서 소외되고 있음을 의미하며, 교육기회의 불평등이라는 그야말로 풍요 속의 빈곤인 부끄러운 단면을 그대로 노출하고 있는 것이라 하겠다. 사회적 측면에서도 장애인은 취업보장을 받지 못하고 있으며, 설사 취업이 되었다 하더라도 저임금 등의 불이익 처분을 받고 있어 평등권을 보장받지 못하고 있다. 따라서 우리는 평등한 사회풍토를 조성함으로써 장애인의 교육권과 생존권을 보장하여야 한다. 지폐 모퉁이에 점자를 찍어 맹인으로 하여금 지폐액수를 알 수 있게 하는 선진국의 복지정책에서 우리는 평등성에 관한 많은 시사를 얻을 수 있다.

셋째, 통합교육[24]이 강화되어야 할 것이다. 과거의 특수교육은 장

---

23) 유혜경, "한국 장애인교육의 현황과 나아갈 방향의 모색," 「특수교육연구」, 제 9 권 제 2 호(2002), p. 32.
24) 장애아의 통합교육을 지칭하는 말로 'integration'(통합화), 'normalization'(정상화), 'mainstreaming'(주류화), 'least restrictive environment'(최소제한환경) 등의 용어가 사용되고 있다.

애학생을 비장애학생으로부터 분리시켜 특별한 교육적 조치를 하였다. 그 결과 장애학생의 이상성은 더욱 부각되었을 뿐만 아니라 사회적 적응능력 또한 큰 진전이 없었다. 예컨대 과거의 남녀별학에 따른 남·여학생의 분리교육이 이성에 대한 상호이해와 졸업 후 상호적응 및 사회적응면에서 도움을 주지 못한다고 판단되어 남녀공학으로 전환하였던 것과 마찬가지로, 장애인의 분리교육도 장점보다 단점이 더 많다는 발전적 인식을 하게 된 것이다. 즉 남학생과 여학생이 평생 동안 학교에만 머물러 있는 것이 아니라 졸업 후 사회에서 서로 만나더불어 사회생활을 하게 되므로, 학교교육에서 애써 분리시킬 것이 아니라 미리 통합하여 교육시킴으로써 졸업 후 사회생활에서의 상호적응을 더 용이하게 할 수 있다는 것이다. 마찬가지 논리로 장애학생과 비장애학생도 학교졸업 후 사회에서 만나 더불어 사회생활을 하게 되므로 가능한 한 미리 통합교육을 시행하는 것이 바람직하다는 것이다. 그러나 이것이 모든 장애학생을 일반학급으로 보낸다는 의미는 아니다. 즉 장애학생의 장애 정도 및 특수요구를 충분히 고려한 다차원적인 통합을 의미한다. 특수교육법 제 2 조 제 6 항에서는 통합교육을 "특수교육대상자가 일반학교에서 장애유형·장애정도에 따라 차별을 받지 아니하고 또래와 함께 개개인의 교육적 요구에 적합한 교육을 받는 것"이라고 규정하고 있다. 통합교육이 내실화되기 위해서는 비장애학생 위주로 계획되어 있는 학교시설이 장애학생이 함께 할 수 있도록 개조되어야 하며 장애학생과 비장애 학생 모두가 동등한 교육 기회와 적절한 서비스를 받을 수 있도록 학교체제를 변화시켜야 한다. 또한 교육행정기관은 장애학생이 예체능이나 특별활동 등의 교육 프로그램에서 불이익을 받지 않도록 행정적 지원을 보장해야 하며,[25]

---

25) Michel J. Bednar, "Architectural Planning for Special Education," James M. Kauffman & Daniel P. *Hallahan ed., Handbook of Special Education*(New Jersey: Prentice－Hall, Inc., 1981), p. 733.

통합교육을 실시할 수 있도록 양성과정에서부터 특수교사와 일반교사를 교육하고, 현직 교육을 통해 지원해야 한다. 통합교육은 1970년대 이후부터 활발히 논의되어 왔으며, 통합교육의 실시는 전세계적인 추세이다. 이러한 통합은 학교교육에서의 통합뿐만 아니라 사회적 통합까지 포함한 넓은 개념으로 이해해야 한다.[26] 장애학생의 70%이상이 통합현장에 배치된 상황에서 일반교사와 통합교사의 긴밀한 협력체제를 만들고 우리 교육여건에 맞는 통합교육 모델과 프로그램이 형식적 차원을 넘어 내실있게 자리잡아야 할 것이다.

넷째, 장애영유아의 조기교육이 강화되어야 한다. 최근에 들어 특수아에 대한 조기교육이 강조되고 있는 추세이다. 이는 동일한 경험이 생의 특정기간에 주어졌을 때 다른 시기보다 더 큰 영향을 미칠 수 있다는 믿음에서 출발하고 있는데,[27] 특히 유·유아기(乳·幼兒期)의 경험이 결정적이라고 보는 견해에 의해 조기교육론이 주장되고 있다. 아무리 심한 장애를 지닌 유아라 할지라도 조기에 그 장애의 유형과 증상을 정확히 파악하여 교육을 받게 하면 적어도 자기의 신변에 관한 자립 능력은 물론, 그들이 지닌 장애를 그들 스스로 극복해 나가면서 교우관계 및 가정과 유치원 또는 사회생활에 있어 잘 적응할 수 있는 능력이 형성된다고 본다.[28] 1995년에 개정된 특수교육진흥법 제 5 조에서는 특수교육대상자 중 초등학교 및 중학교 과정은 의무교육으로 하고, 유치원 및 고등학교 과정은 무상으로 한다고 명시하였다. 즉 다행히도 조기교육이 무상교육의 범주에 포함됨으로써 조기교육에 대한 관심과 열의는 증대될 전망이다. 현재 유치원 과정은 증가하고 있으나 조기교육의 기회는 중요성에 비해 아직까지 부족하다. 장애유아의 교육은 일찍 시작할수록 그 효과가 높아지며, 장애

---

26) Fred Adams ed., *Special Education*(Essex: Councils and Education Press, 1986), p. 175.
27) 김삼섭, 「특수교육의 심리적 기초」(서울: 양서원, 1994), p. 24.
28) 장선철, 앞의 책, p. 22.

를 조기발견하여 적절한 치료와 교육을 할 경우 많은 아동이 일반교육을 받을 수 있다는 중요성을 고려한다면 장애유아가 모두 취학하여 무상교육이 이루어질 수 있도록 조기특수교육기관을 대폭 확충, 일반 초등학교에서의 장애유치반 병설, 특수유치원 설립기준의 최소 조건화로 사학의 적극적인 참여유도, 일반 유아교육기관에서 활용할 수 있는 장애유아용 교육 프로그램의 개발, 명실상부한 조기특수교육을 위해 관련법규를 보완하는 등의 행·재정적인 지원이 뒷받침되어야 할 것이다. 물론 조기특수교육 실시를 위한 전제조건은 장애인의 조기판별제도의 확립이다.

다섯째, 특수교육 대상 학생을 교육할 교사의 양성과 연수과정이 강화되어야 한다. 2022년을 기준으로 특수교사를 양성하는 관련학과는 37개 대학이고, 승인 인원은 1,492명, 17개 대학 교육대학원에서 23개 특수학교 정교사 양성과정을 운영하고 있다. 이는 1995년 7개 대학, 2002년 23개 대학에 비할 때 급격한 성장이다. 특수교사의 양성은 양적 성장에 걸맞게 전공교육과정이 강화되고, 다양한 학문과의 접점을 키워나가야 할 과제가 남아있다. 특수교사는 통합현장에서 만나는 다양한 장애를 가진 학생을 직접 교수해야 할 뿐 아니라 특수학급이 아닌 통합환경에서도 이 학생이 적절한 교육을 받을 수 있도록 지원해야 한다. 따라서 장애학생에 대해 비교적 경험이 적은 일반학급 교사들과 신뢰 있는 관계를 구축할 수 있는 충분한 전문성을 가지고 있을 때 통합환경의 구성인자들이 장애학생에게 포용적인 통합환경을 만들기 위해 움직이도록 할 수 있다. 통합교육을 위한 협력의 중심에서 현안을 풀어가는 특수교사의 전문 역량 강화를 위해 양성과정에서뿐 아니라 현직에서의 전문적 연수과정의 꾸준한 지원이 필요할 것이다.

그러나 특수교사가 하는 주도적 역할은 일반학급 교사와의 협력을 전제로 한다. 특수교육에 대한 일반적 소양이 없는 일반학급교사는 협력의 동반자가 되기보다 수동적 역할에 머물게 되기 쉽다. 장애학생의 교육을 특수학급에 일임하거나 학생을 원적학급에서 방임하는 대신 적극적으로 자신의 학급에서 장애학생이 한 구성원으로 존재하도록 하기 위해 일반학급 교사의 교육은 필연적이다. 또한, 다양한 장애를 가진 학생들이 입급되고, 완전통합을 선택하여 일반학급에서만 생활하는 학생들의 비율을 고려해볼 때 일반학급 교사 역시 양성과정에서 장애를 폭넓게 이해하고 교육자로서 자신의 역할을 찾을 수 있도록 준비해야 한다.

교 / 육 / 학 / 개 / 론

제9장

다문화주의와
교육

—

Ⅰ. 다문화주의의 출현

1. 다문화사회의 태동

단일민족국가라는 인식이 강한 한국 사회지만, 주변에서 외국인들을 찾는 것은 어려운 일이 아니다. 방송에 출연하여 유창한 한국어로 말하는 외국인들을 보는 것은 그다지 놀라운 일이 되지 못한다. 버스나 지하철, 그리고 대학가에서도 외국인들이 한국인들과 함께 활동하는 모습은 흔한 풍경이다. 법무부의 보도에 따르면 2007년 8월 단기 체류 외국인을 포함한 국내 체류 외국인이 사상 처음 100만 명을 돌파하였으며 2022년 말 기준 국내 체류 외국인은 224만 명에 달한다. 이는 COVID19 이전인 2019년의 252만 명에는 미치지 못하지만 전 국민의 4.37%에 해당하는 수치이다. 이중 장기 체류 외국인의 수는 약 169만명 가량으로, 취업자격 외국인이 44만 9천여 명, 유학생이 19만 7천여명, 결혼이민자가 16만 9천여 명에 달한다.[1] 국적·지역별로는 중국이 849,804명(37.8%)으로 가장 많았고, 베트남 235,007명

(10.5%), 태국 201,681명(9.0%), 미국 156,562(7.0%), 우즈베키스탄 79,136명(3.5%)의 순이다. 체류외국인 현황을 연도별로 비교해보면 다음과 같다.[2]

《표 9-1》 인구대비 체류외국인 현황

(단위: 명)

구분	2018년	2019년	2020년	2021년	2022년
전체 인구	51,826,059	51,849,861	51,829,023	51,638,809	51,439,038
체류외국인	2,367,607	2,524,656	2,036,075	1,956,781	2,245,912
체류외국인비율	4.57%	4.87%	3.93%	3.79%	4.37%

《표 9-2》 장단기 체류외국인 현황

(단위: 명)

구분	2018년	2019년	2020년	2021년	2022년
장기체류외국인	1,687,733	1,731,803	1,610,323	1,569,836	1,688,855
단기체류외국인	679,874	792,853	425,752	386,945	557,057

경제구조의 변화, 한류문화의 확산, 출산율 하락, 대학의 지속적인 글로벌화 움직임 등을 감안하면 외국인 출입국자와 체류자의 급격한 증가 추세는 앞으로도 지속될 것으로 전망되고 있다.[3]

이러한 다문화사회의 도래는 인류사회가 글로벌화(globalization)됨에 따라 나타나는 자연스러운 삶의 형식이라고 말할 수 있겠다. 글로벌화는 현대 사회의 규모가 예전의 마을, 지역, 국가 단위에서 확장되어 지구 전체를 아우르는 형태로 구조화되고 있는 현상을 가리킨

1) 법무부(2022). 「연도별 인구대비 체류 외국인현황」('18−'22년) (https://www.moj.go.kr/moj/2412/subview.do)에서 2023.4.14 인출.
2) 법무부(2022). 「연도별 인구대비 체류 외국인현황」('18−'22년) (https://www.moj.go.kr/moj/2412/subview.do)에서 2023.4.14 인출.
3) 안경식, 「다문화 교육의 현황과 과제」(서울: 학지사, 2008), p. 17.

다. 과학기술과 이동수단의 발달로 국가간·지역간·시간적·공간적 거리는 매우 가까워졌다. 이제는 익숙해져 다소 진부한 느낌조차 주는 지구촌이라는 단어는 시공간압축현상을 잘 보여주고 있다.[4]

전 지구적 글로벌화와 함께 나타난 현상은 예전에는 상상도 할 수 없었던 빈번한 이주(移住)이다. 지금도 한국에서 그 흔적을 어렵지 않게 찾아볼 수 있는 동족촌은 한 성씨가 특정 지역과 마을에서 수백 년 동안 터를 잡고 살아온 형태로서 농경사회와 문명사회에서는 쉽게 볼 수 있는 구조였다. 그러나 산업화와 도시화가 이루어진 사회에서 아직 튼튼하게 명맥을 유지하는 동족촌은 찾아보기 어려우며 자신의 꿈을 실현하기 위해, 또는 먹고 살기 위해 고향을 떠나 도시나 해외로 향하는 것은 산업화 시기의 전형적인 현상이기도 했다. 그러나 경제적인 측면의 이주만 존재하는 것은 아니며 역사에서는 다양한 종교적·정치적 이주가 존재하기도 했다.

이주는 자발적인 이주와 강제 이주가 있다.[5] 역사적으로 나타나는 대표적인 강제 이주는 유럽인들의 아메리카 대륙과 오세아니아 정복으로 인한 이주, 식민지의 경제발전을 위한 아프리카 흑인 노예의 유입, 마지막으로 노예제도가 금지되면서 발생한 중국인 등 대체 노동인력의 대규모 이동 등이 있다. 20세기에 와서 대표적인 이주의 흐름은 세 번째 경우로, 주로 저개발국 국가의 국민들이 경제적 선진국으로 자발적으로 이동하는 형태로 나타난다. 이렇게 오늘날의 이주는 경제적인 요인에 의해 추동되며 매우 차별적인 모습을 보이고 있으며, 특히 노동 이주의 경우, 이들의 거주지는 주로 사회의 주류들이 거주하는 고급주택가가 아닌 도시 주변의 슬럼가 등에 집중되며, 이러한 과정을 통해 문화적으로 이국적이고 특징적인 거주공간이 형성된다. 이러한 과정 속에서 한 지역이나 국가가 가지고 있던 단일민족·단일

---

4) 김광수 외, 「글로벌 시대의 다문화 교육」(서울: 사회평론, 2010), pp. 13~14.
5) 위의 책, pp. 16~18.

문화의 특징은 점차 약화되고 다양한 문화의 전파와 접촉 및 변형으로 대표되는 생활양식의 변화가 이루어진다.

인류가 살고 있는 각 지역이 모두 글로벌 사회의 일부로 편입되면서 각 지역문화의 역동성은 더욱 강해지고 있다. 문화는 고정된 것이 아니며 지속적으로 변화한다. 글로벌 사회의 일부가 됨에 따라 대부분의 사람들이 다양한 문화와 일상적으로 접하면서 독특한 관계를 형성하게 된다. 즉 문화는 그 자체가 단일한 속성으로 수렴되는 것이 아니라 본래 혼성적인 다양체들 그 자체로 파악되어야 하는 것이다.[6]

2. 다문화사회의 구성원들

이러한 글로벌화와 글로벌화에 따른 이주현상은 한국사회에도 예외가 아니며 한국 역시 다문화사회로 전환되고 있다. 이미 국내의 외국인 비율은 2010년 6월 현재 전체인구 중 2.5%였던 것이, 2022년 기준 전체 인구 중 4.4%에 달하고 있다.[7] 다문화사회로서 한국의 구성원들은 크게 외국인 근로자, 결혼 이민자, 유학생으로 구성되며, 또한 전통적인 다문화 구성원인 화교, 식민지와 남북 분단의 아픔으로 인해 생겨난 북한 이탈주민과 교포들 역시 한국에서만 볼 수 있는 다문화 구성원들이다. 한국의 다문화 현상을 분석하고 다문화교육을 수행하기 위한 전 작업으로서 한국의 다문화 구성원들을 살펴보자.

(1) 외국인 근로자

외국인 근로자들은 수적으로 한국에 거주하는 외국인 중 가장 많

---

6) 위의 책, pp. 19~22.
7) 법무부(2022). 「연도별 인구대비 체류 외국인현황」('18-'22년) (https://www.moj.go.kr/moj/2412/subview.do)에서 2023.4.14 인출.

은 비율을 차지한다. 1990년대 이후부터 산업연수생 등의 형태로 한국으로 들어온 이들은 인력난에 시달리고 있는 국내 제조업, 건설업, 요식업과 같은 3D 업종에서 주로 일하며, 한국 경제를 지탱하는 역할을 하고 있다. 2010년 6월 무국적을 포함한 180개국에서 55만 7천 명의 외국인 근로자가 한국에 체류하고 있었으나, 2022년 말 기준 취업자격 체류외국인은 449,402명으로 전년대비 16.3% 증가하였다.[8] 정부는 1991년 11월 해외투자기업 연수생 제도를 도입한 데 이어, 1993년 11월에 산업연수생 제도를 도입하고, 2004년 고용허가제를 실시하여 합법적으로 외국인 근로자를 들여오고 있다.[9] 한국인들의 일자리를 뺏는다는 논란에도 불구하고 저임금으로 인한 기업체의 요구는 끊이지 않아 외국인 근로자의 수는 앞으로도 지속적으로 증가할 것으로 보인다.

(2) 결혼 이민자

외국인 근로자와 더불어 국내 체류 외국인의 다수를 이루는 구성원은 바로 결혼 이민자들이다. 국제결혼이라는 단어에서 알 수 있듯이 한국인들은 오랫동안 한국인과의 결혼을 당연하게 생각해 왔다. 그러나 1990년대 초반까지 1%대에 지나지 않았던 국제결혼 비율은 도시화로 인해 농촌 남성들의 결혼율이 급감하면서 점차 확대되기 시작하여 2005년에는 13.6%로 증가하였으며, 결혼 이후에도 미국, 일본에서 거주하던 종전과는 달리 주로 한국에 정착하고 있다. 국제결혼 비율은 2018년에는 15만 9천여 건, 2020년에는 16만 8천여 건, 2022년에는 16만 9천여 건으로 매년 소폭 늘어나고 있는 추세이다.[10] 한국인

---

8) 법무부(2022). 「연도별 인구대비 체류 외국인현황」('18−'22년) (https://www.moj. go.kr/moj/2412/subview.do)에서 2023.4.14 인출.

9) 위의 책, pp. 31~32.

10) 법무부(2022). 「연도별 인구대비 체류 외국인현황」('18−'22년) (https://www.moj. go.kr/moj/2412/subview.do)에서 2023.4.14 인출.

남성, 외국인 여성의 결혼 비율이 늘어나면서 점차 농촌지역의 출산율은 개선되는 경향을 보이지만, 이들 사이에서 태어난 자녀들의 적응 및 교육문제가 점차 사회문제화되는 경향을 보이고 있다.[11]

(3) 외국인 유학생

민주화를 동반한 한국의 경제성장과 한류 문화의 확산, 한국문화에 대한 관심 등은 많은 외국인 학생들의 한국 유학으로 이어졌다. 또한 최근 교육과학기술부와 언론사 주관 대학평가 등에서 대학의 국제화 지수를 강조하면서 대학의 외국 유학생 유치활동도 한층 더 적극적으로 이루어지고 있다. 2021년 현재 유학생의 국적별 체류현황을 보면 중국이 67,348명, 베트남이 35,843명, 우즈베키스탄이 8,242명, 몽골이 6,028명, 일본, 3,818명, 미국 2,218명으로 중국의 비율이 점차 낮아지는 반면 베트남 유학생의 수가 급증하고 있음을 확인할 수 있다.[12] 유학생 신분을 가장하고 한국에 들어와 위장취업을 하는 가짜 유학생들도 없지 않으나, 이들은 주로 한국에서 정규 교육과정을 이수하고 성공적으로 한국 또는 원소속국에서 활약하고 있다.[13]

(4) 북한 이탈주민

북한 이탈주민들은 우리와 같은 동포들이지만, 위에서 언급한 외국인 근로자, 결혼 이민자, 유학생 못지않게 문화적 차이로 인해 한국사회에서 적응하는 데 어려움을 겪는 이들이다. 분단의 역사를 통해 남한과 북한에서는 이질적인 사회, 경제적·문화적 환경이 고착되고 있다. 이로 인해 어렵게 북한을 탈출하여 남한에 정착한 이들은 상황

---

11) 안경식, 『다문화 교육의 현황과 과제』(서울: 학지사, 2008), p. 21~23.
12) 교육부(2021). 「2021년 국내 고등교육기관 내 외국인 유학생 통계」(https://www.moe.go.kr/boardCnts/viewRenew.do?boardID=350&boardSeq=90123&lev=0&searchType=null&statusYN=W&page=1&s=moe&m=0309&opType=N)에서 2023.4.14.인출
13) 이성미, 「다문화 코드」(서울: 생각의 나무, 2010), pp. 32~34.

에 따라서는 외국인 노동자나 결혼 이민자들보다도 한층 더 어려움을 겪는다.[14] 2010년 1월 북한 이탈주민의 수는 18,162명이었으나, 2022년 현재 북한 이탈주민의 수는 33,882명이다.[15] 한때 연간 2900명까지 달했던 북한 이탈주민의 수는 김정은 체제가 들어선 이후 국경통제가 강화되며 큰 폭으로 감소했으며,[16] 최근 COIVID19 이후 더욱 급감하여 2021년에는 63명에 불과했다. 한때 귀순용사라는 칭호로 불리며 자유대한민국으로 넘어온 이들을 환영하고 대우하는 분위기가 존재했지만 지금은 그런 모습을 찾기 어렵다. 1993년까지의 북한 이탈주민은 총 641명이었으며 주로 정치적 이유에서 망명한 20대 군인이 대부분이었다. 그러나 1995년 이후 계속되는 수해와 가뭄으로 식량배급제가 중단됨으로써 수십만 명이 기아로 사망함으로써 굶주림을 피해서 오는 경우가 많아졌다. 최근에는 자녀의 미래와 보다 나은 삶을 위해서 가족단위의 탈북이 늘고 있다.[17]

(5) 혼 혈 인[18]

앞의 네 구성원과는 달리 혼혈인들은 이미 오래 전부터 한국사회의 구성원이었지만, 자신의 과거를 숨기고 살아야 했던 사람들이었다. 결혼 이민자 집단과는 달리 이들은 주로 주한미군과 한국인 여성 사이에서 태어난 자녀들이거나, 한국군의 월남전 파병 과정에서 태어난 라이따이한들 가운데 한국으로 유입된 이들이다. 가수 인순이, 미식축

---

14) 안경식, 「다문화 교육의 현황과 과제」(서울: 학지사, 2008), pp. 23~24.
15) 통일부(2022). 「북한이탈주민 입국인원 현황」(https://www.unikorea.go.kr/unikorea/business/NKDefectorsPolicy/status/lately/). 2023.4.14.인출.
16) 자유아시아방송(2018). 최근 남한입국 탈북자가 급감한 이유(https://www.rfa.org/korean/weekly_program/bd81d55cc740-c5b4b514b85c/nkdirection-12042018161449.html). 2023.4.14.인출.
17) 안경식, 「다문화 교육의 현황과 과제」(서울: 학지사, 2008), p. 25.
18) 혼혈이라는 말은 UN에서 지적한 바와 같이 매우 인종차별적 용어이다. 그러나 한국에서는 이 계층을 가리키는 용어로 꾸준히 사용되어 왔고 용어의 의미가 가지는 특수성을 감안하여 사용하기로 하였다.

구 선수 하인즈 워드 등의 활약으로 최근 이들에 대한 관심이 조금씩 늘어나고 있다. 그러나 많은 경우 혼혈인에 대한 한국인들의 시각은 이중적이어서 이들이 긍정적인 평가를 받을 때는 한국인으로 포용하지만 부정적인 이미지를 가진 혼혈인에 대해서는 이들을 한국인으로 인정하지 않으려는 특징을 보인다. 그러나 그동안 한국에서 얼마나 많은 혼혈인들이 태어났으며 현재 얼마나 살고 있는지에 대한 통계조차 없을 정도로, 이들은 주류 한국인들의 관심 밖에 존재했었다.[19]

(6) 화   교

전통적으로 한국과 많은 교류를 해 왔던 중국인들의 후예인 화교와 화상들의 후예 역시 한국에 살고 있다. 한국과 중국은 역사, 사회, 문화적으로 오랜 기간 교류를 해 왔고 19세기 말부터 「조청상민수륙무역장정」에 의해 화교들이 한국 땅에 들어와 살게 되었는데, 일제 강점기에는 억압을 받았고 광복 이후에도 정책적 차별을 받게 되었다. 화교들은 한국에서 태어난 경우에도 투표권을 갖지 못하며, 화교의 지위는 사실상 난민과 크게 다를 바 없었다. 최근 화교학교 졸업생에게 한국학교와 동일한 학력을 인정할 것을 요구하는 법원의 판결이 내려지면서 이들의 교육기회는 상대적으로 보장될 것으로 보이지만, 아직까지 이들을 위한 체계적인 교육은 요원한 상태이다.[20]

(7) 해외교포

한민족 출신으로 역사적·정치적·경제적 이유로 인해 해외로 떠났던 교포들이 최근 한국사회로 재이주하는 경향을 보이고 있다. 교포들은 크게 재미교포, 재일교포, 조선족, 고려인 등으로 구분된다. 재

---

19) 정영근, "한국사회의 다문화화에 대한 교육학적 성찰,"「교육철학」제44집, 교육철학회, 2009, p. 118.
20) 위 논문, p. 118.

일교포들의 경우 강제징용과 같은 역사적인 이유로 일본에 거주하였으나, 서툰 한국어와 문화적인 차이로 인해 일본과 한국 어디에서도 자국민으로 인정받지 못하고 있으며, 때로는 '반쪽바리'로 불리는 등 멸시를 받고 있다. 조선족 및 고려인들은 일제시대에 주로 경제적·정치적 이유로 만주, 연해주로 이주하였으나 중국과 러시아가 공산국가화되면서 이주 자체가 불가능해지며 문화적 단절을 겪게 되었으며, 최근 한국의 경제성장과 함께 노동력 수요가 늘어나면서 이들의 한국 이주가 늘어나고 있다. 재미교포의 경우에는 주로 경제적인 이유로 미국에 이주하게 된 인물들의 자녀들이 한국에 주로 영어강사, 연예인 등의 직업으로 한국에 이주하는 형태를 보이고 있다.

Ⅱ. 다문화주의의 기본 입장

　지금까지의 과정을 통해 볼 때 다문화주의는 한 국가와 지역에서 인종적·언어적·문화적 차이로 인해 차별받고 억압받는 거주민들을 동등한 관점에서 바라보고자 하는 대안적 운동이라고 할 수 있다. 그렇다면 다문화주의는 어떠한 배경과 기본적인 입장을 가지고 있는지 확인해 보자. 다문화교육에 대한 필요성과 정의를 내리기 위해서는 우선 우리가 살고 있고 느끼고 있는 문화에 대한 기본적인 입장과 나와 다른 문화를 어떻게 이해할 것인지에 대한 기본적인 견해가 서 있어야 하기 때문이다.21)

1. 기본 개념

　문화란 자연과 대비되며 인간 세계에 존재하는 유·무형의 전통 및

---

21) 김민환, "다문화 교육에 관한 연구 경향과 과제,"「학습자중심 교과교육연구」, 학습자중심교과교육학회(2010), p. 74.

생활 습관을 일컫는다. 문화란 또한 그 문화를 가진 사회에서 선악미추정사(善惡美醜正邪)의 준거가 되며, 사회 구성원 개개인의 정신에 각인되어 있는 것이다. 다른 측면에서 본다면 문화는 인간의 노동이 자연과 작용하여 얻은 업적과 인간의 자기 이해과정, 자기 성취과정 자체를 말하는 것이다.[22] 보다 명확히 하면 문화라는 용어는 세 가지의 의미가 있는데 ① 한 집단의 종교, 언어, 국적, 역사 또는 정치와 같이 한 공동체의 근본적인 의미와 믿음, 표준, 가치들의 묘사 ② 음식, 의복, 의식, 축제, 여가활동, 건강관리에 대한 태도들과 같은 한 집단의 관습, 전통 행동양식 등 ③ 한 집단이 예술, 그림, 음악과 같은 특정한 관심이나 가치에 대해 인식하는 활동 또는 업적을 지칭한다.[23]

하지만 이러한 정의는 인간의 관습이나 문화가 시간과 공간 및 상황에 따라 적잖은 차이를 보인다는 사실을 간과하고 있다. '종(種)'으로서 인간의 특성은 동일하지만, 모든 인간을 하나의 기준으로만 획일적으로 판단할 수는 없기 때문이다. 인간은 인권과 같은 공통의 가치와 이념을 공유하기도 하지만, 각 민족과 문화별로 서로 대립과 갈등을 겪으며, 때로 이러한 갈등은 증오와 전쟁으로 이어지기도 한다.

문화의 정의(定義)에 담긴 숨은 의미는 우리에게 친숙한 문화와 낯선 문화가 존재함을 전제하고 있다. 동시에 나에게 낯선 타국, 타민족의 문화가 내가 좋아하지 않는 방식으로 이루어지더라도 그것을 함부로 비하하거나 무시해서는 안 된다는 원리를 내포한다. 이러한 차원에서 볼 때, 문화는 본성상 다문화적이다. 앞에서 언급한 문화의 정의를 총칭하자면 문화를 자연과 대비되는 인간행위의 규범, 가치, 지향은 물론 개별 인간과 집단의 자기이해와 정체성을 제공하는 틀로 정의할 수 있는데, 인간이 집단에 따라 구분되는 것처럼 인류의 문화

---

22) 신승환, "문화 다원성의 종교철학적 함의," 「대동철학」 21, 대동철학회(2003), p. 377.
23) Nagel Blake et al., *The Blackwell Guide to the Philosophy of Education*(현대 교육철학의 다양한 흐름 I), 강선보 외 역(서울: 학지사, 2009), p. 138.

역시 다양한 하위문화를 가지는 것이 당연하다. 또한 동일한 인간집단 사이에서 형성된 문화라 하더라도 그 속에 여러 다른 문화가 존재할 수 있는 법이다.[24) 아울러 사람들 사이의 교류가 확대되면서 이러한 다양한 문화들은 문화간 교류와 공존으로 이어지게 되며 한 집단의 '고유문화'라는 것은 존재하지 않는다.

문화의 다양성을 인정하는 대신 단일한 속성의 것으로 간주하는 입장을 단일문화주의(monoculturalism)라 한다.[25) 이는 하나의 국가나 민족이 하나의 문화를 가진다는 19세기적 가정에 입각한다. 단일문화주의는 국가나 민족의 강력한 동질성을 전제로 하는데, 실제로 단일문화 또는 단일민족국가는 전 세계적으로 볼 때 10%도 되지 않는다는 지적이 있다.

한편 다문화주의와 종종 혼동되는 개념으로 문화적 다원주의(cultural pluralism)라는 개념이 있다. 문화적 다원주의는 다문화주의 논의가 활성화되기 이전에 미국에서 널리 사용되던 개념이다. 이는 여러 집단이 고유한 문화를 유지하면서 전체 사회에 참여하는 것을 지칭한다. 이는 단지 여러 집단이 공존하는 것만이 아니라 다른 집단의 문화가 지배적인 문화에서도 보유할 가치가 있다고 간주하는 것이다.[26)

단일문화주의와 문화다원주의를 극복한 개념으로서 다문화주의는 현대 사회가 평등한 문화적 지위를 가진 문화집단을 끌어안을 수 있어야 한다는 믿음에 기초하고 있다. 캐나다의 철학자 테일러는 다문화주의를 문화적 다수집단이 소수집단을 동등한 가치를 가진 집단으로 인정하는 '승인의 정치(politics of recognition)'로 정의한다. 또한 다문화주의는 여러 선진국의 이민집단이 가진 고유한 문화를 인정하고 보존하

---

24) 이용승, "한국의 다문화의식: 다문화주의의 이론적 검토와 정당화," 「민족연구」 제41집, 한국민족연구원(2010), p. 33.
25) 유네스코 아시아·태평양 국제이해교육원, 「다문화 사회의 이해」(서울: 동녘, 2007), pp. 89~91.
26) 위의 책, p. 90.

기 위해 노력하는 이론적 근거를 지칭하는 데 사용되기도 한다.[27]

　다문화주의에 대한 입장은 많은 변화를 겪어왔지만, 나와 다른 문화를 인정하지 않고 배척하는 입장에서 벗어나 인정하고 존중하는 방향으로 발전해왔다. 다음에서는 다문화주의의 유형을 중심으로 그 발전과정에 대해 살펴보도록 하자.

2. 다문화주의의 유형

　한국인들은 오랫동안 자신들이 단일민족이라고 생각해 왔기 때문에, 다문화주의 및 다문화사회에 대한 인식이 상대적으로 부족하다. 그러나 한국사회가 급격히 다문화사회로 전환되고 있는 만큼 이에 대한 준비의 필요성은 갈수록 확산되고 있다. 문화적 다양화에 대응하는 각 국가들의 양태는 시대별·지역별로 차이가 큰데 크게 차별 및 배제유형, 동화주의적 유형, 다원주의적 유형, 다문화주의 유형의 네 가지로 구분된다.[28]

(1) 차별 및 배제유형

　차별 및 배제유형은 2000년대 초반까지 한국이 채택해 온 방식으로 이러한 방식을 채택했던 대표적인 국가로는 독일, 일본, 한국 등이 있다. 차별 및 배제유형을 채택한 국가들은 국가 구성 후 이민 등을 통해 유입된 마이너리티들을 법률적·사회적으로 인정하지 않고 난민 또는 불법체류자로 간주하였다. 한국에서는 북한을 떠난 새터민들은 비교적 쉽게 한국 국적을 취득하지만 한국에서 태어난 화교들

---

27) 위의 책, p. 90.
28) Marco Martiniello, *Sortir Des Ghettos Culturels*(현대사회와 다문화주의), 윤진 역(서울: 한울아카데미, 2002), pp. 76~77.

과, 외국인 노동자, 산업연수생, 결혼 이민자는 한국 국적 취득에 큰 어려움을 겪는다. 1960년대 '초청노동자'의 형식으로 한국을 포함한 많은 국가에서 이민자를 받았던 서독은 이민자의 문화를 보전하고 장려하는 정책을 취했다. 그러나 그 정책은 이민자들이 서독 사회에 잘 적응하도록 하기 위한 것이 아니라 반대로 모국의 문화를 기억하고 향수를 일으켜 다시 모국으로 되돌아가도록 유도하는 데 목적이 있었다. 이러한 과정을 통해 서독정부는 독일인으로서 자신들의 순수성을 유지할 수 있다고 판단하였다. 그러나 최근 독일에서는 터키출신 이민자 3세들에 대해서는 독일 국적을 부여하기 시작했다.

흔히 속인주의로 불리는 국적 부여방식을 채택하는 이들 국가의 국적과 민권정책은 외국인들에게는 매우 제한적이다. '귀화'는 가능하지만 엄격한 조건이 따르고, 많은 비용이 들며, 국적의 권리는 외국인들을 국가 공동체에 편입하기 위한 것이 아니라 배제하는 데 이용된다. 독일에서 태어난 아이도 부모가 터키인이면 자녀도 터키인이며, 미국에서 태어난 아이도 부모가 한국인이면 한국인이 된다. 이 국가들은 대체로 국가의 경계와 민족의 경계가 비교적 일치하고 그 국가의 주류 민족이 총 인구의 절대 다수를 형성한다. 한민족을 단일민족으로, 한국을 단일민족국가로 일컫는 태도나, 영국, 프랑스와는 확연히 구별되는 독일 축구 대표팀의 선수 구성은 차별 및 배제유형 국가들의 특징을 잘 보여준다.

과학기술이 발달하고 지구화가 확산되면서 차별 및 배제유형은 점차 그 힘을 잃고 있다. 사회의 급격한 변화와 자본 및 물적 자원의 이동은 예전과 같은 안정적인 인적 구성을 허용하지 않는다. 국민국가의 경계를 뛰어넘는 지식기반 정보화 사회라는 현대사회의 특성상 고급 지식인의 스카웃과, 하층 노동자들의 이주는 더욱 더 증가하는 추세이다. 이러한 변화과정은 기존의 1국가 1문화 사회에서 1국가 다문화사회로의 변화를 요구하는 만큼 차별 및 배제유형은 점차 한계에 부딪히고 있다.

(2) 동화주의적 유형

다문화주의의 두 번째 유형은 동화주의적 유형이다.[29] 이 유형을 채택해 온 국가로는 미국과 프랑스가 있다. 동화주의적 유형의 방식은 새롭게 사회에 편입된 소수집단이나 이민자들은 문화적 적응과정을 통해 주류집단의 문화에 동화된다고 간주한다. 이들 마이너리티들은 자신들의 문화적 정체성을 잃어버리거나, 가정에서만 어렵사리 보존하며 국가는 이들의 문화적·민족적 정체성 보존에 별 주의를 기울이지 않는다. 다수에 의해 정의된 다수에 적합한 문화적 도식과 행태들을 그대로 받아들이는 것이다. 이러한 문화와 정체성의 전파를 위해 국가는 사회과, 역사과, 도덕과 등 교과에서 적극적으로 주류문화의 우수성과 우월함을 홍보하는 동화주의 정책을 사용한다. 한때 미국 사회를 가리키는 말로 많이 쓰인 용광로(Melting Pot)라는 표현은 동화주의적 유형이 지닌 입장을 잘 보여준다.

국적과 시민권 정책에 있어서 동화주의적 접근방식을 추구하는 국가들은 속인주의 대신 자국에서 태어난 아이들에 대해서는 부모의 국적에 상관없이 누구에게나 국적을 부여하는 '속지주의' 방식을 시행한다. 귀화 절차도 간단하며 이는 새로 온 사람들을 가능한 빠른 시일 내에 국민이라는 공동체 안에 포함시키려는 의지의 반영이기도 하다. 새로이 국적을 취득하는 자들은 공적으로 그 나라의 언어를 사용해야 하며 그 국가의 주류문화를 받아들여야 한다. 주류문화에 익숙하지 않은 이들에게 주류문화를 주입하고 유지하는 기관은 크게 학교와 군대이다. 학교와 군대는 교화의 수단이자 공간의 역할을 하며, 이러한 교육을 통해 이민 2세대들은 급속히 주류문화에 편입된다. 어

29) 위의 책, pp. 76~77.

느 시민도 어떤 특수한 문화그룹에 속하는가에 따라 특별한 대우를 받지 않는다. 신앙의 자유는 존중되지만, 사적인 영역에 속한다. 정치와 종교는 분리되지만, 소수자들의 신앙 표현이 주류문화의 원칙과 상충하게 될 때는 주류문화는 신앙의 자율성을 규제하게 된다.

그러나 동화주의적 유형의 접근방식은 각 개인들이 가진 역사성을 고려하지 않고, 철저히 문화를 주류문화와 비주류문화로 고려하여 보고 있다는 점에서 문화제국주의적 속성을 강하게 드러내고 있다. 문화는 인간의 산물이고 인간간에는 우열이 없지만, 동화주의는 각 문화 사이의 우열을 전제하고 문화적 지배를 정당화한다는 차원에서 변형된 형태의 식민화이자 식민화의 잔재라는 비판을 받고 있다.

(3) 다원주의적 유형

차별 및 배제유형, 동화주의적 유형보다 진일보한 방식으로 다원주의적 유형이 있다.[30] 이러한 방식을 채택했던 국가로는 다문화주의를 채택하기 이전의 캐나다와 호주와 흑인민권운동 이후의 최근 미국사회가 대표적이다.

다원주의적 접근은 문화와 정체성의 다양성을 어느 정도 받아들인다. 오늘날 미국사회를 동화주의적 유형에서 쓰던 용광로(Melting Pot)란 표현 대신 조화를 이루면서도 각자의 개성을 유지하고 있는 샐러드볼(Salad Bowl)이라는 표현을 쓰는데서 동화주의적 유형과 다원주의적 유형의 차이를 알 수 있다. 이민으로 생겨난 소수민족집단이나 원주민 소수집단들의 문화적 정체성과 특수성이 공적으로 인정되는 것이다. 어느 경우에든 개인과 집단은 법을 존중하면서 자기들의 문화와 정체성을 보존할 수 있다. 하지만 국가가 소수집단의 문화를 보존하는 데 도움을 주지는 않는다. 국가가 적극적인 동화정책을 사용

---

30) 위의 책, pp. 76~77.

하지 않고, 소수집단의 문화에 어느 정도 관용을 베푼다는 점에서 동화주의적 유형과는 차이가 있다. 하지만 이들의 문화에 대해 적극적인 협조를 취하지도 않는다.

(4) 다문화주의 유형

가장 최근에 도입된 접근방식이 바로 다문화주의 유형이다. 다문화주의 유형은 가장 발전된 접근방식으로 오늘날 가장 널리 통용되는 형태이다.[31] 다원주의적 유형이 문화의 다양성을 전제하고 이민자 집단이나 소수민족의 문화를 탄압하지 않고 보장을 강조한다는 차원에서는 진일보하였지만, 그 문화의 적극적인 보존이나 계승을 국가가 지원하지 않는다는 차원에서 한계가 있다고 지적한다. 당초 다원주의적 입장을 채택했던 호주와 캐나다는 현재 다문화주의 유형을 지향하고 있다.

다문화주의 유형의 탄생배경은 그 동안 규제하였던 다양성을 인정하면서 사회통합을 이룰 수 없을까 하는 고민에 있었다. 다문화주의는 주류사회의 존재를 인정하기보다는 다양한 문화가 평등하게 그 가치를 인정받아야 함을 강조한다. 캐나다는 1971년 세계에서 가장 먼저 다문화주의를 채택하였으며, 1988년 다문화주의법을 제정하였다. 다양한 언어, 문화, 민족, 종교 등을 통해서 서로의 정체성(identity)을 인정하고 함께 어우러질 수 있는 사회적 질서를 추구한다는 사회의 이념이다. 다문화주의는 원래는 교육의 기회균등을 위해 다양성이 존중되어야 한다는 논리에서 출발하였는데, 오늘날에는 사회생활 전반에서 다원적 견해와 소수의 권리를 보장하기 위한 논리로 설명되고 있다.

---

31) 이성미, 「다문화 코드」(서울: 생각의 나무, 2010), p. 261.

Ⅲ. 다문화교육론

1. 다문화교육의 필요성

한국사회가 다문화사회로 빠르게 전환되면서 다문화사회를 능동적으로 대비하고 발전적인 방향으로 정립하는 데 있어 다문화교육의 역할은 매우 중요하다. 또한 이민자 및 이민자 2세들을 위한 적절한 교육 서비스의 제공이란 차원에서도 다문화교육은 중요하다. 그러나 다문화교육은 다문화주의 움직임 때문에 요구되는 것만은 아니며 다문화교육과 유사해 보이는 교육과도 구분되는 차이점을 가지고 있다.

다문화교육과 유사한 교육의 형태로는 국제이해교육, 반편견교육, 세계화교육 등을 들 수 있다.[32] 국제이해교육(education for international understanding)은 유네스코가 오래 전부터 관심을 가지고 수행해 온 교육으로 국가간 분쟁을 줄이고 세계평화를 확산시키기 위해 국가들간의

---

32) 유네스코 아시아, 태평양 국제이해교육원, 「다문화 사회의 이해」(서울: 동녘, 2007), pp. 249~251.

상호 이해를 문화와 교육차원에서 증진하는 데 그 목적이 있다. 따라서 국제이해교육에서는 국가 및 국가 구성원들의 교류에 가장 역점을 두고 있으며, 직접적인 인적 교류가 미진할 때에는 정보, 자료, 프로그램의 교류, 협력활동 개발과 같은 방식으로 상호 이해를 추진했다. 국제이해교육은 개별국가를 문화 단위로 간주하고 국가기구를 중심으로 교류가 이루어졌다는 점에서 다문화교육과 차이가 있다.

반편견교육(non-biased education)은 인종, 민족, 성 등에 따른 각종 차별을 없앰으로써 사회정의와 평등을 실현하고자 하는 교육이다. 1970년대 이후 여성주의의 성장은 반편견교육의 활성화로 직결되었으며, 미국의 흑백갈등과 유럽의 소수민족 차별을 해소하는 데 기여했다. 반편견교육은 주로 학교에서 사회과 교육이나 특별활동 프로그램 형태로 많이 이루어졌으며, 다른 문화에 대한 이해를 강조하였으나 문화 자체에 대해 체계적으로 다루지는 않았다.

세계화교육(globalization education)은 1990년대 이후 세계무역기구(WTO)가 주도한 무역 자유화, 세계시장 활성화와 같은 흐름과 맞물려 있다. 세계화 교육은 세계화 현상을 이해하고 세계화에 부합하는 교육체제를 구축하는 방향으로 이루어진다. 그러나 모든 국가와 모든 사람들에게 유익하고 의미 있는 세계화가 가능한지에 대해서는 여전히 논쟁적이라는 점에서 세계화교육은 이데올로기에 불과하다는 비판이 가능하다.

그렇다면 유사개념과 구분되는 다문화교육은 무엇이며 그 필요성은 무엇인가? 미국의 대표적인 다문화교육 전문가 뱅크스는 아래와 같이 정의하고 있다.

> 다문화교육은 남학생과 여학생, 영재아와 장애아, 그리고 다양한 인종, 민족, 언어, 문화집단의 일원으로 성장한 학생들이 학교의 학업성취 측면에서 평등한 기회를 가질 수 있도록 하는 방향으로 교

육제도의 구조를 바꾸는 것을 주된 목적으로 삼는 이념, 교육개혁운
동, 진행중인 경향을 말한다.[33]

이처럼 다문화교육의 유사개념과 뚜렷이 구분되는 다문화교육의
필요성은 무엇인가? 베넷은 다문화교육의 필요성에 대해 아래와 같이
지적한다.[34]

첫째, 다문화교육은 교육적 수월성과 평등에 대한 요구가 점차 늘
어나는 만큼 필요하다. 미국의 경우 '낙오방지법'(No Child Left Behind)
등 수월성 제고를 위해 국가의 적극적 개입을 주장하는 경향이 늘어
나고 있으며 한국에서도 여러 형태로 교육개혁이 진행되고 있다. 그
러나 수월성을 높이기 위해 반드시 요구되는 것은 특정 문화집단이나
계층만이 혜택을 보지 않는 공평한 교육체제의 수립이다. 점차 다민
족, 다인종 사회로 나아가고 있는 한국사회에서 다문화교육은 교육의
수월성과 평등을 조화롭게 실현하는 데 반드시 요구된다.

둘째, 다문화교육은 한국사회의 안정과 발전을 위해서 필요하다.
현재 미국사회에서는 학령기 아동 가운데 1/3이 소수민족의 자녀들
이며, 한국에서도 2020년에는 결혼가구 중 1/5 가량이 다문화가정을
이룰 것으로 예상되고 있다. 따라서 이들 다문화가정의 자녀들이 한
국사회에서 뿌리내리고 국민으로서 자리매김하기 위해서는 다문화교
육이 반드시 이루어져야 한다.

셋째, 다문화교육은 지구촌 사회를 살아가는 학생들에게 상호 연결
된 세계의 존재를 인식하도록 하는 데 필요하다. 오늘날 한국사회는
사회 각 분야 전반에서 국제화·세계화의 분위기가 뜨겁다. 유창한
외국어 능력과 유목민적 사고로 활동무대를 세계로 넓혀야 한다는 목

33) James A. Banks, *An Introduction to Multicultural Education*(다문화교육 입문),
   모경환 외 역(서울: 아카데미프레스, 2008), pp. 2~8.
34) Christine I. Bennett, *Comprehensive Multicultural Education: Theory and
   Practice*(다문화교육 이론과 실제), 김옥순 외 역(서울: 학지사, 2009), pp. 34~44.

소리가 높다. 그러나 우리가 국제화·세계화를 강조하면 할수록 동시에 우리는 지구촌 세계에서 일어나는 여러 갈등과 문제들에 대해서도 충분한 소양과 지식을 가질 필요가 있다. 지구촌의 현실을 정확히 인식하고 책임감 있는 세계시민을 육성하는 데 있어 다문화교육은 가장 필요한 분야이다.

넷째, 다문화교육은 인류가 추구해야 할 기본 가치인 자유, 평등, 민주주의를 수호하기 위해 필요하다. 그러나 이러한 가치는 단순히 혁명과 제도적 변화를 통해 달성되지 않는다. 자유와 평등은 기본적으로 나와 다른 생각, 선택, 삶에 대한 존중에서 비롯된다. 이를 위해 가장 요구되는 것은 나와 다른 생김새와 배경을 가진 사람들의 문화를 존중하고 동등하게 받아들이는 것이다. 이러한 평등한 사고는 민주주의 이념을 유지하고 계승하는 데 가장 중요한 가치인 만큼 다문화교육이 꼭 필요하다.

2. 다문화교육의 목적

지금까지의 주장에서 볼 수 있듯 다문화교육은 단순히 나와 다른 문화를 이해하기 위한 교육이 아니다. 궁극적으로 다문화교육은 나와 다른 사람들에 대한 충분한 이해를 바탕으로 교육이 추구하는 다양한 개인적·사회적 기능을 수행하고자 하는 것이다. 뱅크스는 다문화교육의 목적을 아래와 같이 간략하게 요약하였다.[35]

첫째, 개인들에게 다른 문화의 관점을 통해 자신의 문화를 바라보게 함으로써 자기 이해를 증진시키는 일이다.

둘째, 학생들에게 문화적·민족적·언어적 대안과 선택을 가르치

---

35) James A. Banks, *An Introduction to Multicultural Education*(다문화교육 입문), 모경환 외 역(서울: 아카데미프레스, 2008), pp. 2~8.

는 일이다. 지금까지 한국은 학교교육 과정에서 주류집단인 한국인의 역사와 문화에 초점을 맞추어 왔다. 베트남, 캄보디아 등 우리와 다른 민족에게는 그들이 지닌 다양한 문화와 가치관이 있는데, 그것은 나름대로 존중되어야 한다.

셋째, 모든 학생이 자문화, 주류문화, 그리고 타문화가 공존하는 다문화사회에서 요구되는 지식과 기능, 태도를 습득하도록 하는 데 있다.

넷째, 소수민족 집단이 그들의 인종적·신체적·문화적 특성 때문에 겪는 고통과 차별을 감소시키는 데 있다.

다섯째, 학생들이 전 지구적이고 공통성을 지닌 테크놀로지의 세계에서 살아가는 데 필요한 읽기, 쓰기, 그리고 수리적 능력을 습득하도록 돕는 일이다.

여섯째, 학생들이 자신이 속한 문화공동체, 국가적 시민공동체, 지역문화, 그리고 전 지구적 공동체에서 제구실을 하는 데 필요한 지식, 태도, 기능을 다양한 인종, 문화, 언어, 종교집단의 학생들이 습득하도록 도와주는 일이다.

우리나라에는 다문화교육을 논하거나 실천하는 사람들 중에는, 여전히 좁은 의미에서 소외받은 사람들을 위한 보상교육이나 적응교육 혹은 복지 프로그램 정도로 받아들이는 경우가 적지 않다. 그러나 넓은 의미에서 다문화교육은 문화적 다원성을 인정하며, 교육의 수월성과 평등성을 조화롭게 추구하는 교수, 학습방법, 수업전략 및 교육정책 등의 개혁으로 개념화되고 있다. 즉 다문화교육은 학생들의 사회·경제적 지위, 인종, 민족, 성, 종교 등과 같은 요인에 관계없이 모든 학생들이 평등한 교육기회를 갖도록 하는 것이며, 문화적 다원성을 인정하는 것이자, 사회정의를 지향하는 민주주의의 원리를 실현하기 위한 것으로 보는 것이다.[36]

---

36) 김민환, "다문화 교육에 관한 연구 경향과 과제," 「학습자중심 교과교육연구」, 제

다문화교육은 단지 인종과 문화가 다른 학생들이 주류사회에 적응하도록 교육시키는 것이 아니다. 그러한 교육은 문화적 소수자집단에 속하는 학생들에게 자기 소외를 강요하게 되며, 다른 문화집단들에 대해 나쁜 감정을 품게 만든다. 흔히 동화주의적 방식으로 표현되는 미국과 프랑스의 다문화교육은 유색인종, 소수민족 청소년들이 시민성과 국가 정체성을 형성하는 데 적지 않은 걸림돌이 되었다. 그들의 문화와 경험을 반영하지 않은 채로 국가의 교육을 강요한다면, 소수자들이 국가와 국가문화의 통합적 부분이 아니라는 메시지를 보내는 것이 된다. 명백한 국가 정체성과 국민국가에의 책임감을 발달시키려면, 집단과 개인이 국가와 국가문화의 통합적 부분이라는 사실을 느끼도록 하는 데 다문화교육의 목적이 있다.[37]

3. 다문화교육의 내용

다문화교육의 주요 내용은 소수자를 위한 적응 교육, 소수자 정체성 교육, 소수자 공동체를 위한 교육, 다수자 대상의 소수자 이해증진 교육으로 구분된다.[38] 현재 사회에서 실시되는 다문화교육의 내용은 주로 한국문화와 한국어 교육 등 소수자의 적응을 중시하는 내용으로 구성되어 있어 주로 소수자의 적응에 초점을 맞추고 있으나, 동화주의적 접근이 우려되는 경향도 있으며 소수자 공동체 내에서의 관용 증진과 편견 제거에 대한 내용은 부분적으로 다루어지고 있다. 최근 개정 교육과정을 통해 다수자 대상의 소수자 이해증진을 위한 교

10권 제1호 학습자중심교과교육학회(2010), p. 74.
37) James A. Banks, *Educating Citizens in a Multicultural Society*(다문화 시민교육론), 김용신·김형기 역(서울: 교육과학사, 2009), pp. 43~50.
38) 오경석 외, 「한국에서의 다문화주의: 현실과 쟁점」(서울: 한울아카데미, 2007), pp. 214~222.

육내용이 교육과정과 교과서에 도입될 수 있는 계기가 마련되기도 했으나 아직은 초보적 단계이다.

(1) 소수자 적응 교육

한국에서 가장 주된 다문화교육 내용은 문화적 소수자 대상의 한글 교육과 한국문화 교육 등 주로 소수자의 한국사회 적응 교육이다. 이러한 교육은 대부분 소수자들이 한국사회와 문화에 적응하도록 도와주어 문화적 단일성 유지나 사회적 응집력을 유지시키고자 한다. 이를 통해 이들이 한국말로 의사소통하고 문화를 충분히 이해하여 한국에서 불편함 없이 살도록 하는 데 초점을 맞춘다. 이러한 소수자 적응 교육은 정부와 시도교육청, 학교, 민간단체를 중심으로 광범위하게 진행되고 있으나 그 적응 교육의 내용이 구체적으로 무엇이어야 하는지에 대한 성찰은 상대적으로 부족한 경향이 있으며, 다문화교육의 정신에 위배된다는 비판도 제기되고 있다.

(2) 소수자 정체성 교육

소수자 정체성 교육은 한국사회에 자리잡은 다문화 소수자들이 자신들의 정체성을 유지하도록 배려하기 위한 교육내용을 뜻한다. 왜냐하면 소수자에게만 다수자 사회에 적응할 것을 강조한다면 결과적으로는 소수자의 고유한 정체성을 무시하거나, 그들만이 지닐 수 있는 또 다른 문화적 가능성을 부정하는 결과를 초래할 수 있기 때문이다. 소수자 정체성 교육을 지지하는 이들은 이주자 자녀들이 두 나라 이상의 문화에 접근이 용이하며 언어를 쉽게 익힐 수 있다는 점에서 이들을 사회적 자원으로 보고 있다. 한국의 다문화가정 자녀의 다중언어와 문화능력은 장기적으로 다문화사회와 통일 이후의 혼란에 적지 않은 도움이 되기 때문이다. 또한 이러한 활동을 통해 소수자들이 자신의 정체성 혼란을 겪지 않고 자신의 존재근거를 유지할 수 있도록 한다는 점에서 의의가 있다.

(3) 소수자 공동체를 위한 교육

한국사회에 이주자들이 증가하면서 이들만의 소수자 공동체도 형성되고 있다. 소수자 공동체에서도 다수자와 소수자 관계에서만 존재할 것 같은 반목과 갈등이 존재하며, 특히 다문화사회에서는 소수자들의 원국가들이 가지는 국가적·민족적 입장차이 및 감정이 갈등으로 이어진다. 이러한 현상은 다문화교육이 소수자와 다수자 사이의 관계에서 뿐만이 아니라 다양한 배경의 문화적 소수자들이 한국이라는 공간에서 더불어 살아가야 할 때에도 요청된다는 점을 깨닫게 해 준다. 소수자 공동체에서 발생하는 이 같은 현상은 차이가 두드러지게 나타나는 환경에서 인간이 어떻게 반응하는가를 보여준다는 점에서 다문화교육이 가장 유념해야 할 교육내용이기도 하다.

(4) 다수자 대상의 소수자 이해증진 교육

한국에서 시행하는 다문화교육의 주요 내용은 소수자 적응 교육에 국한되어 있지만, 소수자 적응 교육만큼 중요한 것은 바로 다수자가 소수자를 이해하도록 지원하는 이해증진 교육이다. 다문화교육의 필요성을 고취하고 교사들의 공감을 이끌어내거나, 학생들을 대상으로 외국인 인권교육을 시행하고, 다문화가정 학생 지원이나 멘토링 사업을 장려하는 등이 대표적이다. 그러나 다수자의 이해증진 교육은 제대로 진행되지 않을 때 소수자에 대한 고정관념을 갖거나, 부분적인 사실을 전체로 오해하는 경우도 생기게 되어 오히려 다문화교육의 철학에 어긋나는 결과를 초래하게 된다. 이러한 측면에서 소수자에 대해 올바르게 이해하도록 하는 다수자 대상의 소수자 이해교육은 다문화교육의 중요한 내용이자 중심과제라고 할 수 있다.

4. 다문화교육의 실제

다문화교육의 방법으로는 주로 정규교과 신설보다는 도덕, 사회, 영어 등의 교과에서 다문화와 관련된 내용이 다루어지고, 이들 내용이 통합될 때 가장 효과적이다. 또한 일반 교과이든 범교과이든 다문화교육의 수업은 직접교수법이 아닌 학교 행사 등 특별 프로그램으로 운영되는 것이 가장 효과적이다.[39] 학교에서 진행되는 다양한 특별행사, 외국인 노동자 가정을 위한 행사, 음식축제 등이 그러한 예이다.

아울러 다문화교육의 교수학습에서 중요한 것은 다양한 경로를 통해 외국인과 접촉할 수 있는 기회를 제공하는 것이다. '유네스코 협동학교'와 '외국인이 함께하는 문화교실' 등을 통해 외국인과 접촉할 기회를 늘릴 수 있다. 학교행사와 더불어 평소에는 학생들이 각종 특별활동을 기획하고 추진할 수 있도록 지원하는 방안 또한 다문화교육의 효과적인 접근이 될 수 있다. 최근 우리나라에서도 국제이해교육을 위한 인권반(외국인 노동자 문제), 관용반(혼혈아 문제), 피존반(CCAP) 등의 동아리 활동과 주제별 글쓰기와 신문 만들기를 위한 인권, 평화, 다문화이해, 지속가능발전, 국제문제 이해 등의 모둠 활동 등이 제안되었다.

교수학습 매체 혹은 자료 역시 다문화교육을 고려하는 데 중요한 부분이다. 다문화교육을 위해 국어, 도덕, 사회, 영어 등 교과서의 내용에서 다문화 내용들이 강화되어야 할 필요가 있고, 이들의 논의들이 일종의 가이드라인 역할을 할 수 있어야 한다. 다문화교육에 요구되는 다양한 교육이 주로 활동중심으로 이루어져 있어 꾸준히 연속성을 가지고 구현되지 않을 때는 이벤트 위주로 전락할 가능성이 있다

---

39) 한국교육과정평가원, 「다문화 교육을 위한 교수, 학습 지원 방안연구(I)」, 2008, pp. 39~42.

는 것이다. 학교에서 이루어지는 다양한 활동들이 내용과 사실들의 교수와 적절하게 어우러져야 하는 것이며, 지나치게 활동중심의 교수 방법 체제 구축은 학생들의 단기적인 흥미를 이끌어내지만 장기적이고 탄탄한 체제를 구축하지는 못한다. 즉 그들이 다문화에 대한 익숙한 시선을 만들어 줄 수는 있지만, 왜 타문화를 존중해야 하는지에 대한 이론적이고 체계적인 접근을 하지 못하면 그들 역시 시류에 따라 휩쓸려가게 된다는 것을 유의해야 한다.

다문화교육의 방법을 주관하는 다문화학교가 지향해야 하는 가치는 무엇인가? 첫째, 다문화학교는 문화집단의 통합교육을 실현해야 한다. 다양한 문화적 배경을 가진 학생들이 같은 교실에서 수업하고 활동하게 하여 학생들이 서로의 문화에 대해 더욱 친숙해지고 쉽게 이해하는 장을 마련해 주는 것이다. 특수교육이 통합교육을 지향하는 것과 같이 다문화교육도 통합교육을 추구하는 것이 바람직하다.

둘째, 교사가 자신의 민족적·인종적 편견에 따라 움직이지 않고 학생들에 대해서 일관되고 평등한 기대를 갖고 있어야 한다. 교사들이 학생들에 대해 가지는 기대치에 따라서 학생들의 이후 학업성취도나 모습이 크게 바뀌는 것은 이미 잘 알려져 있다. 우리와 다른 문화적 배경을 가진 학생들에 대해 부정적인 기대를 갖게 되면 학생들의 잠재력을 최대한 끌어내지 못하고 위축되기 마련이다. 다문화 배경을 가진 학생들이 학교에서 활발히 생활할 수 있도록 교사들의 배려와 편견 없는 적절한 관심이 요구된다.

셋째, 다양한 인종 및 문화적 차이를 가진 학생들끼리 거리낌 없이 어울릴 수 있도록 이들의 접촉을 지지하는 학교 학습환경이 구축되어야 한다. 학교 전체가 다양한 문화교류를 장려하고, 다문화가정 학부모들의 활발한 참여와 도움을 이끌어내는 활동들을 통해 학생들은 다문화에 대한 이해도를 높이고 서로 조화롭게 공존하며 생활하는 방식을 익히게 된다.

뱅크스는 학교에서 다문화교육이 추구해야 하는 가치로 다섯 가지를 들고 있다.[40]

첫째, 내용통합이다. 내용통합은 교사들이 교육과정에서 자신의 교과나 학문 영역에 등장하는 주요 개념이나 원칙, 이론 등을 설명하기 위해, 다양한 문화나 집단에서 볼 수 있는 사례나 내용을 활용하는 일이다.

둘째, 지식구성의 과정이다. 지식구성의 과정은 특정 학문영역에 내재하는 문화적 가정이나 관점, 편견 등이 해당 학문에서 어떻게 지식으로 형성되는지 살펴본다. 특히, 그것에 영향을 미치는 부분을 학생들이 이해하고 조사하고 판단할 수 있도록 교사가 돕는 일이다.

셋째, 편견의 감소이다. 이는 학생들이 갖는 인종적 태도의 특징과 그것이 교수법이나 교재에 의해 어떻게 달라질 수 있는가에 대해 성찰하는 일이다.

넷째, 평등한 교수법의 적용이다. 평등한 교수법은 교사가 다양한 인종, 민족, 사회계층 집단에서 온 학생들의 학업성취도를 높이기 위해 수업을 수정하는 일을 말한다. 여기에는 문화적·인종적 집단 내에 존재하는 독특한 학습습관에 부합하는 다양한 교수법도 포함된다.

다섯째, 학생들에게 기회를 제공하는 학교문화와 사회구조이다. 이는 수업과 스포츠 참여에서 집단화하는 것을 말한다. 예컨대, 학업성취에서의 불균형, 민족적·인종적 동질성에 따라 행해지는 교직원과 학생의 상호작용 등은 다양한 인종, 민족, 문화집단에서 온 학생들에게 동일하게 기회를 부여해야 하고, 그런 학교문화를 창조하기 위하여 면밀하게 조사되어야 한다.

살리리(F. Salili)와 후세인(R. Hoosain)은 다문화교육의 구현을 위한 전제 다섯 가지를 아래와 같이 정리한 바 있다.[41] 첫째, 다문화교육

---

40) James A. Banks, *An Introduction to Multicultural Education*(다문화교육 입문), 모경환 외 역(서울: 아카데미프레스, 2008), pp. 44~51.

은 다문화 철학의 다양한 전제에 기반해야 한다. 둘째, 다문화교육은 소수집단이 아니라 모든 학생을 위한 것이다. 셋째, 교수방법은 간학 문적으로 접근해야 한다. 넷째, 다문화교육은 한 단위의 과정이나 교 수방법으로서 접근하는 것이 아니라 통합적 교육과정의 차원에서 이 루어져야 한다. 교육체제는 모든 학생을 평등하게 대우하면 안 된다. 교육의 전 과정이 지배 중산층에게 유리하게 구성됐기 때문이다. 따 라서 다문화교육은 모든 학생을 대상으로 하지만, 소수집단 학생을 우선적으로 배려해야 하며, 깊이 있는 접근을 위해서는 철학적 배경 을 기반으로 한 통합적인 학문적 접근이 요구된다고 주장하였다. 특 히 학교교육에서는 교육목표, 교육과정, 교수·학습, 교육평가와 교사 교육에 이르기까지 철저한 다문화교육의 이념을 실현할 수 있는 기반 을 구성해야 한다고 보았다.

---

41) 한국교육과정평가원, 「다문화 교육을 위한 교수, 학습 지원 방안연구(I)」, 2008, pp. 25~26.

Ⅳ. 과제와 전망

21세기를 맞아 한국사회의 변화속도와, 다문화사회로의 전환 역시 가속화되고 있다. 이러한 상황 속에서 다문화교육 역시 그 필요성과 비중이 더욱 커질 것으로 예상된다. 한국사회에서 다문화교육을 수행하는 데 필요한 과제는 아래와 같다.

첫째, 급증하는 새터민 및 이민자들의 교육을 담당하는 전문교육 및 보육정책 전반을 담당하는 주체가 확립되어야 한다. 현재 다문화교육은 주로 시민단체나 NGO가 중심이 되고 정부가 지원하는 방향으로 진행되고 있다. 그러나 다양한 지원활동들이 체계화·일원화되지 못하고 일회적인 수준에 머물고 있어, 학생들의 성장과 발달에 맞는 꾸준한 지원이 이루어지지 못하고 있다. 따라서 다문화 영유아 보육 및 교육을 담당하는 전문기관이 구성되어 그 기관이 지원책을 전담하는 체제로 이루어져야 하겠다.

둘째, 학생들이 다문화에 대해 친숙해지는 수준을 뛰어넘어 철학적으로 다문화를 이해하고 수용할 수 있도록 다문화주의 및 다문화교육에 대한 체계적인 교육이 이루어져야 한다. 이를 위해 지금까지 국,

영, 수 위주로 교육과정이 개편되면서 다소 비중이 약화되고 소외되었던 도덕 및 사회과 교육의 강조가 요구된다. 타문화에 대한 존중과 공존은 앞으로 인류사회에서 가장 요구되는 가치 중 하나가 될 것으로 예상된다. 주지교과 지식 내용이 부족한 학생들이 있지만, 그것이 사람됨의 부족을 뜻하지는 않는다. 하지만 다문화적 가치가 부족한 학생들은 자칫 잘못하면 타문화에 대한 멸시와 증오로 이어질 수 있다. 그래서 킴릭카(W. Kymlica)는 21세기에 요구되는 새로운 형태의 시민성으로 '다문화 시민성'(multicultural citizenship)을 제안하였다.[42] 따라서 도덕, 사회과를 통한 이론적 형태의 다문화교육이 더욱 강조된다.

셋째, 다문화교육을 담당하는 교사들을 위한 다문화 교사교육이 절실히 필요하다. 교사들의 교육이 이루어지고 교사들을 위한 체계적인 연수 과정이 확립되어야만 다문화교육이 자리잡을 수 있기 때문이다. 다문화 교사교육은 다음과 같은 점을 전제하고 진행되어야 한다. 특히 다문화가정의 필요와 요구에 맞는 생활지도를 할 수 있도록 교사들의 역량을 강화해야 한다. 다문화가정의 문제는 학생들의 면담을 통해서 이해하기 쉽지 않다. 아버지와 어머니, 그리고 조부모까지의 면담과 관찰을 통해서만 학생들이 가지고 있는 사회적 배경과 문제를 온전히 이해할 수 있다. 또한 교사들은 다문화교육에 적합한 다양한 교수방법을 충분히 익혀 아이들을 긍정적인 방향으로 이끌기 위해 노력해야 한다.

---

42) James A. Banks, 앞의 책, pp. 47−48.
다문화 시민성 교육의 주요 목표는 학생들이 문화, 국가, 글로벌 정체성의 적절한 균형에 도달하도록 지원하는 것이다. 개인은 건전하고 성찰적인 문화정체성을 습득하였을 때 건전하고 성찰적인 국가정체성을 가질 수 있다. 또한 개인은 실제적·성찰적·긍정적인 국가정체성을 형성한 이후에 비로소 성찰적이고 긍정적인 글로벌 정체성을 습득할 수 있다. 이처럼 정체성들은 역설적이고 상호작용적이다. James A. Banks, 위의 책, p. 52.

넷째, 여러 다문화집단 중 북한 동포에 대한 특별한 배려와 차별화된 다문화교육이 이루어져야 한다. 단순히 그들을 적성국가로 생각하고 내전상대로 치부하기보다는 합리적인 방식으로 그들의 문화적 특질을 감안하고 변화시키는 교육이 이루어져야 한다. 이들은 같은 민족이고 같은 언어를 쓰고 있다는 점에서 다른 민족, 문화집단과는 큰 차이가 있다. 우리민족의 절실한 과제인 통일을 이루기 위해서도 궁극적으로는 북한 동포들을 위한 차별화된 다문화교육이 이루어져야 한다.

다섯째, 평생교육체계를 통해 일반인을 대상으로 하는 다문화 소수자 이해 교육이 필요하다. 아동 및 청소년과는 달리 일반인들은 학교에서 시행되는 다문화교육의 혜택을 받기 어려우며 그들이 학령기에 배운 지식과 언론 보도를 통해 다문화 구성원들을 인식하게 된다. 다문화사회 변화 이전의 단일민족 개념에 기반한 교육을 받은 일반인들은 의도하지 않았지만 은연중에 문화적 소수자들을 차별하게 되거나, 차별의 문제점을 인식하지 못하는 경향을 보이게 된다. 그러나 이들의 상당수가 직간접적으로 한국사회의 다문화 구성원과 살아가고 있으며, 문화적 소수자들이 한국에 대해 갖는 이미지의 상당부분은 일반 성인들에 의해 결정된다. 따라서 다문화주의가 한국사회에 정착되고 차별 없는 사회로 나아가기 위해서는 각 지역의 평생교육기관을 중심으로 하여 성인들을 대상으로 하는 다문화교육이 보다 적극적으로 수행되어야 한다.

여섯째, 교육학계 내에서 다문화연구가 확산되어야 한다. 다문화교육을 뿌리내리고 다문화교육의 필요성을 강조하기 위한 연구들이 교육철학과 교육사회학을 중심으로 보다 활발히 이루어져야 하며 최근 다소 연구가 정체되고 있는 윤리학, 정치철학, 이론사회학 분야의 연구 역시 강화되어야 한다. 아울러 한국사회의 다문화 구성원들이 가진 문화적 자산을 교육학의 여러 분야에서 적극적으로 활용하는 것이 필요하다. 교육내용, 교육방법 등에서 이들이 가지고 있는 전통적 교육방법들을 적절하게 활용하고 우리 문화에 맞게 변형함으로써 한국의 현실에 맞는 다문화교육학의 구축이 가능해질 것이다.

교 / 육 / 학 / 개 / 론

제10장

죽음교육론

—

Ⅰ. 죽음교육(death education)에 대한 인식전환

인류사회의 역사속에서 터부시 되어온 몇 가지 주제들이 있어 왔는 바, 그 대표적인 것이 성(sex)과 죽음(death)에 관한 것이다. 즉 죽음과 성의 문제는 고대사회 이래로 문화적 터부(cultural taboo)로 간주되어 왔다. 과연 이들 두 주제가 우리의 삶과 무관하기에 터부시되어야 하는가, 아니면 우리의 삶의 질을 보다 더 윤택하게 하는 데 기여하기 때문에 삶의 각 영역에서 이를 중시하고 심도 있게 다루어야 할 것인가 하는 문제는 중요한 물음이다.

동서양을 막론하고 성과 죽음은 오랫동안 문화적으로 금기시 되어 왔는데, 그 이유는 성과 죽음을 뭔가 좋지 못한 것으로 인식해 왔었기 때문이다. 즉 불결하고, 은밀하고, 내밀하고, 불길하고, 추하고, 더럽고, 재수 없는 등등의 대상으로 인식해 왔던 것이다. 그리하여 성과 죽음에 대해서는 오랫동안 의도적으로 기피하고, 은폐하고, 거짓교육을 시켜왔다.

하지만 20세기에 들어서면서 서구 사회를 중심으로 성이 개방되고, 성으로 인한 각종 사회적 문제를 예방하고 인간적인 삶을 영위하게 하고자 정상적인 성교육(sex education)이 제도교육에 도입되기 시작했다. 또한 죽음의 문제도, 상실로 인한 비탄자들의 사회적 부적응 문제, 자살로 인한 사회적 문제, 죽음 이후의 가족 갈등문제, 예방교육으로 미연에 막을 수 있는 죽음의 문제 등등이 공론화 되면서 이제는 더 이상 감추어 두고 거짓교육을 시켜서는 안 될 이슈로 등장하게 되었다. 그리하여 서구사회에서는 70년대부터 죽음교육(death educa-tion)을 학교교육의 한 영역으로 채택하기 시작하였다. 다시 말해 죽음이라는 주제가 70년대에 들어서면서부터 문화적 터부로부터 벗어나 공론화되기 시작한 것이다.[1] 즉 1969년 Time지의 기사를 신호탄으로 정신과 의사 퀴블러 로스같은 선구자들이 죽음을 '어둠 밖'으로 끌어내기 시작하면서 1963년 미네소타대학교에서 죽음에 관한 최초의 강좌가 개설되었고, 1971년 무렵에는 미국 전역에 600개가 넘는 죽음학 강의가 생겨났으며, 5년 뒤에는 그 수가 거의 배로 뛰었다.[2] 이제는 심리학, 철학, 의학, 사회학, 종교학, 교육학, 사회학, 법학 등에 이르기까지 다양한 분야에서 죽음학 강좌들을 수천 개는 찾을 수 있다. 아울러 죽음과 임종 그리고 상실과 비탄에 초점을 맞춘 학술지, 교과서, 학회, 학위과정, 협회, 단체들이 생겨났다. 요컨대 70년대 이후부터 죽음학 강좌들이 생겨나고 그에 관한 연구가 진행되면서 자연스럽게 죽음학(thanatology)[3]이라는 학문영역까지 탄생하였다.

이처럼 서구사회에서는 20세기 중엽부터 죽음이라는 주제가 공론화 되면서 여러 분야의 학문에서 진지하게 논의되기 시작했다. 특히

---

1) A. B. Gibson; P. C. Roberts; and T. J. Buttery, *Death Education: A Concern for the Living*(Indiana: Phi Delta Kappa Educational Foundation, 1982), p. 7.
2) E. Hayasaki, *The Death Class*(죽음학수업), 이은주역(서울: 청림출판, 2014), pp. 20-21.
3) 죽음학(thanatology)이라는 단어는 그리스어에 기원을 둔다. 그리스 신화에서 죽음의 신인 타나토스(thanatos)는 밤의 신인 닉스(Nyx)와 시간의 신인 크로노스(Chronos) 사이에서 잠의 신인 히프노스(Hypnos)와 함께 쌍둥이 아들로 태어난다. 고대 그리스에서는 타나토스를 죽음을 뜻하는 일반적인 언어로 사용하기 시작했다 (Fonseca & Testoni, 2011: 158).

현대사회의 변화된 모습(핵무기 등에 의한 인류의 집단 멸종에 대한 공포, 신종 바이러스의 등장, 각종 자연재해와 안전사고, 핵가족화로 인한 세대 간의 접촉단절, 자살, 안락사 등)은 삶과 죽음의 문제를 더욱 진지하게 다루게 하는 촉진 역할을 하였다. 당연히 학교교육에서도 학생들의 삶의 질과 관련하여 죽음의 문제를 교육과정 영역으로 끌어들이게 되었다.

따라서 이제는 우리도 성교육과 마찬가지로 죽음교육도 삶의 질 향상, 즉 행복한 삶의 영위라는 측면에서 정치가, 행정가, 교육가들이 한번쯤 진지하게 생각해 보아야 할 사회적 과제가 된 것이다. 죽음학자들이 지적하는 것처럼, 죽음에 관해 가르치는 것은 곧 산다는 것을 가르치는 것이며, 죽음에 관한 교육은 죽음의 막연한 공포를 제거함으로써 삶에 대한 인간의 존경심과 환희를 고양시키는 것이라고 본다면, 이는 곧 인간의 삶의 행복에 관한 문제이므로, 우리는 죽음의 문제를 더 이상 교육의 영역에서 소외시킬 수 없는 중요한 교육내용임을 상기할 수 있다.[4]

특히 우리나라 청소년들과 성인들의 행복지수는 OECD국가 중 최하위이며, 자살률은 2014년 현재 10년째 1위를 차지하고 있다.[5] 청소년들의 행복지수가 최하위이고, 성인들의 자살률이 최고라는 통계는 상호연관성이 있는 것 같다. '나는 불행하다'고 생각하는 청소년들

---

4) B. E. Lockard, "How to Deal with the Subject of Death with students in Grade K−12" Paper presented at the Annual Meeting of the Mid−South Educational Research Association, Memphis, 1986, Nov. 20.

5) 한국보건사회연구원의 '국민복지 수준의 국제 비교' 논문에 의하면 한국의 국민행복지수는 OECD 34개 회원국 중 33위로 최하위권을 기록했다. 한편, 2014년에 동 연구원이 발간한 'OECD국가의 사망원인별 사망률 비교' 보고서에 따르면, 2012년 현재 자살자 수가 인구 10만 명당 29.1명으로 지난 10년 동안 계속해서 OECD 국가 중 가장 높게 나타나고 있다. 또한 한국방정환재단과 연세대 사회발전연구소가 공동 조사한 '2014년 한국 어린이 · 청소년 행복지수 국제 비교연구' 결과에서도 우리나라 어린이 · 청소년의 주관적 행복지수는 OECD 국가 중 6번째 최하위를 기록했다. 한편, 통계청 자료에 의하면 청소년(10−19세) 인구 10만 명당 자살률은 2001년 3.19명에서 2011년 5.58명으로 57.2% 증가했다. 같은 기간 성인자살률 50.5%(16.96명→33.58명)보다 높은 수치이다.

이 성인기로 진입한 후, 그 연장선 속에서 그들 또한 불행감을 느끼며 삶을 저주하고 스스로 목숨을 끊는 것이 아니겠는가? 따라서 청소년들의 삶의 질 향상과 그에 따른 행복감의 회복은 청소년 및 성인 자살률을 낮추는 큰 요인이 될 것이라고 본다. 요컨대 '행복한 삶'과 죽음은 불가분의 관계이므로 행복한 삶을 위해서는 체계적인 죽음교육이 필요하다고 본다.

Ⅱ. 죽음의 개념

출생과 마찬가지로 죽음도 또한 인간이 겪어야만 하는 삶의 여정의 한 부분이다. 하지만 대부분의 사람들은 죽음이라는 사실을 그다지 달갑지 않은 삶의 어두운 측면으로 보는 경향이 있다. 20세기 중반에 들어서면서부터 죽음이라는 주제가 공론화되면서 철학, 심리학, 사회학, 의학, 법학, 교육학 등등의 분야에서 진지하게 논의되기 시작했다. 특히 현대사회의 변화된 모습은 전술한 바와 같이 삶과 죽음의 문제를 더욱 진지하게 다루게 하는 촉진 역할을 하였다.

사실 죽음의 개념을 간단히 정의하는 일은 쉽지가 않다. 왜냐하면 죽음의 판정 자체가 준거에 따라 달라질 수 있기 때문이다. 따라서 죽음에 대한 정의에도 많은 논란의 여지가 있다. 고대로부터 현대까지 죽음은 맥박과 호흡의 정지, 그리고 뇌기능의 정지로 규정되었다.[6] 그러나 이러한 정의도 현대 의학기술의 발달과 더불어 쟁점의 대상이 되고 있다. 즉 호흡은 호흡기계로 유지될 수 있으며, 심장박

---

6) Dorothy Rogers, *The Adult Years: An Introduction to Aging*(N.J: Prentice−Hall Inc., 1982), p. 373.

동은 전기요법 내지는 기계펌프로 유지·대체될 수 있다. 이러한 경우에도 죽음이라고 판정할 수 있겠는가? 또한 예전에는 심장이나 신장의 기능이 정지되었을 때 손을 쓸 수 없어서 죽음판정을 내렸듯이, 현재에는 뇌사상태에 빠지면 죽음을 막을 수 없게 된다. 그러나 이 경우에도 뇌기능을 대체할 어떤 기구가 개발된다면 상황이 달라질 것이다. 동시에 뇌기능은 결핍되어 있지만 몸의 다른 기능이 정상적으로 기능하고 있을 때의 판정문제도 대두된다. 한편 미국의 「사회윤리 및 생명과학 연구소」(Institute of Social Ethics and the Life Sciences)에서는 영구적인 뇌 손상을 동반하여 혼수상태에서 더 이상 깨어날 수 없다는 진단이 내릴 때 죽음이 선고되어야 한다고 결론지었다.[7] 하지만 이 경우에도, 모든 희망을 다 포기한 후에도 살아난 사람들이 왕왕 있기에 그같은 정의대로 죽음의 시점을 정확히 결정하는 것에도 문제가 있다.

또한 학문 영역별로 보더라도 각 준거에 따라 접근방식이 달라진다. 생물학에서는 유기조직(organic tissue)의 죽음으로 존재가 완전히 정지된 상태를 죽음으로 보며, 심리학에서는 죽음을 맞은 당사자 및 주변의 타인들이 받게되는 영향에 관심을 두고, 사회학에서는 사회에 미치는 죽음의 의미에 관심을 두며, 신학에서는 사후세계의 종교적 의미에 관심을 두고, 철학에서는 죽음의 원인과 그 의미에 관심을 두며, 경영학에서는 장례예식과 비용에 관심을 두고, 법학에서는 죽음의 법적 판정과 유언검인(檢認) 문제에 관심을 둔다.[8] 그러므로 죽음을 단순히 생명으로부터 분리되는 과정으로 이해하기보다는, 보다 복잡하고 다양한 상황과 환경을 포함하는 포괄적 의미로 이해하는 것이 바람직할 것이다.

죽음을 규정하는 데 있어서는 필연적으로 윤리적인 문제가 개입되

7) ibid., p. 374.
8) ibid., p. 372.

지 않을 수 없다. 왜냐하면 죽음과 삶 모두가 인간의 문제이기 때문이다. 우리가 인간을 어떠한 존재로 보느냐에 따라 죽음의 개념과 판정기준 그리고 죽음에 대한 태도가 달라질 수 있다. 예컨대 인간의 죽음을 목적적 차원에서 볼 것인가 아니면 수단적 차원에서 볼 것인가에 따라 많은 상황이 달라질 수 있다. 목적적 차원에서 인간의 존엄성과 생명 그 자체의 고귀함을 강조할 경우, 심신의 어느 한 기능이라도 활동하고 있다면 생명체로서 존중받아야 한다는 입장을 취할 것이다. 그러나 수단적 차원을 강조할 경우, 뇌사상태이기 때문에 안락사를 시켜야 한다거나, 회복불가능한 환자를 치료하다가 가산을 탕진함으로써 남은 가족들의 생계에도 치명적 타격을 주기 때문에 생명연장장치를 제거해야 한다는 등의 예에서 보는 바와 같이 생명 그자체의 고귀함보다는 임종하는 자나 주변인들의 부분적인 입장이 삶과 죽음의 분수령을 결정짓게 된다.

죽음은 삶에 영향을 미친다. 그리고 죽은 사람은 살아있는 사람에게 영향을 미친다. 결국 삶에 대한 철학은 죽음에 대한 철학에 영향을 미친다. 역으로, 우리가 죽음을 어떻게 인식하는가와 죽음에 어떠한 의미를 부여하는가가 우리의 삶의 방식에 영향을 미친다.9) 이렇게 볼 때, 우리는 죽음에 대한 경직된 정의 규정에 매일 것이 아니라, 죽음이라는 엄연한 사실이 우리의 삶에 미치는 영향에 더 많은 관심을 두어야 할 것이다. 문화권별, 종교별, 민족별, 시대사회의 변화 등에 따라 죽음을 보는 관점이 다르다. 그러므로 죽음에 대한 정의는 인간학적 바탕위에서 사회적 합의와 더불어 종합적인 안목으로 규정되어야 할 것이다.

---

9) L. A. DeSpelder & A. L. Strickland, *The Last Lance: Encountering Death and Dying*(Calfornia: Mayfield Publishing Co., 1987), p. 439.

Ⅲ. 죽음교육의 필요성

1. 죽음은 자연의 섭리이자 자연스러운 생애주기의 한 단계

출생과 마찬가지로 죽음도 또한 인간이 겪어야만 하는 삶의 여정의 한 부분이다. 하지만 대부분의 사람들은 죽음이라는 사실을 그다지 달갑지 않은 삶의 어두운 측면으로 보는 경향이 있다. 사실 죽음이란 인간의 모든 경험 가운데 가장 위압적인 의미를 내포하고 있다. 다시 말해 인간이 죽음에 대해 갖는 가장 보편적인 태도는 공포일 것이다.[10] 따라서 죽음이라는 주제는 일반적으로 기피되어 온 것이 사실이다. 그러나 인간의 생애주기의 첫 단계가 출생이듯이, 죽음은 생애주기의 마지막 단계일 뿐이다.[11] 따라서 삶의 자연스러운 발달단계

---

10) Cox, H, *Later Life: The Realities of Aging*(N.J.: Prentice-Hall Inc., 1984), p. 254.
11) H. R. Glazer & G. L. Landreth, "A Developmental Concept of Dying in a Child's Life", *Journal of Humanistic Education and Development*, 31(March

의 하나인 죽음을 피해야 하고 두려워해야 할 그 무엇으로 간주할 필요가 없는 것이다. 죽음 또한 출생과 마찬가지로 삶의 한 여정일 뿐만 아니라 자연의 섭리이므로 우리는 죽음을 지극히 자연스러운 삶의 과정으로 받아들여야 한다. 바로 이러한 자연의 섭리를 우리는 '죽음교육'이라는 체계적인 교육과정을 통해서 내면화 하자는 것이다.

2. 죽음에 대한 긍정적 이해

일반적으로 인간은 죽음에 대한 부정적 인식 때문에 죽음을 두려워해 왔다. 죽음은 불길한 것이며 좋지 못한 것이라는 전래 이야기들, 귀신과 연관된 부정적 이미지의 죽음 이야기들, 전쟁터에서의 잔혹한 죽음의 이야기들, 생체실험에 관한 이야기들, 각종 영상매체를 통해 접하게 되는 잔혹한 죽음들 등을 통해서 우리는 죽음에 대해 자연스럽게 부정적 인식을 갖게 된다. 더군다나 미래를 생각하고 조망할 수 있는 능력을 지닌 인간은 아직 도래하지도 않은 죽음을 미리 내다보고 태산 같은 걱정을 하기도 하고, 반대로 적절한 긍정적 대처를 하기도 한다.

디켄(1991)은 인간이 죽음에 대해 갖는 두려움을 9가지로 정리한 바 있다.12) 즉 1) 고통에 대한 두려움(통증), 2) 외로움에 대한 두려움(고독), 3) 불유쾌한 상황(아름답지 못한 얼굴 모습이나 호스로 연결된 모습 등)에 대한 두려움, 4) 가족이나 사회에 짐이 되고 있다는 것에 대한 두려움, 5) 죽음을 통제하지 못하고 무방비 상태에서 피동적으로 죽음을 맞이하게 되는 무지한 삶에 대한 두려움, 6) 언제 죽을지 모르

1993): 98.
12) A. Deeken, "죽음의 철학, 죽음준비교육의 목표", 「알폰스 데켄 박사 강연집」, 삶과 죽음을 생각하는 회, 1991, pp. 53-56.

는 미지의 삶 자체에 대한 두려움, 7) 삶의 과제를 모두 마치지 못한 것에 대한 두려움, 8) 인간의 소멸에 대한 두려움, 9) 사후 심판과 처벌에 대한 두려움이다. 이와 함께 그는 죽음의 공포가 인간에게 주는 긍정적인 면으로 1) 우리 몸에 아픈 증상이 나타나면 의사를 찾아가서 적절한 치료를 받는 것처럼, 죽음의 공포가 인간에게 신호를 주어서 그것에 대처할 수 있는 방안을 마련할 수 있게 하고, 2) 죽으면 흔적도 없이 사라진다는 무의식 속의 죽음에 대한 공포가 문학 작품이나 그림, 음악 등과 같은 창의적 가능성을 개발할 수 있게 해 준다고 보았다. 이처럼 죽음에 대한 공포는 삶속에서 우리가 죽음을 어떻게 대처하느냐에 따라서 긍정적인 에너지로 빛을 발산하게 된다. 이처럼 죽음의 공포를 긍정적인 삶의 에너지로 바꾸게 하기 위해서 죽음교육의 필요성이 대두된다.

3. 실존적 주체성의 자각: 자아존중감

사실 죽음에 관한 논의는 희랍시대 이래로 많은 학자들에 의해 전개되어 왔다. 그 중에서도 특히 실존주의 철학자들은 삶과 죽음의 문제에 지대한 관심을 보이며 죽음의 문제를 삶 속으로 끌어 들였다. "삶의 철학"(philosophy of life)의 한 갈래인 실존주의에서는 죽음이라고 하는 주제가 중심위치를 차지하고 있다. 실존적 죽음관에서는 죽음이 인간에게 특별한 의미를 지니는 바, 그것은 인간이 살아있는 모든 피조물 가운데 유일하게 죽어야만 한다는 사실을 아는 자이며 그리고 그는 홀로 "실존하는" 자이다. 또한 인간은 유한성, 한계성, 기억의 일시성 그리고 구체적 상황에 의해 특징 지워진다. 요컨대 죽을 운명으로 특징 지워진다. 이처럼 실존주의자들은 죽음을 삶속에 내재된 하나의 사건으로 파악한다. 따라서 죽음 없는 실존은 없으며, 죽음의식이 없는 실존이해는 불가능하다고 본다. 죽음의 의식이 있기에 삶의 긴장이 이루어질 뿐만 아니라 삶에의 열정도 그만큼 강렬해질 수 있다는 논리이다. 그러기에 삶에 대한 의미가 더욱 새로워지고 강렬해지게 하기 위해서는 삶 속에서 죽음을 의식화하도록 해 주는 것이다. 흰색 주변에 검은 색을 깔아주면 흰색이 더욱더 돋보이듯이, 삶의 주변에 죽음이나 불안, 고뇌 같은 내용을 의식화시켜주면 삶에 대한 의미가 더욱 새로워지고 강렬해진다는 것이 실존주의자들의 논리이다. 따라서 실존주의 교육가들은 죽음준비교육이 절대적으로 필요하다고 본다.

또한 실존주의자들은 인간을 주체적인 존재로 본다. 즉 인간 개개인은 이 세상에 하나밖에 없는 유일무이한 존재이다. 다시 말하면 비대체적이고 비반복적인 존재이다. 그 무엇으로도 나를 대체할 수 없을 뿐만 아니라, '나'라고 하는 존재는 인류의 오랜 역사 속에서 단 한 번도 과거에 존재한 적이 없었고 앞으로도 영원히 존재하지 않으며, 현 시점에 단 한번 일회적으로만 존재한다. 다이아몬드의 희소성에 비할 바 아닌, 그 얼마나 고귀하고 독특한 주체적인 존재인가? 따라서 실존주의자들은 청소년들에게 이와 같은 주체성을 자각시켜주는 교육을 잘 행한다면 스스로 자아존중감을 가지게 되어 함부로 자살 행위를 하지 않을 것으로 본다. 이처럼 청소년들을 위한 죽음준비교육은 청소년들로 하여금 생명의 소중함과 존엄성을 깨닫게 하여 올바른 인생관이나 가치관을 정립하게 하고, 자신에게 한정된 시간의 소중함을 깨닫게 하여 매일 매일의 삶을 성실하게 살도록 해 주는 데 있다.[13] 이렇게 보면 자살의 예방적 차원에서 청소년들에게 실존적 주체성을 자각시키기 위한 철학적 차원의 죽음준비교육은 매우 의미 있다고 본다.

13) 이재영, "청소년들의 죽음에 대한 의식과 종교교육", 『종교교육학연구』, 제19권, 2004.

4. 예방교육적 차원의 죽음교육

앞에서 밝힌 바와 같이 우리나라의 국민행복지수는 OECD 국가 중 최하위권이며, 2015년 현재 자살률은 OECD 국가 중 10년째 최상위로 나타나고 있다.

우리나라에서 학업 및 입시스트레스로 자살하는 학생의 숫자는 20여 년 전부터 3일에 1명꼴을 웃돈다. 3일에 1명꼴로 연쇄 살인이 몇 차례만 일어나도 나라가 난리가 나는 법이다. 게다가 학교폭력과 왕따로도 온 나라가 시끄러운 실정인데, 학생들이 3일에 1명꼴로 자살을 한다면 이는 분명히 초 대형 사건임에 틀림없지만, 이를 예방하기 위한 예방교육이나 대책은 예나 지금이나 지지부진하기는 마찬가지이다. 실제로 국민건강보험공단 건강보험정책연구원의 연구 보고서에 의하면, 2015년 현재 자살로 인한 사회경제적 비용은 무려 6조 5천억 원 정도가 된다고 하는데 정부의 자살 방지 관련 예산은 50억 원도 되지 않는다. 이러한 사회경제적 비용을 따지자면, 차라리 자살예방을 위한 죽음교육(death education)을 학교내외에서 체계적으로 시행하는 것이 훨씬 더 나을 것이다. 이 대목에서 '예방의 1온스가 치료의 1파운드보다 낫다'는 영국 속담을 상기해 볼 필요가 있다.

이처럼 우리의 사회 및 교육제도 속에서 자살하는 청소년들이 증가하고 있는 현실을 고려할 때 죽음에 관한 교육은 일종의 예방교육적 차원에서 큰 의미를 가질 수 있다고 본다.

5. 죽음의 승화: 인간적 성장

독일어에는 '죽다'를 뜻하는 동사가 두 개(Verenden, Sterben)가 있는데, Verenden은 정신적·육체적 능력이 쇠퇴해져서 종말을 맞이하는 동물적인 죽음을 의미하고, Sterben은 육체적으로는 쇠약해지지만 정신적·인격적으로는 계속 성장하는 인간다운 존엄에 가득 찬 죽음을 의미한다.[14] 앞에서 살펴본 것처럼 죽음은 생애 주기의 마지막 단계이다. 우리는 생의 마지막 단계인 죽음을 아무런 생각 없이 운명인 양 자연스럽게 받아들일 수 있다. 나의 마지막 삶이 아무 생각 없이 마무리되는 것이다. 그러나 또 다른 면에서 생각해보면 생의 마지막 단계인 죽음을 보다 의미 있고 가치 있게 마무리 할 수도 있을 것이다. 즉 생의 마지막 순간까지 인간적인 성숙을 할 수 있다는 것이다. 죽음을 눈앞에 둔 말기암 환자가 암 판정을 받은 다른 환자들을 대상으로 자신의 경험담을 들려주며 위로와 격려를 통해 용기를 북돋워 주고, 암 투병 중의 고통을 감내하고 극복할 수는 자신만의 노하우를 전수해 주는 행위는 얼마나 아름다운가? 자신의 고통과 죽음을 감내하면서 다른 투병자들을 위로하고 격려하는 행위야말로 살신성인의 숭고한 행위인 것이다. 나아가 자신의 장기 및 시신을 기증하여 꺼져 가는 생명의 불씨를 되살리는 행위 또한 살신성인의 숭고한 행위이다. 이것이야말로 최고의 인간적인 성숙이며, 인간애의 지고한 행동적 표현이 아니겠는가?

인간은 동물과 달리 가치지향적인 욕구가 여타 생리적 욕구보다도 강하게 작용하는 특성이 있다. 그러기 때문에 인간은 주어진 것에 만족하지 않고 보다 나은 것을 추구한다. 다시 말해 보다 더 높은 가치를 추구한다. 철학적 인간학의 대표적 철학자인 쉘러(Max Scheler)는, 인간은 보다 더 높은 가치를 추구하고자 하는 속성을 지닌 가치지향적인 동물이라고 보았다. 그는 가치의 위계를 감각적 가치, 생명적 가치, 정신적 가치, 종교적 가치로 분류하고, 감각적 가치는 쾌감에,

---

14) A. Deeken, 『인문학으로서의 죽음교육』(서울: 인간사랑, 2008), p. 44.

생명적 가치는 유기체의 유지에, 정신적 가치는 정의의 실현에, 그리고 종교적 가치는 사랑에 관련된 가치라고 파악하면서 종교적 가치를 최고의 가치라고 보았다.[15) 이처럼 인간은, 생리적 욕구충족에 만족하여 감각적 가치단계에 안주하는 동물과 달리 보다 더 높은 가치단계를 희구하는 속성을 지닌 존재이기 때문에 태어나서 임종하는 순간까지 인간적인 성장과 성숙을 할 수 있다. 죽음의 승화가 가능한 이유가 바로 여기에 있다.

이러한 인간다운 존엄에 가득 찬 죽음을 맞이하기 위해서는 가정, 학교, 사회에서의 죽음의 승화와 관련된 계몽 및 교육활동이 보다 적극적으로 이루어져야 한다. 왜냐하면 교육의 일차적인 목적은 인간적인 성장·성숙에 있기 때문이다. 다시 말해 보다 더 높은 가치단계를 추구하고자 하는 인간적 욕구가 교육을 통해서 더욱 더 강하게 발로될 수 있기 때문이다.

6. 영원한 생명에 대한 희망

일반적으로 대부분의 사람들은 사후세계에 관심을 가지고 있다. 마찬가지로 대부분의 종교도 사후세계에 많은 관심을 가지고 있다. 주지하다시피 불교의 극락이나 기독교의 천국 등이 그러하다. 종교를 가진 사람들은 사후의 영원한 생명을 믿기 때문에, 죽음은 끝이 아니라 천국이나 극락과 같은 영원한 미래가 보장되는 행복으로 가는 길이라고 생각한다. 예컨대 기독교 신자의 경우, 사후에 천국에서 사랑하는 자와 재회한다는 기대와 영원한 미래에 대해 밝은 희망을 갖는

---

15) M. Scheler, *Der Formalismus in der Ethik und die materiale Wertethik*(윤리학에 있어서 형식주의와 실질적 가치윤리학: 윤리적 인격주의의 정초를 위한 새로운 시도), 이을상·금교영 역(서울: 서광사, 1998), pp. 151~157.

사람들이 많다고 죽음학자인 디켄은 보고하고 있다.[16] 반면에 종교를 믿든 안 믿든 사후 세계를 믿는 사람들 중에는 사후세계가 천국이 아닌 지옥과 같은 부정적 판결로 나올 것을 두려워하기도 한다. 그러나 많은 종교가 그러하듯이 인간이 진정으로 회개하고 종교에 귀의하면 사랑과 자비로 용서하며 신의 품으로 받아주기 때문에 죄 많은 인간조차도 영원한 생명에 대한 밝은 희망을 가지고 죽음을 맞이할 수 있다고 본다.

어쨌든 죽음교육을 통해 청소년들로 하여금 영원한 삶에 대한 긍정적 희망을 갖게 함으로써 현세의 삶의 질이 고양된다면, 죽음교육이 갖는 의미는 더욱 증대될 것이다.

---

16) A. Deeken, 앞의 책, 2008.

Ⅳ. 죽음과 교육

일반적으로 죽음이라는 주제는 전술한 바와 같이 1970년대부터 공론화되기 시작하면서 선진국을 중심으로 '죽음교육'(death education)이 학교교육의 영역으로 자리잡기 시작하게 되었다. 죽음교육이란 죽음과 임종(death and dying)에 관한 교육을 지칭하지만, 그 이상의 것을 내포하고 있다.[17] 즉 그것은 삶의 종말을 에워싸고 있는 다양한 영역에 초점을 둠으로써 삶의 과정에 의미를 더욱 더해 준다는 것이다.

어쨌든 성과 마찬가지로 죽음도 터부시 되어온 것이 사실이다. 하지만 크레이즈(D. Crase)가 지적한 것처럼 우리가 깨달아야 할 것은, 성과 죽음이 매우 좋지 않은 것으로 감추어져 왔지만 결국 모두가 그것에 관하여 알게 된다는 것이다.[18] 문제는 대부분의 아동들이 성과 죽음에 관한 학습을 각종 매스미디어를 통해 주로 한다는 것이다. 그러나 이러한 미디어의 내용들이 비현실적이거나 부정적 메시지(negative

---

17) D. Crase, "Death Education's Quest for Maturity" ERIC No. ED214489, 1982, p. 6.
18) ibid., p. 5.

message)를 담고 있는 편향적·일방적·단편적인 커리큘럼임에도 불구하고 무방비 상태의 아동들에게 내면화되고 해석된다는 것이다.[19] 비정규적인 과정을 통해서라도 결국 이러한 것들이 학습된다고 한다면, 차라리 학교교육 속으로 이러한 주제들을 과감히 끌어들여 제대로 가르치는 것이 효과적일 것이다. 삶과 죽음이 별개의 것이 아니라 하나인 것으로 본다면, 학교에서 죽음에 관한 교과를 억압하는 정도만큼 삶에 대한 이해를 억압하고 있는 것이다. 따라서 올바르게만 가르친다면, '죽음교육'은 삶과 많은 연관을 맺게 될 것이며 나아가 죽음에 대한 공포를 제거함으로써 삶에 대한 인간의 존경심과 환희를 더욱 고양시킬 것이다.[20] 그러면 '죽음교육'의 목적은 무엇이고, 그것을 실현하기 위한 내용과 방법은 어떻게 이루어지는가? 아래에서 '죽음교육'의 실제를 살펴보기로 한다.

1. '죽음교육'의 개념과 목적

앞에서 언급한 것처럼 '죽음교육'(death education)이란 죽음과 임종(death and dying)에 관한 교육을 지칭하지만, 그 이상의 것을 내포하고 있다. 좀더 구체적으로 규정하면, '죽음교육'이란 죽음과 임종 그리고 그것들의 삶과의 관계에 관한 요인들을 계속적으로 탐구하는 과정이다.[21] 즉 '죽음교육'을 1) 죽음과 임종에 관한 요인 탐구, 2) 죽

---

19) M. E. Hass, "The Young child's Need for Death Education" Paper presented at the Annual Meeting of the American Educational Research Association, Chicago, April 3–7, 1991.; L. A. Molnar, "Elementary Death Education" Paper presented at the Convention of the Louisiana Association for Health, Physical Education, Recreation and Dance, March, 1983.; Hannelore Wass, "Death Education in the Home and at School" ERIC No. ED 233253, Apr. 1983: 1–17.
20) B. E. Lockard, op. cit., p. 1.
21) A. B. Gibson; P. C. Roberts; and T. J. Buttery, op. cit., p. 9.

음과 임종의 삶과의 관계에 관한 요인 탐구로 나눌 수 있다. 이렇게 볼 때 '죽음교육'이란 학교교육에 국한되는 성질의 것은 아니다. 그것은 유년기에서부터 노년기에 이르기까지 평생교육의 차원에서 지속적으로 이루어져야 한다. 왜냐하면 죽음의 의미는 평생에 걸쳐 계속적으로 재평가와 변화를 겪기 때문이다. 그러므로 '죽음교육'은 가정교육, 학교교육 그리고 사회교육을 통하여 지속적이고도 유기적으로 이루어져야 한다. '죽음교육'의 목적은 죽음에 몰두하는 데에 있는 것이 아니라, 삶에 대한 감수성을 조장하는 데에 있다. 즉 '죽음교육'은 삶을 위한 것이다. 다시 말해, '죽음교육'의 목적은 학생들에게 죽음의 개념을 내면화 하게 하여 완전한 삶을 영위할 수 있게 하는 데 있다.[22] 물론 죽음에 관한 어떤 개념들은 일상생활의 과정을 통해 발전되기도 하지만, 잘 조직된 '죽음교육'의 커리큘럼은 청소년들로 하여금 죽음의 개념을 이해하고 수용하게 하는 것을 훨씬 용이하게 도와줄 수 있다.

'죽음교육'의 궁극적 목적을 인간의 행복증진이라고 진술하는 것이 다소 역설적인 것 같지만, 죽음에 대한 학습을 통해 우리는 삶을 더 잘 알 수 있게 되고, 실제로 보다 더 완전한 삶을 살 수 있다. 실제로 여러 학자들의 견해를 종합하여 제시한 '죽음교육' 프로그램의 목적을 살펴보면 다음과 같다.[23]

첫째, 청소년들에게 죽음과 임종의 다차원적인 측면들에 대한 기본적 사실들을 알려준다.

둘째, 각 개인이 의학 및 장례 서비스의 소비자임을 알 수 있도록 한다.

셋째, (죽음을 의식함으로써)개인적인 가치 및 우선순위에 대한 사려 깊은 고려를 통해 삶의 질의 개선을 촉진하도록 한다.

---

22) D. Crase, op. cit., p. 6.
23) A. B. Gibson; P. C. Roberts; and T. J. Buttery, op. cit., p. 14.

넷째, 청소년들이 자신의 개인적인 죽음과 자신에게 의미있는 타자들의 죽음에 대한 감정들을 적절히 다룰 수 있도록 하고, 죽음이 현실화 되었을 때, 보다 더 효과적으로 대처해 나갈 수 있도록 한다.

다섯째, 사회적·윤리적 이슈들(죽음에 관한 이슈들)과 관련된 가치들을 명료화하는 과정에서 각 개인들을 도와 준다.

한편 레비튼(Leviton, 1977)은 연령이 다르고 서로 다른 관심을 갖고 있는 사람들에게 적용될 수 있는 '죽음교육'의 몇가지 중요한 목적을 다음과 같이 제시한다.[24]

첫째, 어린이들이 가능한 한 죽음과 관련된 불안없이 자라도록 돕는다.

둘째, 사람들이 삶과 죽음에 대해 각자의 신념체계를 발달시키도록 돕는다.

셋째, 사람들이 죽음을 삶의 자연스런 종결로 보도록 돕는다.

넷째, 사람들이 그 자신의 죽음 및 가까운 사람들의 죽음에 대비하도록 돕는다.

다섯째, 사람들이 죽어가는 사람들 주위에서 편하게 느끼고 그들이 살아있는 동안 인간적으로 그리고 이해심 있게 대할 수 있도록 돕는다.

여섯째, 비전문가 및 의사와 간호사 같은 건강관리 전문가들이 모두 죽어가는 이들과 그 가족에 대한 전문가의 현실적 입장과 의무를 갖도록 돕는다.

일곱째, 연령에 따라 사람들이 상실에 전형적으로 반응하는 방식과 비탄의 역동성을 이해한다.

여덟째, 자살하려는 사람들을 이해하고 도울 수 있도록 한다.

아홉째, 개인 및 그 가족들을 위해 필요한 장례절차를 결정하도록 도움을 주고 어떻게 하면 현명하게 이를 구입하는지 보여준다.

---

24) D. E. Papalia; S. W. Olds; and R. D. Feldman, *Human Development*(인간발달 II). 정옥분 역(서울: 교육과학사, 1992), p. 428에서 재인용.

열째, 고통을 최소화해야 될 중요성을 강조하고, 따뜻한 개인적 보살핌을 제공하고, 죽어가는 이의 보살핌에 가족과 가까운 친구를 포함시키고, 그의 희망과 요구에 신경씀으로써 죽어가는 과정을 가능한 한 긍정적인 경험으로 만든다.

한편 고든과 클라스(Gordon & Klass, 1979)는 아동들을 위한 '죽음교육'의 목적을 1) 문화속에서 현재 보급되지 않은 사실들을 학생들에게 알려주기 위해서, 2) 죽음에 대한 관념 및 중요한 타인들의 죽음을 학생들이 효과적으로 처리하는 것을 돕기 위해, 3) 학생들로 하여금 의료 및 장례 서비스에 대해 해박한 지식을 갖게 하기 위해, 그리고 4) 학생들이 죽음과 관련된 사회·윤리적인 문제들을 공식화하고 가치판단을 명확히 하는 것을 돕기 위한 것으로 제시하고 있으며, 퍼킨스(Perkins, 1979)는 중등학교 학생들을 위한 '죽음교육'의 목적을 1) 학생들이 다양한 유형의 문헌들을 통해 죽음에 관한 주제를 탐구하는 것을 돕기 위해, 2) 학생들이 죽음과 임종에 관련된 다양한 관점과 행동들에 대해 학습하는 것을 돕기 위해, 3) 학생들이 자신들의 관심·경험과 죽음을 관련시키는 것을 촉진하기 위해, 그리고 4) 학생들의 죽음에 관한 태도변화의 학습을 돕기 위한 것으로 제시하고 있다.[25]

상기와 같은 '죽음교육'의 목적을 분석하면, 학생들로 하여금 삶의 과정에서 일어나는 모든 것에 대처해 나가는 방법들을 발견하게 하려는 것으로 요약할 수 있다. 따라서 '죽음교육' 프로그램을 위한 가장 기본적인 과업은 학생들의 욕구를 만족시키는 효과적인 방법을 발견하도록 그들을 돕는 것이 될 것이다.

위에서 제시한 목적들은 여러 학자들에 의해 제시된 일반적 진술의 예시들이다. 따라서 교육현장에서의 '죽음교육'의 목적은 상술한 일반목적을 바탕으로 교육 대상의 연령 및 요구에 따라 적절히 조정

---

25) B. E. Lockard, op. cit., pp. 15~16에서 재인용.

되어 재구성되어야 할 것이다.

2. '죽음교육'의 프로그램

미국의 경우, 정확한 숫자는 파악되지 않고 있지만, '죽음교육'의 프로그램이 급격히 증가되고 있는 것으로 보고되고 있다. 미네소타 대학의 「죽음교육 연구센터」(Center for Education and Research)의 소장인 풀튼(Robert Fulton)은 미국의 대학 및 고등학교에서 다루는 죽음과 임종에 관한 코스(course)의 수를 1,000개 이상으로 추산한다. 한편 어떤 학자들은 미국의 약 200개 고등학교에서 죽음에 관한 교수 단원을 활용하고 있다고 보고한다.26) 이처럼 미국에서는 죽음과 임종에 관한 미니 코스와 단원을 제공하는 학교들이 점차 증가하고 있다. 고등학교와 대학 수준에서는 다양한 학문 분야에서 이들 주제가 다루어지고 있는 바, 체육학, 심리학, 사회학, 문학, 의학, 종교학, 법학 등에서 그러하다. 하지만 성교육에서와 마찬가지로 코스의 내용 결정은 여전히 논쟁적 영역으로 남아 있다.27) 즉 연령과 학년 수준에 따라 누구에게 무엇을 가르쳐야 할 것인가 하는 문제는 학습자의 욕구나 흥미 그리고 경험에 따라 달리 결정될 수 있다. 그러면 실제로 각급 학교수준별로 어떠한 내용들이 다루어지고 있는지 살펴 보기로 한다.

(1) 초등학교 및 중학교의 교육내용

초등학교 커리큘럼에 3R's(읽기, 쓰기, 셈하기) 외에 또 다른 교과영역이 출현하고 있는 데, 그것은 곧 '죽음교육'이다. 사실 아동기 동안에 20명 중 1명이 부모의 죽음을 경험할 것이며, 16세까지는 5명 중

---

26) A. B. Gibson; P. C. Roberts; and T. J. Buttery, op. cit., p. 18.
27) D. Crase, op. cit., p. 7.

1명이 부모의 죽음을 경험할 것이다.[28) 이러한 상황들은 정서적으로 아동들의 삶에 영향을 미친다. 따라서 이러한 상황에 적절하게 대처할 수 없으면 심리적 문제들을 유발할 수 있다는 것이다. 바로 이런 이유로 '죽음교육'이 필요한 것이다. 즉 죽음에 대해 잘못된 개념을 가진 아동들을 보호하는 것보다는 아동의 지각수준에 맞게 사실적으로 죽음을 묘사한 자료들을 제공하고, 나아가 더 높은 지각수준으로 촉진해 나가는 것이 바람직할 것이다.

초등학교의 경우 대표적으로 다루어지는 주제는 동식물의 생활사(life cycle), 죽음과 이별, 슬픔과 그 표현, 그리고 장례 및 매장 관습 등이다. 흔히 사용되는 강의법은 아동들의 실제적인 삶의 경험들에 토대한 활동과 토론이다. 예컨대 특별히 아끼는 물건(장난감 등)을 상실하였을 경우의 상황에 대한 토론을 하거나, 위의 주제들과 관련된 책들을 읽고 토론을 한다. 대표적인 강의법 몇 가지를 소개하면 1) 죽음과 관련된 사건이 일어났을 때의 즉흥적 교수(incidental teaching), 2) 영화, 슬라이드, 외부 강사, 현지견학, 적절한 관련 문헌 등을 활용하는 정보-토론 접근법(information discussion approach), 3) 역할놀이, 가치명료화 활동, 작문활동 등과 같은 정의적 요소들을 통한 정보-토론 접근법, 4) 자기교수법(self-instructional approach) 등이 있다.[29)

사실 '죽음교육'은 그 속성상 다학문적인 접근(multidisciplinary approach)이 유용하다. 따라서 내용이 다학문적이기 때문에, 가르치는 방법도 다학문적인 접근이 가장 효과적이다.[30) 이것은 중학교의 교육 내용을 보면 분명해진다. 중등학교의 '죽음교육' 커리큘럼에서 발췌한 아래의 주제목록은 '죽음교육'의 다학문적 성격을 입증한다.[31)

28) L. A. Molnar, op. cit., p. 1.
29) A. B. Gibson; P. C. Roberts; and T. J. Buttery, op. cit., pp. 18~19.
30) D. Crase, op. cit., p. 7.
31) A. B. Gibson; P. C. Roberts; and T. J. Buttery, op. cit., pp. 19~20.

(1) 자연 즉 동식물의 생활사

(2) 인간의 삶의 과정 즉 출생, 성장, 노화 그리고 죽음

(3) 생물학적 측면 – 죽음의 원인, 죽음의 판정

(4) 사회·문화적 측면 – 장례 및 매장 관습, 죽음 및 관련용어

(5) 경제적·법적 측면 – 보험, 유언, 장례에 관한 소비자 보호

(6) 우환, 애도, 그리고 사별

(7) 아동문학, 음악, 미술에 투영된 죽음의 측면들

(8) 종교적 관점

(9) 도덕적·윤리적 문제들 – 자살, 안락사, 뇌사

(10) 삶과 죽음에 관한 개인적 가치들

(2) 고등학교 및 대학의 교육내용

1970년대 초만 하더라도 고등학교와 대학 수준에서의 '죽음교육' 프로그램들이 거의 없었다. 그러나 70년대 말경부터 다양한 프로그램들이 생겨났다. 고등학교와 대학교의 프로그램은 매우 유사하나 그 심도에 있어서는 차이를 보인다. 쿠어(Coor, 1978)는 죽음과 임종에 관한 여러 교과과정을 검토·종합하여 다음의 13개 단원으로 정리하여 제시하였다.[32] 즉 (1) 자아직면(self–confrontation)과 가치확인(value identification), (2) 죽음과 임종의 서술에 대한 분석, (3) 사회·문화적 태도, (4) 역사적·인구학적 배경, (5) 죽음의 정의와 판정, (6) 안락사, (7) 자살, (8) 사회적으로 용인된 죽음, (9) 임종의 처리, (10) 유족과 슬픔, (11) 시체처리, 장례문제, 기타 후속적인 실제 문제들, (12) 아동과 죽음, (13) 삶, 죽음, 그리고 인간의 운명이 그것이다. 한편 맥마흔(McMahon, 1973)은 '죽음교육'의 내용을 7개의 주제로 분류하고 각각 그 행동목표를 제시하고 있는데, 그가 제시한 주제들은 (1)

---

32) ibid., p. 20.

죽음에 대한 터부(taboo), (2) 죽음의 정의: 생물학적, 사회적, 심리학적 측면, (3) 인간의 위기, (4) 죽음과 인간에 대한 관점들, (5) 임종환자 또는 친척에 대한 이해, (6) 장례, 매장, 그리고 사별: 심리학적 함의, (7) 자살 및 자기파괴 행동(self-destructive behaviors)에 대한 이해이다.33)

실제로 미국의 대학에서 현재 강의되고 있는 죽음교육의 한 학기 강의 내용을 참고로 소개하고자 한다. 매주 작문 숙제를 중심으로 강의가 이루어지는 데 구체적인 내용은 다음과 같다.34)

1) 작문숙제 1: 작별편지
- 세상을 떠난(혹은 내 곁을 떠난) 누군가(무엇)에게 작별편지를 쓸 것
2) 작문숙제 2: 살면서 가장 힘들었던 순간에 대해(혹은 위기 순간에 대해), 그리고 어떻게 살아남았는가에 관해 써라
- 누가 당신 곁에 있어주었는가?
- 당신은 그 위기를 어떻게 극복했는가?
- 그 일이 당신을 어떻게 변화시켰는가?
3) 작문숙제 3: 되감기 버튼
- 당신의 삶에 되감기 버튼이 있다면, 어느 때로 돌아가 무엇을 바꾸겠습니까?
4) 작문숙제 4: 어린시절의 자신에게 편지쓰기
- 만일 어린 시절의 나에게 말을 걸 수 있다면 무슨 말을 하겠는가? 어떤 조언을 들려주겠는가?
- 그 편지는 '친애하는 __살 __야'로 시작할 것, 그리고 반드시 서명하고 날짜를 적을 것

---

33) A. B. Gibson; P. C. Roberts; and T. J. Buttery, op. cit., pp. 20~21.
34) E. Hayasaki, op. cit.

5) 작문숙제 5: 호스피스 방문에 관하여

– 호스피스 시설을 방문하고 환자들과 직원들을 만난 경험에 관해 보고서를 작성할 것

6) 작문숙제 6: 추도사

– 본인의 추도사를 쓰시오

7) 작문숙제 7: 사형

– 현재 사형 선고를 받고 집행을 기다리는 사례를 조사하라

– 사형제도에 찬성하든 반대하든 한쪽 입장을 취하고, 조사한 바에 근거해 논지를 전개하라

8) 작문숙제 8: 장례식장

– 장의사 및 방부처리 담당자와 이야기를 나눈 후, 방문에 대한 소감을 써라

9) 작문숙제 9: 유령이 되기

– 두 달 동안 유령으로 지내라. 말하지 말 것. 전화도 받지 말고 대화도 나누지 말 것. 듣기만 하고, 주의만 기울이면서 지낼 것. 그 경험에 대해 써라

10) 작문숙제 10: 다양한 종교와 영적 관점

– 당신과 다른 종교적 관점 또는 영적 관점을 가진 사람을 인터뷰하라. 그 인터뷰로 알게 된 내용에 관해 에세이를 써라

11) 작문숙제 11: 생전 유서를 작성하라

– 영구 의식불명처럼 의료적 결정을 내릴 수 없는 예측불허 상황이 닥칠 경우 생의 마지막에 어떻게 의료적 처치를 하길 원하는지, 유서로써 가족과 의사에게 알려라. 여기에는 생명유지 수단을 제공, 보류, 또는 철회하는 결정에 관한 사항들도 포함된다

12) 작문숙제 12: 버킷 리스트

– "죽기 전에 꼭 하고 싶은 일들" 살 날이 1년밖에 남지 않았다면 죽기 전에 무엇을 하고 싶은가?

- 당신의 버킷 리스트를 작성하라
- "죽기 전에 나는 __ __ __을 하고 싶다"(밑줄 부분을 채우기)
13) 작문숙제 13: 이 수업에서의 경험
- 가족 중에 누가 이 수업에서 당신이 뭘 경험했는지를 묻는다면 어떤 이야기를 해 주겠는가?

(3) '죽음교육'과 교사

1970년대에 '죽음교육' 프로그램의 성장이 괄목할 정도로 있었으나 여전히 비체계적이라는 비판을 받고 있는 것은 사실이다. '죽음교육'은 개념, 용어, 그리고 지도지침 등에 대해 표준화된 체계를 아직 갖지 못하고 있다. 그리고 교육과정 내에서도 확고한 위치를 차지하지 못하고 있다. 오히려 많은 문제들이 해결되기보다는 제기된 상태다. 따라서 '죽음교육'을 커리큘럼화하는 문제는 계속적인 연구를 필요로 한다. 이와 함께 교육가들은 다음과 같은 문제들에 대해 직접적인 관심을 가져야 할 것이다.[35] 즉 (1) '죽음교육'을 수행하기 위하여 어떤 계획이 필요한가?, (2) '죽음교육'은 누가 책임지고 담당하며, 그들의 자격은 어떠해야 하는가?, (3) '죽음교육'에 참여하기 이전에 학생들에 관하여 무엇을 알아야 할 필요가 있는가?, (4) '죽음교육'은 어느 단계에서 시작해야 하는가?, (5) 학생들의 발달정도의 차이를 조절하기 위하여 교육과정을 여하히 달리 구성해야 하는가?, (6) '죽음교육'이 진행되고 있는 어느 시점에서 아동들 및 청소년들에게 논쟁의 여지가 있는 개념들을 소개해야만 하는가?, (7) 어떠한 교수기법이 가장 효과적인가?, (8) '죽음교육'에 어떠한 자료들이 필요한가? 등에 관한 교사들의 진지한 검토가 요망된다는 것이다.

아울러 '죽음교육'을 실시하기 위해서는 담당교사들에 대한 특별한

---

35) A. B. Gibson; P. C. Roberts; and T. J. Buttery, op. cit., pp. 22~23.

훈련과 자격 그리고 태도가 요청된다. 하스(Hass, 1991)는 교사들이 아동들에게 '죽음교육'을 행할 때 지켜야 할 자세를 다음과 같이 제시한다.36) 즉 1) 죽음에 관한 아동들의 관심, 느낌, 그리고 두려움을 경청함으로써 아동들에게 정서적인 원조를 할 것, 2) 죽음에 관한 학생들의 질문에 정확한 사실적 답변을 할 것, 3) 학생들이 죽음에 관해 갖고 있는 신화나 잘못된 정보들을 규명하도록 도울 것, 4) 모든 생명체는 생애주기의 한 부분으로서의 죽음을 직면하게 된다는 사실을 학생들이 학습하도록 도울 것, 5) 학생들에게 인간의 존엄성에 대한 존중심을 촉진시킬 것, 6) 학생들에게 경청, 자기표현, 감정이입, 그리고 가치화의 기능을 형성하기 위한 기회를 제공할 것 등이 그것이다.

일반적으로 '죽음교육'을 담당하기 위한 교육가의 자격을 제시하면 다음과 같다.37)

첫째, 교사들은 그들 자신의 죽음에 대한 감정들(death feelings)을 수용해야 하며, 그들의 전인격적 기능의 역동성 속으로 자신의 실존을 수용해야 한다.

둘째, 교사들은 그들이 가르쳐야 하는 죽음에 관련된 교과에 정통해야 할 필요가 있다.

셋째, 교사들은 특히 청소년들의 면전에서 죽음에 관한 언어를 쉽게 그리고 자연스럽게 사용할 수 있어야 한다.

넷째, 교사들은 삶 전체에 걸쳐 이루어지는 죽음에 관한 개념의 발달과정에 정통해야 할 필요가 있다.

다섯째, 교사들은 거대한 사회변화를 인식해야 할 필요가 있으며, 죽음에 대한 우리의 태도, 실제, 법률 및 제도의 변화가 주는 시사점들을 인식해야 할 필요가 있다.

여섯째, 교사들은 애도, 사별, 그리고 여타 민감한 문제들을 다룰

---

36) M. E. Hass, op. cit., pp. 11~12.
37) B. E. Lockard, op. cit., p. 5 & L. A. Molnar, op. cit., p. 4.

경우 학생들의 학부모들과 의사소통할 수 있어야 한다.

일곱째, 교사들은 죽음과 임종에 관련된 학생들의 문제상황과 그 상담 및 해결 기법에 관해 풍부한 지식을 가져야 한다.

여덟째, 교사들은 설정된 과제의 목표에 터하여 학생들의 진전 상황을 평가하기 위한 평가능력을 소유하여야 한다.

'죽음교육' 프로그램을 운영하려는 학교는 담당 스탭진을 구성할 때 이와 같은 기준들을 적용하여야 할 것이며, 실제로 '죽음교육'을 담당한 교사들도 이러한 기준들을 자기 평가도구로 활용할 수 있다.

V. 과제와 전망

20세기 초반에는 죽음에 관한 언급을 부정적으로 보았으나, 1960년 대에 이르러 일부 학자들이 죽음교육이 성교육만큼 중요하다고 보았다. 1969년 Time지의 기사를 신호탄으로 정신과 의사 퀴블러 로스같은 선구자들이 '어둠 밖으로 죽음을' 끌어내기 시작했고, 1963년 미네소타대학교에서 죽음에 관한 최초의 강좌가 개설되었다. 그 이후 여러 학교에서 죽음강좌가 개설되면서 그 분야에 '죽음학'(Thanatology)이라는 이름이 붙여졌다.[38]

1971년 무렵에는 미국 전역에 600개가 넘는 죽음학 강의가 생겨났고, 5년 뒤에는 그 수가 거의 배로 뛰었다. 이제는 심리학에서부터 철학, 의학, 사회학에 이르기까지 다양한 분야에서 그와 같은 강좌를 수천 개는 찾을 수 있다. 죽음과 임종에 초점을 맞춘 학술지, 교과서, 학회, 학위과정들이 생겨났다.

이처럼 미국 등과 같은 선진국에서, 삶과 죽음의 의미를 탐구하고

---

38) E. Hayasaki, op. cit.

죽음과 관련된 주제에 대하여 다학문적 접근을 행하는 죽음학이라는 학문 영역이 성립한 것은, 이제는 죽음이라는 이슈가 더 이상 문화적으로 터부시되지 않음을 보여주는 단적인 증거라 할 수 있을 것이다. 그럼에도 불구하고 우리의 경우는 죽음이라는 주제가 아직도 교육의 언저리에서 맴돌고 있을 뿐이다. 세계 최고의 자살률을 10년째 유지하고 있는 나라에서 죽음교육은 여전히 홀대받고 있다. 우리는 여전히 죽음을 삶과는 별개의 것으로 여기고, 의도적으로 우리의 의식 밖으로 죽음을 쫓아내어 왔다. 하지만 이제는, 삶과 죽음은 별개의 것이 아니라 하나인 것이며, 인간이 삶 속에서 죽음을 의식할 때 그만큼 삶에의 열정도 강렬해질 수 있다는 실존주의자들의 관점을 보다 적극적으로 수용할 때가 된 것 같다.

죽음은 삶에 영향을 미친다. 죽음에 대한 태도 또한 삶에 대한 태도에 영향을 미친다. 결국 죽음의 철학은 삶의 철학에 영향을 미치며, 그 역의 경우도 마찬가지이다. 죽음의 문제가 삶의 문제이고, 삶의 문제가 인간의 문제라면 그것은 결국 교육의 문제이므로 교육 속에서 이를 수용하여야 할 것이다. 그간 우리의 교육마당에서는 성과 죽음에 관해 오랜 기간 동안 의도적으로 은폐를 하거나 거짓교육을 행하여 왔다. 아직도 학교 교육현장에서는 죽음교육을 부정적으로 보는 시각들이 많다. 따라서 이들을 위한 국가적 차원의 지속적인 사회적 계몽과 체계적 연수가 필요하다. 실제로 자살률이 세계 최고였던 핀란드는 1986년부터 자살예방을 위한 국가적 차원의 프로젝트를 실시한 이후, 1986년 인구 10만명 당 30.3명에서 2012년 인구 10만명 당 17.3명으로 자살률이 대폭 감소하였다.[39]

---

39) 핀란드식 심리부검절차는 다음과 같다. 자살사건 발생→경찰현장조사→심리적 부검에 대한 유가족 동의 절차→정신과 전문의와 유가족 1대1 심층면접→자살자 주변환경(직업, 친구관계 등 조사)→수집자료의 전문가 분석·분류→자살자 유형별 분류 및 데이터베이스(DB)화→자살고위험자군 대상 맞춤정책(정신의학적·사회심리학적)

사실상 개인적 문제로 인한 자살이든 사회적 문제로 인한 자살이든 간에 관계없이 자살은 예방이 가능하다. 국가 차원에서 자살방지를 위한 적극적 의지를 가지고 행·재정적 지원을 한다면 확실히 자살률을 줄일 수가 있다. 우리의 경우, 자살예방사업에 있어 가장 큰 문제는 현재 정부의 지원금이 너무 적다는 사실이다. 10년 전부터 국가적 차원의 자살예방시스템을 갖춰 온 일본은 자살예방 사업이 안정화된 지금에도 한 해 3000억 원 이상을 지원한다. 이처럼 우리나라는 세계 최고의 자살국가임에도 불구하고 위에서 언급한 것처럼 자살방지 관련 정부지원금이 지극히 형식적인 수준에 불과할 뿐만 아니라, 자살에 대한 공식적이고 체계적인 연구와 자료 또한 태부족이다. 따라서 자살 원인의 80%가 우울증이라고 추론할 뿐, 제대로 된 원인도 모르는 실정이다. 20여 년 전, 한 해 자살률이 유럽에서 가장 높았던 핀란드 정부는 자살 관련 전국적인 조사를 실시하고 체계적인 지원을 한 결과, 현재 세계적으로 가장 낮은 자살률을 기록하고 있다. 우리도 전국적 규모의 자살 관련 통계조사를 정밀하게 실시하고, 사회적 손실을 막기 위한 자살예방관련 예산을 대폭 늘려 국가 차원의 체계적인 지원을 한다면 분명히 자살률을 낮출 수 있을 것이다.

우리 모두는 죽기 전까지 「잠시 동안의 시간」을 이 세상에서 살고 간다. 그런데 어떤 이는 생후 100일도 되지 않는 시간을, 어떤 이는 30년을, 어떤 이는 무려 90년이라는 시간을 살다가 떠난다. 따라서 바로 이 세상에 머무는 「잠시 동안의 시간」을 의식화하는 것은 삶의 질에 큰 영향을 미친다. 즉 이 세상에 얼마나 머무를지는 모르지만 '잠시 후'에 떠난다는 것을 의식한다면 현재의 삶의 태도가 달라질 것이라는 것이다. 요컨대 이 「잠시 동안의 시간」을 어떻게 살아야 할 것인가는 인간의 문제이고 삶의 문제이기 때문에 교육의 문제일 수밖에 없다.

이처럼 삶과 죽음이 별개의 것이 아니라 하나인 것으로 본다면, 학교에서 죽음에 관한 교과를 억압하는 정도만큼 삶에 대한 이해를 억압하고 있는 것이다. 따라서 올바르게만 가르친다면, '죽음교육'은 삶과 더 많은 연관을 맺게 될 것이며 나아가 삶의 질을 더욱 더 고양시킬 수 있을 것으로 본다. 이처럼 죽음교육을 통하여 삶과 죽음에 대한 태도가 긍정적으로 변화하고 삶의 질이 고양된다는 것은 인간의 삶이 그만큼 행복해진다는 것을 의미하는 것이다. 요컨대 죽음을 통해서 올바른 삶을 보게 하고, 보다 더 열정적인 삶을 살게 하자는 것이다. 그래서 행복한 삶을 위해서는 죽음교육이 필요하다는 것이다.

제11장

평화교육론

—

Ⅰ. 평화교육학의 시각

1. 인류의 영원한 이상, 평화

인류의 역사를 전쟁의 역사라고 해도 과언이 아닐 것이다. 유사 이래 인류가 치른 전쟁이 2만 6천여 회가 된다는 사실이 이를 입증한다(조영식, 1984). 특히 20세기 이후의 과학문명은 급속도로 발달하였으며, 그 부산물인 핵무기의 발달은 점차 인류를 공포의 도가니로 몰아가고 있어 인류 전체를 언제 멸종시킬지 모르는 상황으로 전개되고 있다. 1986년 러시아 체르노빌 원자력발전 사고와 2011년 일본 후쿠시마의 원자력발전 사고는 전 세계인을 공포의 도가니로 몰아 넣었으며, 아직도 그 후유증으로 수많은 사람과 동식물들이 고통을 받고 있다. 전쟁용이 아닌 산업용 핵시설의 관리 부실만으로도 전 세계인이 공포에 떨어야 하는 시대가 도래한 것이다. 이처럼 인간은 이제 무기를 지배하는 자가 아니라 무기에 의해 지배를 받는 궁핍한 처지가 되었다.

그럼에도 불구하고 핵무기 지지론자들은 핵무기야말로 힘의 균형을 통해 세계를 지켜준다고 보면서 뉴클리어리즘(Nuclearism)을 일종의 세속적 종교로서 신봉한다(Lifton, 1979). 과연 핵무기가 평화유지의 근본 처방이 될 수 있겠는가?

오늘날의 전쟁은 승자도 패자도 없이 상호자멸을 초래한다. 따라서 우리는 공생공존을 하기 위해서라도 평화유지를 위한 의도적 노력에 박차를 가해야 한다. 그렇다면 평화유지는 핵무기와 같은 과학문명에 의해 가능할 것인가? 아니면 강대국들 간의 군축협상 등과 같은 국제 정치현상학적 차원에서 가능할 것인가? 이들 중 그 어느 것도 평화유지의 근본처방이 될 수 없을 것이다. 결국 전쟁과 평화 이 양자가 인간의 심성으로부터 비롯된다고 보면, 우리는 평화유지의 근원적 해결책을 인간으로부터 찾아야 할 것이다. 결국 전쟁과 평화의 근본 동인(動因)은 인간이고, 인간의 문제는 교육의 문제이므로 우리는 평화의 문제를 교육에서 다루어야 한다. 즉 평화를 만드는 일(peace-making)은 평화교육을 통해서 이루어져야 한다. 이런 면에서 교사는 평화를 만드는 자(peace-maker)이다.[1]

평화는 인류가 바라 마지않는 영원한 이상(理想)이다. 그러나 현실은 평화보다는 도리어 비평화(非平和)가 지배하여 우리를 괴롭히고 있다. 이러한 현실을 시정하면서 어떻게 이 평화를 이룩해야 할 것인가. 이것이 현대교육의 큰 과제의 하나인 평화교육(education for peace, Erziehung zum Frieden)이다.

과연 영원한 평화는 이룩될 수 있는가. 평화를 전쟁의 반대개념으로만 생각하고, 이 전쟁을 없앨 수 있느냐 없느냐의 문제를 다룬 입장에 크게 셋이 있었다. 하나는 현실주의적 입장으로, 인류의 역사를 보건대 그것은 전쟁으로 얼룩져 왔고, 앞으로도 그럴 것이니 이는 불

---

1) 강선보, 『만남의 교육철학』(서울: 원미사, 2003), pp. 200~202.

가능하다는 비관론이다. 다음은 이상주의적 입장으로, 인류는 이성으로 역사를 조금씩 진보시켜 왔다. 그러니 언젠가는 그것도 가능할 것이라는 낙관주의다. 셋째는 전쟁불가피론으로, 인류의 문화는 실은 전쟁을 통해서 발전하여 왔으니 전쟁은 필요악이라는 회의주의다. 평화를 전쟁의 반대개념으로만 보아도 이렇게 다양한 입장이 있다.

비평화(非平和)는 어찌 이처럼 전쟁이라는 사회현상적인 차원의 개념뿐이겠는가. 마음의 분열로 몸부림치며 그 괴로움에서 해방되고자 자살까지도 생각하는 개인적 차원의 것도 있고, 계층과 계층이 증오심에 불타 서로 폭력으로 파괴하는 사회적 차원의 것도 있고, 인간이 그 삶의 동반자이자 고향이기도 한 자연을 학대한 결과 그 자연으로부터 보복을 받는 자연적 차원의 것도 있고, 이 지구가 통째로 다른 위성과 충돌하여 파멸될 수도 있는 우주적 차원의 것도 있을 수 있다. 위에 든 전쟁이라는 현상은, 이렇게 보면, 사회적 차원의 비평화 현상의 하나에 지나지 않는다. 그래서 우리는 평화를 전쟁의 반대개념으로만 보고, 평화교육을 전쟁반대교육으로만 보는 것은 잘못임을 알 수 있다.

그러면 넓고 진정한 의로서의 평화와 평화교육이란 무엇인가? 평화는 충족상태·무사(無事)·건강·안심·친화(親和)·화해 등을 모두 포섭한 개념이며, 평화교육학이란 이 평화를 이룩하려는 교육학이라 하겠다. 교육학대사전에는 "평화교육은 전쟁의 방지를 목적으로 하며 적극적으로는 평화유지, 증진을 위해서 행해지고, 특히 국제상호간의 이해와 인간의 기본적인 인권존중을 목표로 하는 교육을 말한다"[2]라고 설명되어 있다. 평화를 이룩하는 방법은 어찌 교육만이리요. 전쟁을 점진적으로 추방하자는 군비축소, 그 전쟁의 원인을 없애자는 경제조직의 개혁, 그리고 그 경제조직을 낳게 한 인간의 마음의 회개

---

2) 남억우 외 7인 편, 「최신 교육학대사전」(서울: 교육과학사, 1991), p. 1343.

…, 이렇게 정치·경제·종교 등 여러 차원의 방법이 있을 것이다. 그러나 가장 근본적인 방법은 교육을 통해 어린이의 마음에 평화의 비원(悲願)을 심어 주고, 그들을 통해 정치·경제·종교라는 문화를 개혁시켜 평화를 이룩하는 방법이 아니겠는가.

2. 평화교육

평화교육은 어떻게 전개되고 있는가. 우리는 이것을 유네스코 방식과 독일의 비판적 방식의 둘로 나누어 그 큰 흐름을 보자. 유네스코 방식은 주로 전쟁의 원인을 인종적 편견과 무지에 비롯한 것으로 보고, 주로 교실 안에서 이것을 바로잡고 인류평화에의 길을 마련하자는 국제이해교육 방식이다. 사실 이같은 이념은 1945년에 제정된 그 헌장에 이렇게 진술되어 있다.

> 이제 끝난 엄청나고 무서운 전쟁은 인간의 존엄성, 평등, 상호존경이란 민주주의의 원리들을 부정함으로써 가능했던 것이며, 이것은 또한 무지와 편견을 이용하여 사람과 인종은 원래 불평등하다는 교리를 선전함으로써만 가능했다.[3]

'전쟁은 인간의 마음 속에서부터 시작된다'는 대전제 아래 이 마음 속에서 다른 인종에 대한 무지와 편견을 불식하는 국제이해교육을 통해 국제평화를 기하자는 논리가 유네스코의 평화교육 이념이다. 이 이념을 실현시키기 위한 방안은 구체적으로 무엇인가? 크게 다음 여덟 가지를 들 수 있다.

---

3) The great and terrible war which now has ended was a war made possible by the denial of the democratic principles of the dignity, equality and mutual respect of men, and by the propagation, in their place, through ignorance and prejudice, of the doctrine of the inequality of men and races.

① 인류는 세계의 시민이라는 UN헌장의 정신구현의 교육(mankind for the world community).

② 모든 국가가 국제적 조직 안에서 협력해야 한다는 협력정신 육성의 교육(duty to co-operate in international organizations).

③ 모든 국가가 세계의 문화에 고유한 기여를 할 수 있다는 개성적 문화의 교육(the contributions of all nations).

④ 각 민족의 삶의 방식과 역사에 대한 객관적인 이해의 교육(the varying way of life of different people).

⑤ 인류의 공통적인 유산존중의 교육(a common heritage for mankind).

⑥ 국제적 분쟁의 해결은 당사자의 동의로써만 가능하다는 국제적 문제해결 방식 원리의 교육(the Member States of international organizations).

⑦ 세계정부와 세계평화를 기하는 책임감 육성의 교육(sense of responsibility to this world community and to peace).

⑧ 국제이해와 국제협력의 정신을 일깨워 주는 국제이해의 교육 (international understanding and co-operation).[4]

이 유네스코 방식에 회의적인 입장에서 평화교육을 보다 사회과학적으로 접근하며 이것을 모든 교육의 기초로 정립하자고 나선 것이 독일의 비판적 평화교육학이다. 유네스코 방식은 인간 개개인의 마음에 평화의식을 심어 주는 '개인교육학'적 발상에 의거한 것이고, 따라서 각 개인의 의식이 사회체제에 의해 규정되는 측면을 소홀히 한 것이라고 비판하면서, 평화교육은 전쟁을 발생시킨 문명과 그 원인이 된 체제에 대한 객관적 인식, 그리고 그 체제의 개혁의지를 다지는, 그러기에 모든 교육의 기초가 되는 교육이어야 한다는 게 그 기본입

---

4) UNESCO, *Education for International Understanding－Examples and Suggestions for Class－room Use*(Copenhagen: Universitets－Bogtrykkeri, 1959), p. 10.

장이다. 이 비판적 평화교육학은 신좌파의 온상인 프랑크푸르트학파의 이념에 근거한다. 이들의 기본입장은 평화를 위한 교육은 실은 해방을 위한 교육(Erziehung zum Frieden als Erziehung zur Emanzipation)이어야 한다는 것이다.5) 왜냐하면 교육은 개개인을 사회적 구속상태로부터 해방시켜야 할 과제를 안고 있는데, 그 구속상태라는 '갈등'상황을 인식시켜 주면서 그 원인의 규명·제거에 힘써야 할 것이 바로 평화교육학이기 때문이라 한다.

평화교육학의 유형은 위의 둘 이외에도 여럿 있으나 그것들은 다음에 다시 자세히 보기로 하자. 이제 평화교육학이란 무엇인가를 위의 고찰을 토대로 하여 정의하여 보자.

> 평화교육학은 현대의 인류가 안고 있는 네 비평화(非平和)의 현상, 즉 공격성·폭력성·갈등성·편견성을 네 차원, 즉 개인·사회·자연·우주적 차원에서 시정함으로써 정의롭고 아늑한 질서를 회복 또는 건설하려는 평화지향의 교육체계다.6)

이 정의에 의하면 평화교육의 교과과정은 적어도 16개의 단원으로 짜여져야 할 것이다. 왜냐하면 네 비평화의 현상이 네 차원에 다 존재하기 때문이다. 지금 공격성을 예로 각 차원에서 하나씩만 들어보자. 개인적 차원에서는 개인이 개인을 미워하고 다투는 현상, 사회적 차원에서는 한 계층이 한 계층을 적으로 돌려 싸우는 현상, 자연적 차원에서는 인간이 자연을 수단시하며 학대하는 현상, 그리고 우주적 차원에서는 인간이 우주를 정복하려고 '별들의 전쟁'을 유발하는 현

---

5) Roland Bast, *Friedenspädagogik*(Düsseldorf: Schwann, 1982), S. 25. Diese Vernunft im einzelnen Menschen herzustellen, wird als Vorgang der *Emanzipation* gekennzeichnet. An diesem hier kurz skizzierten Gedankengut der *Kritischen Theorie* knüpfen die friedenspä −dagogisch motivierten Autoren an.

6) Rolf Huschke−Rhein, *Worin könnte der "wissenschaftliche Forschritt" der Pädagogik bestehen?-Einsystempädagogische Begründungsvorschlag am Beispiel der Friedenspädagogik*, Zeitschrift fr Pädagogik, Heft 3/86, Juni(1986), S. 406f. 참조.

상이라 하겠다.

인류가 얼마나 평화를 갈구하는 존재인가는 인사말에서도 알 수 있다. "Good morning", "Good day", "Good night" 등은 인간이 자연과 아름답게 지내는 상태를, "Shalom"(샬롬), "How are you?" 등은 인간의 마음이 평안한 상태를 희구하는 인사고, "안녕하십니까?"는 위의 두 차원의 평화를 두리뭉실 묶어 묻는 인사가 아닌가. 하나 이례적인 인사말은 "진지 잡수셨습니까?"인데, 이것도 일용할 양식의 충족 여부를 묻는다는 뜻에서 충족태(充足態)라는 평화와 관계되는 말이라 하겠다. 이 모든 인사가 실은 다 평화(샬롬)라는 상태 또는 관계의 정립이나 회복을 묻고 있음을 우리는 주목해야 한다.

평화교육은 제2차대전을 일으켜 남에게 피해를 극심하게 주었을 뿐 아니라 자기도 그만한 피해를 입은 일본과 독일에서 활발하게 진행되어 왔다. 일본에서는 반전(反戰)·반핵(反核)사상이, 독일에서는 체제간의 갈등해소 방안이 강조되어 왔다. 1945년 8월 6일 오전 8시 15분, 히로시마에 투하된 인류최초의 원자탄은 순식간에 그 버섯구름으로 20만의 인명을 앗아 갔을 뿐 아니라 그 생존자·부상자들에게도 많은 기형아를 낳게 하고 있다. "노 모아 히로시마!"는 히로시마 시민뿐 아니라 온 인류의 구호가 되어야 하겠다. 「원폭의 아이들」이라는 피해 아동들의 문집을 읽고 초등학교 4학년 어린이가 이렇게 울부짖었다.

지금 어른들은 바보들이다.
전쟁을 하기 때문이다.
전쟁의 괴로움도 생각지 않고
전쟁을 시작했다.
그래서,
히로시마에 반짝 떨어져

많은 사람이 죽었다.
지금 어른들은
이렇게 못된 짓들을 해서
사람들을 괴롭히고 있다.

그런데 이 감상문을 실은 여름방학 학습장(靑森縣, 일교조 편집)이
사상적으로 문제가 있다 하여 교육행정당국은 그 삭제를 명령했다.[7]
교육의 현실은 이렇게 냉혹하다. 독일은 1972년에 체결된 양독간(兩
獨間)의 기본조약에 입각해서 적어도 교육의 장(場)에서는 상호간에
훼방 않기로 하였고, 두 체제의 대화기반의 조성을 교육을 통해 이룩
하려고 노력하였다. 이들은 타의에 의해 분단되었고, 또 타의에 의해
통일을 저지당했었지만, 통일의 그 날이 올 것을 믿으면서 교육을 통
해 대비한 결과 1990년 통일이 되었다.

우리나라는 어떠한가. 우리는 아직도 평화교육이 소수의 교육자들
에 의해 조금씩 언급되고 있는 생소한 분야로 취급되고 있으며, 그와
관련된 문헌 또한 빈약하기 그지 없다. 분단하의 통일교육도 결국 평
화교육의 범주이므로, 우리는 거시적 안목에서 평화교육에 대한 광범
위한 논의와 연구에 박차를 가하여야 할 것이다.

우리는 다음에 몇 개의 평화론과 평화교육론을 고찰하고, 그것이
갖는 현대적 의미를 특히 한국교육과의 관련에서 전망하기로 하자.

---

7) 長田 新, 「평화를 원하며」(히로시마大學新聞會, 1962), pp. 41~42.

교/육/학/개/론

Ⅱ. 몇 가지 기본적 평화론

1. 기독교의 평화론

평화는 모든 종교의 이상이지만 특히 기독교에서는 그것이 크게는 하나님과의 올바른 관계의 회복과 정립에서 얻어지는 가장 귀한 것으로 여긴다. 구약과 신약의 여러 곳에서 넓고 다양한 의미로 그것이 제기되고 있다.

평화는 평안(平安)을 뜻했다. 이것은 '샬롬'이란 인사로도 나타난다. "안심하라. 너는 죽지 않을 테니 두려워 말라," "안심시켜 주시는 야훼" 등의 표현의 안심(安心)이 이에 해당하는 개념이다(판관기 6:23~4 등). 평화는 전쟁이 없는 상태를 뜻했다. 나라와 나라 사이에 전쟁이 없거나 우호관계가 성립된 상태를 뜻했다(여호수아 10:1 등). 평화는 번영을 뜻했다. "너희가 살아 있는 동안에 그들이 번영을 누리며 잘 살도록 …"할 때의 번영이 그것이며, 현대적 어휘로는 복지라는 말이 될 것이다(신명기 23:6 등). 평화는 인간의 삶이 환경과 조화를 이룬다는 것을 뜻했다. "내가 그 땅에 평화를 주리니, 너희는 다리를 뻗고 잘 수 있으리라. 나는 맹수를 너희 땅에서 몰아 낼 것이며 …" 등에서 보는 편안한 환경이 그것이다(레위기 26:6~7 등).

평화는 이렇게 안심(安心)·우호·번영·조화를 뜻했다. 그러면 그 평화는 어디에서 비롯하는 것인가. 인간이 하나님의 뜻에 따르고, 하나님과의 올바른 관계를 정립했을 때 은혜로 주어지는 것이다(민수기 6:26 등). 그렇게 되면 인간의 지배를 받는 자연에도 그 은혜가 미쳐 이 우주가 완성되는 것이었다. 그리하여 늑대와 어린 양이 함께 풀을 뜯고 사자와 여물을 먹으며, 뱀이 흙을 먹고 살며, 거룩한 산 어디에서나 서로 해치고 죽는 일이 없게 되고(이사야 65:25), 민족간의 분쟁도 없어져 나라마다 칼을 쳐서 보습을 만들고 창을 쳐서 낫을 만들게 되는 것이기도 했다(이사야 2:4). 신약에 와서는 평화의 개념이 더욱 정신적인 면으로 심화되어서 인간의 구원과 이어지고, 부족신이었던 야훼가 전 인류의 신으로 확대해석되어 드디어는 전 인류의 평화의 신이 된다. 그리하여 전 인류의 구원을 위한 평화가 예수를 통해서 선포되는 것으로 다듬어졌고(로마서 3:23~4), 하나님이 나를 용서해 주셨으니 나도 너를 용서해야 한다는, 칼을 들면 칼로 망한다는 관용·무저항주의적 평화관을 낳았고, 평화를 만드는 자의 예찬에서부터 눈에 보이는 형제와 고통을 나누는 고난에의 동참개념을 낳았다.

이렇게 기독교의 평화개념은 하나님과의 삶의 전체(영혼·육체·사회 등 모든 영역)의 올바른 관계의 정립, 전쟁이나 폭력이 없는 복지, 그리고 믿음으로 실천하면서 이 우주의 완성을 기다리는 종말론적 우주완성개념 등을 기축(基軸)으로 전개되어 왔다.

2. 불교의 평화론

태자 싯다르타는 오명(五明)에 능했고,[8] 60여 종의 경전에 통했고, 29종의 무술에도 뛰어난 출중한 인물이었다. 그러던 그가 사촌이 쏜 화살에 맞아 떨어지는 기러기, 땀을 쏟는 파리한 농민, 채찍에 맞으면서 보습에 매인 소, 그 소의 보습 자욱에 죽어가는 벌레, 그 벌레를 찍어 먹는 까치 … 를 보았을 때, 이 세상의 생(生)에 회의 전율·불안을 느꼈다. 모든 짐승이 다 살 가치가 있는데 왜 서로 죽이고, 먹고, 먹히느냐? 삶은 무엇이고 죽음은 무엇인가? 이 삶의 괴로움, 즉 생(生)·노(老)·병(病)·사(死)에서 빠져 나와 어떻게 평화를 누릴 수 있느냐? 싯다르타는 이 물음을 안고 출가(出家)했고, 어느 날 홀연히 깨우침을 얻었다. 그 깨달음의 경지는 무엇이었던가?

> 육대(六大: 地·水·火·風·空·識)는 원래 '나'와 '나의 것'이 없건만, 중생이 그것을 집착하여 '나'라는 생각을 일으키어, 그것이 부모의 태에 들어가 명색(名色: 정신과 육체)이 있게 되고, 명색으로 인하여 육처(六處: 눈·귀·코·입·몸·뜻)가 있고, 육처로 인하여 외계와의 접촉이 있고, 접촉으로 인하여 감수작용이 있고, 감수로 인하여 쾌·불쾌, 고(苦)·락(樂)을 느끼고, 그로 인하여 길이 나고 늙고 죽는 고통을 받게 되는 것이다.[9]

이 고(苦)에서 벗어나는 길, 벗어난 상태의 논의가 바로 불교에서의 평화론이 될 것이다. 그 길은 삶은 원래 고(苦)라는 인식, 그 고(苦)의 원인의 탐구, 그 원인의 소멸, 그리고 드디어는 고통이 없어져 번뇌와 낳고 죽음에서 벗어남의 고(苦)·집(集)·멸(滅)·도(道)의 사제

---

8) 성명(聲明, 문자·문법·문학), 인명(因明, 논리학), 내명(內明, 종교·철학 등), 의방명(醫方明, 의술·약학), 공교명(工巧明, 공업·기술).
9) 대한불교청년회 성전편찬위원회 편역, 「팔만대장경」(서울: 법통사, 1963), pp. 87~88.

(四諦)였다.

모든 것이 다 인연의 쇠사슬로 묶여 있다. 이 인연의 쇠사슬 밖으로 벗어나는 것이 해탈이자 평화다. 그런데 문제는 모든 사람에게 다 이렇게 해탈의 경지로까지 이루게 할 능력이 주어져 있느냐다. 일체중생개유불성(一切衆生皆有佛性)이 그 대답이다. 모든 사람이 다 불성(佛性)을 지니고 있기 때문에 그것을 다듬으면 다 부처님처럼 될 수 있다 한다. 위에서 본 기독교의 평화론과 이 불교의 평화론을 비교해 보면 꽤나 다르다. 그 첫째는 기독교에서는 인격신(人格神)인 절대자 하나님과의 올바른 관계 정립이 평화의 절대적인 방법인데 불교에서는 고(苦)의 정체를 인식하는 것이 그것이라고 보는 데 있고, 둘째는 기독교에서는 하나님 안에서의 자아의 실현을 올바른 평화의 상태로 중시하는데 불교에서는 바로 이 자아의 멸각(滅却)을 평화의 상태로 보는 데 있고, 그 셋째는 기독교는 종말론적 우주완성이 평화의 완성이라 하는데 불교에서는 자아의 인식에 따라서는 바로 이 현실 그 자체가 절대평화일 수 있다고 보는 점이다.

3. 노장(老莊)의 평화론

동양의 평화사상의 특징은 유가(儒家)에서보다는 노장(老莊)에서 더 잘 나타난다. 유가나 노장이나 다 도(道)를 평화에의 길로 보는 데는 같지만, 그 '도'(道)의 개념이 서로 다르다. 유가에서는 도를 사람이 올바로 살아 나가고 세상을 옳게 다스릴 수 있는 올바른 도리 혹은 진리, 예를 들면 애써 노력해서 다지고 지켜야 할 삼강오륜(三綱五倫) 같은 규범 따위로 보는 데 비해, 노장에서는 이 도를 우주와 만물의 근원이지만 우리가 잘 지각할 수 없고, 사람이 애써 다지고 따를 수도 없는 초현실적인 법칙 같은 것으로 본다. 사실 '도'(道)라고 알 수 있는 도(道)라면 그것은 절대 불변하는 참된 도(道)는 아니고, 또 도(道)라는 것의 성격은 황홀하여 종잡을 수 없는데, 실은 이 도(道)는 언제나 무위(無爲)하면서도 하지 않는 일은 없다 한다. 이 같은 도(道)는 물에 잘 비유될 수 있다. 천하에는 물보다 부드럽고 약한 것이 없지만, 그러나 굳고 강한 것을 공격하는 데 있어서도 이 물을 당해 내는 것은 없다.[10] 그래서 노자사상에 의하면, 평화도 자연대로 놓아 두면 이룩되는 것이었다. 그는 이렇게 말한다.

> 비뚤어진 것은 온전히 되고 만다. 구부러진 것은 곧게 되고 만다. 움푹한 곳은 가득 차게 되고 만다. 낡은 것은 새롭게 되고 만다. 적은 것은 보태어지고 만다. … 스스로 옳다고 주장하지 않기 때문에 그의 옳음이 더욱 밝혀진다. … 그는 절대로 남과 다투지 않기 때문에 천하에 그와 다툴 수 있는 상대가 없게 된다.[11]

유가(儒家)가 현실적·적극적으로 사회적 규범을 만들어 이것으로 평화를 이룩하려는 데 비해 노자는 초현실적·소극적으로 물처럼 자연의 도에 따라 가며 무위이치(無爲而治)하려 한다. 여기에는 기독교 성경의 팔복(八福) 중에 있는, 적극적으로 평화를 만드는 자에 대한 예찬 따위는 있을 수가 없다.

장자에서도 노자에서와 같다. 그도 이렇게 말한다.

> 당신은 사마귀를 알지 못합니까? 성이 나서 그의 집게를 벌리고 수레바퀴 앞에 막아 서서 자기가 깔려 죽을 것도 알지 못합니다. 자기 재질의 훌륭함만을 믿고 있는 거지요. 경계하고 조심해야 합니다.[12]

---

10) 「老子 道德經」: 道可道非常道(1장), 道之爲物, 惟恍惟惚(21장), 道常無爲, 而無不爲(37장), 天下莫柔弱於水, 而攻堅彊者莫之能先(78장).

11) 같은 책, 22장: 曲則全 枉則直. 窪則盈. 弊則新. 少則得. … 不自是 故彰. … 夫唯不爭 故天下莫能與之爭.

12) 「莊子」 內篇, 人間世: 汝不知夫螳螂乎. 怒其臂以當車轍, 不知其不勝任也. 是其才之美者也. 戒之 愼之.

노장(老莊)은 이러한 자기네의 도사상(道思想)에 의해 유가사상을 자연의 도에 어긋나는 사회적 규범을 만들어 도리어 자연·사회·인간세(人間世)를 어지럽힌다고 비판한다.

4. 칸트의 평화론

칸트의 「영원한 평화」(1795)는 옛부터 뛰어난 평화론으로 평가·음미되어 왔다. 그는 미국의 영국에 대한 독립전쟁을 정당한 것으로 여겼고, 그 영향으로 일어난 프랑스혁명에 대해서도 찬양해 마지 않았다. 프랑스혁명에 대한 그의 기대는 특히 컸다. 대개의 유럽의 지성인들은 혁명의 정신은 좋은데 그 폭력정치는 타기해야 할 것이라 하면서 나중에는 혁명 자체에 반발하였다. 그러나 칸트는 이와는 달리 혁명을 끝까지 따뜻한 가슴과 냉철한 머리로 지켜 보았다. 이 저작은 그 부제(副題) '한 철학적 시도'가 말하듯 평화의 문제를 철학적 원리에 입각해 접근해 본 것이다.

그는 우선 제1장에서 영원한 평화를 기리는 나라들이 꼭 지켜야 할 예비 사항을 ① 나라 사이의 평화조약 속에는 또 하나의 전쟁을 일으킬 수도 있는 잔꾀가 담겨져 있어서는 안 되며, ② 어떤 나라도 다른 나라에 종속되어서는 안 되며, ③ 상비군은 철폐되어야 하며, ④ 나라 사이에 감당하기 어려운 채무가 있어서는 안 되며, ⑤ 다른 나라의 체제에 간섭하지 말 것이며, ⑥ 전쟁 중에도 적대국에 서로의 신뢰심을 잃게 하는 조치(예를 들면, 독약사용이나 포로학대 등의 합법화)를 취해서는 안 된다는 여섯을 들고 있다. 제2장에서 그는 평화를 기리는 나라들이 확정해야 할 체제를 셋 드는데, 그 첫째는 만민의 한 인간으로서의 자유(自由), 만민의 한 국민으로서의 같은 법 앞에서의 동등(同等), 그리고 만민의 한 시민으로서의 평등(平等)의 세 원리가 동시에 구현되는 공화체제(共和體制), 그 둘째는 모든 나라들이 서로 주권을 자유롭게 행사하면서 협력하는 국제연합체제, 그리고 셋째는 인류의 보편성·우애성을 존중하는 세계시민체제이다.

칸트의 평화론의 구조는 실은 단순 명료하다. 프랑스혁명의 정신인 자유·평등·박애, 그리고 자신의 철학의 기조인 인격의 존엄성과 자율적 도덕이념의 국가간의 규범으로의 확대, 이 둘로 이렇게 전개되었던 것이다. 특히 우리를 감동시키는 것은 약자에 대한 동정과 배려를 세계시민체제의 대전제로 놓고 있는 점이다. 그는 말한다.13) "이 방인이 외국에 들어갔을 때 그를 적대감으로 대하지 않는 것이 우애성이다"라고. 칸트의 평화론에서 우리가 음미해야 할 사항은 진정한 평화를 이룩하기 위해서는 국내적으로는 공화체제가 구축되어야 하며, 국제적으로는 서로 주권을 존중하면서 협력해야 하며, 교육의 면으로는—이 면은 이 논문에서는 강하게 주장하지 않고 있지만—세계인으로 키워가야 한다는 것이다.

5. 절대평화주의

정의의 실현이나 분쟁의 해결수단으로 사용되는 전쟁에 절대 반대하고, 신앙에 근거하여 병역을 거부함은 물론, 심한 경우에는 국가가 징수하는 세금납부까지도 거부하는 평화운동을 넓은 의미로 절대평화주의(pacificism)라 한다. 이 계보에 들어가는 역사적 평화교회로 우리는 퀘이커, 메노나이트, 브레즈렌, 여호와의 증인 등을 들 수 있다. 또 신앙에 따라서라기보다는 양심의 명령에 따라 국가의 명령에 저항하는 운동을 우리는 시민불복종운동(civil disobedience)이라 한다. 오

---

13) Immanuel Kant, *Zum Ewigen Frieden*(Stuttgart: Reclam, 1954), S. 36.

늘날 세계의 평화운동을 이끌어 가고 있는 이념은 대개 이 둘이다. 그러나 역사적으로 보면, 이 둘 중 절대평화주의가 먼저 나왔고 그 공헌도 크기에 여기에서는 이것을 간략하게 보기로 하자.

이들의 논리는 이렇다. '살인하지 말라'는 계명은 하나님이 주신 십계명 중의 하나고, 국가는 완전치 못하기 때문에, 신앙(또는 양심)과 국가의 명령 사이에 갈등이 생길 경우, 하나님(또는 양심)의 명령에 따라야 한다고.[14]

이제 이들이 강조하는 기독교의 비전주의(非戰主義)를 좀더 자세히 살펴보자. 예수는 자기를 사랑하듯 남을 사랑하라 했고, 칼을 드는 자는 칼로 망한다 했으며, 자신은 무저항으로 십자가에서 죽었다. 철저한 평화주의다. 그래서 초기 기독교 시대에는 기독교 신자로 입대한 사람이 하나도 없었고, 그래서 박해를 많이 받았다. 이것은 당시의 기독교인의 묘비명에 병사경력이 하나도 없는 것으로도 입증된다한다. 그러나 313년 콘스탄티누스 대제에 의해 기독교 신앙의 자유가 허락되면서 사정이 달라졌다. 신앙의 자유의 반대급부로 병역의무가 과해지고, 정의로운 싸움도 있다는 '의전'(義戰) 또는 '성전'(聖戰) 사상이 기독교 교리로 확립되었다. 그래서 드디어는 십자군원정이란 '성전'(聖戰)으로까지 치달았던 것이다. 종교개혁의 주도자 마틴 루터까지도 이 '의전'(義戰)사상까지는 깨지 못했다. 오늘날에도 공산침략으로부터 인간의 자유와 기독교를 지킨다는 논리로 미국의 베트남전쟁을 '의전'(義戰)으로 보는 신학자가 많다. 그러나 기독교적 전통이 강한 나라들은 최근에 와서 양심적 병역거부(conscientious objection)를 많이 합법화시켜 이들을 명예로운 시민으로 대접하기 시작했다. 현재 이것을 합법화하고 있는 나라는 독일·영국·오스트레일리아·벨기에·캐나다·덴마크·핀란드·프랑스·이스라엘·노르웨이·뉴질랜드·네덜

---

14) Larry Gara, *War Resistance in Historical Perspective*(Pensylvania: Sowers Printing Company, 1970), p. 11.

란드·스웨덴·미국 등이다.15) 이것이 마지막 전쟁이고, 의로운 전쟁이고, 모든 문제를 해결하는 전쟁이라고 선전하며 불완전한 국가는 국민을 전쟁터로 몰았다. 그런데도 여전히 전쟁은 계속되고 있으니, 진정한 의미의 '의전'(義戰)은 없었음이 분명하고, 따라서 절대평화주의자들이 주장하는 양심적 병역거부가 이 지상에서 전쟁을 추방하고 평화를 이룩하는 하나의 대안이 아닌가 생각된다.

---

15) 日本友和會, 「양심적 병역거부」(新教出版社, 1967), pp. 1~20.

III. 몇 가지 기본적 평화교육론

1. 비판적 평화교육학의 구조

이론적인 면이나 실천적인 면에서 평화교육이 가장 조직적으로 다듬어지고 있는 나라는 독일이다. 그 이유는 20세기에 들어서 전쟁의 인명피해를 가장 혹심하게 입고 입혔으며, 제 1 차대전 후에는 타의에 의해 동족의 분단이란 체제간의 갈등의 첨단 속에 있었고, 세계에 그 유례가 없는 녹색당의 출현에서 보듯 프랑크푸르트학파의 비판이론에 근거한 산업문명에 대한 비판이 가장 예리한 나라가 독일이기 때문이다. 여기에 한두 가지 이유를 더 든다면, 독일인들의 이상주의적 성향과 논리적 체계를 귀히 여기는 학문적 성향이 그것이리라. 그래서 우리가 다차원적 평화교육학의 체계를 찾는다면 독일에서밖에 볼 수 없다. 이제 그 기본적 발상과 구조를 밝혀보자.

우선 독일에서는 평화교육학을 유네스코적 국제이해교육의 차원을 비판하면서 비평화(非平和)의 원인을 다원적으로 밝히려는 문명비판에서 출발한다. 그래서 이 곳 평화교육학은 신좌파(新左派)의 이론에 근거한 비판적 평화교육학(Kritische Friedenspädagogik)이 주류를 점하고 있다.16) 전통적 평화교육학에 대한 비판은 이같이 신좌파학자들에 의해서뿐만 아니라 종교인들에 의해서도 이루어지고 있음도 특기할 만한 일이다. 이들까지 전통적인 평화교육학은 ① 개인의 의식개조 차원만 강조함으로써 구조점검을 소홀히 했고, ② 그럼으로써 자칫 현상유지의 교육으로 흐를 소지를 내포하고 있고, ③ 그 주제를 전쟁·갈등·폭력 등으로 분명히 하지 못했다고 비판하며,17) 진정한 평화교육학은 폭력을 극소화하고, 사회정의와 정치적 자유를 증대하는 것이 되어야 한다고 외친다.18)

독일에서의 평화교육학의 구조를 요약해 보면 이렇다.19)

① **실천적 과제**: 평화·폭력·갈등 등의 문제가 특히 이 원자시대의 중요문제로 대두되었기에 모든 나라가 교육을 통해 이것을 다루어야 한다.

② **실천적 기초**: 인류와 자연이 역사상 최초로 절멸의 위기에 있음을 인식시킨다.

③ **주제의 4차원적 편성**: 개인·사회·자연·우주의 4차원으로 주제를 편성한다.

④ **기본주제의 부각**: 평화개념을 구성하는 기본요인을 공격성·폭력·비폭력·갈등·갈등해소·편견·협조 등으로 부각시킨다.

⑤ **규범적 기초**: 평화라는 덕목은 개인도덕·사회도덕·종교도덕 등 모든 도덕의 기초가 됨을 강조한다.

⑥ **방법적 기초**: 평화교육은 그 논제에 따른 적절한 방법을 채택해야

---

16) Wolfgang Brenzika, *Erziehung und Kulturrevolution — Die Pädagogik der Neuen Linken* (München: Ernst Reinhardt Verlag, 1974), S. 118.
17) Christoph Bäumler et al., *Friedenspädagogik als Problem von Theologie und Religionspädagogik*(München: Kaiser Verlag, 1981), S. 29ff.
18) Ibid., S. 42.
19) Rolf Huschke — Rein, op. cit., S. 406ff.

하며, 인문·사회·자연 등 모든 과학의 방법을 원용해야 한다.

⑦ **연구분야**: 연구주제는 초등학교 단계에서 시작하여 모든 단계의 학교, 청소년의 근로현장, 해외계약 노동자의 작업현장, 사회환경, 자연환경 … 등 모든 국면에서 찾아야 한다.

⑧ **귀속성**: 평화교육은 특정 단원, 특정 교과로 구성함은 물론이요, 모든 교과에서 다루며, 모든 교육이론에서 연구되어야 한다.

⑨ **종합과학성**: 평화교육학은 그 주제의 성격상 신학·심리학·사회학·정치학·법학·철학 등 다양한 학문의 조직적 연계(聯繫)에서만 가능하다.

⑩ **시각의 축소지양**: 평화교육은 한 차원 혹은 한 주제로 축소해서 다루어서는 안 된다.

독일에서의 평화교육학은 이렇게 체계적이며 교육현장에 넓고 깊게 침투되어 있다. 한 예를 각 단계 학교에서 필수로 과해지는 종교교육에서 보자. 초등학교 4학년에서부터 6학년까지에서 구약과 신약에 나오는 평화사상을 특히 어린이가 가장 사랑하고 이해하기 쉬운 동물과 동물, 동물과 인간과의 관계를 구약·신약에서 예를 찾아 생각하면서 우주적 차원에서 다루며, 이에 그치지 않고 동물의 아름답고 재미있는 생활을 담은 소설이나 그림책을 읽게 하면서 평화사상을, 그리고 그 평화를 이상으로 하는 하나님의 창조, 역사에 대한 섭리사상을 접하게 하고 있다.[20]

---

20) Hermann Kirchhoff & Gisela Beschorner, *Friede zwischen Mensch und Tier und Kosmischer Friede*(München: Deutscher Katecheten–Verein e. V., 1985) 참조.

2. 유네스코의 국제이해교육론

주지하는 바 유네스코적인 평화교육은 그 헌장에서 밝히고 있듯 "전쟁은 인류의 마음에서부터 시작되기에 평화를 위한 조치도 인간의 마음에서부터 시작되어야 한다"는 대원리에 입각해서 주로 전쟁을 추방하기 위한 국제이해교육방식으로 전개되어 왔다. 이것은 개인의 양심과 정서에만 호소하는 이상적이고 감상적인 것이고, 특히 위에서 본 비판적 평화교육학의 입장에서 보면 '전통적'인 것이기에 혹독하게 비판을 받아왔다. 그러나 평화교육학을 맨 처음, 그리고 국제적 기구를 통해 전개했고, 그 가맹국마다에 시범학교를 두어 학교교육차원에서지만 실천에 힘써 왔고, '국제이해'도 평화를 구성하는 요인 중의 가장 중요한 것의 하나임에 틀림 없기에 우리는 유네스코방식을 객관적으로 평가하는 데 결코 인색해서는 안 될 것이다.

우리는 서론에서 이 유네스코의 평화교육방식을 8가지로 나누어 살펴본 바 있다. 유네스코는 그 후 심정에만 호소한 방식의 한계점을 인식하고, 국제이해교육을 그 문화적·역사적 배경의 교육을 통해서 이룩하고자 계속 새로운 노력을 하여 왔다. 그 모습을 간략하게 보기로 하자.

예를 들면, 스웨덴에서는 국제이해교육은 유럽인의 시각과 유럽의 역사를 중심으로 전개해서는 안 된다는 인식이 싹트게 되었고, 노르웨이에서는 특히 역사과와 일반사회과 교사는 색(色)·언어·종교·행동양식이 다른 타민족이나 타국가에 대한 관용성과 존중성을 중심으로 수업을 전개해야 한다는 인식을 하게 되었고, 영국에서는 특히 역사과 교사가 '하나의 세계사회'(a world society)라는 개념을 강조하기에 이르렀다. 이러한 새로운 움직임을 밑받침하고 있는 것은 ① 인류는 한 가족이며, ② 모든 사람이 동등한 권리를 누려야 하며, ③ 이

같은 권리를 누리지 못하는 곳이 아직도 많기에 평화와 번영을 누리는 우리는 이들의 기본적 인권을 위해 노력해야 할 책임이 있다는 생각이다.[21] 이런 새로운 방향설정으로 유네스코의 국제이해교육은 최근에는, 예를 들면 역사적으로 유럽의 식민정책이 원인이 되어 심한 갈등을 안고 있는 라틴 아메리카의 역사·문화에 대한 학습, 그리고 체제간의 대화의 전제조건이 되는 군비축소 등의 문제에 대한 학습을 강조하게 되었다.[22]

3. 킹의 비폭력저항적 평화교육론

1958년 9월 3일 미국의 흑인인권지도자 마틴 루터 킹 부부는 민사소송에 계류 중인 동료 목사를 찾아 법원을 방문했다. 경찰은 이들의 접근을 막았다. 그러나 이들이 항의하자 경찰은 그들의 팔을 비틀고 넘어뜨렸다. 그뿐인가. 도리어 이들 부부는 공무집행방해죄로 10불 벌금형이나 2주간의 금고형 중 하나를 택하라는 형을 선고받았다. 킹은 문제를 부각시키기 위해 금고형을 택했다. 그러자 경찰은 남몰래 10불을 내고 킹을 석방시켰다. 킹의 흑인인권운동은 이렇게 시작되었다. 버스에서, 화장실에서, 식당에서, 학교에서, 그리고 직장에서 차별받고 있는 흑인 해방을 위한 운동체(NAACP: National Association for the Advancement of Colored People)의 지도자 킹 목사는 비폭력적 저항운동으로 인도에서의 간디처럼 승리를 거두었다. 그리고 꼭 간디처럼 암살당했다. 킹의 인권운동은 훌륭한 평화운동이요, 동시에 광범한 민중을 대상으로 전개된 평화교육운동이기도 했다. 민중에게 호소

---

21) Terence Lawson ed., *Education for International Understanding*(Hamburg: Unesco Institution for Education, 1969), p. 28.
22) UNESCO, UNESCO YEARBOOK *on Peace and Conflict Studies 1984*(New York: Greenwood Press, 1986), 제 2 부 참조.

한 그의 평화를 위한 싸움의 방법은 다음 열 가지였다.

① 매일 예수의 말씀과 삶을 생각하자.
② 비폭력적 운동으로 정의와 화해를 기하지 승리를 기하지 말자.
③ 하나님은 사랑이기에 우리도 그 사랑으로 행동하고 대화하자.
④ 인류의 자유를 위해 각자가 귀한 몫을 하게 해달라고 매일 하나
   님께 기도하자.
⑤ 인류의 자유를 위해 세속적인 욕망을 버리자.
⑥ 적과의 대화에도 정중함을 잊지 말자.
⑦ 늘 이 세계에 봉사하자.
⑧ 주먹의, 입의, 마음의 폭력을 버리자.
⑨ 항상 나의 정신적·육체적 건강을 돌보자.
⑩ 데모 지도자의 지시에 따르자.[23]

이러한 비폭력적 저항운동으로 킹은 드디어 1963년 8월 28일 워싱
턴의 링컨기념관 앞에 25만 명의 항의 군중을 모으는 데 성공했다.
뒤에 킹은 월남전쟁을 인권운동과의 관련에서 반대했다. 그는 말했
다. "월남에서 적 1인을 죽이는 데 드는 비용은 약 50만 불인데, 이
정부는 흑인의 빈곤추방을 위해서는 겨우 53불만 쓰고 있다"고. 그의
위대한 점은 이처럼 인종차별·빈곤·전쟁의 셋을 삼위일체적으로 분
석하고, 신학을 해방을 위한 평화적 정치신학으로 정립한 데 있다.[24]
그의 이같은 인식은 우리에게 또 하나의 귀한 평화교육의 모델을 제
공하고 있다.

---

23) Hans Ulrich Jäger, *Politik aus der Stille*(Zürich: Theologischer Verlag, 1980),
   S. 95f.
24) Ibid., S. 102.

4. 편견극복 교육론

평화교육은 인종적 편견의 극복에 있다는 전제 아래 여러 실증적 사례를 모아 이를 입증한 연구가 있다.[25] 이는 사례연구이지만 결과적으로는 훌륭한 평화교육론이 되고 있다.

1947년 캐나다의 토론토 대학의 왁크스 교수가 온타리오주의 피서지의 호텔광고에서 100개의 호텔을 선정하여 각각 2통씩 호텔예약의 뢰서를 냈다. 유태계통 이름 Greenberg로 낸 것에는 52통만 회신이 왔고, 이 중 꼭 와달라는 내용은 36통에 불과했는데, 영미계통 이름 Lockwood로 낸 것에는 95통이나 회신이 왔고 내용도 다 꼭 와달라는 것이었다. 왜 이렇게 차이가 났는가. 유태인에 대한 편견 때문이었다.

백인의 흑인에 대한 인종편견도 혹심한데, 실은 그 편견을 정당화하는 이론이 많이 있어 이같은 그릇된 편견을 부채질하고 있다. 인종의 지능차(知能差)를 지능지수로 밝히려는 학자들이 있다. 그런데 그 지능테스트의 문항에 문제가 있다. "나는 아버지에게 10센트 받았다. 이것으로 캔디를 사러 갔다. 캔디는 6센트였다. 얼마 남았는가?"라는 물음에, 한 소년(흑인)은 이렇게 대답했다. "나는 10센트나 받아본 적이 없다. 그것으로 캔디를 사다니 말도 안 된다"고. 한 극단적인 예이기는 하지만, 지능테스트의 문항은 백인 중산층에 맞도록 되어 있고, 따라서 그 외의 사람들에게는 불리하거나 이해가 안 되는 것이기에, 이들의 IQ는 백인에 비해 낮을 수밖에 없다. 그래서 지능 그 자체와 IQ를 동일시하는 것은 허구인데, 이 허구성을 모르고 사람들은 편견에 사로잡혀 있다. 또 하나의 예를 들자. "교회에서는 ○○○해야 하

---

25) 新保 滿, 「인종적 차별과 편견」(東京: 岩波新書, 1972).

는가?"라는 문항의 정답은 "조용히"(백인기준!)인데, 흑인들에게는 교회란 왁자지껄 떠들며 사랑을 나누고, 흑인영가를 찬송가로 부르면서 눈물로 한(恨)을 풀거나 온몸으로 욕구불만을 발산하는 곳이다.

이같은 편견은 가정교육·사회교육을 통해 이어진다. 그 결과 3살에 벌써 백인아이는 우월감을, 흑인아이는 열등감을 갖는다. 백인아이는 흑인인형을 때리며 "아이구 싫어"하고, 흑인아이는 흑인인형을 부끄러워 똑바로 쳐다보지 못할 뿐 아니라 백인인형을 가지고 놀려한다. 또 있다. 백인과 흑인이 같이 사는 하층민 주거지의 7살 아동들은 갈등에 싸인다. 학교 선생님은 흑인과 백인이 같이 놀기를 기대하는데, 부모들은 같이 놀지 말라 하기 때문이다. 또 우스운 것이 있다. 좀 큰 아이들도 황인종의 봉급은 백인에 비해 적어도 좋다고 여기고 있다 한다. 왜냐하면 황인종은 하루에 세 번 다 쌀밥만 먹지 고기나 과일을 먹지 않기 때문이란다.[26]

편견은 범주적 사고양식 중의 하나이며 그러기에 특히 오늘날과 같은 매스미디어사회에서는 강하게 작용한다. 편견은 여러 종류이고 강약의 차이는 있지만 모든 사람이 다 지니고 있다. 편견은 제도(혹은 체제)에 의해 의도적·무의도적으로 만들어지는 것이기도 하다. 그러니 그 정체를 확인하는 교육이 얼마나 중요한가.[27] 이것 역시 평화교육론의 귀한 모델의 하나가 될 것이다.

---

26) 같은 책, pp. 32~34.
27) 같은 책, pp. 201~211.

Ⅳ. 과제와 전망

우리는 지금까지 평화교육의 긴요성, 대표적인 몇 가지 평화론과 평화교육론을 보아 왔다. 이제 우리는 교육사적 전망에서 평화교육론의 골자를 몇 가지 더 추려 보면서, 이 논리들을 지금까지 고찰해 온 것에 더해 평화교육학의 체계를 다듬고 그 의의를 우리나라의 현실에서 볼 자리에 이르렀다.

고대의 교육사상을 대표하는 플라톤은 「법률」에서 평화교육을 논하고 있다. 인간은 원래 공격본능·경쟁본능 같은 것을 가지고 있다. 이같은 바람직하지 못한 것을 어떤 방법으로 순화·승화시켜야 하는가. 바로 유희(스포츠)다. 이것이 그의 평화교육론의 골자다. 공격본능·경쟁본능 같은 것을 교육을 통해 순화·승화시키지 않으면 어떻게 될까. 전쟁밖에 더 있겠는가. 그런데 이 전쟁은 인류에게 이로울 것이 없다. 그러니 스포츠로 이를 대신하자는 논리였다. 그러나 그의 스포츠 개념은 꽤 넓어 축전(제사)·노래·무용 등 유희를 광범위하게 포함하는 것이지 결코 협의의 체조만을 지칭하는 것이 아니다.[28]

---

28) Plato, *Laws*, 803d~e.

근대의 교육사상을 대표하는 사람의 하나인 페스탈로찌도 평화를 위한 교육을 단편적으로나마 논하고 있다. 그는 프랑스혁명의 이념에는 찬동했으나 그 폭력적 방법에는 늘 회의적이었다. 그의 평화교육론은 인간성을 논하는 자리에서 전개되는데, 그것은 플라톤의 것과는 꽤 다르다. 플라톤은 인간에게 공격본능·경쟁본능이 있다 했는데, 페스탈로찌는 이와는 반대였다. 하나님이 주신 자연상태에서의 인간은 '악의가 없으며 평화적이다'(harmlos und friedlich). 그런데 타락한 사회적 상태에서 인간은 이 귀한 본성을 잃고, 소송을 좋아하게 되고 싸움을 좋아하게 된다(prozessüchtig und kriegerisch). 그러니 문화의 목표를 평화로 정립하고 모든 국가의 헌법이 평화를 옹호하고 인류의 순화에 힘써야 하겠다는 게 그의 논리였다.[29]

현대의 평화사상가, 그리고 이에 비롯한 평화교육론자로 우리는 러셀을 첫손으로 꼽지 않을 수 없다. 그는 외국의 침략을 합리화하여 다음 세대를 전쟁터로 몰고 가는 국수주의 교육의 신랄한 비판자였다. 이 국수주의 교육을 극복하지 않는 한 세계의 평화는 기할 수 없다면서 '국기경배'로 상징되는 교육을 버리자고 그는 이렇게 외쳤다.[30] "국기는 국가의 상징으로 그 군사적 능력을 나타낸다. 국기는

---

29) J. H. Pestalozzi, "Über Barbarei und Kultur"(1797), *Pestalozzi Sämtliche Werke* Bd. 12(Berlin: Verlag von Walter de Gruyter, 1938), S. 248f. Friede ist das Ziel der menschlichen Kultur und sein Mittel. Die menschliche Natur ist in ihren Grundlagen harmlos und friedlich. So wird nur durch ihr Verderben verwildert und kriegerisch. Alle Staatsverfassungen sind vorzuglich, insoweit sie den Frieden begünstigen, für die Veredlung des Menschengeschlechts tauglich.

30) Bertrand Russell, *Education and the Social Order*(1932)(London: Unwin Books, 1970), p. 80. The flag is the symbol for the nation in its martial capacity. It suggests battle, war, conquest, and deeds of heroism. The British flag suggests to a Briton Nelson and Trafalgar, not Shakespear or Newton or Darwin. Things which have been done by Englishmen to further the civilization of mankind have not been done under the symbol of flag, and are not called to mind when that symbol is venerated. The best deeds of Englishmen have been done by them not as Englishmen, but as individuals.

싸움, 전쟁, 정복, 그리고 영웅주의적인 행위를 시사한다. 영국기는 브리톤 넬슨과 트라팔가 따위를 상징하지, 결코 셰익스피어나 뉴튼이나 다윈 등을 상징하지는 않는다. 영국인이 인류의 문명의 향상에 기여한 업적 중에서 가장 귀한 것들은 실은 이 국기라는 상징 밑에서 이루어진 것이 아니다. 국기를 펄럭이며 한 일 따위는 실은 대단한 게 아니다. 영국인이 해낸 가장 귀한 일은 영국인으로서 한 일이 아니고 실은 개인으로서 한 일이다." 러셀에 의하면 오늘날 국가는 교육을 장악하고, 이 교육을 통해 국수주의로 몰아 전쟁을 일으킨다. 그러기에 교육이 국가의 통제에서 벗어나지 않는 한 평화는 기할 수 없고, 따라서 평화교육은 공교육체제 밖에서 이루어지거나 국민으로서가 아니고 개인으로서 교육받는 길밖에 없다는 것이다.

러셀에 이어 평화교육론으로 주목하고 싶은 것은 리드(Read)의 「평화교육론」(1949), 오해어(O'Hare)의 「평화와 정의를 위한 교육」(1983)이다. 전자는 평화교육을 평화애호자로 키우려는 계획된 교육의 과정, 그리고 평화로운 사회나 체제를 강조하고 유지할 수 있는 사람을 키워 내는 교육의 두 측면, 즉 정서교육적 측면과 체제개혁적 측면의 양쪽에서 접근해야 함을 강조하고 있고,[31] 후자는 평화교육은 고난받고 있는 사람들과 접촉하면서 그들의 문제를 확인하고 그 문제를 같이 생각하면서 고난에 동참하는 것이 첩경임을 밝히면서 먼저 체험이 따라야 한다고 논한다.[32]

인간의 공격성을 순화시키자는 플라톤의 유희교육, 평화를 애호하는 인간본성을 헌법의 보장 아래 키우자는 페스탈로찌의 인간성 순화, 전쟁으로 몰고 가는 국수주의를 버리자는 러셀의 자유로운 개성의 교육, 평화로운 사회체제를 창조할 사람을 키워 가자는 리드의 도

---

31) Herbert Read, Education for Peace(평화를 위한 교육)(1949), 周郷 博 역(岩波現代叢書, 1952), p. 26.
32) Padraic O'Hare, *Education for Peace and Justice*(Cambridge: Harper & Row, 1983), pp. 8ff.

덕교육, 그리고 고통을 받고 있는 사람과 그 괴로움을 같이 나누어야 한다는 오해어(O'Hare)의 고난동참교육(苦難同參敎育), 위에서 본 이 모든 방식이 평화교육론 구축에 다 귀한 시사를 준다. 이제 우리는 평화교육학을 다음과 같은 체계로 정리할 수 있다 하겠다.

> 평화교육은 인류의 영원한 이상인 평화를 실현하고자 하는 교육이며(목적), 평화를 파괴하는 공격성, 폭력성, 갈등성, 편견성 등을 극복하게 돕는 개인, 사회, 자연, 우주의 4차원에 걸치는 교육과정을(내용), 정서순화, 역사의식 배양, 사회개혁에의 참여의식 고양, 고난에의 동참 등의 방법으로(방법), 모든 교사가 모든 교과, 모든 교육의 장에서 모든 사람을 대상으로 전개하는 일련의 통합적 교육의 체계다(체제).

위와 같은 평화교육의 체계에서 우리나라의 교육의 현실을 보면 모든 면에서 아주 뒤져 있다. 목적면에서는 민족동질성 회복이라는 통일논의와는 다소 거리가 먼 윤리교육과 산업사회에 적응시키려는 기능교육에 치우쳐 있고, 내용면에서는 교육과정에 비평화현상들을 거의 담고 있지 않고 그저 미사여구로 조화나 협력의 중요성만 강조하고 있고, 방법면에서는 국가나 체제에의 일체감만 고취하지 국가나 체제 안의 모순·갈등·불의(不義)의 문제들을 점검하거나 체험할 기회를 주지 않고 있고, 체제면에서는 입시준비를 위한 특정교과의 중점적 이수를 강요하는 교과교육에 치우쳐 있다. 이러한 교육의 비리에서 학생들은 마음에는 미움을, 사회에는 절망을, 자연에는 적대감을, 그리고 우주에는 허무감을 키우고 있다.

따라서 교사양성과정에서 예비교사들에게 평화교육의 중요성을 일깨워 주어야 하며, 현직교사들은 전공에 관계없이 계기수업을 통해 평화의 중요성을 학생들에게 일깨워 주어야 한다. 그래서 교사를 '평화를 만드는 자'(peace-maker)라고 하는 것이다.

끝으로 우리나라의 평화운동의 역사와 계보를 찾아보면서 그 자랑
스러운 인격들에 대한 음미를 하고자 한다. 일제하의 우리나라의 평
화운동에는 외국에 비해 별로 특기할 만한 것이 없지만 그래도 우리
가 평가해야 할 사례가 몇 있다.

그 중 우리가 자랑스럽게 평가해야 할 것의 첫째는 3·1 운동 선언
문에 담겨진 비폭력저항의 정신이다. 폭력은 폭력으로는 이길 수 없
다. 의(義)와 사랑으로밖에 이길 수 없다. 이것이 3·1 선언문의 정신
이었다. 이런 정신에서 본다면, 왜놈의 칼에 망했으니 역시 칼로 왜놈
하나라도 더 죽여야 한다는 김구의 「도왜기」(屠倭記)의 정신은 3·1
운동방식에 위배되는 것이라 할 수 있다. 김구가 인도의 간디처럼 비
폭력저항운동의 기수가 되었다면 국내에 머물 수 있었고, 그래서 국
민대중에게 더 큰 영향을 주었을 것이다.

둘째는 일본의 군국주의 교육의 이념을 선포한 '교육칙어'(教育勅語)
에의 경배를 거부하고 교직에서 쫓겨나 기독교적 반전론(反戰論)을 편
예언적 기독자 우찌무라 간조(內村鑑三)의 신앙의 제자 김교신과 함석
헌의 평화론이다. 우찌무라는 청일전쟁을 의전(義戰)으로 여기고 찬동
했으나 그 '의전'(義戰)의 허구성을 바로 깨달아 참회하고 러일전쟁에
는 목숨을 걸고 맹렬히 반대했다. 그는 말한다.[33] "전쟁을 종식시키
는 방법은 전쟁의 포기밖에 없다. 예수의 말에 따라 칼을 자루에 넣
는 방법밖에 없다. 사랑으로 폭력을 바꿈으로써다. 비전(非戰)으로 전
쟁을 바꿈으로써다." 이 우찌무라의 평화사상을 이어 받은 김교신은
천국의 복음은 실은 평화의 복음이요, 평화를 만드는 자는 "완전히
자기를 포기하여 세상에서는 비사교적인 은둔자·유약자·비겁자·열
패자(劣敗者)로 조소를 받는 자"이어야 한다면서 무저항 평화주의를
기독교의 가장 귀한 사상의 하나로 보았다.[34] 함석헌은 한국의 역사

---

33) 內村鑑三, 「內村鑑三신앙저작전집」, 제21권(東京: 教文館, 1962), p. 115
34) 김교신, 「김교신신앙저작집」, 제4권(서울: 제일출판사, 1966), p. 62.

의 기조(基調)는 하나님이 섭리로 주신 고난이라면서, "우리는 세계의 짐(고난의)을 진다"는 섭리적 이해로,[35] 이 세계의 역사를 한국의 역사가 의(義)와 평화의 역사로 바꾸는 새 장을 마련해야 한다고 외쳤다. 그의 사상이 무저항·비폭력적 평화주의임은 다시 말할 필요가 없으리라. 이들은 초기기독교의 교회 없는 순수한 신앙방식을 따른다는 뜻에서 그들의 '무교회 기독교'(無敎會 基督敎)를 찬동하는 사람들이었다. 그런데 우리가 주목할 사실은 일제 말기에는 거의 모든 '교회 기독교'가 비행기 헌납, 신사참배, 창씨개명 등으로 침략전쟁에 협력했으나 이 '무교회 기독교'(無敎會 基督敎)는 끝까지 비협력·반전(反戰)으로 일관하여 1942년 소위 이들의 신앙동인지「성서조선」의 이름을 딴 '성서조선사건'으로 깨끗하게 일본식 이름 아닌 자기들의 본명 석자로 감옥을 택한 일이다.

셋째는 일본의 침략전쟁이 한창이던 1939년의 일본에서의 '등대사사건'(燈臺社事件) 관련 한국인의 사례다. 이는 '여호와의 증인'(The Watch Tower) 신자들의 검거 사건이다. 여호와의 증인들은 천황숭배를 우상숭배, 전쟁을 반기독교적 살인행위로 보고 반전운동(反戰運動)을 전개해 왔다. 일본경찰은 독일의 히틀러와 보조를 맞추어 이들의 일제검거에 나서 일본 본토에서 91명, 한국에서 30명, 대만에서 9명을 검거했다(독일에서는 약 2만 명이었다 한다). 그런데 옥에서 끝까지 저항하고 전향하지 않았던 사람은 5명이었고, 그 중에 최용원, 옥응연이란 한국식 이름이 보인다.[36] 이들은 대만인이 아니고 한국인임이 거의 틀림 없으리라. 우리나라의 여호와의 증인들은 지금도 병역을 거부하고 감옥을 택하여 '불명예' 시민으로 낙인이 찍히고 있다. 이제 우리도 헌법이 보장하고 있는 신앙의 자유의 차원에서 외국에서처럼

---

35) 함석헌,「뜻으로 본 한국역사」(서울: 삼중당, 1966), p. 414. 이 책의 원제는「성서적 입장에서 본 조선역사」이며, 그 주요부분은 일제 때에 쓰여 발간되었다.
36) 阿部知二,「양심적 병역거부의 사상」(東京: 岩波書店, 1973), p. 153.

이들의 양심적 병역거부를 합법화하고, 그들이 병역 이외의 대체복무를 통해 인류와 나라와 시민에게 높은 차원에서 봉사할 수 있는 기회를 제공해야 할 단계가 오지 않았나 생각된다. 그래야만 만인이 사랑해 마지않는 자유대한민국이 되지 않을까. 국가에 이처럼 이상(理想)이 있을 때 교육에도 이상이 구가되지 않을까.

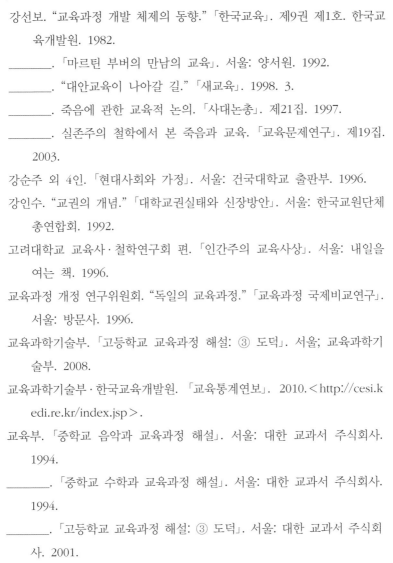

참고문헌

《한 국》

강선보. "교육과정 개발 체제의 동향." 「한국교육」. 제9권 제1호. 한국교육개발원. 1982.

_____. 「마르틴 부버의 만남의 교육」. 서울: 양서원. 1992.

_____. "대안교육이 나아갈 길." 「새교육」. 1998. 3.

_____. 죽음에 관한 교육적 논의. 「사대논총」. 제21집. 1997.

_____. 실존주의 철학에서 본 죽음과 교육. 「교육문제연구」. 제19집. 2003.

강순주 외 4인. 「현대사회와 가정」. 서울: 건국대학교 출판부. 1996.

강인수. "교권의 개념." 「대학교권실태와 신장방안」. 서울: 한국교원단체총연합회. 1992.

고려대학교 교육사·철학연구회 편. 「인간주의 교육사상」. 서울: 내일을 여는 책. 1996.

교육과정 개정 연구위원회. "독일의 교육과정." 「교육과정 국제비교연구」. 서울: 방문사. 1996.

교육과학기술부. 「고등학교 교육과정 해설: ③ 도덕」. 서울; 교육과학기술부. 2008.

교육과학기술부·한국교육개발원. 「교육통계연보」. 2010. <http://cesi.kedi.re.kr/index.jsp>.

교육부. 「중학교 음악과 교육과정 해설」. 서울: 대한 교과서 주식회사. 1994.

_____. 「중학교 수학과 교육과정 해설」. 서울: 대한 교과서 주식회사. 1994.

_____. 「고등학교 교육과정 해설: ③ 도덕」. 서울: 대한 교과서 주식회사. 2001.

_____. 「교육통계연보」. 2004. http://std.kedi.re.kr/jcgi—bin/publ/publ_
    yr bk_frme,htm.

_____. 「특수교육연차보고서」. 2022.

_____. 「2014 교육기본통계 주요내용」. http://kess.kedi.re.kr/index

교육부·한국교육개발원. 「2014 OECD 교육지표」.

교육부. 「2021년 국내고등교육기관 내 외국인유학생 통계」. 2021.

구범모 편저. 「2000년대와 한국의 선택」. 서울: 고려원. 1992.

국가청소년위원회 편. 「청소년백서」. 서울: 국가청소년위원회. 2007.

국립교육평가원. 「세계화를 위한 교육의 국제비교」. 서울: 국립교육평가
    원. 1996.

국립특수교육원. 「한국 특수교육의 지표」. 2014.

권영성. 「신고 헌법학」. 서울: 법문사. 1981.

권이종. "청소년 정책의 실천 가능성 검토."「2000년대 청소년 정책의 방
    향과 과제」. 서울: 한국교육학회 사회교육연구회. 1991.

_____. 「사회교육개론」. 서울: 교육과학사. 1997.

권인탁. "지방자치 수준에서의 평생교육체제 구축 방안."「평생교육학연
    구」제12권 제4호. 2006.

김광수 외. 「글로벌 시대의 다문화 교육」. 서울: 사회평론. 2010.

김교신. 「김교신 신앙저작집」. 제4권. 서울: 제일출판사. 1966.

김기석. 「남강 이승훈」. 서울: 현대교육총서 출판사. 1964.

김대현 외. "초등교원의 근무부담에 대한 질적 사례연구."「한국교원교육
    연구」. 제31권 제3호. 2014.

김도수. 「사회교육학」. 서울: 교육과학사. 1995.

김민환. "다문화 교육에 관한 연구 경향과 과제."「학습자중심 교과교육
    연구」. 제10권 제1호. 2010.

김병옥. "인격교육의 이념."「인격교육의 이념과 방법」. 한국교육학회 교
    육사 교육철학 연구회 창립 17주년 기념학술발표회 자료. 1981.

김병하. 「특수교육의 역사적 이해」. 서울: 형설출판사. 1983.

김삼섭. 「특수교육의 심리적 기초」. 서울: 양서원. 1994.

김성기. 「교육에 관한 국민의식 조사」. 서울: 교육정책자문회의. 1992.

김성일. 「이상과 현실」. 서울: 범양사. 1994.

김성일·안상원. "중등교육의 이념과 제도."「중등교육의 제문제」. 서울: 한국교육학회. 1974.

김성태. 「성숙인격론」. 서울: 고려대학교 출판부. 1976.

김승국. 「특수교육학개론」. 서울: 양서원. 1991.

김신일. "청소년문화의 의미와 성격."「청소년문화론」. 서울: 한국청소년 연구원. 1992.

김영철. "지식기반사회의 학제발전과제." 지식기반사회의 학제발전방안 정책 토론회 자료. 한국교육개발원. RM 2004－42.

김영건 외. 「철학으로 가는 길」. 서울: 문음사. 1996.

김욱동. 「모더니즘과 포스트모더니즘」. 서울: 현암사. 1994.

김원경. 「특수교육의 개요」. 구본권 외. 「특수교육학」. 서울: 교육과학사. 1990.

김은주. 「초등 교직과 교사」. 서울: 시그마 프레스. 2011.

_____. "초등교직의 전문직 성립요건과 전문직 위상의 관계: 사회계층 요인의 매개효과 분석."「한국교원교육연구」. 제26권 제3호. 2009.

김은하. "미셸푸코의 훈육에 관한 교육학적 고찰." 고려대학교 대학원 석 사학위논문. 1996.

김재은. "가정교육과 삶의 질."「한국의 교육과 윤리」. 제 3 집. 성남: 한 국정신문화연구원. 1994.

김정환. "쉬프랑거의 교육본질론에 있어서의 각성의 개념의 분석."「사대 논집」. 고려대학교 사범대학 논문집. 제 4 집. 1979.

_____. 「김교신」. 서울: 한국신학연구소. 1980.

_____. "각성과 교육." 한국교육학회 교육사·교육철학연구회 편. 「현 대 교육철학의 제문제」. 서울: 세영사. 1981.

_____. 「전인교육론」. 서울: 세영사. 1982.

_____. "제 2 차대전 이후 독일 교육의 역사적 의미." 한국교육학회 교육사연구회 편. 「한국교육사학」. 제 4 집. 1982.

_____. 「현대의 비판적 교육이론」. 서울: 박영사. 1993.

_____. 「페스탈로찌의 교육철학」. 서울: 고려대학교 출판부. 1995.

_____. 「교육철학」. 서울: 박영사. 1995.

김정환·강선보. 「교육철학」. 서울: 박영사. 1998.

김철수 편. 「신헌법」. 서울: 세영사. 1981.

남궁 억. 「조선이야기」. 1929.

남억우 외 7인 편. 「최신 교육학대사전」. 서울: 교육과학사. 1991.

남정길. 「마르틴 부버」. 서울: 대한기독교출판사. 1977.

대검찰청. 「범죄분석」. 2009.

대한교육연합회. 「한국교육연감 1981·1982」. 서울: 새한신문사. 1982.

대한불교청년회 편. 「팔만대장경」. 서울: 법통사. 1963.

대한특수교육학회 편. 「한국특수교육백년사」. 서울: 도서출판 특수교육. 1995.

두산동아 백과사전연구소 편. 「두산세계대백과사전」. 제11권. 서울: 두산동아. 1996.

목영해. 「후현대주의 교육학」. 서울: 교육과학사. 1994.

문화관광부 청소년국. 「청소년백서 2002」. 서울: 문화관광부. 2002.

_____. 「청소년백서 2004」. 서울: 문화관광부. 2004.

민족문화추진회. 「국역 이율곡집」 Ⅱ. 서울: 경인문화사. 1970.

_____. 「국역 퇴계집」 Ⅰ. 서울: 경인문화사. 1977.

박덕규. 「독일의 교육제도」. 서울: 한국교육개발원. 1994.

박병량·임재윤·강선보. 「특수교육현황분석연구」. 서울: 한국교육개발원. 1980.

박성래. "한국사회의 자생적 발전(과학·기술분야)." 유네스코 한국위원회 창립 30주년 기념 심포지움. 1983.

박승희. "2000년대를 향한 특수학급의 정체성과 발전 방향." 「특수학급

운영의 질적 향상을 위한 재고」. 이화특수교육 학술대회 발표논문집. 1998.

박의수·강승규·정영수·강선보. 「교육의 역사와 철학」. 서울: 동문사. 1996.

박일수. "초등학교 수업일수 및 수업시수 국제 비교." 「초등교육연구」. 제27권 제3호. 2014.

박흥수·김영석 편. 「뉴미디어와 정보사회」. 서울: 나남출판. 1995.

법무부. 「연도별 인구대비 체류 외국인 현황」(2018-2022). 2022

배천웅. "대안적 교육의 이론." 「교육개발」. 제 9 권 제 4 호. 서울: 한국교육개발원. 1987.

보건복지가족부. 「2008아동청소년백서」. 서울: 보건복지가족부. 2008.

불교성전편찬회. 「불교성전」. 서울: 동국역경원. 1996.

사주당 이씨. 「태교신기」. 국립도서관 소장본. 1801.

서울대학교 사범대학. "한일간 교원의 사회·경제적 지위 및 교직관 비교 연구." 1994.

서울대학교 사범대학 교육연구소 편. 「교육학용어사전」. 서울: 하우. 1994.

서울대교육연구소편. 「교육학대백과사전」. 서울: 하우동설. 1998.

서울YWCA 청소년유해환경감시단 편. 「서울YWCA 청소년유해환경감시단 종합보고서」. 서울: 서울YWCA 청소년유해환경감시단. 1996.

서울평화교육센터 편. 「대안학교의 모델과 실천」. 서울: 내일을 여는 책. 1996.

석태종 역. 「학교교육론: 비판적 관점」. 서울: 교육과학사. 1991.

성   경(聖經)

성백효 역주. 「孟子集註」. 서울: 전통문화연구회. 1991.

_____. 「大學·中庸集註」. 서울: 전통문화연구회. 1993.

손직수. "조선시대 여성교훈서에 관한 연구." 성균관대학교 대학원 박사학위논문. 1980.

송순재. "학교를 위한 삶인가. 삶을 위한 학교인가: 대안교육 둘러보기."
「처음처럼」. 5~6 월. 창간호. 1997.

신승환. "문화 다원성의 종교철학적 함의."「대동철학」제21호. 대동철학
회. 2003.

신일철.「현대철학사상의 새흐름」. 서울: 집문당. 1988.

심성보.「전환시대의 교육사상」. 서울: 학지사. 1995.

안경식.「다문화 교육의 현황과 과제」. 서울: 학지사. 2008.

안귀덕. "한국청소년의 여가활동과 일탈행동."「한국청소년문화 Ⅱ」. 성
남: 한국정신문화연구원. 1995.

안창호. "인격훈련 · 단체훈련."「동광」. 2월호. 1993.

ACRP서울평화교육센터.「대안교육대동제: 대안교육을 만들어가는 사람
들을 위한 자료집」. 1996.

여성한국사회연구회 편.「여성과 한국사회」. 서울: 사회문화연구소 출판
부. 1993.

오경석 외.「한국에서의 다문화주의: 현실과 쟁점」. 서울: 한울아카데미.
2007.

원호택 · 이민규. "고등학교 학생들의 스트레스."「현대사회와 청소년지도」.
서울: 황응연박사 퇴임기념논문 논총 위원회. 1995.

유네스코 아시아 · 태평양 국제이해교육원.「다문화 사회의 이해」. 서울:
동녘. 2007.

유흥준 · 김월화.「직업위세 조사방법 비교와 직업지위 변화에 대한 연구」.
2005.

유혜경. "한국 장애인교육의 현황과 나아갈 방향의 모색."「특수교육연구」.
제 9 권 제 2 호. 2002.

윤평중. "포스트모더니즘 논쟁의 철학적 조망."「세계의 문학」. 여름호.
서울: 민음사. 1988.

_____.「푸코와 하버마스를 넘어서」. 서울: 교보문고. 1994.

은준관.「교육신학: 기독교 교육의 이론적 근거」. 서울: 대한기독교서회.

1980.

이광현. "한국과 미국교원의 임금수준 비교연구."「지방교육경영」13. 2008.

이두현 외 2인.「한국민속학 개설」. 서울: 일조각. 1993.

이성미.「다문화 코드」. 서울: 생각의 나무. 2010.

이소현·박은혜.「특수아동교육」. 서울: 학지사. 2013.

이용승. "한국의 다문화의식: 다문화주의의 이론적 검토와 정당화."「민족연구」제41호. 한국민족연구원. 2010.

이재영. 청소년들의 죽음에 대한 의식과 종교교육. 종교교육학연구. 제19권. 2004.

이종태.「대안학교와 대안교육」. 서울: 민들레. 2001.

_____.「대안교육이해하기」. 서울: 민들레, 2007.

이진우 편.「포스트모더니즘의 철학적 이해」. 서울: 서광사. 1993.

_____. "탈현대의 철학적 이해."「목요철학 세미나 자료집: 1980~1994」.

이황원,「평생교육론」. 서울: 교육과학사. 2008.

이희승 편.「국어대사전」. 서울: 민중서림. 1997.

자유아시아방송.「최근 남한입국 탈북자가 급감한 이유」. 2018.

장경렬. "환유적 단순화와 은유적 신비화–포스트모더니즘의 이해와 수용에 따른 문제."「외국문학」. 서울: 열음사. 1992.

장선철.「장애유아의 발달과 교육을 위한 특수교육」. 서울: 동문사. 1994.

정약용.「목민심서」. 조수익 역해. 서울: 일신서적출판사. 1994.

정영근. "한국사회의 다문화화에 대한 교육학적 성찰.「교육철학」제44집. 2009.

정영수. "슈프랑거의 교육사상."「교육학연구」. 한국교육학회. 제34권 제5호. 1996.

정우현 .「사회교육론」. 서울: 교육과학사. 1993.

_____.「현대교사론」. 서울: 교육과학사. 1993.

정우현 외 2인. "사회교육법 및 학원관련법령개정에 관한 연구."교육부정책연구 보고서. 1994.

정유성.「대안교육이란 무엇인가」. 서울: 내일을 여는 책. 1997.

조영식. "전쟁없는 인류세계를 바라보며."「세계평화는 과연 이루어질 수 있는가」. 서울: 국제평화연구소. 1984.

최경실·주철안. "교권침해 실태에 대한 중학교 교사의 인식조사."「교육혁신연구」. 제25권 제1호. 2015.

최운실. "사회변동과 청소년문화의 변화."「사회변화와 청소년의 인간다운 삶」. 서울: 한국청소년교육연구소. 1993.

크리스챤아카데미 편.「정보화시대. 교육의 선택」. 서울: 대화출판사. 1997.

통일부.「북한 이탈주민 입국인원현황」. 2022.

한국교원단체총연합회.「교권사건판례집」. 서울: 한국교원단체총연합회. 1991.

_____.「교원의 전문성 신장을 위한 교원보수체계 개선방안」. 서울: 한국교원단체총연합회. 2002.

_____.「교원의 사회·경제적 지위에 관한 설문조사 결과」. 서울: 한국교원단체총연합회, 2007.

_____.「2008년도 교권회복 및 교직상담 활동실적」. 서울: 한국교원단체총연합회, 2008.

한국교육개발원.「한국사회교육의 과거·현재·미래 탐구」. 서울: 한국교육개발원. 1993.

_____.「교육과정 개혁 국제비교연구」. 서울: 한국교육개발원. 1994.

_____.「한국교육비전 2020: 세기의 대전환」. 1996.

한국교육과정평가원.「다문화 교육을 위한 교수, 학습 지원 방안연구(I)」. 서울: 한국교육과정평가원.

한국교육신문사.「한국교육연감 2003」. 서울: 한국교육신문사. 2003.

한국교육학회 교육사·교육철학연구회 편.「현대교육철학의 제문제」. 서울: 세영사. 1981.

한국문화관광연구원 편. 「여가백서」. 서울: 문화관광부. 2007.

한국사회교육협회·명지대 사회교육대학원. 「한국사회교육 총람」. 서울: 정민사. 1994.

한국여성개발원. 「2001 여성통계연보」. 2001.

한국여성정책연구원. 「여성통계연보」. 2007.

_____. 「2007 여성통계지표－교육」. 2007. http://210.117.226.154:8088/ women _Dev/www/index.jsp.

한국정신문화연구원. 「국역 율곡전서」Ⅳ. 서울: 한국정신문화연구원. 1996.

한국지역사회교육중앙협의회 편. 「사회교육의 이해」. 서울: 교육과학사. 1991.

한국청소년개발원 편. 「청소년문제론」. 서울: 서원. 1993.

한국형사정책연구원. 「가정환경과 청소년비행」. 서울: 한국형사정책연구원. 1995.

한상길. 「사회교육학」. 서울: 교육과학사. 1995.

한승조 외. 「21세기의 도전과 한국의 대응」. 서울: 형설출판사. 1993.

한숭희. 「평생교육론」. 서울: 학지사. 2004.

한준상. "X세대와 청소년." 「국제화와 지방화에 따른 청소년문제」. 서울: 한국청소년교육연구소. 1994.

함석헌. 「뜻으로 본 한국역사」. 서울: 삼중당. 1966.

함종규. 「교육과정」. 서울: 익문사. 1980.

홍승직 외. 「사회학개설」. 서울: 고려대학교 출판부. 1991.

황종건. 「사회교육의 이념과 실제」. 서울: 정민사. 1994.

《일　본》

內村鑑三. 「內村鑑三신앙저작전집」 제21권. 東京: 敎文館. 1962.

稻富營次椚. 「교육인명사전」. 東京: 理想社. 1962.

小原國芳. 「어머니를 위한 교육학」. 동경: 玉川大學 出版部. 1958.

_____. 「전인교육론: 도덕교육의 근본문제」. 제갈삼 역. 부산: 부산대
학교출판부. 1995.

勝田守一. 「교육과 교육학」. 東京: 岩波書店. 1970.

新保 滿. 「인종적 차별과 편견」. 東京: 岩波新書. 1972.

阿部知二. 「양심적 병역거부의 사상」. 東京: 岩波書店. 1973.

安藤五桴. 「현대교육의 본질과 과제」. 名古屋: 黎明書房. 1967.

伊藤秀夫・吉本二桴 편. 「敎育制度序說」. 東京: 第一法規社. 1969.

日本友和會. 「양심적 병역거부」. 新敎出版社. 1967.

長田 新. 「평화를 원하며」. 히로시마大學新聞會. 1962.

平塚益德 편. 「세계의 교사」. 東京: 帝國地方行政學會. 1972.

碓井正久. 「사회교육」. 東京: 御茶水書房. 1967.

《중　국》
論　語

《유럽·미국》

Adiseshiah, Malcolm S. *It is Time to begin*. Paris: UNESCO, 1972.

Appelbaum, Richard P., & Chambliss, William J. *Sociology*. New
York: Harper Collins College Publishers, 1995.

Armstrong, David G., et al. *Education*. New York: Macmillan, 1981.

Aronowitz, Stanley, & Giroux, Henry A. *Postmodern Education*.
Minneapolis: Univ. of Minnesota Press, 1993.

Banks, James A. *An Introduction to Multicultural Education*(다문화
교육 입문). 모경환 외 역. 서울: 아카데미프레스. 2008.

_____.*Educating Citizens in a Multicultural Society*(다문화 시민교
육론). 김용신·김형기 역. 서울: 교육과학사. 2008.

Bennett, Christine I. *Comprehensive Multicultural Education: Theory
and Practice*(다문화교육 이론과 실제). 김옥순 외 역. 서울: 학지

사. 2009.

Barclay, William. *Educational Ideals in the Ancient World*(고대세계의 교육사상). 유재덕역. 서울: 기독교문서선교회, 1993.

Bast, Roland. *Friedenspädagogik*. Dsseldorf: Schwann, 1982.

Bumler, Christoph, et al. *Friedenspädagogik als Problem von Theologie und Religionspädagogik*. Mnchen: Kaiser Verlag, 1981.

Bedford, Mitchell. *Existentialism and Creativity*. N. Y.: Philosophical Library, Inc., 1972.

Bednar, Michel J. "Architectural Planning for Special Education." J. M. Kauffman & D. P. Hallahan, ed. *Handbook of Special Education*. New Jersey: Prentice─Hall, Inc., 1981.

Bergmann, Gerhard. *Was habe ich vom Glauben*. Stuttgart: Hnssler Verlag, 1976.

Bollnow, Otto Friedrich. *Existenzphilosophie und Pädagogik*(실존철학과 교육학). 이규호 역. 서울: 배영사, 1967.

_____. *Existenzphilosophie und Pdagogik*. Stuttgart: Verlag Kohlhammer, 1977.

Brameld, Theodore. *Cultural Foundation of Education*. New York: Harper & Brothers Publishers. 1957.

Brenzika, Wolfgang. *Erziehung und Kulturrevolutio─Die Pädagogik der Neuen Linken*. Mnchen: Ernst Reinhardt Verlag, 1974.

Brubacher, John S. *A History of the Problems of Education*. New York: McGraw─Hill Book Company. 1966.

Bruner, Jerome S. *The Process of Education*. New York: Vintage Books, 1963.

Buber, Martin. Between *Man & Man*. Trans. R. G. Smith. London: Routledge & Kegan Paul, 1954.

_____. *I and Thou*. Trans. R. G. Smith. N. Y.: Charles Scribner's

Sons, 1958.

_____. *Ten Rungs: Hasidic Sayings.* Trans. O. Marx. N. Y.: Schocken Books, 1962.

Carnie, Fional. *Alternative Approaches to Education: A Guide for Parents and Teacher.* London & New York: RoutlesgeFalmer, 2003.

Cox, H. *Later Life: The Realities of Aging.* N.J.: Prentice－Hall Inc. 1984.

Crase, D. "Death Education's Quest for Maturity" ERIC No. ED214489. 1982.

Cubberley, Ellwood P. *The History of Education.* Boston: Houghton Mifflin Company, 1920.

Deeken, A. "죽음의 철학, 죽음준비교육의 목표." 「알폰스 데켄 박사 강연집」. 삶과 죽음을 생각하는 회. pp. 53－56. 1991.

_____. 生と死の 教育(인문학으로서의 죽음교육). 전성곤 역. 서울: 인간사랑. 2008.

DeSpelder, L. A. & Strickland, A. L. *The Last Lance: Encountering Death and Dying.* Calfornia: Mayfield Publishing Co. 1987.

Dewey, John. *Democracy and Education(1916).* New York: The Free Press, 1968.

_____. "My Pedagogic Creed." *John Dewey－The Early Works,* 1882－1898, Vol. 5: 1895－1898. Carbondale and Edwardsville: Southern Illinois University Press, 1972.

Eaton, James. *An ABC of the Curriculum.* Edinburgh: Oliver & Boyd, 1975.

Edwards, Paul. Ed. *The Encyclopedia of Philosophy V.* London: Collier－Macmillan, 1978.

Faure, Edgar, et al. *Learning to Be: The World of Education, Today and Tomorrow*(인간화 교육). 오기형·김현자 역. 서울: 일조각, 1980.

Fichte, Johann Gottlieb. *Reden an die Deutsche Nation*(독일국민에게 고함). 김정진 역. 서울: 삼성문화재단, 1971.

Fillingham, Lydia Alix. *Foucault for Beginners*(미셸 푸코: 만화로 읽는 삶과 철학). 박정자 역. 서울: 도서출판 국제, 1993.

Fred, Adams Ed. *Special Education*. Essex: Councils and Education Press, 1986.

Fokkema, Douwe W. "포스트모더니즘과 문학연구."「외국문학」. 서울: 열음사, 겨울호, 1991.

Fonseca & Testoni. "The Emergence of Thanatology and Current Pract ice in Death Education". *OMEGA*. Vol.64(2), pp. 157－169. 2011.

Freire, Paulo. *Education for Critical Conciousness*. N. Y.: The Seabury Press, 1973.

Gara, Larry. *War Resistance in Historical Perspective*. Pensylvania: Sowers Printing Company, 1970.

Giddens, Anthony. *Sociology*. Cambridge: Polity Press, 1994.

Gibson, A. B.; Roberts, P. C.; and Buttery, T. J. *Death Education: A Concern for the Living.* Indiana: Phi Delta Kappa Educational Foundation. 1982.

Glazer, H. R. & Landreth, G. L. "A Developmental Concept of Dying in a Child's Life." *Journal of Humanistic Education and Development*, 31. 1993.

Good, Carter V. Ed. *Dictionary of Education*. New York: McGraw－Hill, 1973.

Goodman, Ruth. "Dialogue and Hasidism: Elements in Buber's Philosophy of Education." *Religious Education*. 73, Jan. Feb., 1978.

Gordon, Haim. "Did Martin Buber Realize His Educational Thought?" *Teachers College Record.* 81, Spring, 1980.

Gulliford, R. *Special Educational Needs.* London: Routledge & Kegan Paul, 1976.

Gnther, K. H. *Geschichte der Erziehung.* Berlin: Volks und Wissen Verlag, 1957.

Hallahan, Daniel P., & Kauffman, James M. *Exceptional Children: Introduction to Special Education.* New Jersey: Prentice—Hall, Inc., 1978.

Hass, M. E. "THe Young child's Need for Death Education" Paper presented at the Annual Meeting of the American Educational Research Association, Chicago, April 3—7. 1991.

Hayasaki, E. *The Death Class*(죽음학수업). 이은주역. 서울: 청림출판. 2014.

Heath, Douglas H. *Humanizing Schools: New Direction, New Decision.* New Jersey: Hayden Book Co., Inc., 1971.

Herbart, Johann Friedrich. *Allgemeine Pädagogik aus dem Zweck der Erziehung abgeleitet(1806).* Hamburg: Verlag von Leopold Voss, 1891.

Howe, Reuel. *The Miracle of Dialogue*(대화의 기적). 김관석 역. 서울: 대한기독교교육협회, 1981.

Howie, George. Ed. *Aristotle on Education.* New York: Macmillan Company, 1968.

Huschke—Rhein, Rolf. *Worin knnte der "wissenschaftliche Forschritt" der Pädagogik bestehen?—Einsystempdagogische Begruündungs—vorschlag am Beispiel der Friedenspädagogik,* Zeitschrift für Pädagogik, Heft 3/86, Juni 1986.

Hutchins, Robert M. *Education for Freedom.* Louisiana: Louisiana

State Univ. Press, 1947.

Illich, Ivan. *Deschooling Society.* N. Y.: Harper & Row, 1970.

Inlow, Gail M. *The Emergent in Curriculum.* N. Y.: John Wiley & Sons, Inc., 1973.

International Conference on Education. *Decharation of the Forty−Fifth Session of the International Conference on Education.* Geneva, Oct. 5, 1996.

Jger, Hans Ulrich. *Politik aus der Stille.* Zürich: Theologischer Verlag, 1980.

Jessup, F. W. "The Idea of Lifelong Learning." *Lifelong Learnig. A Symposium on Conditioning Education,* London: Pergamon Press, 1969.

Johnson, Paul E. *Psychology of Religion*(종교심리학), 김관석 역. 서울: 대한기독교서희, 1979.

Kant, Immanuel. *über Pädagogik.* Knigsberg: Friedrich Nicolovius, 1803.

_____. *Zum Ewigen Fridedn.* Stuttgart: Reclam, 1954.

_____. *Education. Translated by A. Churton*: The University of Michigan Press, 1971.

_____. *Immanuel Kant über Pädagogik.* Bristol: Thoemmes Press, 1995.

Kirchhoff, Hermann & Beschorner, Gisela. *Friede zwischen Mensch und Tier und Kosmischer Friede.* Münhen: Deutscher Katecheten−Vereine. V., 1985.

Klafki, W., et al. *Erziehungswissenschaft 3.* Frankfrut am Mein: Fischer Verlag, 1972.

Kneller, George F. *Introduction to the Philosophy of Education.* New York: John Wiley & Sons, 1964.

_____. *Introduction to the Philosophy of Education*. New York: John Wiley & Sons, 1971.

Kohn, Hans. 「민족주의」. 차기벽 역. 서울: 삼성문고, 1974.

_____. *The Idea of Nationalism*. Toronto: Collier—Macmillan, 1969.

Lapp, Diane; Bender, Hilary; Ellenwood, Stephan; and John, Martha. *Teaching and learning: Philosophical, Psychological, Curricular Applications*. N. Y: Macmillan Publishing Co., Inc., 1975.

Lawson, Terence. Ed. *Education for International Understanding*. Hamburg: Unesco Institution for education, 1969.

Lawton, Denis, et al. *Theory and Practice of Curriculum Studies*. London: Routledge & Kegan Paul, 1978.

Legge, James. *The Chinese Classics*. Vol 2. London: Oxford Univ. Press, 1935.

Lengrand, Paul. *An Introdution to Life—long Education*. London: Croom Helm, 1975.

Levine, Daniel U., & Havighurst, Robert J. *Society and education*. Boston: Allyn and Bacon, 1989.

Liddell & Scott. *Greek—English Lexikon*. London: Oxford University Press, 1975.

Lieberman, Myron. *Education as a Profession*. New Jersey: Prentice—Hall, 1956.

Lockard, B. E. "How to Deal with the Subject of Death with students in Grade K—12" Paper presented at the Annual Meeting of the Mid—South Educational Research Association, Memphis, Nov. 20. 1986.

Lyotard, Jean Francois. *La Condition Postmoderne*(포스트모던의 조건). 유정완 외 역. 서울: 민음사, 1992.

Martiniello, Marco. *Sortir Des Ghettos Culturels*(현대사회와 다문화주의), 윤진 역. 서울: 한울아카데미. 2002.

Molnar, L. A. "Elementary Death Education" Paper presented at the Convention of the Louisiana Association for Health, Physical Education, Recreation and Dance, March. 1983.

Monroe, Paul. *A Brief Course in the History of Education*. London: Macmillan, 1928.

Morrish, Ivor. *Discipline of Education*. London: George Allen & Unwin, 1968.

Nicholl, Audery & Nicholls, S. Howard. *Developing a Curriculum: A Practical Guide*. London: George Allen & Unwin Ltd., 1972.

O'Hare, Padraic. *Education for Peace and justice*. Cambridge: Harper & Row, 1983.

Ornstein, Allan C. *Foundation of Education*. Chicago: Rand Macnally College Publishing Company, 1977.

Ozmon, H. & Craver, S. *Philosophical Foundations of Education*. Ohio: A Bell & Howell Co. 1976.

Patterson, C. H. *Humanistic Education*. N. J.: Prentice‒Hall Inc., 1973.

Papalia, D. E.; Olds, S. W.; and Feldman, R. D. *Human Development*(인간발달 II). 정옥분 역, 서울: 교육과학사. 1992.

Pestalozzi, J. H. *Am Neverstag(1809)*. Rotapfel판 전집 제7권(Zürich: Verlag, 1946).

_____. *Letters on early education*(페스탈로찌가 어머니들에게 보내는 편지). 김정환 역. 서울: 양서원, 2002.

_____. "Über Barbarei und Kultur"(1797). *Pestalozzi Sämtliche Werke* Bd. 12. Berlin: Verlag von Walter de Gruyter, 1938.

_____. *Werke in 4, 6, 7, 8 Bänden. hrsg.* von P. Naumgartner. Zürich: Rotapfel Verlag, 1946.

Peters, Richard S. *Ethics and Education.* London: George Allen & Unwin, 1978.

Phenix, Philip H. *Philosophy of Education.* New York: Holt, Rinegart and Winston, 1958.

Plato. *Laws.*

_____. *Republic(The Republic of Plato).* Translated by A. Bloom. Basic Books, 1991.

_____. *Politeia*(국가·政體). 박종현 역주. 서울: 서광사, 1997.

Ragan, W. B. *Modern Elementary Curriculum.* New York: Holt, Rinegart & Winston, 1960.

Read, Herbert. *Education for Peace(1949)*(평화를 위한 교육). 周鄉博 역. 東京: 岩波現代叢書, 1952.

Reble, Albert. *Geschichte der Pädagogik.* Stuttgart: Ernst Klett Verlag, 1975.

Reimer, Everett. *School is Dead.* Harmondsworth: Penguin Books Ltd., 1971.

Remmiling, Gunter W., & Campbell, Robert R. *Basic Sociology.* New Jersey: Littlefield, Adams & Co., 1970.

Rich, John Martin. *Humanistic Foundations of Education.* Worthington: Charles A. Jones Publishing Co., 1971.

Rogers, Dorothy. *The Adult Years: An Introduction to Aging.* N.J: Prentice—Hall Inc., 1982.

Roubiczek, Paul. *Existentialism: For and Against.* London: Cambridge Univ. Press, 1964.

Roucek, Joseph S., & Warren, Roland L. *Sociology,* New Jersey: Littlefidld, Adams & Co., 1972.

Rousseau, Jean－Jacques. *Émile ou de l'éducation*. Paris: Garnier Frres, 1964.

_____. *Émile(1762)*. Translated by A. Bloom, Toronto: Basic Books, 1979.

Russell, Betrand. *Education and Social Order(1932)*. London: Unwin Books, 1970.

Saylor, J. G. *Curriculum Planning*. New York: Rinegart & Co., 1958.

Scheler, M. *Der Formalismus in der Ethik und die materiale Wertethik*(윤리학에 있어서 형식주의와 실질적 가치윤리학: 윤리적 인격주의의 정초를 휘한 새로운 시도), 이을상·금교영 역. 서울 :서광사, 151－157. 1998.

Sekretariat der Stndigen Konferenz der Kultusminister der Lnder in der Bundesrepublick Deutchland. Dekumentations－und Bildungsin－formationsdienst, 2002.

Siegel. L. S., "How to Define, Treat and Prevent Learning Disabilities." 국립특수교육원 9회 국제세미나 자료집, 2002.

Siegler, R. H. 「아동사고의 발달」. 박영신 역. 서울: 미리내, 1995.

Silberman, Charles E. *Crisis in the Classroom*. N. Y.: Vintage Books, 1970.

Simpson, D. P. *Cassell's Latin－English English－Latin Dictionary*. London: Cassell Publishers, 1987.

Skinner, C. E. ed. *Essentials of Educational Psychology*. New Jersey: Prentice－Hall, 1958.

Smith, W. O. Lester. *Education*. Aylesbury: Penguim Book, 1962.

Spencer, Herbert. *Essays on Education*. London: Dutton & Co., 1924.

Spranger, Eduard. *Macht und Grenzen des Einflußes auf die Zukunft*. Gesammelte Schriften Bd. I. Heidelberg: Quelle und Meyer, 1950.

_____. *Pädagogische Perspektiven*. Heidelberg: Quelle und Meyer, 1964.

_____. *Pestalozzis Denkformen*. Heidelberg: Quelle und Meyer, 1966.

_____. 「천부적인 교사」. 김재만 역. 서울: 배영사, 1996.

Taylor, R. H., & Johnson, M. *Curriculum Development: A Comparative Study*. Berks: NFER Publishing Co., 1974.

Thio, Alex. *Sociology*. New York: Harper Collins College Publishers, 1996.

Thompson, Keith. *Education and Philosophy: A Practical Approach*. Oxford: Basil Blackwell, 1972.

UNESCO. *Education for International Understanding—Examples and Suggestions for Classroom Use*. Copenhagen: Universitets — Bogtrykkeri, 1959.

_____. *UNESCO YEARBOOK on Peace and Conflict Studies 1984*. New York: Greenwood Press, 1986.

_____. *Reflections on the Future Development of Education*(정보사회와 교육). 홍재성 역. 서울: 나남. 1991.

_____. *Statistical Yearbook*. Paris: UNESCO Publishing & Bernan Press, 1995.

UNESCO/ILO. 「교원의 지위에 관한 권고」. 서울: 대한교육연합회, 1971.

Usher & Edwards. *Postmodernism and Education*. London: Routledge, 1994.

Van, Richard D.; Kraft, Richard J.; and Haas, John D. *Foundations of Education: Social Perspectives*. N. J.: Prentice—Hall, Inc., 1979.

Wass, Hannelore). "Death Education in the Home and at School" ERIC No. ED 233253, Apr. 1—17. 1983.

Weber, Max. *The Protestant Ethic and the Spirit of Capitalism*.

Translated by A. Giddens. London: George Allen & Unwin, 1976.

Wilson, B. R., et al. *Der Lehrer in Schule und Gesellschaft*. München: R. Piper & Co. Verlag, 1971.

사항색인

공저자약력

김정환(金丁煥)

히로시마대학에서 페스탈로찌 연구로 1970년 교육학박사 학위를 취득하고, 이 해 고려대학교 교수로 부임. 한국교육학회 교육철학연구 분과회 회장, 사범대학장, 스위스 취리히대학 교육학부 객원교수 등 역임. 현재 고려대학교 명예교수. 1988년「전인교육론」으로 한국교육학회 학술상(저작상) 수상. 저서로「교육철학」,「비판적 교육이론」,「페스탈로찌의 교육철학」등이 있음.

강선보(姜善甫)

고려대학교에서 부버연구로 교육학박사 학위를 취득하고, 강릉대학교 교수를 거쳐 고려대학교 교수로 부임. 이스라엘 벤 구리온대학교와 미국 위스콘신대학교의 연구교수, 고려대학교 교육문제연구소장과 학생처장, 고려대학교 사범대학장 겸 교육대학원장, 교무부총장, 한국교육학회 회장 등 역임. 현재 고려대학교 사범대학 명예교수. 저서로「마르틴 부버의 만남의 교육」,「교육의 역사와 철학」(공저),「교육의 이해」(공저),「인간주의 교육사상」(공저) 등이 있음.

제4판(증보판)
교육학개론

초판발행	1997년 10월 20일
제4판발행	2016년 3월 5일
제4판(증보판)발행	2023년 7월 30일

지은이	김정환·강선보
펴낸이	노 현

편 집	전채린
표지디자인	이수빈
제 작	고철민·조영환

펴낸곳	㈜ 피와이메이트
	서울특별시 금천구 가산디지털2로 53, 210호
	(가산동, 한라시그마밸리)
	등록 2014. 2. 12. 제2018-000080호
전 화	02)733-6771
f a x	02)736-4818
e-mail	pys@pybook.co.kr
homepage	www.pybook.co.kr
I S B N	979-11-6519-439-0 93370

정 가   26,000원

박영스토리는 박영사와 함께하는 브랜드입니다.